山东导游讲解实务

Practice of Tour Guide Interpretation in Shandong

主　编　潘华丽

副主编　李　雪　赵月阳

山东大学出版社
SHANDONG UNIVERSITY PRESS
·济南·

图书在版编目（CIP）数据

山东导游讲解实务 / 潘华丽主编；李雪，赵月阳副主编. -- 济南：山东大学出版社，2025. 6.

ISBN 978-7-5607-8908-8

Ⅰ. F590.633

中国国家版本馆 CIP 数据核字第 20257DZ078 号

责任编辑　张彩芸

封面设计　蓝海文化

山东导游讲解实务

SHANDONG DAOYOU JIANGJIE SHIWU

出版发行　山东大学出版社

社　　址　山东省济南市山大南路 20 号

邮政编码　250100

发行热线　（0531）88363008

经　　销　新华书店

印　　刷　山东蓝海文化科技有限公司

规　　格　787 毫米 × 1092 毫米　1/16

22.75 印张　395 千字

版　　次　2025 年 6 月第 1 版

印　　次　2025 年 6 月第 1 次印刷

定　　价　58.00 元

前　言

旅游业作为国民经济的重要支柱，对高素质专业人才的需求持续增长。导游作为地域文化的传播者和“中国故事”的讲述者，其职业素养与讲解能力直接影响着旅游体验的质量。为积极响应国家文旅融合发展战略，深度服务“好客山东”品牌，本书以山东省导游资格考试大纲为依据，系统整合山东省内16家国家5A级旅游景区的核心知识体系，致力于培养兼具专业素养与实践能力的复合型导游人才。

在导游考试培训的浩瀚书海中，本书宛如一颗璀璨的明珠，以其独特的魅力与创新的教学理念，突破传统教材的单向知识传递模式，精心构建起“理论—实践—记忆”三位一体的教学体系，为考生铺就了一条高效、系统的备考之路。

第一章“山东导游服务能力概述”聚焦职业胜任力提升，系统涵盖考情分析、考试流程、评分标准、语言表达技巧及礼仪规范，为考生奠定坚实基础。第二章“山东省省情概况”以“齐风鲁韵”为主线，如同一幅画卷，将山东省的地理位置、齐鲁文化、旅游资源等核心考点巧妙串联，帮助考生构建起完整、系统的知识框架，深入领略山东的独特魅力与深厚底蕴。第三章“景区讲解”作为本书的核心板块，不仅提供了各景区标准化讲解词，让考生能够准确、规范地介绍景区，更独创了“三维记忆法”。这一创新方法犹如一把神奇的钥匙，打开了考生高效记忆的大门。讲解词篇幅精准满足考试时长要求，为考生提供了充足的讲解素材；思维导图勾画架构，Tips提炼要点精髓，将复杂的景区知识转化为可视化认知框架，显著提升学习效率。

在导游考试培训教材的内容打磨过程中，本书秉持三大特色。一是紧扣考试大纲，精准定制导游词。考试大纲是导游考试的“指挥棒”，本书深刻洞察这一关键要点，紧扣考试动态，以大纲要求为蓝本，精心编写每一篇导游词。二是星级标注，差异化指引学习方向。在导游考试的众多景点中，重点景点和一般景点的备考要求各不相同。本书独具匠心地为每篇讲解词设置星级标注（☆☆☆为必考重点，☆☆为高频考点，☆为拓展认知），犹如为考生点亮了一盏盏明灯，指引着他们学习的方向。三是实用创新，多维助力加深记忆。本书在注重实用性和创新性的道路上不断探索前行，特别增设了思维导图、Tips 和思考题等实用模块，并附有二维码查看景点图片，为考生的备考之路提供了全方位的支持。

本书编写团队由高校旅游管理专业教师、资深导游考评专家及一线导游员共同组成。山东师范大学潘华丽担任主编，山东海事职业学院李雪、济宁学院赵月阳担任副主编，青岛求实职业技术学院李洋，烟台文化旅游职业学院刘仲雨，青岛职业技术学院宋伟，淄博职业学院梅振华，东营职业学院燕浩鹏，青岛酒店管理职业技术学院王超，济南旅游学校孙嘉琳，威海职业学院曲永青，山东商业职业技术学院王秀霞，山东师范大学在读研究生矫海文、卢萌萌、刘春燕、臧梦瑶等给予鼎力支持和帮助，在此深表谢意。特别感谢书稿编纂过程中给予指导的孙凤芝教授和许峰教授。期待本书成为旅游教育领域的重要参考，为山东文旅行业输送更多优秀人才。

本书编写得到了山东省多家文化与旅游行政管理部门及旅游企业的大力支持和帮助，得到了山东省精品旅游产教融合共同体的大力支持，尤其是山东文旅集团、天下第一泉风景区、“三孔”旅游区、泰山风景名胜区、崂山风景区、刘公岛景区、蓬莱阁旅游区、台儿庄古城旅游区、沂蒙山旅游区、烟台南山旅游区、青州古城旅游区、威海华夏城景区、黄河口生态旅游区、萤火虫水洞·地下大峡谷旅游区、微山湖旅游区、青岛奥帆海洋文化旅游区、周村古商城旅游区的鼎力相助。在此表示衷心感谢！我们期待通过这本兼具权威性与实用性的教材，既为考生铺就成功之路，也为景区培养更多文化代言人，共同推动“好客山东”品牌建设。

由于时间仓促及编者水平有限，书中仍难免存在疏漏或不足之处。我们诚挚欢迎各位专家、同行及读者朋友们提出宝贵意见与建议，您的批评与指正将为我们提供重要参考。对于书中可能存在的错漏或表述欠妥之处，恳请不吝赐教，我们将在后续修订中不断完善，力求为考生和从业者呈现更优质的指导用书。谨此向所有关心和支持本书的各界人士深表谢意！

编　者

2025 年 3 月

目　录

第一章　山东导游服务能力概述

学习目标

1.掌握导游现场考试试题结构。

2.熟悉《导游服务能力》大纲。

3.了解历年导游考试情况。

第一节 导游资格考试考情解析

一、全国导游资格考试总体特征

（一）考试结构趋于标准化

全国导游资格考试实行“笔试＋现场考试”模式，笔试科目涵盖《政策与法律法规》《导游业务》《全国导游基础知识》《地方导游基础知识》，面试重点考核导游服务能力（含景点讲解、导游规范、应变能力）。近年考试呈现以下趋势：

1. 政策导向性增强

对《中华人民共和国旅游法》、文化和旅游部《关于实施旅游服务质量提升计划的指导意见》等文件的考查比例逐年上升。

2. 文化阐释权重提升

景区讲解从单纯景点描述转向“文化内涵＋当代价值”的双维解读，要求导游具备跨学科知识整合能力。

3. 数字化能力渗透

新增“智慧导览”“新媒体传播”等实务题型，体现文旅融合新业态需求。

（二）报考人数激增与挑战性

2024 年全国导游资格证报考人数达 31 万，较 2023 年的 20 万增长 55%，创历史新高。这一增长主要受文旅市场复苏驱动。值得注意的是，跨行业、高学历考生占比显著提升，折射出行业吸引力从传统旅游从业者向复合型人才扩展。核心失分点集中于：

1. 政策法规

对“旅行社责任险”“不可抗力处理”等条款理解模糊。

2. 现场考试

讲解逻辑性不足（如时间分配失衡、文化符号解读浅表化），应变能力薄弱（如突发疾病处理流程不熟）等。

二、山东省导游考试特色与考情解析

（一）考纲核心特征

1. 省情考查深度化

（1）文化维度：对齐鲁文化三大主脉（儒家文化、泰山文化、海洋文化）的关联性考查突出，如“孔孟思想对山东民俗的影响”“蓬莱仙境与八仙传说的文旅融合路径”等复合题型频现。

（2）地理经济：聚焦“黄河流域生态保护”“新旧动能转换示范区”等战略与文旅结合点，要求考生具备政策解读能力。

2. 景区讲解差异化

（1）高频重点景区：泰山、“天下第一泉”、“三孔”、蓬莱阁、台儿庄、崂山、刘公岛相关试题连续 5 年占面试题量的 70%，评分侧重“文化符号提炼精准度”（如泰山石刻的帝王封禅史观解读）。

（2）特色考点渗透：对微山湖红色旅游、台儿庄古城非遗活化等新兴业态的考查逐年增加，体现“守正创新”的命题思路。

（二）考试结构与科目

1. 笔试（全国统一）

（1）科目设置：笔试包含四个科目，采用机考形式，分两卷测试。

试卷一：科目一《政策与法律法规》＋科目二《导游业务》，满分 100 分，考试时长 90 分钟，题型为判断题、单选题和多选题。

试卷二：科目三《全国导游基础知识》＋科目四《地方导游基础知识》，满分 100 分，考试时长 90 分钟，题型同上。

（2）题型与分值：判断题 40 题（0.5 分 / 题）、单选题 90 题（0.5 分 / 题）、多选题 35 题（1 分 / 题）。

（3）重点内容：

科目一：聚焦新时代党的创新理论、国家重大方针政策及与旅游业发展相关的法律法规、方针政策。

科目二：聚焦导游服务能力要求、导游服务规范以及导游服务相关知识，导游语言技能、带团技能和应变技能。

科目三：涵盖全国及山东省的历史、文化、地理等基础知识。

2. 面试（山东省特色）

考试形式：计算机人机对话，中文类考生总时长16分钟，外语类25分钟（包含设备调试和答题时间）。

（三）备考策略建议

1. 精准分层学习

（1）重点景区：建立“历史脉络＋文化IP＋当代转化”三维知识链（如“三孔”景区需关联“中华文明探源工程”“孔子学院全球化”）。

（2）一般景点：掌握“关键词＋差异化标签”记忆法（如萤火虫水洞聚焦“地质奇观＋生态研学”）。

2. 热点预判与融合

（1）关注“山东文旅高质量发展行动计划”“沿黄河文化体验廊道”等政策，预判“非遗旅游廊道”“海洋研学基地”等新兴考点。

（2）强化“政策法规场景化应用”训练，如结合《山东省旅游条例》分析景区最大承载量管理案例。

第二节　《导游服务能力》考试大纲（山东省2025年）

一、考试目的

《导游服务能力》考试是根据导游应具备的基本能力和素质要求，以计算机人机对话的方式对考生进行现场考试，考查考生从事导游工作、语种服务相对应的语言能力。考查考生对导游规范操作技能、语言技能、讲解技能、应变能力的掌握程度；考核考生对导游知识的掌握程度和发挥能力；考查考生对导游人员应具备的基本素养的认识和在导游实践中的体现；考查考生对山东省景区知识的掌握和应用；

考查考生对导游规范服务及工作程序的掌握和应用；考查考生对旅游接待服务中突发事件和特殊问题的处理能力；考查考生的仪表仪容和对礼节、礼仪的运用等。外语类考生要求全程使用所报考的外语语种应试和讲解，并具备中外文互译能力。通过现场考试，帮助考生提前进入导游职业的角色。

二、考试内容

中文类考生现场考试内容包括：山东省省情介绍、景点讲解（含景点知识问答）、导游规范展示、应变能力考查、综合知识问答。

外语类考生现场考试内容包括：用所考语种进行山东省省情介绍、景点讲解（含景点知识问答）、导游规范展示、应变能力考查、综合知识问答，以及口译测试（包括“中译外”和“外译中”）。

（一）景点讲解

1. 考试目的

考查考生对山东省省情和景点讲解的准确性、全面性与条理性；考查考生讲解是否详略得当、重点突出，是否具备一定的讲解技巧，讲解流程是否符合规范程序，以及回答景点相关问题的准确性。

2. 考试内容

考试内容包括山东省省情介绍、国家AAAAA级旅游景区讲解和景点知识问答。

山东省省情的讲解，应掌握下列基本要素：地理位置、地形特征、气候类型、主要河流、面积人口、行政区划、历史沿革、齐鲁文化、风物特产、旅游资源等。在讲清这些基本要素的基础上，力求有深度、有创意，并能掌握与之相关的其他知识点。国家AAAAA级旅游景区的景点讲解和景点知识问答，主要围绕景区的概况和景区主要景点介绍。

3. 中文类考生景点讲解范围

中文类考生景点讲解范围包括：山东省省情和16个国家AAAAA级旅游景区（蓬莱阁景区、“三孔”景区、泰山风景名胜区、崂山风景区、刘公岛风景名胜区、南山旅游区、台儿庄古城景区、天下第一泉景区、沂蒙山旅游区、青州古城旅游区、华夏城景区、黄河口生态旅游区、萤火虫水洞・地下大峡谷旅游区、微山湖旅游区、青岛奥帆海洋文化旅游区、周村古商城）。

中文景区讲解采取“抽三选一”的方式进行，即随机抽取其中 3 个景区，考生任选 1 个进行讲解。

4. 外语类考生讲解范围

外语类考生讲解范围包括：山东省省情和 10 个国家 AAAAA 级旅游景区（蓬莱阁景区、“三孔”景区、泰山风景名胜区、崂山风景区、天下第一泉景区、刘公岛风景名胜区、沂蒙山旅游区、黄河口生态旅游区、青岛奥帆海洋文化旅游区、周村古商城）。

外文景区讲解采取“抽三选一”的方式进行，即随机抽取其中 3 个景区，考生任选 1 个进行讲解。

（二）导游规范

1. 考试目的

通过随机抽取问题，考查考生对导游服务的程序、标准和技术性事故、游客个别要求处理规范的掌握和运用程度。

2. 考试内容

（1）团队导游服务程序与标准。

（2）散客导游服务程序与标准。

（3）导游服务中技术性事故和游客个别要求的处理规范。

（三）应变能力

1. 考试目的

通过随机抽取问题，考查考生在带团服务中处理问题时的灵活反应能力及对处理技巧的掌握程度。

2. 考试内容

（1）导游服务中常见问题的防范与处理。

（2）导游服务中重大事故的防范与处理。

（四）综合知识

1. 考试目的

通过随机抽取问题，考查考生对导游应知应会的基础知识的了解、熟悉和掌握程度。

2. 考试内容

（1）山东省促进旅游发展的相关政策。

（2）山东省的历史文化知识。

（3）山东省的社会经济发展状况。

（4）山东省的行政区划、民族、人口、交通、生态环境、科技等方面的情况。

（5）山东省文旅融合、生态文明、沂蒙精神的基础知识。

（五）口译测试

1. 考试目的

通过口译，主要考查外语类考生在中文和外语之间口头互译的能力。

2. 考试内容

随机选取短文，范围涵盖山东旅游、时事热点、旅游新闻、综合文化知识等。

第三节　导游现场考试试题结构及评分参考

一、中文类考生（总时长 16 分钟）

（一）试题构成

中文类考生考试试题包括“景点讲解”（含礼貌礼仪展示）、“导游规范”、“应变能力”和“综合知识”四部分，共 5 道题，分值 100 分。

第一部分：“景点讲解”，共 2 题（山东省省情介绍、国家 5A 级旅游景区讲解），总分值 70 分。其中，“山东省省情介绍”分值 15 分；“国家 5A 级旅游景区讲解”分值 50 分；礼貌礼仪展示 5 分，并入景区讲解时段。

第二部分：“导游规范”，共 1 题，分值 10 分。

第三部分：“应变能力”，共 1 题，分值 10 分。

第四部分：“综合知识”，共 1 题，分值 10 分。

（二）讲解建议

1. 山东省省情（15 分）

时长：4—5 分钟。

讲解内容：内容全面，要求涵盖地理位置、地形特征、气候类型、主要河流、面积人口、行政区划、历史沿革、齐鲁文化、风物特产、旅游资源等。

讲解结构：结构完整，准确，紧扣主题，重点突出。

讲解策略：表达准确自然，符合我省实际，语言流畅、生动，感染力强。

2. 国家 5A 级旅游景区讲解（50 分）

时长：概况 3—4 分钟；3 个小景点，共 3—4 分钟。

分值：概况讲解占 20 分，每个小景点占 10 分。

讲解结构：结构合理，层次分明，详略得当，逻辑性强，符合导游规范。

讲解策略：角度新颖，通俗易懂，生动幽默，富有感染力、亲和力。

语音语调：普通话标准，语调自然，音量和语速适中，节奏合理。

表达能力：口齿清楚，语法正确，表达自然流畅。

3. 问答题（30 分）

时长：2—3 分钟。

包括导游规范、应变能力、综合知识，共 3 道题。

4. 礼仪礼貌（5 分）

着装干净、整齐，举止大方，形象良好，符合导游规范。

二、外语类考生（总时长 25 分钟）

（一）试题构成

外语类考生考试试题包括“景点讲解”（含礼貌礼仪展示）、“导游规范”、“应变能力”、“综合知识”和“口译”（中译外、外译中）五部分，共 7 道题，分值 100 分。

第一部分：“景点讲解”，共2题（山东省省情介绍、国家5A级旅游景区讲解），总分值60分。其中，“山东省省情介绍”分值10分；“国家5A级旅游景区讲解”分值45分；礼貌礼仪展示5分，并入景区讲解时段。

第二部分：“导游规范”，共1题，分值10分。

第三部分：“应变能力”，共1题，分值5分。

第四部分：“综合知识”，共1题，分值5分。

第五部分：“口译”，共2题，中译外和外译中各1题，每题10分，总分值20分。

（二）讲解建议

1. 山东省省情（10分）

时长：4—5分钟。

讲解内容：内容全面，要求涵盖地理位置、地形特征、气候类型、主要河流、面积人口、行政区划、历史沿革、齐鲁文化、风物特产、旅游资源等。

讲解策略：语言流畅、生动，感染力强，语速与音量控制合理。

2. 国家5A级旅游景区讲解（45分）

时长：概况3—4分钟；3个小景点，共4—6分钟。

分值：概况讲解占15分，每个小景点占10分。

讲解结构：结构合理，层次分明，详略得当，逻辑性强，符合导游规范。

讲解策略：角度新颖，通俗易懂，生动幽默，富有感染力、亲和力。

语音语调：普通话标准，语调自然，音量和语速适中，节奏合理。

表达能力：口齿清楚，语法正确，表达自然流畅。

3. 问答题（20分）

时长：4—5分钟。

包括导游规范、应变能力、综合知识，共3道题，分值分别为10分、5分、5分。

4. 口译（20分）

时长：4—5分钟。

中译外和外译中各1题，每题10分。

5. 礼仪礼貌（5分）

着装干净、整齐，举止大方，形象良好，符合导游规范。

第二章　山东省省情概况

学习目标

1. 掌握山东省地理位置、地形特征、气候类型、主要河流、面积人口、行政区划、历史沿革、齐鲁文化、风物特产、旅游资源等内容。

2. 熟悉欢迎词的要点。

3. 了解“好客山东”旅游品牌文化内涵，了解山东交通状况及山东名人。

☆☆☆

山东省省情概况

子曰："有朋自远方来，不亦乐乎！"大家好，欢迎走进好客山东！这里是孔孟之乡，千年礼韵、儒风昌明；这里是泰山之巅，五岳独尊、雄峙苍穹；这里是黄河入海处，黄蓝交汇、泾渭分明。山东以多元魅力，邀您共赴精彩！

【地理位置】山东地处中国东部沿海、黄河下游，北接京津冀，南连长三角，东濒黄渤海，北边与辽东半岛遥相呼应，东边与朝鲜半岛和日本列岛隔海相望。

【地形特征】山东地势总体呈现为中部高、四周低。中部是泰山、鲁山等山地，地势最高。东部及南部为低山丘陵。西部及北部为平原，占全省面积的60%。

【气候与河流】山东省属于暖温带季风气候，四季分明，降水集中，雨热同季。这里的河流众多，黄河横贯菏泽、济南等9个城市，并在东营注入渤海。京杭大运河贯穿南北，连通了众多重要水域。小清河、大汶河等支流汇成密集水网，形成了丰富的水资源。此外，山东还有南四湖和东平湖等较大的湖泊。

【面积人口】全省陆域面积约15.58万平方千米，海洋面积约15.96万平方千米，常住人口超过1亿。

【行政区划】现设16个地级市，其中济南是山东省的省会，副省级城市是济南和青岛，烟台、威海、青岛等为滨海城市。

【历史沿革】山东是中华文明的重要发祥地，拥有大汶口文化和龙山文化遗址，见证了8000年的历史。西周时期，齐、鲁两国的建立奠定了"齐鲁之邦"的基础。秦朝设郡县，明清时期设立山东省。近代，中日甲午战争和五四运动等重大历史事件也在这里发生。

【齐鲁文化】山东是儒家文化的发祥地，曲阜"三孔"被列为世界文化遗产。山东还是稷（jì）下学宫的发源地，开启了百家争鸣的先河。《孙子兵法》《齐民要术》等经典著作在这里产生。泰山的封禅文化、蓬莱仙境的传说以及潍坊的风筝等非物质文化遗产，展现了齐鲁文化的博大精深。

【山东名人】作为中国的历史文化大省，山东素有"人杰地灵"的美誉。这里人才辈出，涌现了众多名人。如至圣孔子、亚圣孟子、军事家孙武、宋代著名女词人李清照、诺贝尔文学奖获得者莫言等。

【风物特产】山东省是农业大省，总产值常年位居全国首位。寿光蔬菜、烟台苹果和金乡大蒜远近闻名。东阿阿胶、青岛啤酒、张裕葡萄酒等也成为地理标志产品，享誉中外。鲁菜作为中国八大菜系之首，以糖醋黄河鲤鱼、九转大肠等经典菜品为代表，传承百年，口味独特。

【旅游资源】山东省拥有 16 处国家 5A 级旅游景区：泰山被誉为“天下第一山”，崂山是“海上名山第一”，台儿庄古城重现了运河商贸的辉煌，青岛的海滨风光、威海刘公岛的历史遗迹、蓬莱阁的“八仙过海”传说也让游客陶醉忘返。每年还有曲阜国际孔子文化节、泰山登山节等节庆活动，精彩纷呈。

【交通】山东省交通发达，具备完善的海、陆、空交通网络。沿海港口如青岛港、烟台港等是重要的国际贸易港口。京沪铁路纵贯南北，高速公路网四通八达。青岛、济南等地的国际机场，通航国内外多个城市，极大地方便了省内外的人员与货物流动。

这片齐鲁大地，承载着“好客山东”的淳朴民风，热情欢迎四海八方的游客。

思维导图

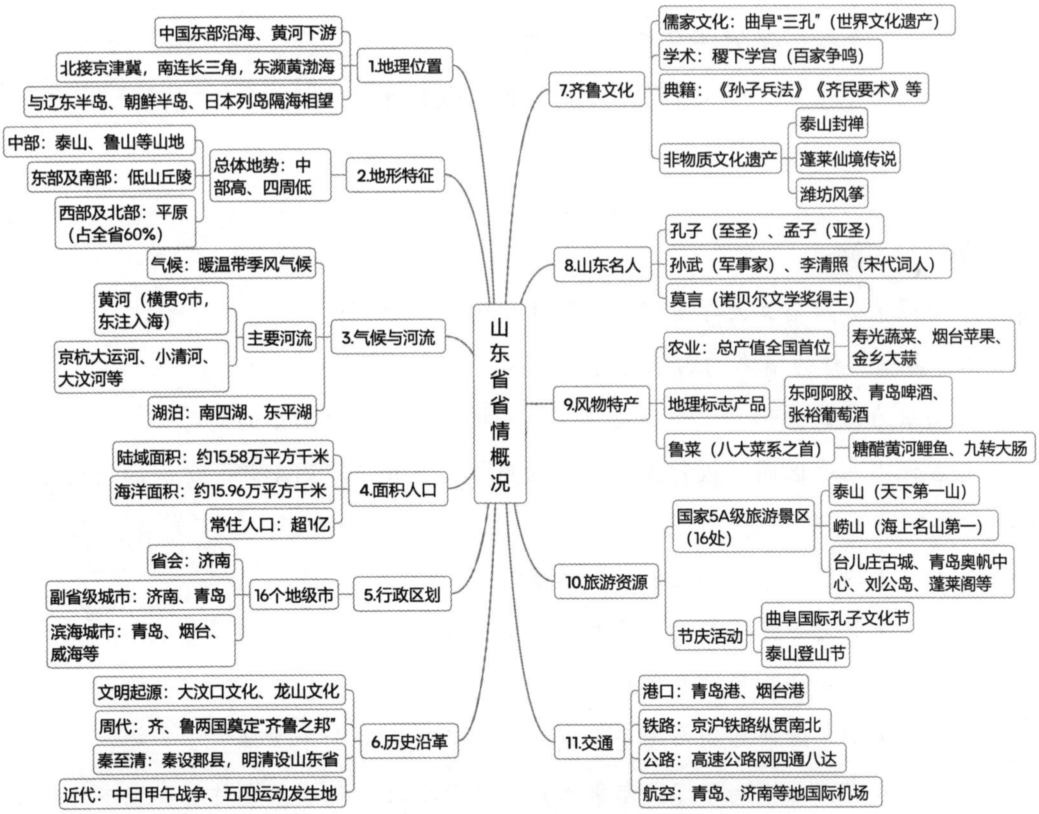

图 2-1 山东省省情概况

Tips

孔孟之乡礼仪邦，泰山黄河耀东方。
黄渤之滨通日韩，京津沪浙连四方。
中部高峻环平原，六成沃野粮满仓。
暖温季风润齐鲁，河湖星罗鱼米香。
十六地市共崛起，青烟威滨新港忙。
八千年史文脉长，稷下争鸣百家强。
三孔圣迹传天下，孙子兵法典籍藏。
泰山封禅聚祥瑞，蓬莱仙境引仙航。
寿光菜鲜烟台果，阿胶美酒鲁味扬。
孔孟孙李文风盛，莫言诺奖添荣光。
旅游胜地名四海，崂山泉韵运河长。
京沪铁龙贯南北，空港通衢达八荒。
好客山东邀君至，盛世欢歌共翱翔！

思考题

1. 中国第一所省立大学是哪一所？于何时在何地创设？

2. “山东”作为省名的由来是什么？

3. 山东为什么被称为“齐鲁之邦”，并把“鲁”作为山东的简称？

4. 古代山东地区同时被称为“春秋五霸”之首和“战国七雄”之一的诸侯国是哪一个？

5. 山东省内陆部分与哪几个省份接壤？

6. 山东省最大的岛屿是哪一座？面积是多少？

7. 山东省属于什么气候类型？

8. 山东省哪些海珍品的产量居全国首位？（说出不少于 3 种）

9. 山东素有“粮棉油之库，水果水产之乡”之称，哪些粮食作物和经济作物在全国占有重要地位？（说出不少于 5 种）

10. 山东最大的群岛叫什么？面积是多少？

11. 山东省内最大的海湾是哪一个？

12. 中国产金最多的省、产金最大的市、产金最大的县（市）分别是哪里？

13. 苹果产量全国第一的县（市）是哪一个？

14. 中国首家大型葡萄酒酿造企业是哪一家？由谁建立的？

15. 山东省境内第一条铁路是哪一条？

第三章　景区讲解

学习目标

1. 掌握旅游区（风景区/景区）概况。

2. 熟悉标☆☆的景点内容。

3. 了解标☆的景点内容。

第一节　济南天下第一泉风景区

景区构成

※ **济南天下第一泉风景区概况**☆☆☆

一、趵突泉景区

（一）趵突泉景区概况☆☆

（二）趵突泉主要景点

1. 趵突胜境坊☆
2. 东门假山☆
3. 龟石☆
4. 漱玉泉☆
5. 李清照纪念馆☆☆
6. 三大殿☆
7. 趵突泉主泉区☆☆
8. 万竹园☆☆
9. 白雪楼☆

二、大明湖景区

（一）大明湖景区概况☆☆

（二）大明湖主要景点

1. 南门牌坊☆
2. 遐园☆
3. 辛稼轩纪念祠☆
4. 铁公祠☆☆
5. 历下亭☆☆
6. 北极阁☆☆
7. 南丰祠☆☆

8. 超然楼 ☆☆

9. 七桥风月（鹊华烟雨）☆

三、护城河（泉水游览景观带，或称“环城公园”）

（一）护城河概况☆☆

（二）护城河主要景点

1. 五龙潭公园概况☆☆

2. 解放阁☆

3. 黑虎泉☆

☆☆☆

济南天下第一泉风景区概况

各位游客朋友们，大家好！欢迎来到济南天下第一泉风景区。

【位置】天下第一泉风景区坐落于素有“泉城”美誉的山东省省会济南，是一处集自然景观与历史文化于一体的大型旅游景区。

【声誉 | 地位】天下第一泉风景区是济南首家国家 5A 级旅游景区，还是国家重点公园和省级风景名胜区。它的声誉不仅因为泉水的清澈、丰富，还因为这里历史悠久，文化底蕴深厚。每年这里都会吸引成千上万的游客前来游览。

【组成】天下第一泉风景区由“一河、一湖、三泉、四园”组成。其中的“一河”是环绕济南古城的护城河，“一湖”则是风景如画的大明湖。至于“三泉”，分别是趵突泉、黑虎泉和五龙潭，这三大泉群都以泉水丰富、清澈见底而著称。景区内的“四园”包括趵突泉公园、环城公园、五龙潭公园和大明湖风景区，每一处都有其独特的魅力。

【主要景点】在景区内，您可以欣赏到许多著名的泉水景观，如“趵突腾空”“黑虎啸月”“龙潭观鱼”等，每一个景点都有其独特的自然风光和历史故事。特别是在护城河上，您还可以乘坐画舫（fǎng），沿着河道慢慢游览，途经多个美丽景点，感受水上风光。

【特色 | 特产】除了美丽的自然景观，这里还举办许多传统的文化活动，比如

春节庙会、龙舟大赛、荷花艺术节和国际冬泳节等。这些活动既能丰富游客的体验，也可以让大家更深入地了解济南的文化。特产有以泉水为原料制作的泉水豆腐，用泉水酿造的“趵突泉”美酒。

今天，请跟随我的脚步，游览天下第一泉，探索济南的历史与自然之美，希望大家能在这里度过一段愉快、难忘的时光！

思 维 导 图

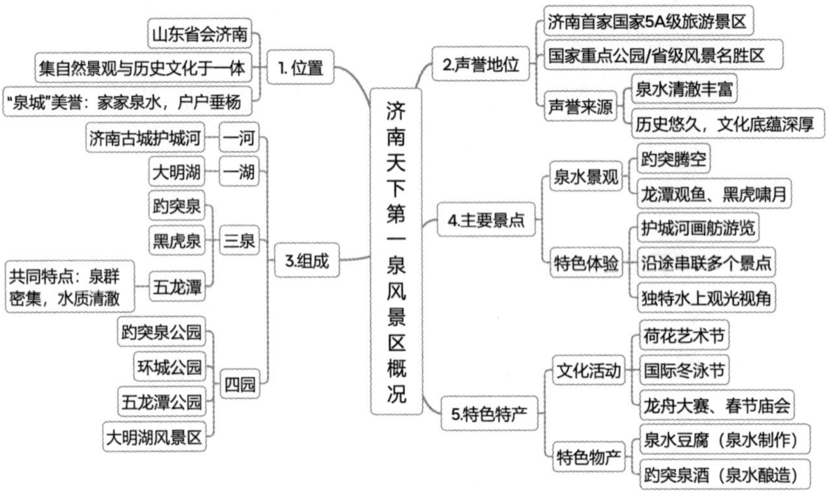

图 3-1-1 济南天下第一泉风景区概况

Tips

济南泉城美名传，天下一泉不一般。
5A 景区声望远，景含一河一湖三泉四园。
趵突黑虎五龙潭，各有奇景故事全。
画舫游河赏风光，春庙荷艺活动欢。
泉水豆腐美酒香，快随我游畅心玩。

一、趵突泉景区

（一）趵突泉景区概况☆☆

各位游客，欢迎来到济南趵突泉景区！

今天我们的游览会从东门进入，南门离开，沿途会游览龟石、漱玉泉、李清照纪念堂、三大殿和万竹园等景点，内容丰富，一定会让大家流连忘返！

趵突泉景区建于20世纪50年代，位于济南市市中心，是一座以天然泉水为核心，融合江南园林风格的自然山水景区。这里不仅是天下第一泉风景区的核心部分，还以其独特的民族风格和深厚的历史文化底蕴而闻名。据考古发现，趵突泉是中国最早有文字记录的泉水之一。

趵突泉是趵突泉景区的核心，是济南72名泉中最著名的，被誉为“天下第一泉”。它与附近的金线泉、漱玉泉、柳絮泉等20多处泉水共同组成了趵突泉泉群，泉水清澈甘甜，四季恒温。趵突泉三股泉眼喷涌不息，形成了“趵突腾空”的壮丽景象，这也是济南古八景之首。

接下来，让我们开启这段泉城之旅，一起感受趵突泉的灵动之美吧！

思　维　导　图

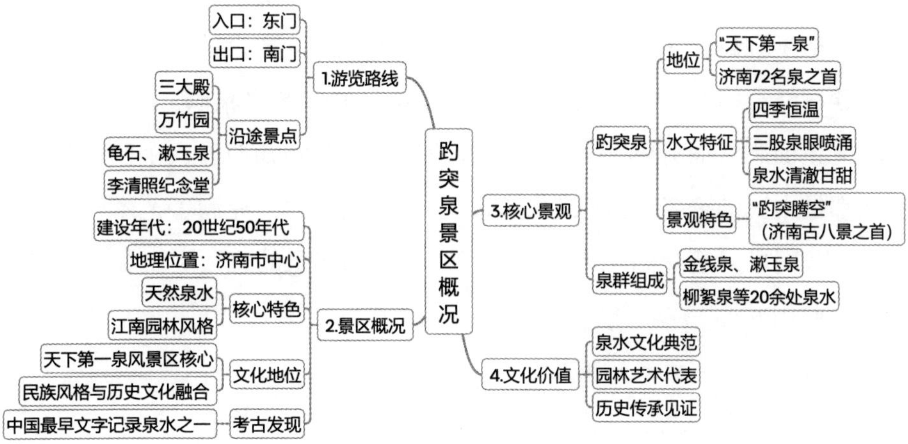

图3-1-2 趵突泉景区概况

Tips

游客朋友聚济南，趵突泉景待君探。
东门进，南门转，龟石漱玉一路览。
清照堂、三大殿，万竹园内趣味添。
景区建于五零年，泉为核心似江南。
趵突最牛名泉冠，廿多泉伴它成团。
三股水涌“腾空”灿，泉城之旅绽欢颜。

（二）趵突泉主要景点

1. 趵突胜境坊☆

各位游客，现在我们来到的是趵突胜境坊。

趵突胜境坊是趵突泉景区的标志性建筑，这里是景区的东门入口，也是我们今天游览的起点。

趵突胜境坊位于泉城广场中轴延长线上，与广场上济南市的标志——泉标遥相呼应，形成一道亮丽的风景线，为济南这座“泉城”增添了独特的文化魅力。这座牌坊不仅是趵突泉景区的门户，更是济南历史文化的重要象征。

牌坊的造型独特，采用的是“四柱三间冲天挑担”式设计，采用质地坚硬的莱州芝麻白砂石整石构造，总用石量达 30 吨，可见其工艺之精湛。

牌坊的正面和背面分别刻有“趵突胜境”和“观澜知源”八个凹形贴金大字，这两幅字都是由我国著名书法家题写的，字体苍劲有力，充满了艺术气息。通过这座石牌坊，我们可以感受到“天下第一泉”——趵突泉的悠久历史和独特魅力。

2. 东门假山☆

各位游客，欢迎来到东门假山。

趵突泉景区有东、南、北三个出入口。东门是一座出檐卷山、具有民族风格的卷棚式建筑。大门匾额上“趵突泉”三个贴金大字是郭沫若先生题写的。

东门假山建于 20 世纪 60 年代，选用济南南部山区的仲宫石构筑而成。因为这些山石的石质、色泽与江南太湖石有相似之处，所以也被称为“北太湖石”。

“障景”是我国古典造园艺术手法之一，这里迎门建造的假山就是为了障景，即把园中的美景挡在后面，给人留以悬念，激起人们继续参观的欲望。

3. 龟石☆

各位游客，现在我们看到的是“济南第一名石”——龟石。

中国有句古话：“凡名园必有名石。”龟石是趵突泉公园的镇园之宝，被誉为“济南第一名石”，也是济南市的镇城之宝，具有太湖石品中的瘦、皱、透、漏、秀的特点，为全国名石，已被收入《中国赏石大典》。

龟石的来历和元代中国著名的散曲家张养浩有关。张养浩酷爱自然山川，弃官归隐济南后与山猿、野鹤、山石为友。根据记载，他一生曾经收藏过 10 块著名的太湖石，其中 4 块根据它们的形状分别命名为龙、凤、龟、麟，称为“四大灵石”。到现在其他 3 块灵石都已不知所终，只留下了这一块龟石，来这里的游客都喜欢在此留影，一是为纪念著名的散曲家张养浩，二是取延年益寿之意。

4. 漱玉泉☆

各位游客，欢迎来到漱玉泉。

漱玉泉，是趵突泉泉群中一个常年有水的泉。背面石头栏杆上“漱玉泉”三个大字是已故的济南近代书画家关友声的手笔。

“漱玉”一名，源于《世说新语》，有洁身自好、磨砺其志的寓意。相传，宋代著名词人李清照经常在泉边梳洗打扮、构思词句，古代把女子的牙齿称为“玉”，所以取名“漱玉泉”。

5. 李清照纪念馆☆☆

各位游客，欢迎来到李清照纪念馆。

李清照纪念馆是在原丁公祠的基础上改建而成的，它采用了典型的宋代建筑风格，门匾上有“李清照纪念堂”五个大字，迎门屏风上还有“一代词人”和“传诵千秋”的题词，都是由著名学者郭沫若先生题写的。正堂门前的抱柱上有一副木刻楹联，同样是郭沫若先生的手笔。上联是“大明湖畔趵突泉边故居在垂杨深处”，下联是“漱玉集中金石录里文采有后主遗风”。上联描述了李清照故居的位置，下联则赞美了她的词作和她为丈夫《金石录》所作的序文，认为她的文风继承了南唐后主李煜的婉约风格。

进入正厅，可以看到一尊李清照的塑像。塑像中的李清照手持书卷，若有所思，栩栩如生地展现了她作为一代词人的神韵。这尊塑像用石膏创作，象征着李清照清清白白的一生，也让我们更加直观地感受到她的才情与风骨。

纪念堂的后部是扩建的蜡像馆，通过四组蜡像生动地再现了李清照的一生。“父母教诲”“诗坛绽秀”“志同道合”“流寓江南”四组蜡像栩栩如生，选取李清照生平中的关键节点，展示了这位女词人从幼年到晚年的生活。

让我们细细品味“千古第一才女”李清照的风采！

思 维 导 图

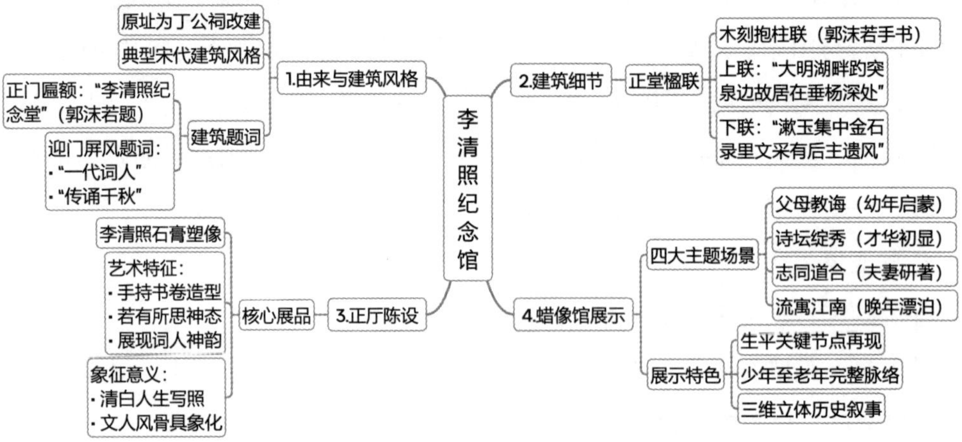

图 3-1-3 李清照纪念馆

Tips

游客齐聚纪念馆，原是丁祠改宋颜。
郭老题字门上显，抱柱楹联意蕴绵。
正厅塑像握书娴，石膏表意品如莲。
蜡像四组呈华年，从幼到晚故事全，赏罢才女敬意添。

6. 三大殿☆

各位游客，欢迎来到三大殿。

三大殿的历史源头可追溯至对娥皇、女英的纪念，后随历史变迁，殿宇的名称、用途和供奉对象有所调整。三大殿为北、中、南三殿，三殿坐北朝南，在同一中轴线上。

最北边的是三圣殿，它最初并非为纪念娥皇、女英而建筑，主要功能为祭祀中国古代部落联盟首领尧、舜、禹。

中殿为娥英祠。殿内供奉着舜帝的两位妃子娥皇和女英，墙面壁画惟妙惟肖、栩栩如生。

南殿人称“泺源堂”，泺源就是泺水源头的意思。泺水是一条古代河流的名字，水源就是前面的趵突泉，因趵突泉水流出时有落差，因此“泺”作河流名称时读“luò”，这就是“泺水”名称的来源。

在泺源堂和娥英祠之间用玻璃罩起来的这块碑叫“双御碑”。清朝的祖孙皇帝康熙和乾隆曾经多次游览趵突泉，两人都对趵突泉赞不绝口。因为这两位皇帝都在同一块碑上题过字，所以这块碑叫“双御碑”，这种样式全国罕见。

7. 趵突泉主泉区☆☆

各位游客，欢迎来到趵突泉主泉区。

眼前的这片泉水，正是济南最著名的“天下第一泉”——趵突泉。趵突泉历史悠久，“泉”字最早的记载可以追溯到商代的甲骨文，距今已经有三千多年的历史。

趵突泉西边的亭子，名叫“观澜亭”，是观赏趵突泉的最佳位置之一，在这里可以清楚地看到泉水喷涌的壮丽景象。乾隆皇帝和毛泽东主席都曾在这里驻足，欣赏趵突泉的美景。

趵突泉左侧的石碑上，刻有“趵突泉”三个字。这是明代山东巡抚胡缵宗所题，最特别的地方在于“突”字的顶部少了一点。关于这个独特的字形，有两种说法。一种说法是，刻意去掉这一点，表达了人们的愿望，希望趵突泉的水永远喷涌不息，象征着无尽的生命力；另一种说法则是，趵突泉的水流得非常汹涌，泉水的力量把“突”字的点冲走，顺着水流流到了大明湖，因此在大明湖的“明”字的“日”字旁，能看到多出的一条横。

趵突泉有三股泉眼，水流激荡，气势磅礴，古人称之为“趵突腾空”，是济南八景之首。

让我们一起来感受趵突泉的震撼与美丽！

思 维 导 图

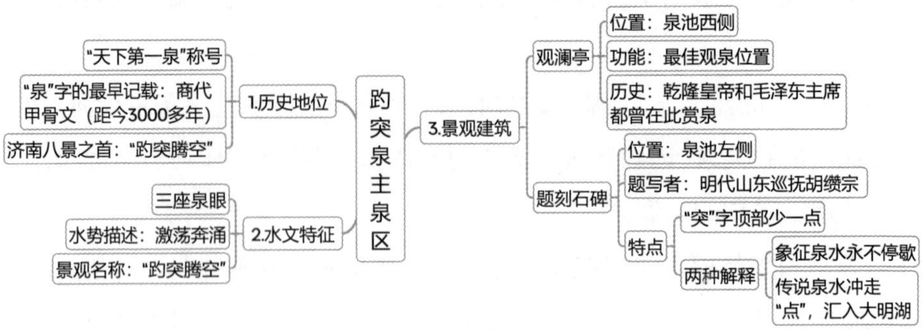

图 3-1-4 趵突泉主泉区

Tips

天下名泉趵突泉，三千多年史久远。
西边有座观澜亭，乾隆、主席曾留影。
左侧石碑题名字，胡公笔迹少点迹。
一说祈愿水长流，二说点被泉冲走。
三泉喷涌气势雄，“趵突腾空”景称雄。

8. 万竹园☆☆

各位游客，欢迎来到万竹园！

这座古典园林位于趵突泉景区西南侧，是山东省省级文物保护单位。它还是我国珍贵的文化遗产，拥有较高的园林艺术与历史价值。

万竹园的历史可以追溯到元代，因当时园内竹林成片、环境优美而得名。园内建筑风格独特，融合了北方四合院的布局和江南古典园林的造景手法。这种风格使得万竹园可以在有限的空间内仿效自然，移步换景，小中见大，堪称园林艺术的杰作。

园内的木雕、砖雕和石雕被誉为“万竹园三绝”。这些雕刻题材广泛，造型逼真，栩栩如生，展现了古代工匠的高超技艺。无论是门窗上的木雕，还是墙壁上的砖雕，抑或庭院中的石雕，都充满了艺术气息，令人叹为观止。

接下来，大家可以自由参观，细细品味这座古典园林的独特魅力。

思　维　导　图

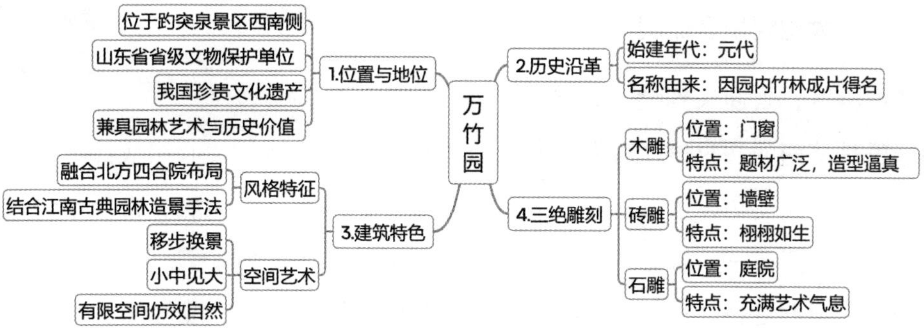

图 3-1-5 万竹园

Tips

趵突西南万竹园，文保遗产名久远。
元代起兴因竹盛，北院南园风格兼。
移步换景藏妙趣，三绝雕刻技艺玄。
题材丰富形逼真，艺术之园人人羡。

9. 白雪楼☆

各位游客，欢迎来到白雪楼。

白雪楼是明朝万历年间修建的，后几经易名和重建。

白雪楼为卷棚歇山式两层园林古建筑，正面悬山出厦，背面设计戏台，为带戏台式二层古建筑。其彩画样式是在苏式彩画的基础上融入地方特色的杂式彩画。白雪楼的楼上檐下悬挂白底黑字木匾，上书“白雪楼”三个大字。

北面的白雪楼大戏台是与白雪楼同期建造的二层连体建筑。戏台两侧的楹联“百花齐放，推陈出新”为毛泽东主席手书，匾额“振兴京剧艺术，弘扬民族文化”则为时任总书记江泽民题写。这里经常上演京剧、吕剧、曲艺等各类剧目，全国众多梨园名家多次在此登台献艺，是全国群众文化活动的典范之地。

二、大明湖景区

（一）大明湖景区概况☆☆

各位游客，欢迎来到大明湖景区！

这里是济南的“泉城明珠”，也是天下第一泉风景区的核心组成部分。大家请看，大明湖水面辽阔，水域面积占景区一半以上，湖水清澈见底，常年水位稳定，形成了“四面荷花三面柳，一城山色半城湖”的独特景观！

湖中最显眼处矗（chù）立着著名的历下亭，与铁公祠、北极阁、南丰祠、超然楼和辛稼轩纪念祠等景点遥相呼应，共同勾勒出大明湖的独特风貌。

大明湖景区分为老区和新区，各有八景，合称“明湖十六景”。无论是老区的“鹊华烟雨”“明湖泛舟”，还是新区的“超然致远”“七桥风月”，漫步其中，都会感受到自然与人文的和谐统一。

大明湖还吸引了历代文人墨客，杜甫、苏轼、元好问等都曾在此留下诗文墨宝，为大明湖增添了深厚的文化底蕴。

如今，大明湖与护城河实现通航，形成了环湖休闲游览景观线，成为集人文、自然、休闲、文化于一体的特色风景名胜区。

接下来，大家可以泛舟湖上，也可以漫步湖畔，感受大明湖的魅力。

思 维 导 图

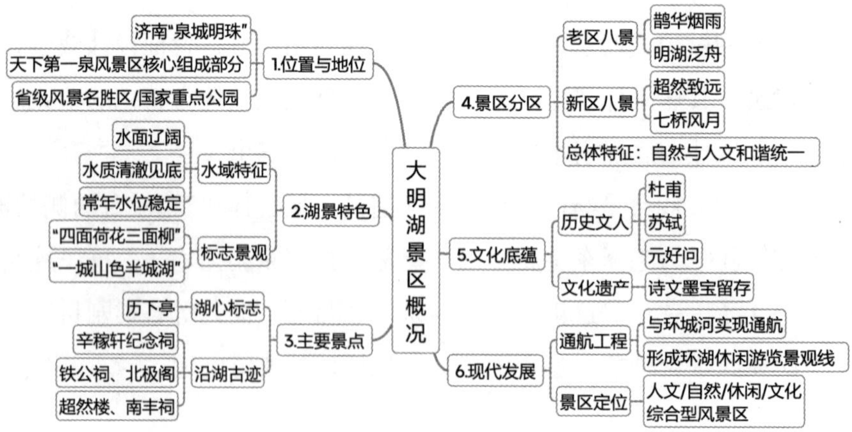

图 3-1-6 大明湖景区概况

Tips

泉城明珠大明湖，一湖胜景入画图。
半城湖水荷柳簇，历下亭立景色殊。
铁公北极祠阁古，超然辛祠韵不虚。
明湖十六景皆秀，文人留墨底蕴足。
河湖通航新景出，人文休闲乐心舒。

（二）大明湖主要景点

1. 南门牌坊☆

各位游客，欢迎来到南门牌坊。

南门是大明湖景区的正门，门前矗立着一座富有民族风格的彩绘牌坊。这座牌坊于 20 世纪 50 年代迁至此处，整个建筑金碧辉煌，是大明湖的标志。牌坊正中镌刻着“大明湖”三个大字。大明湖的八景之一“丹坊耀日”指的就是这里。

2. 遐园☆

各位游客，欢迎来到遐（xiá）园。

遐园，坐落在大明湖南岸。它的前身为始建于 1909 年的山东省图书馆，是山东提学使罗正钧仿照宁波天一阁修建的，是全国建立最早的省级图书馆之一。晚清时期，罗正钧作为提学使，深知教育的重要性，主持兴建了图书馆，不仅为内忧外患的清王朝培养了更多人才，也有效地保护和传承了中华文化。

园内有一条小溪绕山而过，溪水在园内曲折蜿蜒，形成优美的水景。此外，遐园内还嵌有传说为岳飞墨迹的石刻《诸葛亮前后出师表》，那深邃的笔刻与文字，带领人们穿越时空界限，感受诸葛亮忧国忧民的思想。

如今的遐园是大明湖风景名胜区内的著名园林，被誉为“济南第一标准庭院”。

3. 辛稼轩纪念祠☆

各位游客，欢迎来到稼轩祠。

这座祠堂是为纪念南宋爱国英雄、豪放派词人辛弃疾而建，原为李鸿章生祠，始建于20世纪初，后改建为辛稼轩纪念祠。祠堂坐北朝南，三进院落，布局严谨古朴，是典型的古代官署型建筑。

祠堂大门外有两尊石狮守护，门匾“辛弃疾纪念祠”由陈毅元帅题写。第一进院落的过厅陈列着咏赞辛弃疾的诗词字画。第二进院落的正厅内安置着辛弃疾塑像，四周悬挂名人字画，并陈列其著作及研究文献。第三进院落临湖而坐，是游人休息赏景的好去处。

稼轩祠为济南市爱国主义教育基地，祠内详细介绍了辛弃疾这位南宋爱国英雄的生平事迹，希望大家在这里感受到辛弃疾的爱国情怀与文学成就！

4. 铁公祠☆☆

各位游客，欢迎来到铁公祠。

铁公祠是一座民族形式的庭院，古朴典雅，南临湖岸，院内建筑错落有致，被誉为大明湖的“园中园”。

祠堂的精华是小沧浪亭，它仿照苏州沧浪亭设计，亭内镶嵌着著名的对联：“四面荷花三面柳，一城山色半城湖。”这副对联生动描绘了济南的独特风貌，成为千古名句，流传至今。

这座祠堂是为纪念明代忠臣铁铉（xuàn）而建，他因坚守济南、宁死不降而壮烈牺牲，是明初著名的忠臣义士。

在祠堂正中央，您可以看到一尊 2 米多高的铁铉铜像，栩栩如生，展现了这位忠臣的英勇气概。铜像上方悬挂着“浩气长存”匾额，两侧的对联则是铁铉的亲笔手书，字迹刚劲有力，彰显了他的气节与风骨。

铁公祠不仅是大明湖景区的重要景点，更是历史文化的见证。让我们细细品味这座祠堂的文化内涵。

思 维 导 图

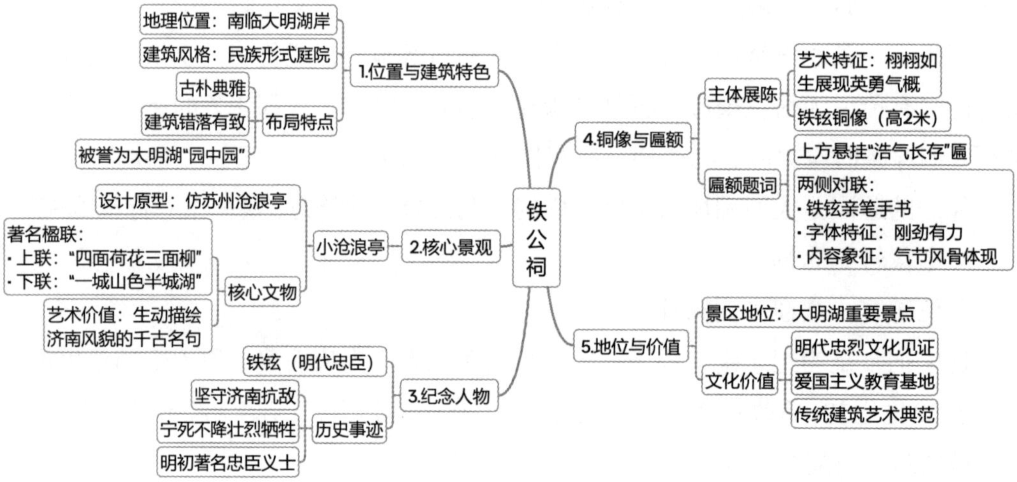

图 3-1-7 铁公祠

Tips

游客齐聚铁公祠，民族庭院韵雅致。
南临湖岸称“园中”，小沧浪亭有妙句。
对联描绘泉城美，千古流传人人记。
铁铉忠烈留英名，铜像高悬浩气聚。
手书对联风骨显，历史文化此间叙。

5. 历下亭☆☆

各位游客，欢迎来到历下亭。

此亭历史悠久，最初建在古历山脚下，因此得名“历下亭”。虽然具体建造年代已不可考，但它历经多次变迁，依然屹立于此，成为大明湖的标志性景点之一。

在历下亭的匾额上，可以看到“历下亭”三个大字，是清乾隆皇帝亲笔题写的。门上楹联“海右此亭古，济南名士多”是杜甫的名句，寓意济南人才辈出。

亭子后方的名士轩“名”字多了一点，“士”字多了两点。寓意着希望济南的名士越来越多。名士轩内陈列着李白、杜甫等与济南相关的历史名人的石刻画像，栩栩如生，在这里您可以穿越时空，与这些文化巨匠面对面。

历下亭是观赏大明湖美景的绝佳位置，站在这里，您可以远眺湖光山色，感受“四面荷花三面柳，一城山色半城湖”的诗意画卷。

接下来，大家可以自由参观，拍照留念，细细品味这座古亭的文化韵味。

思 维 导 图

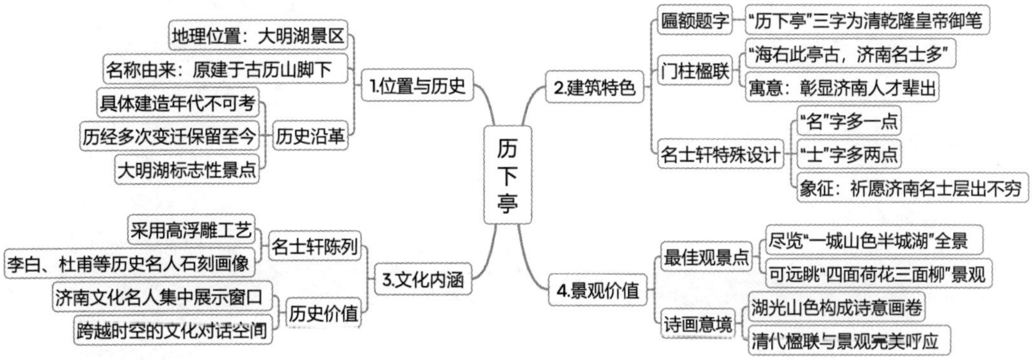

图 3-1-8 历下亭

Tips

历下古亭岁月悠，历山脚下初诞留。
年代难考经变迁，大明标志屹湖头。
乾隆御笔匾额秀，“海右”楹联名士酬。
名士轩宇藏深意，李杜画像韵长流。
绝佳赏景临此亭，湖山荷柳诗意柔。

6. 北极阁☆☆

各位游客，欢迎来到北极阁。

这座道教庙宇又称“真武庙”，是济南市区规模最大的道教建筑，始建于元代，距今已有 700 多年的历史。要进入北极阁，您需要先走过 36 级台阶，这象征着道教的“三十六洞天”，寓意着通往神圣的境界。

北极阁由钟楼、鼓楼、正殿和后殿等建筑组成。正殿是真武大帝的塑像，他是道教中镇守北方的神，主掌水事。济南以泉水闻名，古人在这里供奉真武大帝，希望他能镇住水中的妖魔鬼怪，保佑百姓平安。真武大帝的神龛两侧侍立着金童玉女，供案上还有龟蛇合体的雕像，象征着真武大帝的龟蛇二将。殿内的壁画生动描绘了真武大帝从修道到成仙的传奇故事。后殿是启圣殿，供奉着真武大帝父母的坐像。殿内的壁画描绘了祝寿的场景，充满了祥和喜庆的氛围。

北极阁不仅是一座宗教建筑，更是一处融合了历史、文化和艺术的宝地。接下来，大家可以自由参观，细细品味这座古老庙宇的独特魅力。

思 维 导 图

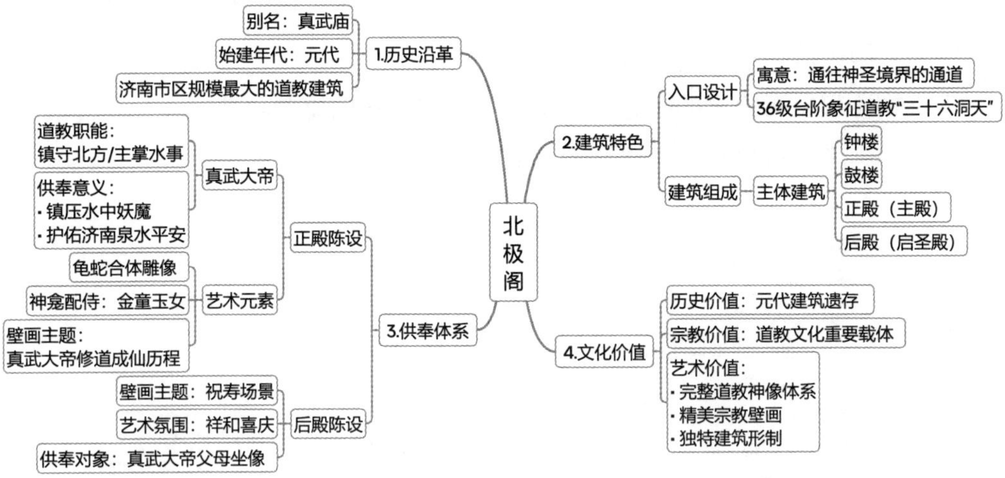

图 3-1-9 北极阁

Tips

济南真武北极阁，元代始建岁蹉跎。
七百余年遗古韵，卅六台阶通圣国。
钟鼓配殿布局全，真武威严居中坐。
掌水镇妖护泉城，金童玉女侍两侧。
龟蛇雕像寄神力，壁画修道成仙歌。
后殿启圣供双亲，祝寿壁画祥意裹。
宗教历史融艺术，古阁宝地众人贺。

7. 南丰祠☆☆

各位游客，欢迎来到南丰祠。

南丰祠是一座古典式庭院，由祠堂、戏楼、明昌钟亭和雨荷厅等建筑组成。

这座祠堂是为纪念宋代著名文学家曾巩而建，他是“唐宋八大家”之一，也是济南历史上的重要文化名人。祠堂门匾上“南丰祠”三个大字庄重醒目，祠堂内的曾巩雕像，生动地展现了他作为一代文豪的儒雅气质。

南丰祠内有济南市区现存最大的清代戏楼——南丰戏楼，戏楼至今仍在使用，是戏曲文化的重要载体。旁边明昌钟亭内悬挂着一口重达 8 吨的铁钟，距今已有 800 多年历史，被誉为“齐鲁第一钟”。除此之外，还有因电视剧《还珠格格》的热播而闻名的雨荷厅，是热门的游客拍照打卡地。

南丰祠不仅是对曾巩的纪念，更是济南历史文化的重要象征。

接下来，大家可以自由参观，细细品味这座古典庭院的魅力。

思维导图

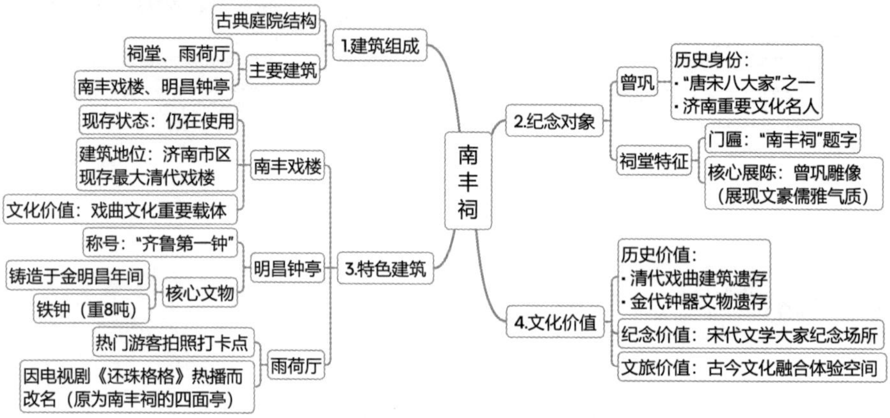

图 3-1-10 南丰祠

Tips

南丰古祠庭院雅，祠楼钟亭厅入画。
曾巩文豪唐宋家，建祠纪念情不假。
门匾大字显庄重，雕像儒雅气质佳。
南丰戏楼承戏曲，清代古物仍用它。
明昌钟亭悬巨钟，齐鲁第一名远遐。
雨荷一厅因剧火，游客打卡人人夸。
历史文化此为证，纪念曾公意义大。

8. 超然楼☆☆

各位游客，欢迎来到超然楼。

这座楼被誉为“江北第一楼”，是济南泉文化、园林文化和民俗文化的集中展示地。

超然楼始建于元代，如今的超然楼是在原址基础上重建的，采用钢筋混凝土仿木结构，共七层，既保留了古典建筑的韵味，又融入了现代工艺的坚固与实用。

楼内分为多个展厅，内容丰富多样。一楼有 7 个展厅，您可以分别体验济南的泉水文化、园林景观和市井风情。二楼以木雕为主，最引人注目的是一幅高 8 米、宽 6 米的巨型木雕《泉城揽胜》，生动展现了济南的鹊华二山、大明湖、趵突泉等著名景点。三楼展示了《超然楼赋》，以诗文形式赞颂了这座楼的独特魅力。四楼陈列着精美的泰山玉石雕展品，展现了传统工艺的精湛技艺。五楼则陈列着各种奇石，令人叹为观止。六楼的观光平台是俯瞰大明湖和泉城美景的绝佳位置。站在这里，您可以将“四面荷花三面柳，一城山色半城湖”的美景尽收眼底，感受济南的独特魅力。

超然楼不仅是一座建筑，更是济南文化的缩影。接下来，大家可以自由参观，细细品味这座楼的魅力。

思　维　导　图

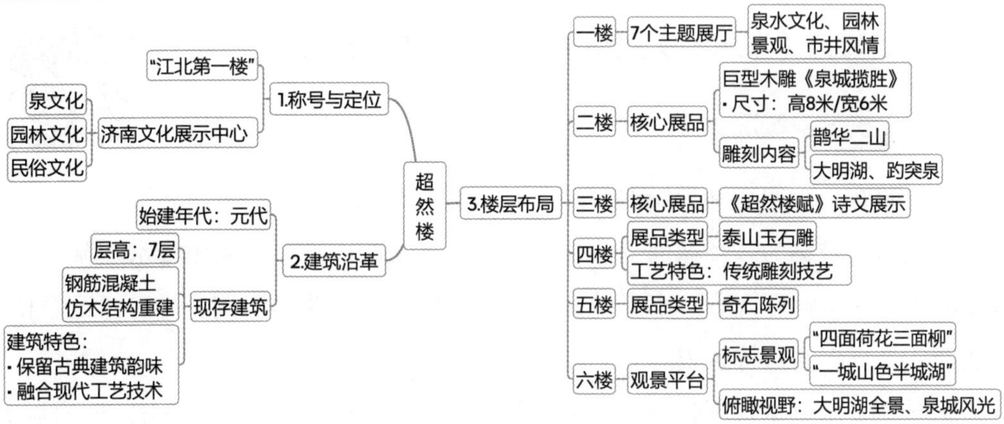

图 3-1-11　超然楼

Tips

江北首楼名超然，泉园民俗文化显。

元代始建今重建，钢筋仿木韵犹传。
七层楼阁展新颜，厅内内容多且全。
一楼赏尽泉园景，二楼木雕技艺精。
三楼辞赋赞楼宇，四楼玉雕工艺灵。
五楼奇石皆称妙，六楼观景心自宁。
荷柳湖山收眼底，泉城魅力韵无穷。

9. 七桥风月（鹊华烟雨）☆

各位游客，欢迎来到“七桥风月”景观。

古时，大明湖周边有七座风格各异的桥，成为文人墨客吟咏的对象。如今，经过扩建和重建，七桥风月景观得以重现，营造出小桥流水人家的诗意景致。

其中最著名的是鹊华桥，站在桥上北望，鹊山和华山宛如仙女起舞，田野村郭如画，形成“鹊华烟雨”的美景。元代赵孟頫的《鹊华秋色图》和乾隆帝的赋诗都让这座桥名扬天下。如今，重建后的鹊华桥位于超然楼南侧，虽因城市建筑遮挡，难见鹊华二山，但桥边的湖景依然迷人。

三、护城河（泉水游览景观带，或称“环城公园”）

（一）护城河概况☆☆

各位游客，欢迎来到护城河。

护城河也被称为“环城河”或“娥英河”，是国内唯一一条由泉水汇流而成的城市河流。这条河环绕着济南老城，不仅历史悠久，还兼具防御、排涝、运输和观赏功能，是济南的独特景观。

护城河泉水游览景观带由“一河（护城河）、一湖（大明湖）、一城（明府城）”组成。乘坐画舫游览护城河，您可以欣赏到五龙潭、大明湖、黑虎泉、解放阁以及泉城广场等著名景点，感受泉城景观的独特意趣。

护城河全线通航，使济南成为全国唯一一座可乘船环游老城区特色风貌带的城市。这条河及其周边资源形成的泉水游览景观带，将泉、河、湖、城融为一体，成为泉城旅游的标志性区域。

接下来，大家可以乘坐画舫，开启一段轻松惬意的水上之旅，感受济南“泉城”的独特魅力。

思 维 导 图

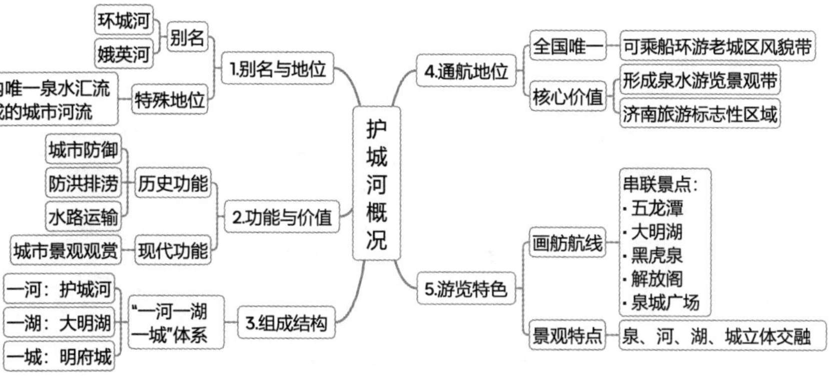

图 3-1-12 护城河概况

Tips

环城又唤娥英河，泉聚成流城市卓。
绕护济南老城郭，防御排涝用途多。
一河一湖与一城，画舫穿行乐趣和。
五龙黑虎明湖秀，阁台广场皆可歌。
全线通航成一绝，泉河湖城相融合。

（二）护城河主要景点

1. 五龙潭公园概况☆☆

各位游客，欢迎来到五龙潭公园。

这座公园因五龙潭而得名，五龙潭公园正是以清澈的泉水、古朴的园林与秦琼祠的历史故事，吸引着远近的游客。

五龙潭泉群是济南四大泉群之一，也是济南最深的一处泉水，五龙潭因潭边曾建有五龙神庙而得名。

园内既有南方小桥流水的精巧雅致，也有北方园林的粗犷豪放，漫步其中，不同地域的园林艺术魅力令人流连忘返。

园区内还建有秦琼祠，祠内供奉着唐代名将秦琼的塑像，壁画生动描绘了他一生的代表性事件。秦琼是济南的历史名人，他的故事为五龙潭公园增添了浓厚的人文气息。

接下来，大家可以自由参观，细细品味这座公园的独特魅力。

思 维 导 图

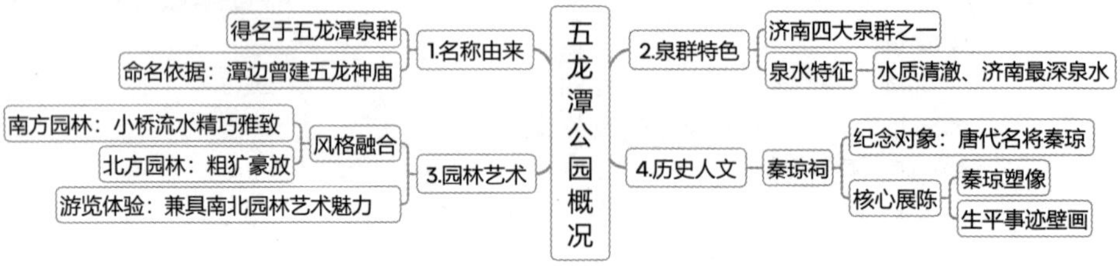

图 3-1-13 五龙潭公园概况

Tips

五龙潭园潭命名，清泉朴园故事盈。
四大泉群占一席，潭深庙建史留名。
南北园风巧融合，小桥粗犷皆含情。
秦琼祠内英魂聚，塑像壁画诉生平。
名人故事添文韵，此园魅力客皆倾。

2. 解放阁☆

各位游客，欢迎来到解放阁。

解放阁位于济南旧城城墙的东南角，这里是 1948 年人民解放军攻克济南内城的突破口。为了纪念这一历史事件，济南市人民政府保留了这段城墙，并兴建了解放阁的石砌台基。

解放阁采用中国古建筑形式，庄重肃穆，巍峨壮观。阁分两层，底层厅内陈列济南战役中的部分革命文物，正中安放一座英雄群像雕塑，外墙壁上镶嵌大理石浮雕，描绘了济南战役的各个场景；二层是观瞻厅，主要接待中外游客。

解放阁不仅是重要的革命传统教育阵地，也是泉城十大景观之一，是山东省文物保护单位。

3. 黑虎泉☆

各位游客，欢迎来到黑虎泉。

黑虎泉泉群是济南四大泉群之一，其中，黑虎泉为泉群之首，在济南七十二名泉中排名第二。泉水从三个石雕兽头口中喷涌而出，激起层层水花，气势磅礴，尤其在夜色中，声如虎吼，故得名“黑虎泉”。

这里有双虎雕塑，黑虎用黑色花岗石雕成，金虎用青铜铸造，寓意吉祥。旁边的石碑上书“福泉”，“福”字多了一点，寓意幸福多一点。

黑虎泉船站是环城游景观带的起点和终点,每天吸引数万名中外游客前来观赏。

祝愿大家在黑虎泉的游览中，能够感受到泉水的灵动与自然的壮美，享受这段美好的旅程!

？思考题

1. 趵突泉被称为“天下第一泉”，是谁封的?

2. 天下第一泉景区的“一河、一湖、三泉、四园”，具体指什么?

3. 在“天下第一泉”的趵突泉公园中，“沧园”和“白雪楼”是为纪念哪位文人而建?

4. 济南天下第一泉景区的大明湖最早见诸文字记载的是哪部典籍?

5. 天下第一泉风景区的名联“四面荷花三面柳，一城山色半城湖”是哪个朝代的哪位文人所撰写?

第二节　曲阜“三孔”旅游区

景区构成

※“三孔”景区概况☆☆☆

一、孔庙

（一）孔庙概况☆☆

（二）孔庙主要景点

1. 万仞宫墙☆☆
2. 金声玉振坊☆
3. 棂星门☆
4. 圣时门☆
5. 弘道门☆
6. 大中门☆
7. 同文门☆
8. 奎文阁☆☆
9. 十三碑亭☆☆
10. 大成门☆
11. 先师手植桧☆
12. 杏坛☆☆
13. 大成殿☆☆
14. 寝殿☆
15. 圣迹殿☆
16. 诗礼堂☆

二、孔府

（一）孔府概况☆☆

（二）孔府主要景点

1. 孔府大门☆☆

2. 二门、重光门☆

3. 六厅☆

4. 孔府大堂☆☆

5. 二堂☆

6. 三堂☆

7. 内宅门及戒贪图☆☆

8. 前上房☆

9. 前堂楼☆☆

10. 后堂楼☆

11. 后花园☆

三、孔林

（一）孔林概况☆☆

（二）孔林主要景区

1. 神道☆

2. 至圣林坊☆

3. 孔子墓甬道☆☆

4. 享殿☆

5. 子贡手植楷、“流泪碑☆

6. 孔子墓☆☆

7. 孔鲤墓☆

8. 孔伋墓☆

9. 子贡庐墓处☆

☆☆☆

“三孔”景区概况

各位游客朋友们，大家好！欢迎来到“三孔”景区。

【位置】三孔景区位于山东省济宁市曲阜市，是中国古代文化的象征之一。曲阜市位于山东省西南部，地处泰山以南，沂河以北，交通便利，历史悠久。

【声誉 | 地位】“三孔”景区是国家5A级旅游景区、世界文化遗产。在中国历史上具有极其重要的地位，被尊为“中华文化的圣地”。

【组成】“三孔”景区包括孔庙、孔府和孔林，是纪念孔子、推崇儒学的圣地。孔庙，是历代帝王祭祀孔子、表彰儒学的地方，被称为“天下第一庙”，是中国现存规模仅次于故宫的古建筑群。其大成殿与故宫太和殿、岱庙天贶（kuàng）殿并称“东方三大殿”，气势恢宏。孔府，又称“衍圣公府”，位于孔庙东侧，是孔子嫡系长孙居住的地方，被誉为“天下第一家”，是历代保存年代最久远、面积最大、特权最高的贵族庄园。孔林，又称“至圣林”，是孔子及其家族后裔的墓地，是世界上延时最久、面积最大的家族墓地，也被称为“天下第一林”。

【特色 | 特产】曲阜香酥煎饼，薄脆可口，香气四溢；还有圣府糕点，选料精细，口感软糯，甜而不腻；孔府菜遵循孔子理念“食不厌精，脍不厌细”，由孔府历代名厨精心创制，代表菜有烤花揽桂鱼、烤乳猪、一品豆腐、寿字鸭羹、玉带鱼卷等。2011年，孔府菜烹饪技艺被列入国家级非遗项目代表性名录。

【路线】我们首先参观孔庙，从万仞宫墙开始，途经金声玉振坊、圣时门等，然后到达大成殿；接着游览孔府，从圣人之门进入，依次参观垂花门、大堂等；最后漫步孔林，参观孔子墓、孔鲤墓、孔伋（jí）墓等，感受历史的沧桑和文化的传承。

思　维　导　图

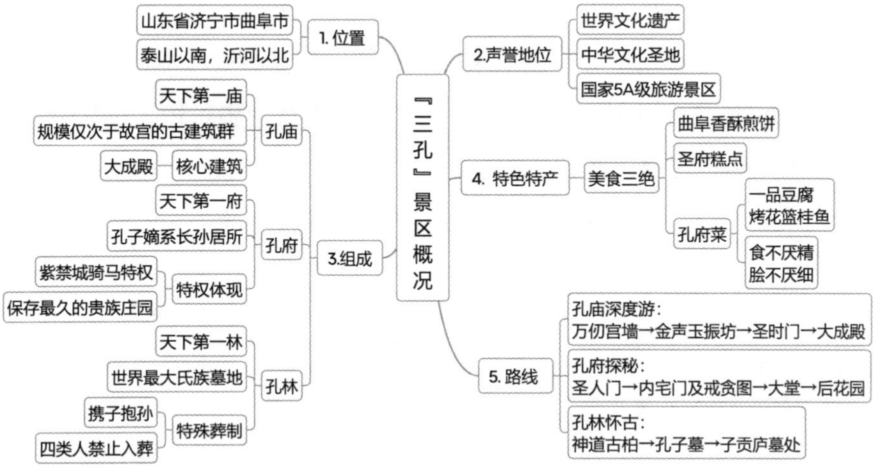

图 3-2-1　“三孔”景区概况

Tips

山东曲阜泰山旁，黄河之南文脉长。
5A 遗产世无双，孔庙孔府孔林藏。
天下第一庙威壮，三大殿连故宫墙。
衍圣公府称圣宅，千年氏族墓沧桑。
煎饼酥脆糕点香，孔府菜精非遗强。
路线先逛万仞墙，金声玉振到垂堂。
最后三墓历史望，文化圣地美名扬。

一、孔庙

（一）孔庙概况☆☆

各位游客，欢迎来到孔庙。

孔庙，又称“至圣庙”“先师庙”等，是中国古代为祭祀孔子而设立的庙宇，被称为“天下第一庙”。孔庙历经两千多年不断扩建和修缮，逐渐形成了今天的规模。

孔庙采用皇室建筑风格，它以中轴线为对称轴，左右两侧对称分布，主要建筑有棂（líng）星门、大成门、大成殿等。大成殿是孔庙的主体建筑，也是祭祀孔子的主要场所，其建筑规模宏大，气势磅礴，与故宫太和殿、岱庙天贶殿并称“东方三大殿”。

在孔庙内，保存着大量的碑刻、文物和古籍，完整保存了儒家经典，堪称“石质图书馆”。此外，孔庙的古树名木、匾额楹联也极具历史价值，例如金声玉振坊，寓意孔子思想如金石之声，流传千古。

希望大家在参观过程中保持安静，不要触摸文物和古迹，共同维护孔庙的整洁和秩序。

思 维 导 图

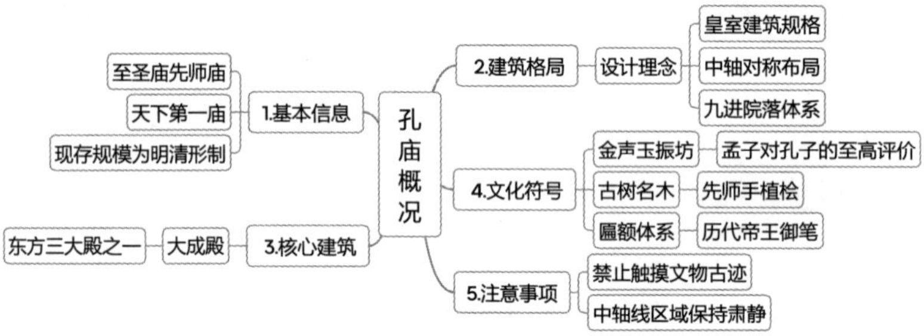

图 3-2-2 孔庙概况

Tips

曲阜孔庙天下名，祭祀孔子岁月凝。
皇室风格中轴明，大成殿宇气势宏。
碑刻古籍藏底蕴，金声玉振寓意精。
参观守序莫触碰，文化瑰宝心中铭 。

（二）孔庙主要景点

1. 万仞宫墙☆☆

各位游客，欢迎来到万仞宫墙。

万仞宫墙是孔庙的第一道景观。

万仞宫墙又名“仰圣门”，是明代曲阜的正南门。“万仞”一词出自《论语》，形容孔子的学问如高墙般深邃，常人难以企及，体现了后人对孔子的无限敬仰。

万仞宫墙是一座高大的红色围墙，墙体厚重庄严，顶部覆盖黄色琉璃瓦。墙的正中央是一座巍峨的城门，名为“仰圣门”，门上悬挂着乾隆皇帝题写的“万仞宫墙”四个金色大字。城门两侧还有两座角楼，对称分布，增添了整体的庄严感。

万仞宫墙有深厚的文化寓意。相传，只有皇帝或钦差大臣才能从正门进入，普通人则需从侧门通行。每逢祭孔大典，这里都会举行隆重的开城仪式，场面壮观，令人震撼。

希望大家通过这道墙，开启一段难忘的文化之旅。

思 维 导 图

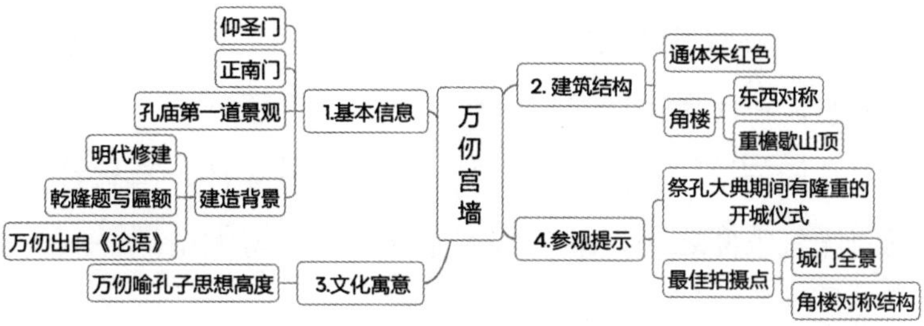

图 3-2-3 万仞宫墙

Tips

游客齐聚万仞墙，孔庙首景绽光芒。
仰圣门高迎四方，论语典故韵味长。
红墙黄瓦气势昂，乾隆御笔闪金光。
祭孔大典城开放，文化之旅心飞扬。

2. 金声玉振坊☆

各位游客，欢迎来到金声玉振坊。

金声玉振坊是孔庙的起点。

坊名“金声玉振”源于孟子对孔子的赞誉，意指孔子的思想集古圣先贤之大成。体现了孟子对孔子的崇敬之情。

金声玉振坊共有四根石柱，夹抱石柱的称为“石鼓”，每根石柱上面都饰有一个莲花宝座，宝座上蹲有一个古朴的圆雕独角瑞兽，称为“辟（bì）邪”，据说可以避邪保平安。这不仅是装饰，也是地位的象征。在古代，只有官宦（huàn）人家才可以使用，象征孔庙的地位。

让我们怀着对先贤的敬仰之情，走进孔庙，去探寻更多关于孔子与儒家文化的智慧与魅力。

3. 棂星门☆

各位游客，欢迎来到棂星门。

棂星门是孔庙的第一道大门。古代传说棂星为天上文星，因此，棂星门意为孔子是天上星宿下凡，尊孔如同尊天。

此门始建于明代，原为木质结构。乾隆年间重修，改为石质结构（只有中间的梁是铁质的）。棂星门采用三间四柱的设计，四根石柱下有石鼓夹抱，顶端雕有怒目而坐的四大天王像，在此保佑曲阜风调雨顺，五谷丰登。

棂星门不仅是孔庙的第一道大门，更是连接天地的象征，寓意着孔子思想的崇高与深远。让我们怀着敬仰之心，继续探索儒家文化的博大精深。

4. 圣时门☆

各位游客，欢迎来到圣时门。

圣时门始建于明朝，是孔庙的第二道大门。门名出自《孟子·万章下》，孟子认为唯有孔子集古代先贤之大成，是圣人中最适合时代者。

在古代，圣时门一般都不开，只有皇帝来的时候或衍圣公出生的时候才可以打开。

穿过这道门，我们仿佛跨越了时空，与古代圣贤对话。接下来，让我们继续前行，去感受孔庙的庄严与儒家文化的深厚底蕴。

5. 弘道门☆

各位游客，欢迎来到弘道门。

弘道门始建于明朝，是孔庙的第三道大门。“弘道”意在赞颂孔子发扬光大了古代的正统思想，孔子之所以能从一个普通人成为一个千古圣人，是因为他总结了先贤的经验，并弘扬了道德。

“弘道门”三个字为乾隆皇帝的手书。此门门槛很高，据说这是用来防鬼神的。

6. 大中门☆

各位游客，欢迎来到大中门。

大中门是孔庙的第四道大门。在金代的孔庙图中，大中门是孔庙的大门。此门建于金代，后遭火灾，明朝重修扩建为五间。清乾隆帝御书门匾“大中门”。

大中门原名“中和门”，取自孔子一生遵循中庸之道，后改为“大中门”，也意在赞扬孔子的中庸之道。

7. 同文门☆

各位游客，欢迎来到同文门。

同文门为孔庙的第五道大门，宋代时为孔庙正门。同文门周围没有围墙，是座“孤门”，也是孔庙主体建筑的屏障。“同文门”三个字是乾隆皇帝题写的，意思是把天下所有的文章道德都统一到孔子思想上来，即“车同轨，书同文，行同伦”。

同文门周围有 4 幢巨碑，其中最有价值的是明成化碑，全称为“御制重修孔子庙碑”。石碑的书法为正楷，被古建筑学家称为杰作。碑文除了简述修建孔庙的过程外，主要是对孔子之道的赞扬。

碑下驮（tuó）碑的动物是李东阳笔下龙的第六个儿子，叫“赑屃（bì xì）”。据说龙生九子不成龙，“赑屃”是龙头、龟背、鹰爪、蛇尾，长得四不像，但是它最善于负重，所以用它来驮御碑。

8. 奎文阁☆☆

各位游客，欢迎来到奎文阁。

奎文阁，原为藏书楼，是孔庙的第六道大门，是收藏御赐书籍的地方。

匾额上写着“奎文阁”三个字，是乾隆皇帝所题。“奎”为星名，是中国古代天文学中二十八星宿之一，包含 16 颗星，形状像弯曲的字画。古代有“奎主文章”之说，“奎文阁”之名即比喻孔子是天上的奎星下凡。

奎文阁面阔七间，黄琉璃瓦歇山顶，三重飞檐错落有致。整座建筑为木质结构，未用一钉一铆，像搭积木一样搭建而成，这在中国古代楼阁建筑史上堪称孤例。清朝康熙年间发生了地震，周围的建筑几乎都倒塌了，只有奎文阁屹立不倒。

如今阁内已经没有藏书，能看到的仅是一些碑刻和《孔子圣述图》的部分内容。

大家可以在此稍作停留，与奎文阁合影留念。

思 维 导 图

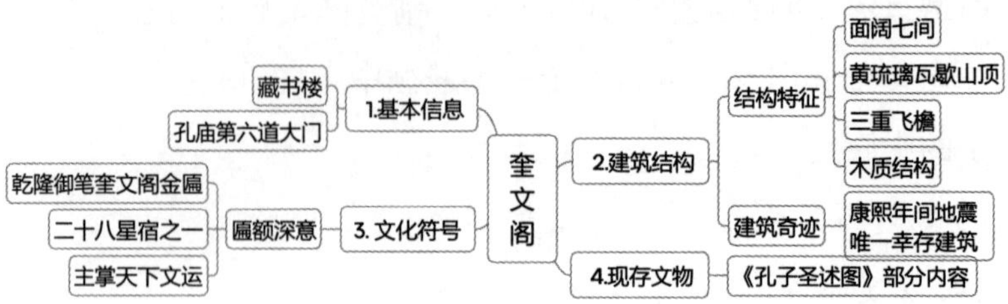

图 3-2-4 奎文阁

Tips

游客快来看端详，孔庙有座奎文阁。
原是藏书第六门，御赐书籍曾收藏。
乾隆御笔题阁名，奎星下凡寓意长。
七间阔大飞檐扬，纯木无钉技艺强。
康熙地震它不倒，碑刻图册阁中藏。

9. 十三碑亭☆☆

各位游客，欢迎来到十三碑亭。

十三碑亭因其专为保护封建帝王御制石碑而建，又名“御碑亭”，是孔庙现存最古老的建筑。

十三碑亭共有两排，前面 8 座，后面 5 座。共存石碑 55 幢，是唐、宋、金、元、明、清、民国 7 代所刻，分别用满文、汉文、八思巴文（元代蒙古文）书写，碑文多是记录历代帝王对孔子的追谥加封、亲自祭祀、派官祭祀以及整修庙宇的状况。

其中的康熙碑是孔庙中最重的碑，有 65 吨重。按孔庙的建筑发展，清代碑亭应建在大中门前，清皇帝为了彰显自己，将碑亭建在各碑亭之前，故在此院内出现了双檐穿插交错的拥挤现象。这种犬牙交错、两角相顶、巨檐相交的建筑结构是古建筑学上所讲的“钩心斗角”。

思　维　导　图

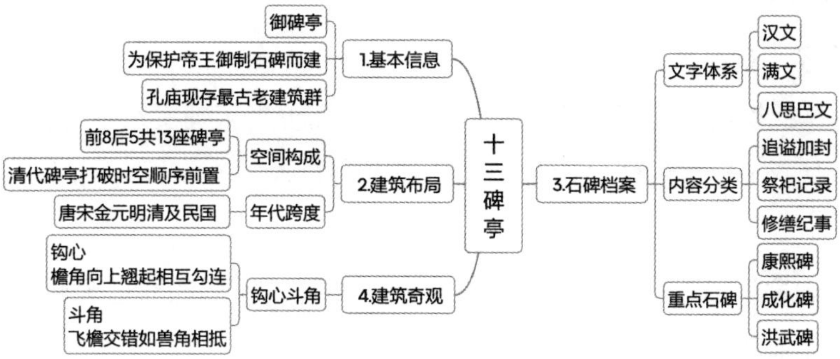

图 3-2-5　十三碑亭

Tips

游客齐聚碑亭旁，孔庙御碑故事长。
十三碑亭分两排，前八后五列成行。
五十五幢石碑藏，七代文字写沧桑。
追谥祭祀庙整修，碑文铭记岁月章。
康熙石碑重无量，六十五吨压群芳。
清帝显威位置抢，钩心斗角檐相撞。
建筑奇观眼前亮，历史文化永传扬。

10. 大成门☆

各位游客，欢迎来到大成门。

大成门是孔庙的第七道大门，也是最后一道门。从此门开始，便进入孔庙的核心祭祀区了。“大成”这个词源自孟子，意思是孔子达到了集先贤之大成的最高境界。

大成门的屋顶是重檐歇山顶，覆盖着黄琉璃瓦。清朝雍正皇帝亲自题写了“大成门”三个字，门旁的楹联也是雍正皇帝所题，意思是孔子是先知先觉、至诚至圣的典范，永远是人类的榜样。

大成门的前后各有四根龙柱，中央的两根是深浮雕龙柱，两侧的则是浅浮雕龙柱。在大成门的东南角，它的延伸部分与十三碑亭的康熙碑亭相连，形成了一个“钩心”的结构。而大成门两边的檐角与康熙碑亭的檐角形成了“斗角”，这是一种独特的建筑结构，体现了“钩心斗角”的设计理念。

11. 先师手植桧（guì）☆

各位游客，欢迎来到先师手植桧。

相传，这棵桧树是孔子亲手所栽。据记载，孔子当年确实亲手种植过三棵桧树，但后来毁于战火。现在看到的桧树是清朝复生的新条，名为“再生桧”，高约 10 米，粗可合抱。

人们认为这棵树是孔子思想的象征，不仅与孔氏家族的命运紧密相连，也与封建统治者的命运相关。

“先师手植桧”五个大字为明代杨光训题写。

12. 杏坛☆☆

各位游客，欢迎来到杏坛。

杏坛是纪念孔子讲学的地方，建于宋代。杏坛亭里有两块石碑。其中一块石碑设有基座，但在“文化大革命”期间遭到破坏，后来进行了修复。另外一块没有基座的石碑，在“文化大革命”期间幸免于难，保存完好。据说，原因是这块碑上的“杏坛”二字为金代著名文学家党怀英所写，党怀英姓党，因此被红卫兵保护。

乾隆皇帝非常崇敬杏坛。第一次来曲阜时，他在其中一块碑的正面题写了《杏坛赞》一诗，回忆孔子在杏坛讲学的情景。虽然乾隆擅长行书，但他在这块碑上使用了楷书，因为楷书字形工整，表示对孔子的尊敬。第二次来曲阜时，恰逢杏花盛开，乾隆再次兴致勃勃，在同一块碑的另一面题写了另一首《杏坛赞》。

思 维 导 图

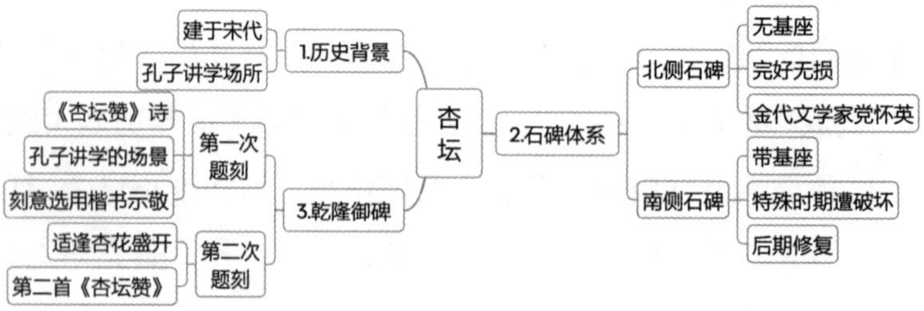

图 3-2-6 杏坛

Tips

游客共赴杏坛旁，纪念孔子讲学忙。
宋代始建意义长，亭中石碑故事藏。
党怀英书“杏坛”强，因姓得保未遭殃。
另一石碑曾受伤，修复之后再放光。
乾隆崇敬意满腔，两至曲阜写诗章。
楷书题诗表敬仰，杏花时节韵悠长。

13. 大成殿☆☆

各位游客，欢迎来到大成殿。

大成殿原名文宣王殿、宣圣殿，是孔庙的主体建筑，是祭祀孔子的中心场所。它和北京故宫太和殿、泰山岱庙天贶殿并称“东方三大殿”。大成殿是孔庙最高的建筑，也是整个曲阜老城区的最高建筑。

殿名取孔子“集古代先贤之大成”之意。大成殿始建于宋，现在大家看到的是清雍正时期重建的。在大成殿周围共有 28 根龙柱，前面的 10 根深浮雕龙柱，每柱有两条龙，一为开龙，一为降龙，图案各异，无一雷同，姿态栩栩如生，可谓是中国建筑的石刻艺术珍品；殿后及两边的 18 根浅浮雕龙柱，每面刻 9 条龙，每柱有 72 条龙，18 根浅浮雕龙柱共有 1296 条龙。大成殿虽然比故宫太和殿低了 3 层砖，但它的龙柱数量超过了金銮殿的龙柱数量。

殿内孔子像坐高 3.35 米，头戴十二旒（liú）冠冕（miǎn），身穿十二章王服，手捧镇圭（guī），是一个被神化了的塑像。正中的匾额分别是康熙皇帝手书的“万世师表”、雍正皇帝手书的“生民未有”和光绪皇帝手书的“斯文在兹”。

现在大家可以进入殿内参观，这里不仅是一处文化圣地，也是拍照留念的绝佳地点。

思 维 导 图

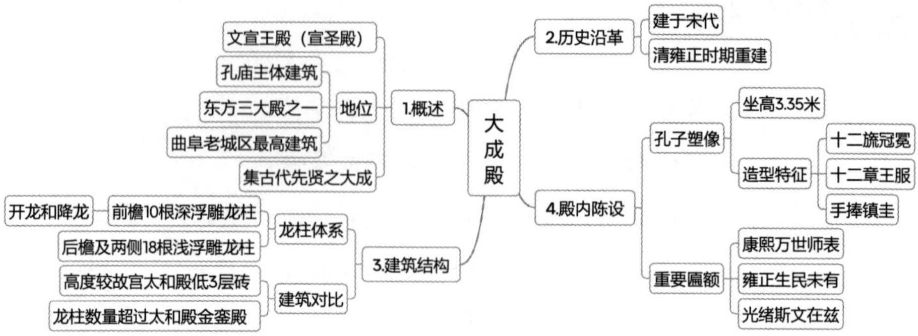

图 3-2-7 大成殿

Tips

大成殿里韵悠长，孔庙主殿最堂皇。
曾称宣王宣圣殿，宋建清修岁月藏。
东方三殿它居上，龙柱二十八根强。
殿中孔子像威严，御笔匾额放光芒。

14. 寝殿☆

各位游客，欢迎来到寝殿。

寝殿与大成殿、奎文阁构成了孔庙中轴线上的三大主体建筑。

孔子的妻子亓（qí）官氏一直与孔子一起受到祭祀，直到唐朝才为她建了单独的寝殿。如今的寝殿是宋代开始修建的，里面供奉着亓官氏的牌位，牌位上写着“至圣先师夫人牌位”。寝殿周围有22根八角形的石柱，上面的浅雕图案有凤凰和牡丹，设计风格类似帝后寝宫的装饰。

15. 圣迹殿☆

各位游客，欢迎来到圣迹殿。

圣迹殿建于明朝，是孔庙中轴线上的最后一道建筑，是记载孔子一生事迹的石刻连环画，共有石刻120幅，记录了孔子一生的主要言论活动，是我国第一部有完整人物故事的连环画。

殿内正中高立康熙皇帝手书石刻“万世师表”四个大字，正字下方是唐代画家吴道子所作的《孔子为鲁司寇像》；两边是晋代名画家顾恺之画的“先圣画像”（习称“夫子小影”，据说“小影”在孔子像中最真、最接近孔子原貌）和吴道子画的“孔子凭几像”（孔子按几而坐，弟子分侍左右）。

16. 诗礼堂☆

各位游客，欢迎来到诗礼堂。

诗礼堂是孔子讲《诗》和《礼》的地方，也是孔子后人给康熙皇帝讲经的地方。它始建于元代，明朝进行了重修。院子里有三棵古老的树：一棵是唐代的槐树，现已枯萎；另外两棵是宋代的银杏树，现在依然长得非常茂盛。

接下来，请大家自由参观，近距离感受这段历史的温度。

二、孔府

（一）孔府概况☆☆

各位游客，欢迎来到孔府。

孔府即“衍（yǎn）圣公府”，也称“圣府”，是孔子嫡系长子长孙、历代衍圣公的衙署，也是孔子嫡孙的住宅。

“衍圣”是圣人圣道世代相传、代代相衍的意思。“衍圣公”明初是一品文官，地位仅次于丞相。清朝还特许其在紫禁城骑马、在宫中御道上行走等。“衍圣公”这个封号持续了32代880多年。

孔府建筑群为三路布局，九进院落，是中国历史上官衙与内宅合一建筑的典范。前面是官衙，设有大堂、二堂、三堂及六厅；后面是内宅，有前上房、前堂楼、后堂楼等，最后是花园。孔府是中国封建历史上保存年代最久远、面积最大、特权最高的贵族庄园，被称为“天下第一家”。

孔府的游览路线将从大门开始，依次参观二门、重光门、大堂、二堂、内宅门、前上房、垂珠门、前堂楼、后堂楼、后花园等景观。

游览期间大家注意安全，自觉保护文物，希望大家有一段愉快的旅程。

思维导图

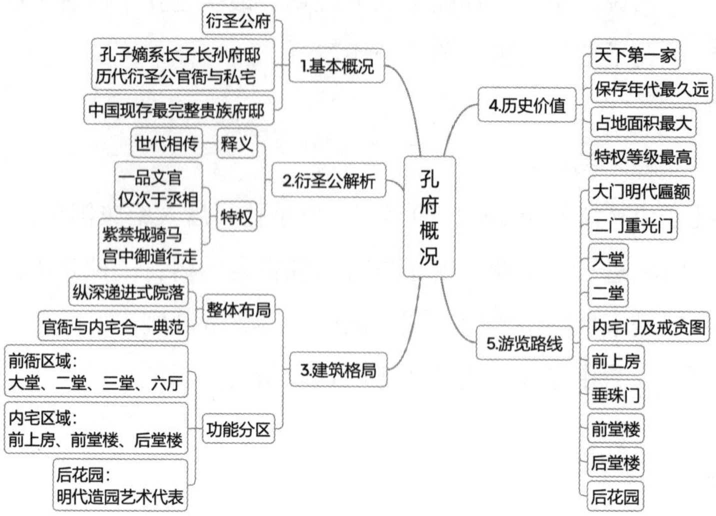

图 3-2-8 孔府概况

Tips

游客来到孔府瞧，衍圣公府声名高。
衙宅合一布局妙，九进院落三路绕。
官衙威严内宅巧，天下第一家称豪。
大门起程景点好，文物保护乐逍遥。

（二）孔府主要景点

1. 孔府大门☆☆

各位游客，欢迎来到孔府大门。

孔府的大门是明代建筑。大门正上方挂着一块蓝底金字的“圣府”牌匾，传说是明代权臣严嵩写的。

大门两边的木柱上有一副对联，是清代纪晓岚所写。上联是“与国咸休安富尊荣公府第”，下联是“同天并老文章道德圣人家”。这副对联有两个错字：上联的“富”字少了一点，叫作“富贵无头”，所以孔家写“富”字时都会把那一点去掉；下联的“章”字的最后一竖穿出了头，变成了破“日”形状，这叫“文章通天”，意味着孔子和他的学说像天地一样永恒，与日月同在。

思维导图

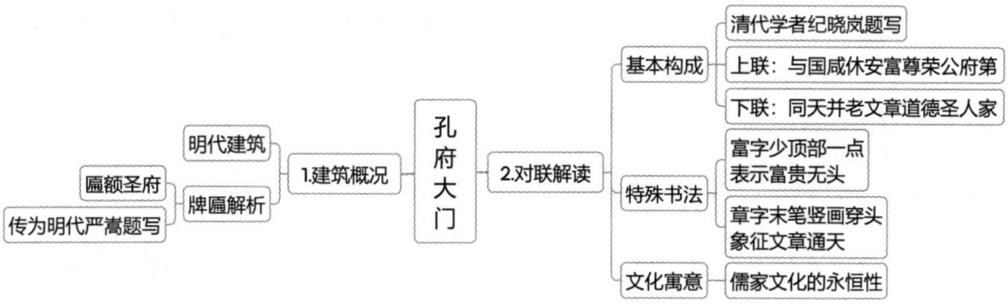

图 3-2-9 孔府大门

Tips

孔府大门明代造，蓝底金字“圣府”耀。
严嵩题匾声名妙，晓岚对联两边绕。
“富”字无头富贵到，“章”字通天道德高。
岁月故事门前表，文化韵味心间飘。

2. 二门（重光门）☆

各位游客，欢迎来到二门。

孔府二门竖匾“圣人之门”由明代书法家李东阳题写，东侧有朱元璋接见衍圣公的谈话记录碑。

进入孔府的第二道门后，可以看到一扇屏门，周围没有围墙，四根圆柱支撑着一个彩绘华丽的屋顶，独立在庭院中。

这道门的前后有八个倒挂的木雕花蕾，因此也叫“垂花门”。它有四根柱子和三层楼，屋顶是灰瓦的悬山顶，是明代垂花门中最精美的作品，也是孔府中现存最古老、最原始的建筑。由于这扇门上挂着明朝皇帝朱厚熜（cōng）亲自颁发的“恩赐重光”匾，因此这扇门被称为“重光门”。此门平时紧闭，只有帝王临幸、喜庆大典、迎接圣旨和举行重大祭祀活动时，才会在十三响礼炮声中开启，所以又被称为“仪门”。

3. 六厅☆

各位游客，欢迎来到六厅。

重光门的东西厅房，是孔府仿照封建王朝的六部而设的六厅。孔府作为贵族世家，不仅有豪华的府第，还占有大量的土地和田产，并有管理着一定数量民户的官衙，因而必须建立一套完备的组织管理机构，以维护其统治。各厅长官由正五品到正三品官员充任。

4. 孔府大堂☆☆

各位游客，欢迎来到孔府大堂。

孔府大堂是衍圣公用来迎接“圣旨”、接见文武官员、处理重要案件和举行节日仪式的地方，是孔府权力的象征，也是家族宗法管理的中心。

这座大堂建于明代，宽度有五间。大堂正中央悬挂着顺治皇帝赠送给衍圣公的匾额，上面写着“统摄宗姓”，意思是所有姓孔的人都要服从衍圣公的命令。从唐代开始，朝廷就规定曲阜的县令由衍圣公兼任，而到了明代，衍圣公不仅负责管理，还能推荐孔氏家族的人担任官职。实际上，衍圣公掌握了地方的实际权力。

大堂里摆放着用于正一品官职的公案桌和仪仗等物品。北墙上那些红底金字的牌子代表着封爵和特权，俗称“十八块云牌銮（luán）驾”。历代的衍圣公持这些牌子进京时，可以畅通无阻。

各位游客，现在大家可以进入堂内参观，这里不仅是一处文化圣地，也是拍照留念的绝佳地点。

思 维 导 图

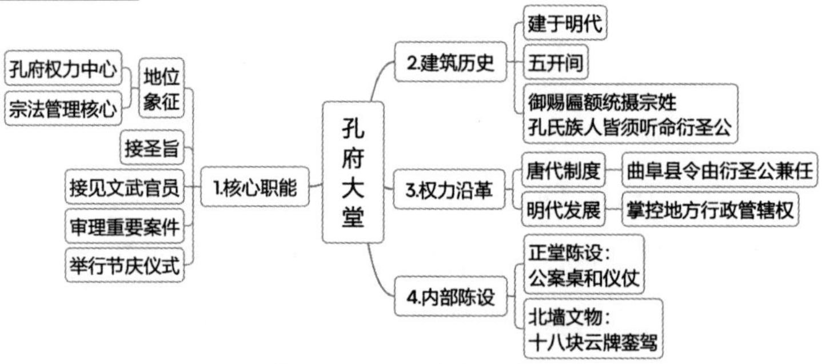

图 3-2-10 孔府大堂

Tips

孔府大堂明代建，权力象征威严显。

顺治赐匾“统摄”悬，管理宗法中心现。
公案仪仗一品全，云牌銮驾特权展。
文化圣地任游览，拍照留念记忆甜。

5. 二堂☆

各位游客，欢迎来到二堂。

二堂也叫“后厅”，明代建筑，主要用来接见四品以上的官员，宣讲礼仪和制度，也是为朝廷选拔礼、乐童生的地方。

大堂内部有东、西两个厅。东厅叫“启事厅”，负责孔府的内部事务，传达指令；西厅叫“伴官厅”，专门为衍圣公进京朝见皇帝时的随行人员准备的。

二堂正中央悬挂着两块木刻的金匾，上面有群龙围绕。“节并松筠”是康熙皇帝题写的，寓意孔子和孔子的后代的气节像松竹一样高洁；“诗书礼乐”是乾隆皇帝题写的，用来赞美儒家圣地和孔府的主人。后墙两边有七块碑石，最引人注目的是慈禧太后写的“寿”字，以及“松鹤图”和“九寿桃图”。

6. 三堂☆

各位游客，欢迎来到三堂。

三堂也叫“退厅”，明代建筑，是衍圣公处理家族内部纠纷和处罚府内仆役的地方。

三堂明间正中悬挂的是“六代含饴（yí）”木雕金匾，在公案两旁还放有衍圣公出巡时乘坐的八抬大轿。室内两侧陈设的是原来的紫铜镜和大鹿角及其他物品。三堂的东、西两暗间，东为小会客室，西为向朝廷书写奏章的地方。

7. 内宅门及戒贪图☆☆

各位游客，欢迎来到内宅门。

内宅门，明代建筑，是官署和内宅的分界线。此门前面是官衙，后面是内宅。

过了内宅门，就是内眷住的地方。封建社会，“男女授受不亲”，孔府又是中国最大的书香府第，对内宅的控制特别严格。因此内宅门专设两种差役：一种称“差弁（biàn）”，向外传话；一种称“内传事”，向内传话。共有三班人员轮番在耳房内值守。

进入内宅门后，其屏门上有幅“戒贪图”。这种动物的名字叫“犾（tān）”，是传说中的怪兽，生性贪得无厌。八仙的宝贝都被它占为己有了，但是它还不满足，想把太阳一口吞掉，结果没有吃到太阳，反倒掉到海里淹死了。

衍圣公将此图制作在内宅门附近，是告诫孔子后裔要牢记圣人教诲，这体现了孔子后裔的处世哲学。

内宅门见证了历史的风云变幻，“戒贪图”更是传递着深刻的处世哲理。各位游客，希望今天在这里的所见所闻，时刻提醒您在生活中坚守正道，不为贪欲所惑。

思维导图

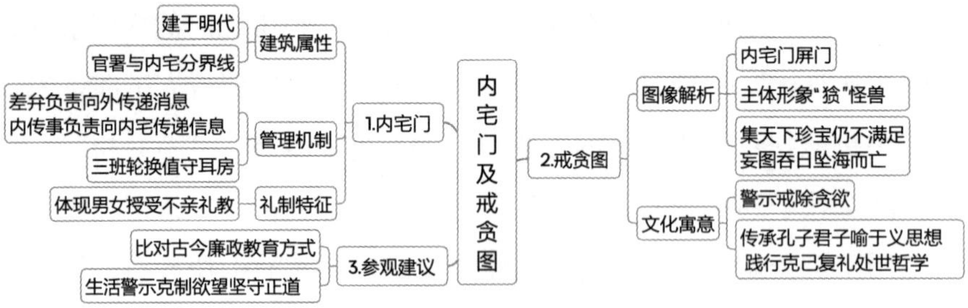

图 3-2-11 内宅门及戒贪图

Tips

明代内宅门威严，衙宅分界立两边。
差弁内传事值班，严控内眷守规严。
入宅可见“戒贪图”，獠兽贪婪无边际。
吞日不成终溺亡，孔裔警世理昭然。
正道在心莫贪念，历史哲理记心间。

8. 前上房☆

各位游客，欢迎来到前上房。

前上房是孔府里的客厅，是接待亲戚和家族成员，举行家宴和处理婚丧等仪式的主要地方。

在前上房的正中，挂着一个“寿”字（这个字的来源是二堂里的“寿”字碑石），是慈禧太后亲自题写的。正堂的上方悬挂着一块非常大的匾额，上面写着“宏开慈宇”，是曲阜邻县的士绅们联合赠送的。

这里的桌子摆设很有特色，东边放着花瓶，西边是石镜，中间有一座停止摆动的钟表，象征着“东平、西静、始终平静”。

东侧的房间里有一套用荆根雕刻的床和椅子，这是当年乾隆皇帝送给女儿的嫁妆。旁边房间的桌子上放着银器餐具，是用来办满汉全席的。

西侧的房间是用来签阅文件的，桌子上放着文房四宝（笔、墨、纸、砚），书架上摆放的是孔子的部分著作和孔氏家族的族谱。

9. 前堂楼☆☆

各位游客，欢迎来到前堂楼。

前堂楼是孔子第七十六代孙、衍圣公孔令贻和他的家人居住的地方。二楼原本是用来存放珍贵物品的储藏室，现在这些物品已经转移到孔府的文物档案馆保存。

大厅中央放着一个铜质暖炉，这是当时用来取暖的设备。正面上方悬挂着孔令贻写的一个大匾，上面写着“松筠（yún）永春”，意思是孔氏家族将长盛不衰，永远保持旺盛的生命力。

东侧的房间叫“多宝阁”，这里保存着极为珍贵的元代和明代的衣服和冠饰。在封建社会，每当一个新朝代建立时，前朝的服饰通常都会被销毁，但由于孔家的特殊地位，元明时期的衣服和冠饰一直保留下来了。

思　维　导　图

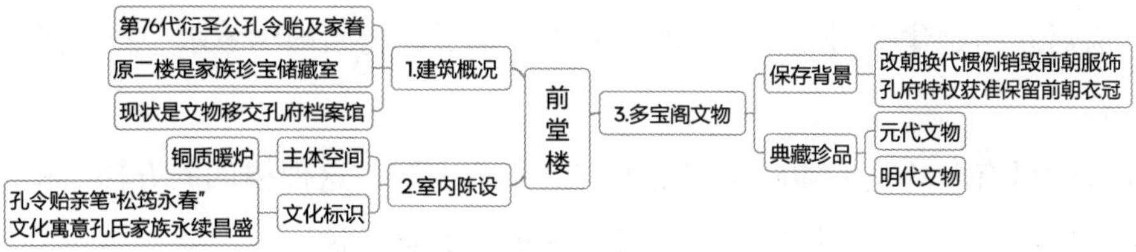

图 3-2-12 前堂楼

Tips

前堂楼处故事传，令贻家族居此间。
二楼曾作储藏间，宝物今移档案全。

铜炉摆中可取暖，“松筠永春”匾高悬。
东屋多宝阁耀眼，元明服饰冠饰鲜。
孔家特殊地位显，前朝旧物得保全。

10. 后堂楼☆

各位游客，欢迎来到后堂楼。

后堂楼是孔子第七十七代孙、衍圣公孔德成和他的妻子孙琪芳女士居住的地方。

孔德成是孔子后代中最后一个被封为衍圣公的人，因此，大家称他为“末代圣人”。

后堂楼现有的建筑是清朝光绪年间重建的，并且按照当时的样子进行布置。正中的明间悬挂着一块带有“瑞应雎（jū）麟（lín）”字样的帐幔（màn），寓意着双喜临门。

东侧的房间里有一张沙发，这是蒋介石当年送的贺礼。东墙右侧挂着著名京剧艺术家梅兰芳先生的“牡丹”画轴。里套间的沙发是美国马歇尔将军送的，墙上的镜框里有孔德成一家人的合照。

西侧的两间是孔德成奶妈的卧室。

11. 后花园☆

各位游客，欢迎来到后花园。

孔府后花园始建于明代，经过明清几次大修后，花园内山、水、花、榭（xiè）应有尽有。

花园中最有名的是近400年树龄的“五柏抱槐”，这棵树四周五棵是柏树，而中间是一棵槐树。它们自然生长在一起，又称“五君子柏”。

这形似山峰的铁矿石是一种含铁量较高的陨石。出口处的一幅画非常神奇，画的中间是一条路，右边是一排整齐的树木，左边是一片茫茫的湖水（也说是一条河），在湖水的远处隐隐能看见山。这幅画有一个特点，就是您在180°的范围内无论从哪个方向看，画面中间的道路始终朝向自己。

接下来，请大家自由参观，近距离感受这份历史的温度。

三、孔林

（一）孔林概况☆☆

各位游客，大家好！欢迎来到孔林。

孔林也称“宣圣林”“至圣林”，是孔子及其家族的专用墓地。孔林是我国规模最大、延时最久、保存最完整的家族墓地，也是一处古老的人造园林，是研究中国丧葬习俗演变的基地，为全国重点文物保护单位。1994 年 12 月被联合国教科文组织列入世界文化遗产名录。

孔林里埋葬的都是孔氏族人，但并不是所有姓孔的人都有资格葬入孔林。孔家规定有 4 种人不能葬入孔林，第一种是出家人，第二种是戴罪之人，第三种是嫁出去的女儿，第四种是过早夭折的孩子。

思 维 导 图

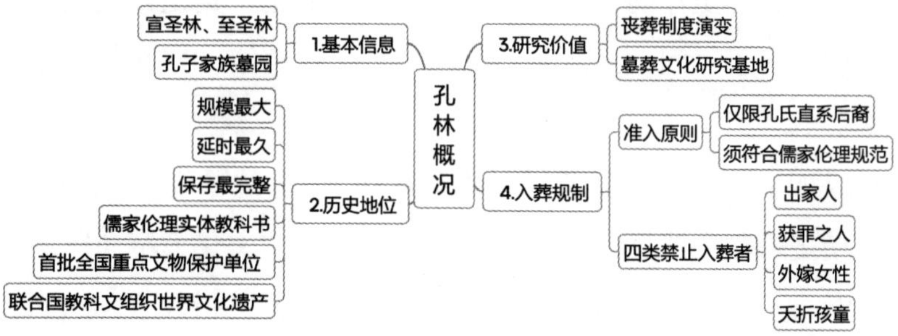

图 3-2-13 孔林概况

Tips

游客齐聚孔林瞧，宣圣至圣林名号。
孔氏家族墓地妙，规模最大延时早。
保存完整世遗标，丧葬演变研究好。
四类族人不能葬，出家戴罪女夭亡。
孔家规矩有模样，文化传承岁月长。

（二）孔林主要景区

1. 神道☆

各位游客，欢迎来到神道。

出曲阜城北门，有一条大道，两边古树排列，一直通向孔林，这就是“大成至圣先师孔子神道”，人们习惯上称“孔林神道”。

古人认为，神道能够连接世俗世界和神灵世界。神道就是孔子接受祭祀时魂灵进出的通道。神道两旁，整齐排列着老桧古柏，直到孔林门前。

这些桧柏有的虬（qiú）枝葱郁，使古老的孔林焕发着勃勃生机；而更多的则像历尽沧桑的老人，形态各异；有的只剩下干枝，却依然忠实地屹立于神道两旁。

2. 至圣林坊☆

各位游客，欢迎来到至圣林坊。

神道的尽头有一座木质牌坊，上面刻着“至圣林”三个字。这个牌坊原来叫作“宣圣林”，在清朝雍正年间，孔庙和这座牌坊一起把“宣圣”改成了“至圣”。这座牌坊建于明朝永乐年间，经历了明清两代的多次修缮，现在仍然保留着明代早期的建筑风格。

至圣林坊是四根柱子、三间、三层的木质牌坊，顶上是绿琉璃瓦的庑(wǔ)殿顶，前后檐下都有精美雕刻的斗拱和彩画。原本的坊额在“文化大革命”中被毁，直到1980年才复制恢复，上面重新刻上了“至圣林”三个字，并镀上了金色，特别显眼。牌坊前还摆放着一对明朝崇祯年间雕刻的石狮子。

3. 孔子墓甬道☆☆

各位游客，现在我们来到的是孔子墓甬道。

甬道也称作“神道”，被认为是亡灵升天的必经之路。孔子墓甬道有四对巨型石雕，从南往北依次是望柱、文豹、角（lù）端、翁仲。

石仪是一种石刻，通常摆放在陵墓前。石人是墓主的守卫或侍从，石兽则象征着吉祥，并有驱赶鬼怪的作用。

望柱：其实是华表的一种延伸，经过演变后，它成为权力和地位的象征，是一种高贵的标志。

文豹：也叫瑞兽，是一种变异的石虎。传说它能从腋下喷火，性格温顺，常用来守墓，象征灵异力量。

甪端：这种神兽是在宋代的陵墓中出现的，是人们想象出来的。传说甪端能日行一万八千里，通灵、理解各种语言。

翁仲：根据史书记载，翁仲原是秦朝的一位勇猛武将，他作战非常英勇，所向披靡，威震边疆，后来成为守护神。现在我们看到的翁仲雕像是在清朝康熙年间建立的，是孔林中雕刻最精美、最高大的那一对。墓前通常会立一对文武翁仲，分别用来守墓。手拿笏板的是文翁仲，手持宝剑的是武翁仲。

思　维　导　图

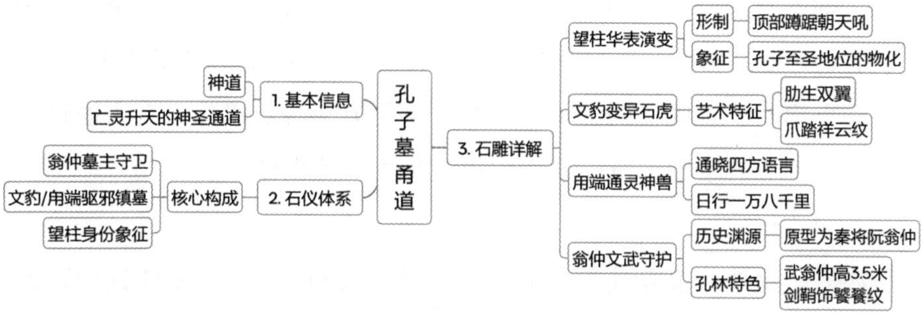

图 3-2-14　孔子墓甬道

Tips

游客步入孔墓道，甬道神道通九霄。
四对石雕依次瞧，望柱彰显地位高。
文豹瑞兽火腋冒，守墓灵异展奇妙。
甪端神兽宋时造，日行万里通语谣。
翁仲源自秦勇骁，清时雕像精美骄。
文武持物守墓牢，故事悠悠岁月飘。

4. 享殿☆

各位游客，现在我们来到的是享殿。

享殿是祭祀孔子时排摆香坛、宣读祭文的地方。享殿创建于明弘治年间。清雍正年间重修时改为黄琉璃瓦，以示达到最高等级。现存建筑五间，单檐黄瓦歇山顶，是孔林中级别最高的建筑物，是孔林的主体建筑。

解放战争时期，朱德总司令曾在殿内召开过军事会议，现在大殿已作为革命文物被保护起来了，这道大门平时是不开的，只有在祭祀孔子时才会打开。

5. 子贡手植楷（jiē）、“流泪碑”☆

各位游客，现在我们来到的是子贡手植楷。

这棵树是孔林中最古老的树木之一，传说是孔子的弟子子贡亲手种下的。树前的石碑上刻着“子贡手植楷”几个字，是康熙皇帝亲自写的。清光绪年间，这棵树曾被雷火烧毁，现在只剩下树桩的一部分。树后有一块石碑，上面刻着清初著名诗人施闰章所写的《子贡手植楷诗》。

亭子下面的石碑叫“楷图碑”或“流泪碑”。楷树被烧毁后，康熙皇帝觉得很可惜，于是命人把这棵树的图样刻在了这块石碑上，因此这块石碑叫作“楷图碑”。每当阴天或下雨时，石碑上的“子贡”两个字下方会渗出水珠，有人说这是因为子贡思念孔子而流下的眼泪，所以这块碑也被称为“流泪碑”。

6. 孔子墓☆☆

各位游客，这座坟墓是孔子和他的妻子亓官氏的合葬墓。由于这座墓的形状像一块隆起的马背，因此被称为“马鬣（liè）封”。墓碑上刻着“大成至圣文宣王墓”字样，周围摆放着石供案、石鼎、石香炉、石台和砖砌的花灵围墙。

在孔林中，孔子与他的儿子孔鲤、孙子孔伋的墓葬安排在一起。孔子墓的左边是孔鲤的墓，前面是孔伋的墓。这样的墓葬形式被称为“携子抱孙”，意思是孔子带着儿子孔鲤，怀里抱着孙子孔伋。当地流传着一句话：“子在父怀，富贵永远来；携子抱孙，世代立功勋。”意思是父子三代相继，子孙也能继承父辈的荣光和功勋。

思 维 导 图

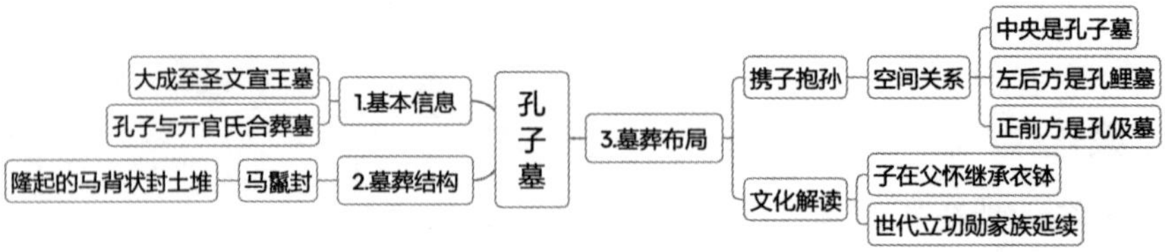

图 3-2-15 孔子墓

Tips

游客来看孔子墓，亓官氏伴合葬处。
马鬣封状马背凸，“大成至圣”碑刻书。
石供石鼎围香炉，花灵围墙砖砌固。
孔鲤墓在孔子左，孔伋墓前位置殊。
携子抱孙布局酷，富贵功勋世代出。

7. 孔鲤墓☆

各位游客，现在我们来到的是孔鲤墓。

这是一座大型坟冢（zhǒng），墓前有两座石碑，前碑刻有“泗水侯墓”，后碑刻有“二世祖墓”。

孔鲤是孔子的儿子，出生的时候鲁国的国君送了两条大鲤鱼表示祝贺，故而得名“鲤”。后世孔氏子孙以此讳鱼而称鲤鱼为“红鱼”，祭祖时不用鲤鱼而用鲫鱼。到现在，宴席上即使上鲤鱼，也要讳称“红鱼”，不能说上鲤鱼，以避孔鲤的讳。

8. 孔伋（jí）墓☆

各位游客，现在我们来到的是孔伋墓。

这是一座大型墓冢（zhǒng），墓前有两座石碑，碑上分别刻有“沂国述圣公墓”和“三世祖墓”字样。

孔伋是孔子的孙子，勤奋好学。有一次，他看到孔子长叹，问祖父是不是担心周公之道无法传承，或是自己的思想无人继承。孔子初时不解，回应他不要乱问。孔伋则表示，自己常听孔子说，父亲砍柴，儿子不能负担，那就不算是好儿子，他常担心自己会成为不肖子孙。孔子听后欣慰地笑了，认为孔家后继有人。

孔子将自己的思想传给了曾子，孔伋向曾子学习，曾子也毫无保留地教给了孔伋。因此，孔伋深得孔子的思想，著有《中庸》一书，后来被追封为“沂国述圣公”，并被孔氏子孙尊称为“三世祖”。

9. 子贡庐墓处☆

各位游客，现在我们来到的是子贡庐墓处。

孔子去世后，众弟子为孔子守墓 3 年相继而去，唯独子贡又在这里继续守墓

3年。因为孔子病危时，众弟子都在身边，只有子贡外出经商，等子贡赶来时，孔子已经去世；子贡觉得对不起自己的老师，心里非常内疚，所以以守墓6年的实际行动，来报答老师的教诲之恩。

? 思考题

1. 曲阜孔府是我国封建社会中一座什么性质的府邸？
2. 请说出“中国三大殿”是哪三座建筑？
3. 孔庙十三碑亭中最重的碑是哪一座？
4. 孔府大门对联的内容是什么？
5. 为什么说曲阜孔林是世界上延时最久、规模最大的家族墓地？

第三节 泰山风景名胜区

景区构成

※ 泰山概况☆☆☆

一、岱庙

（一）岱庙概况☆☆

（二）岱庙主要景点

1. 岱庙坊☆
2. 汉柏院☆
3. 东御座（秦刻石）☆☆
4. 天贶殿☆☆

二、泰山

（一）泰山主要景点

1. 岱宗坊☆
2. 红门宫☆
3. 经石峪☆☆
4. 中天门☆
5. 五大夫松☆☆
6. 十八盘☆☆
7. 南天门☆☆
8. 天街☆
9. 碧霞祠☆☆
10. 大观峰☆☆
11. 五岳独尊及周边刻石☆☆
12. 无字碑☆☆
13. 玉皇顶☆☆

14. 日观峰与拱北石☆
15. 天外村广场☆

☆☆☆

泰山概况

各位游客，大家好！欢迎来到泰山。

【位置】泰山风景名胜区地处华北大平原的东缘，位于山东省中部的泰安市，地理位置优越，交通便利。

【声誉|地位】泰山不仅仅是自然景观的宝库，更是一座历史文化的丰碑，被联合国教科文组织列入世界文化与自然双重遗产。同时，泰山也是国家5A级旅游景区，有“五岳之首”“五岳独尊”的称誉。又因其雄伟壮丽的自然景观和深厚的文化底蕴，被誉为“天下第一山”，有“泰山安，四海皆安”的说法。自秦始皇开始到清代，先后有13代帝王亲登泰山封禅或祭祀，另外有24代帝王遣官祭祀72次。此外，还有“中国书法名山”“中国摩崖刻石博物馆”等荣誉。

【组成】泰山风景名胜区由岱庙和泰山两大景区组成。岱庙是祭天的场所，庙内有许多精美的雕刻和碑刻，记录着历史的足迹。岱庙与北京故宫和曲阜孔庙并列为中国三大古建筑群，是中国传统文化的重要象征；泰山主峰玉皇顶海拔1545米，也是山东最高峰，气势雄伟壮丽，四季景色各异，深受历代帝王和百姓的崇敬。站在山顶，有“一览众山小”的豪迈之感。泰山代表景点有天贶殿、十八盘、南天门、碧霞祠、玉皇顶等。

【特色|特产】泰山三美——白菜、豆腐、水。白菜以体大，心实，清脆而闻名；豆腐无苦味，无涩味，细嫩如玉似脂；泰山水，清甜爽口，无杂质，富含多种矿物质。

【路线】登泰山有多条路径，主要有红门路、天外村路、天烛峰路和桃花源路，其中红门路是最具文化意义的路线。古代皇帝常从这条路上山，因此它也被称为“登山御道”。

泰山的魅力远不止这些，快跟我一起开启这精彩的旅程吧！

思 维 导 图

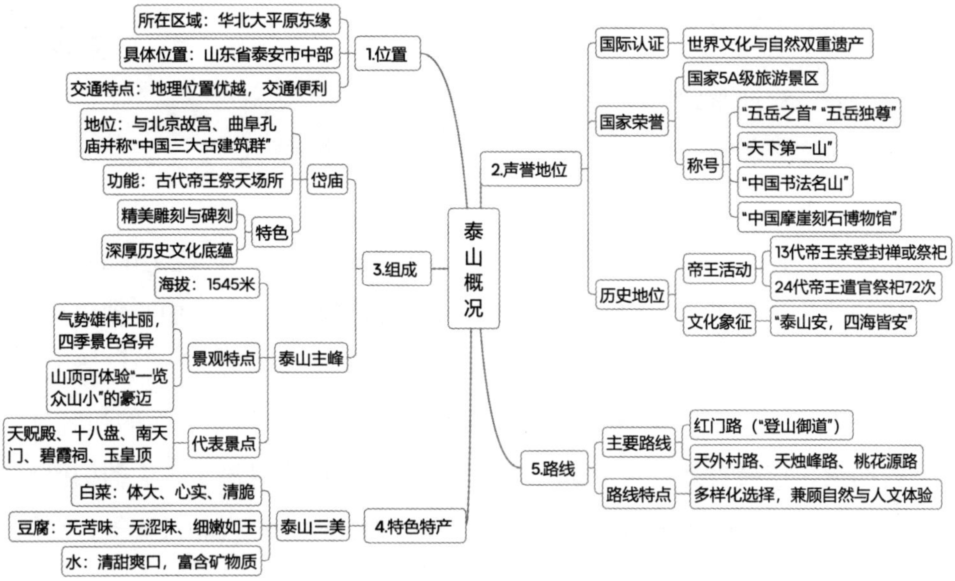

图 3-3-1 泰山概况

Tips

山东泰安泰山立，华北平原东边栖，
交通便利好登临，双遗 5A 最传奇。
五岳独尊天下知，十三帝王来封禅，
七十二祭官代劳，摩崖刻石书法奇。
岱庙故宫孔庙齐，三大古建数第一，
玉皇顶高入云端，一五四五众山低。
天贶殿里藏历史，十八盘上脚步急，
南天门开迎日出，碧霞祠前许愿灵。
泰山三美传四方，白菜豆腐泉水香，
登山首选红门路，御道千年帝王迹。
风光文化说不尽，跟着我来探神奇！

一、岱庙

（一）岱庙概况☆☆

各位游客，欢迎来到岱庙。

岱庙，亦称“泰庙”或“东岳庙”，是泰山的一个重要景点，也是登山的起点。这里曾是古代帝王祭祀泰山神——东岳大帝的地方，具有深厚的历史和文化意义。岱庙与北京故宫和曲阜孔庙并列为中国三大古建筑群，是中国传统文化的重要象征。

岱庙的建筑布局讲究中轴对称，整体设计非常精巧。庙宇的中心轴线与泰山顶峰的南天门相连，象征着天与地的连接。四周被宫城式的城墙环绕，城墙上有八座大门，显示出泰山的威严。四角楼分别代表山、风、天、地，寓意自然的和谐与平衡。

进入庙内，您会看到三条主要的轴线，其中汉柏院内种满了古老的柏树，成为这里的独特景观。庙内还种植着五百多株古树，如槐树、银杏和紫藤等，它们见证了泰山几千年的历史。

岱庙不仅是祭祀之地，也是泰山文化的象征，凝聚着厚重的历史底蕴。在这里，我们可以感受到泰山的雄伟与深远的文化影响。

希望大家在参观过程中，能够领略到泰山的独特魅力。

思 维 导 图

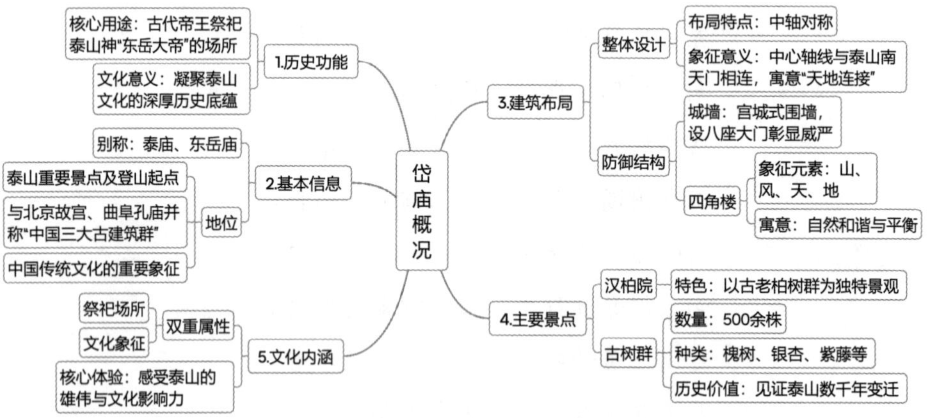

图 3-3-2 岱庙概况

Tips

泰庙东岳帝王祭，三大古建故宫齐，
轴线直通南天门，天地相连显神奇。
宫城八门锁威严，四角楼立山水间，
汉柏银杏紫藤奇，五百古树逾千年。
中轴对称布局巧，祭祀文化藏瑰宝，
登岱起点底蕴厚，三美相伴乐逍遥！

（二）岱庙主要景点

1. 岱庙坊☆

各位游客，欢迎来到岱庙坊。

岱庙坊位于泰山脚下，是一处重要的历史遗迹，建于清朝康熙十一年（1672年）。它采用了典雅的“四柱三间三楼”设计，四根石柱稳如泰山，承托着层层斗拱和飞檐。顶部的螭（chī）吻神兽昂首向天，仿佛在守护天地间的灵气。

岱庙坊被誉为清代石雕的巅峰之作。无论是正脊、横梁，还是基座，都雕刻得精致细腻，祥云、龙凤、麒麟等图案栩栩如生，展现了古代工匠的精湛技艺。坊的正面刻有“配天作镇”四字，这是康熙帝亲笔所书，象征着泰山肩负着护佑天下的神圣使命。背面则刻有“泰山北斗”四字，由山东巡抚钱钰亲自书写，赞扬了泰山至高无上的地位。

岱庙坊不仅是泰山历史文化的见证，更代表着中国古代建筑与雕刻艺术的杰出成就。在这里，您可以感受到深厚的历史底蕴和文化魅力。

希望大家在参观时，能够细细品味这座古老建筑所承载的历史与艺术价值。

2. 汉柏院☆

各位游客，欢迎来到汉柏院。

这里的五株汉柏已有2100多年的历史，是中国最古老的“帝王树”群。根据《泰安县志》记载，这些汉柏是公元前110年，汉武帝刘彻首次封禅泰山时亲自栽种的，目的是象征“江山永固”。

这五株汉柏各具特色，其中最有名的便是“连理柏”。它原本是两棵树干交缠，像一对相依为命的恋人。虽然西侧的树干曾因大火被烧毁，但如今仍可见其顽强的生命力，令人感叹自然的韧性。其他四株汉柏分别为“苍龙吐虬”“赤眉斧痕”“汉柏影翠”和“岱峦苍柏”，各具风姿，见证着泰山的悠久历史。

院内还有众多碑刻，其中最为珍贵的是乾隆皇帝题写的《汉柏图赞碑》。乾隆皇帝曾十次登临泰山，他在碑文中写道：“汉柏曾经手自图，郁葱映照翠阴扶。”这句话赞美了汉柏的苍翠和历史文化价值。

傍晚时分，夕阳斜照，古柏的剪影与红墙交相辉映，成为拍摄“汉柏剪影”的最佳时机。

大家可以停下脚步，记录下这美丽的景色，留下难忘的回忆。

3. 东御座（秦刻石）☆☆

各位游客，欢迎来到东御座！

东御座创建于元代，最初称为“迎宾堂”，用来接待来泰山进香的达官贵人。到了清朝乾隆三十五年（1770 年），经过扩建，成为皇帝祭祀泰山时的驻跸（bì）亭，是皇帝专用的休息场所。由于它位于东华门内，因此得名“东御座”。

东御座是岱庙内保存最完整的清代院落，也是泰山唯一保留原貌的乾隆皇帝行宫。在这里，您可以看到“泰山三宝”——沉香狮子、温凉玉、黄蓝釉瓷葫芦瓶，以及龙墩、龙椅等紫檀古木家具和各种大理石花饰挂屏，展现了皇室的奢华与典雅。

此外，东御座内还有一块非常珍贵的历史遗迹——“泰山秦刻石”。它是泰山现存最早的碑刻，虽然如今只能辨认出七个字，但是它承载着中国最早的统一文字——小篆，作为国家一级文物，堪称国宝。

在这里，您不仅可以欣赏到精美的皇家艺术品，还能感受到历史的厚重与文化的积淀。

接下来，我们将继续前往天贶殿，揭开《泰山神启跸回銮图》的神秘面纱。

思维导图

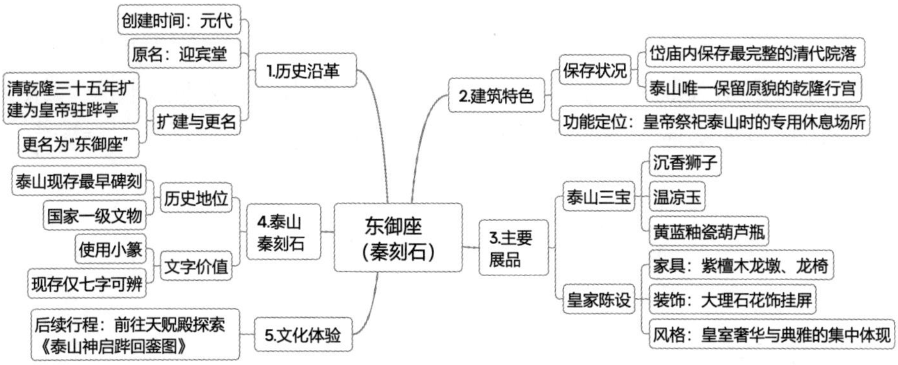

图 3-3-3 东御座（秦刻石）

Tips

元代始建迎宾堂，乾隆扩建驻跸房，
东华门内东御座，皇家行宫韵深藏。
岱庙最完清院落，泰山独存乾隆房，
沉香狮子温凉玉，黄蓝釉瓶紫檀床。
秦刻石，七字藏，小篆国宝世无双，
皇家艺术底蕴厚，天贶殿接启跸章！

4. 天贶殿☆☆

各位游客，欢迎来到岱庙天贶殿！

天贶殿是岱庙的主体建筑，也是中国三大宫殿式建筑之一，与北京故宫的太和殿、曲阜孔庙的大成殿齐名。它采用了重檐庑殿顶的建筑风格，是我国古代最高等级的建筑，象征着至高无上的权威。

天贶殿的布局庄重大气，面阔九间，进深五间，寓意着“九五之尊”，只有皇帝才能使用这样等级的建筑。进入大殿，首先映入眼帘的是一面明代铸造的古铜镜，名为“照妖宝镜”。这面镜子曾用于泰山神前的安全检查，具有独特的历史职能，它象征着对泰山神灵的尊崇与守护。在这面镜子的正上方，是泰山女神碧霞元君的铜像，显示了人们对泰山神祇的崇敬与敬仰。

殿内的装饰也非常精美，神龛上方悬挂着清康熙皇帝亲自题写的“配天作镇”匾额，象征着泰山神的神圣权威；而正门上方则悬挂着乾隆皇帝所题的“大德曰生”匾额，意思是“天地间最伟大的道德是爱护生命”，展现了皇帝的德政与思想。

最引人注目的是天贶殿三面墙上的巨型壁画《泰山神启跸回銮图》。东侧的壁画描绘了泰山神出巡的盛大场景，西侧则呈现了泰山神回宫的仪式，展现了泰山神的神圣形象和封建帝王的威严。

希望大家能够充分领略这里的历史和文化价值。

思 维 导 图

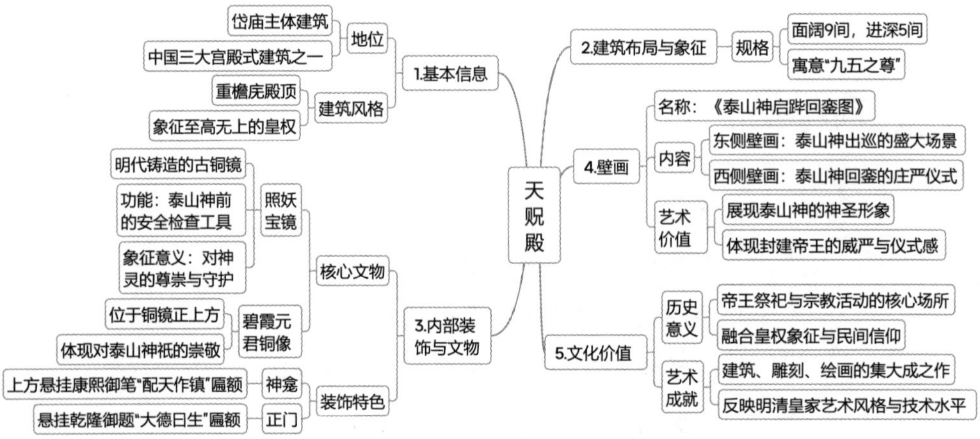

图 3-3-4 天贶殿

Tips

天贶殿，气宇轩，三大宫殿威名传，重檐庑殿等级先。
九五之尊帝王宣，九间五进布局连，照妖宝镜明代悬。
碧霞元君坐正前，康熙乾隆题匾传，配天作镇大德篇。
启跸回銮壁画鲜，东巡西返神威显，历史文化藏其间！

二、泰山

（一）泰山主要景点

1. 岱宗坊☆

各位游客，欢迎来到岱宗坊！

它是泰山“登天之旅”的起点。这座看似朴素的石坊，却是古代帝王和百姓共同使用的“天门钥匙”，自明朝以来，见证了无数朝圣者虔诚的步伐。在这里，我们可以感受到“泰山之门”的历史厚重。

岱宗坊建于明朝嘉靖四十年（1561 年），清雍正八年（1730 年）重修。坊前立有清雍正九年（1731 年）所立的《重修泰山上谕碑》和《泰山记碑》，东西对峙，具有重要的历史价值。岱宗坊采用了四柱三门式的设计，额上题写着金色的“岱宗坊”三个大字，气势非凡。四根八棱石柱巧妙地呼应了“四象八卦”，柱础浮雕的覆莲纹寓意着“步步生莲”，象征着顺利与吉祥。

古人到此必会“整衣冠，静心神”，因为从这里起步，意味着他们踏入了“天界”。岱宗坊如同一座时空隧道的入口，穿过它，我们将迈入“红门盘道”，正式开始我们的“登天”之路。

2. 红门宫☆

各位游客，欢迎来到红门宫。

红门宫是泰山中路登山的门户，得名于大藏岭上的红色巨石，形态如同门扉。传说红门以上是仙界，红门以下是人间。今天，我们将从这里踏入仙界，开始我们的登山之旅。

红门宫建筑群分为东、西两院。东院为佛院，北殿祀弥勒佛，东殿祀药王，南殿供奉九莲菩萨，其中的九莲菩萨铜像是明代万历年间铸造的，是泰山现存最大的一尊铜像。西院是道观红门宫，正殿祀碧霞元君，东、西两配殿分别祀眼光娘娘和送子娘娘。两院通过飞云阁连接，飞云阁是一个门楼式建筑，门额上镶嵌着“红门”二字。

红门宫前的三座石坊依山而建，层层递进，被称为“坊群”。最前的是一天门坊，东侧立有明代“天下奇观”碑，西侧则是“盘路起工处”碑。中间是孔子登临处坊，旁边有“第一山”碑和“登高必自”碑。最后是天阶坊，修建于明嘉靖年间，象征着祭天朝山的开始。

通过这些历史遗迹，大家可以感受到泰山深厚的文化底蕴和神圣的气息。

3. 经石峪☆☆

各位游客，欢迎来到经石峪。

您现在看到的，就是古今驰名的经石峪《金刚经》刻石。泰山之美，美在石刻。泰山上下有 2500 多处石刻，既有洋洋洒洒的鸿篇巨制，也有三言两语的惊世妙语。在两峰之间的谷底，一大片平滑的石头平铺开来，就是大家眼前的经石峪。

经石峪《金刚经》刻石是我国现存规模最大的佛经摩崖刻石。经文刻在面积两千多平方米的缓坡石坪上，自东而西刻着佛教《金刚般若波罗蜜经》的一部分。历经千余年风雨剥蚀，仍存经文 41 行、1069 个字。

经石峪摩崖石刻，以隶书为主，把真、草、隶、篆各体风格精华融入其中，给我们留下了一部民族文化的经典大作。清代康有为赞誉石刻为“大字鼻祖”，包世臣称之为“榜书之宗”。经石峪石刻结体之大，规模之巨，堪称“天下第一”。

经石峪之美，美在与周边的环境相得益彰。周围还有很多的刻石，尤以明隆庆六年（1572 年）明人所题的“高山流水”为神来之笔。

思 维 导 图

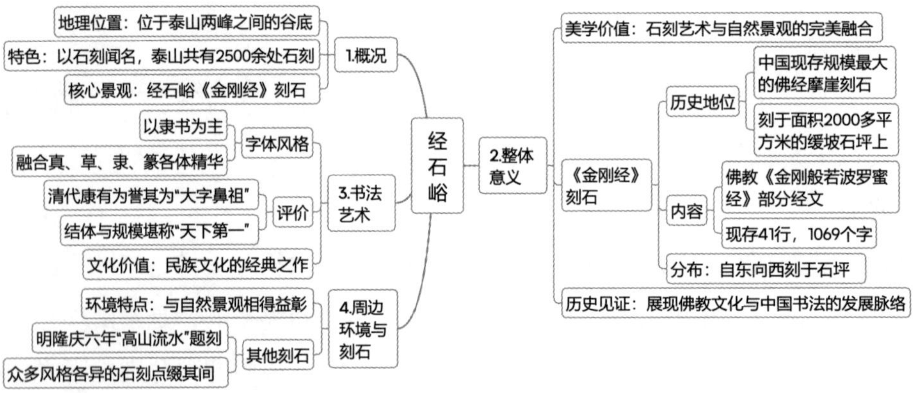

图 3-3-5 经石峪

Tips

经石峪，谷中奇，金刚经刻天下知，两峰之间石坪低。

两千平，四一行，一零六九字遗存，佛经巨制世称稀。
隶为主，各体集，康有为赞榜书一，结体雄浑气势逼。
高山流水明人题，周边刻石相偎依，经峪之美融天地！

4. 中天门☆

各位游客，欢迎来到中天门。

泰山中天门是泰山登山途中东、西两路的交汇点。此处为登顶半程，海拔847米，是上下山必经之地。东有中溪山，可观日出、望晚霞；西有凤凰岭蜿蜒伸展，可远眺傲徕雄姿，俯视泰安城新貌。伫立中天门，可远眺群山连绵起伏，云拥山峦；遥望南天门，十八盘曲折通天，似倒挂的天梯，近在咫（zhǐ）尺又仿若远在天边。

北面石阶之上有三间大殿，原为“二虎庙”，现在被称作“财神庙”。这里建有很多餐馆及服务设施，供游人休息。

这里建有泰山索道中天门站，上至南天门月观峰。如有需要，游客可自行购票乘坐索道上山。

5. 五大夫松☆☆

各位游客，欢迎来到泰山著名景点——五大夫松。

在我们面前有一座石质牌坊，上面写着“五大夫松”，松树就在牌坊上面的院落里面。说起五大夫松，它们的历史可不简单，得从秦始皇说起。当年秦始皇登封泰山，行至此处时，突遭狂风暴雨。危急时刻，一棵松树“挺身而出”，为秦始皇遮风挡雨。秦始皇感激不已，封这棵松树为“五大夫”。在秦朝，“五大夫”是官阶第九品，这棵松树可谓享尽殊荣。

不过，原树在明万历年间被山洪冲毁，清雍正年间，钦差丁皂保奉敕（chì）又补栽上了五棵，现在只剩下两棵了。虽非原树，但它们依旧苍劲挺拔，像忠诚的卫士守护着泰山。“五大夫”的封号因袭不变，被叫到了今天。

两株松树虬枝拳曲、苍劲古拙，自古被誉为“秦松挺秀”，为泰安古八景之一。五松亭旁有乾隆皇帝御制《咏五大夫松》摹刻。

大家不妨在此稍作停留，感受它们的独特魅力，相信会给您的泰山之行留下深刻印象。

思维导图

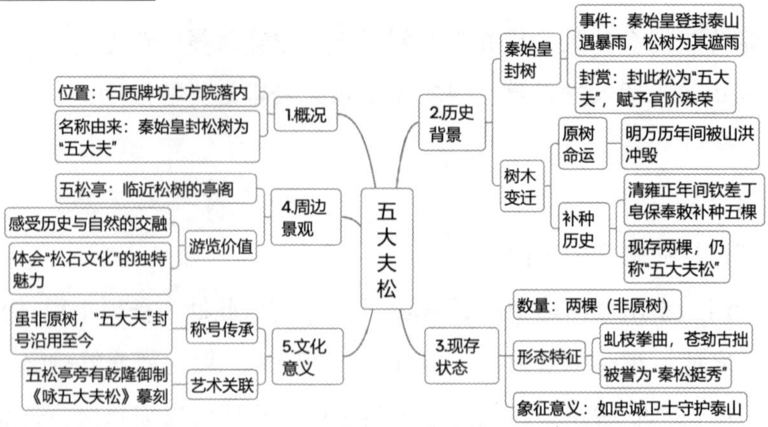

图 3-3-6 五大夫松

Tips

始皇登封遇风雨，秦松挺身护御体，五大夫爵第九级。
原树毁于明万历，雍正补栽五棵遗，今剩两株虬枝奇。
虽非古树仍苍劲，忠守泰山两千季，封号沿用至今时。
秦松挺秀古八景，乾隆御刻留墨迹，到此一游添诗意！

6. 十八盘☆☆

各位游客，欢迎来到泰山十八盘。

它是泰山登山盘路中最险要的一段，共计1633级台阶，从对松山谷底至南天门，垂直高度达400余米，远远望去，恰似天门云梯。

古人云“紧十八，慢十八，不紧不慢又十八”，这三个十八盘，分别代表着不同的攀登体验。紧十八陡峭险峻，考验着大家的体力和意志；慢十八稍缓，让大家得以喘息调整；而不紧不慢又十八，是攀登途中的过渡。

其实十八盘并不是只有十八个盘道，关于它的命名，一种说法是，古人觉得这里难于攀登，就在周边各立了十八根柱子，并有铁链连接，方便上山，所以取名为“十八盘”；另一种说法是，按照中国的传统习惯，往往以九表示最大、最多，十八乃九的倍数，喻极大之意，在这里形容天梯之高，攀登之难。

在攀登的过程中，大家可以想象古代文人墨客攀登泰山时的情景。杜甫曾写下

“会当凌绝顶，一览众山小”的豪迈诗句，当我们历经艰辛，征服这十八盘，登上南天门时，便能深切体会到这种壮志豪情。

思 维 导 图

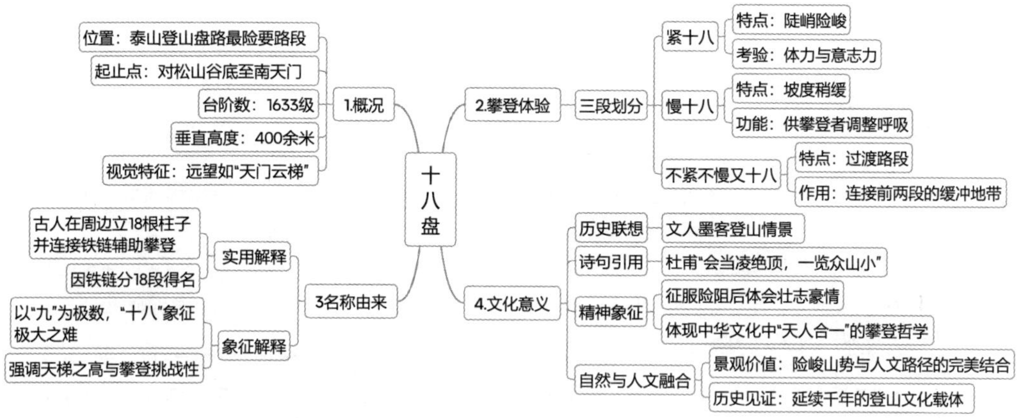

图 3-3-7 十八盘

Tips

十八盘，云梯悬，一六三三险峰逼，四百米高入云际。
紧十八，慢十八，不紧不慢又十八，三段攀登各有奇。
柱链相连名由来，九倍喻险古人计，天门高耸通天地。
杜甫诗中豪情溢，登顶方知众山低，历经艰辛志不移！

7. 南天门☆☆

各位游客，欢迎来到南天门。

南天门又称“三天门”，海拔 1460 米，是十八盘的终点。道家讲究“道生一，一生二，二生三，三生万物”，每三重天设一道门：第一道是一天门，第二道是二天门——中天门，第三道是三天门——南天门。由此可见，泰山地位之高可与九重天比肩。

整个南天门分上、下两层，下层为门洞，上层为摩空阁。下层的门洞供行人进出，门口正上方有“南天门”三个鎏（liú）金大字；两侧有一副楹联：“门辟九霄仰步三天胜迹，阶崇万级俯临千嶂奇观”，道尽地势之险。上层的摩空阁意为凌驾于天上的一座空中楼阁，为黄琉璃重檐歇山顶。

南天门两侧壁立万仞，下有被称为“天门云梯”的十八盘，攀登之艰难可想而知。那么，南天门是何人所建，又是怎样建成的呢？南天门始建于元中统五年（1264年），由张志纯道长建造。南天门地势险峻，几乎高不可攀，在此建南天门，难度之大可想而知。

思　维　导　图

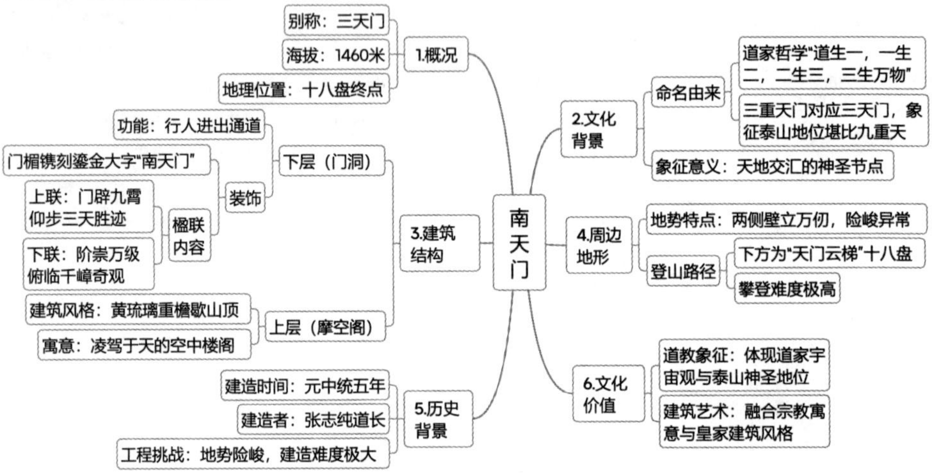

图 3-3-8 南天门

Tips

三天门立一四六零，三重天设道妙奇，南天门接九霄梯。
上下两层结构奇，门洞摩空阁相依，金匾楹联显险急。
“门辟九霄”仰胜迹，“阶崇万级”俯嶂低，黄瓦重檐摩空立。
元初志纯道长辟，一二六四建此基，险峰造阁鬼神泣！

8. 天街☆

各位游客，欢迎来到天街。

此刻我们漫步的天街，正是泰山之巅的“云中市集”！这条海拔 1545 米的“空中商道”，从南天门延伸至碧霞祠，全长 600 米，既是历代帝王祭天的“仙班通道”，更是全球海拔最高的“千年古街”。

漫步天街，您瞧，街道两旁店铺林立，古色古香。这些店铺经营着琳琅满目的特色纪念品，有泰山石敢当的精美摆件，还有绘制着泰山壮丽风光的折扇，每一样都承载着泰山文化，是您留作纪念的绝佳选择。

建筑风格上，天街的房屋以明清风格为主，青瓦飞檐，雕梁画栋，错落有致地分布在道路两侧，与周边云雾缭绕的山川景色相互映衬，恍惚间让人感觉踏入仙境。

希望大家在这里玩得开心，留下属于自己的泰山记忆。

9. 碧霞祠☆☆

各位游客，欢迎来到碧霞祠。

碧霞祠是道教著名女神碧霞元君的祖庭。那么碧霞元君是什么来历呢？碧霞元君全称“天仙玉女碧霞元君”，俗称“泰山老奶奶”。其诞生年代和身世自古说法不一，有凡女得道说、黄帝玉女说、华山玉女说等。有史可考的是，宋真宗封泰山时，于岱顶玉女池旁得玉女石像，即造神龛（kān）供奉其中，将其封为“天仙玉女碧霞元君”，并创建昭真祠。后经多次更名，近代称“碧霞祠”。

碧霞祠分前、后两院，主要由大殿、配殿、香亭、山门等建筑组成，建筑面积3900平方米，是泰山极顶最大的古建筑群，为国家重点文物保护单位、全国重点道观。碧霞祠前院的南照壁上有“万代瞻仰”四个大字，可见其地位。

正殿是碧霞祠的主体建筑，面阔五间，九级歇山顶，是祠内最高大雄伟的建筑。大殿采用的是金属和土木砖石相结合的材料，殿顶的筒瓦、垂兽等构件皆为铜铸，主要为了防止山顶雷电的轰击和狂风云雾的侵蚀。殿上的瓦垄有360条，对应着中国农历全年的“周天之数”。步入祠内，可见碧霞元君像端庄慈祥，每日都有众多信徒前来朝拜祈福，络绎不绝。

思 维 导 图

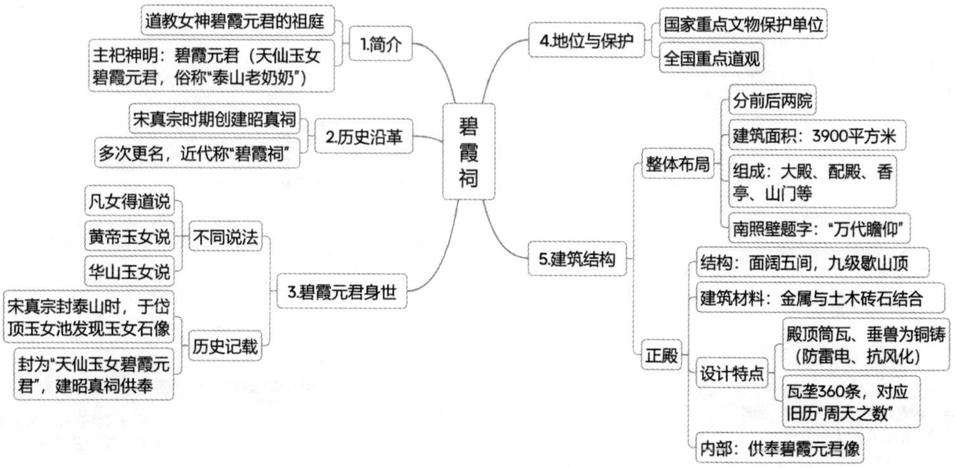

图 3-3-9 碧霞祠

Tips

碧霞祠，极顶立，元君祖庭香客密，宋真宗封玉女迹。
前后两院结构奇，三五九间布局细，万代瞻仰照壁题。
正殿五间歇山顶，铜铸构件避雷袭，三六零条周天数。
碧霞元君慈祥立，信徒祈福络绎集，道教文化藏玄机！

10. 大观峰☆☆

各位游客，欢迎来到大观峰。

如果把泰山比作一部中华巨著，那么此刻展现在大家眼前的，便是其中最为精彩的一页。整片崖壁之上，可辨认的题刻多达 70 多处，洋洋洒洒，蔚为壮观，这里也因此得名“大观峰”。

其中最引人瞩目的要数唐玄宗李隆基御书的《纪泰山铭》了，被称为“唐摩崖”。唐玄宗封禅后的第二年，他亲笔写下了这篇《纪泰山铭》，以昭告天下，自己封禅是为国家和百姓祈福。铭文加额款总计 1008 个字，除“御撰御书”四个字和末行年、月、日为楷书外，其他均为隶书，是唐玄宗东封泰山歌功颂德的纪事碑。文章透露出太平盛世的气象，文辞驯雅大度，显示出他当年的豪迈胸襟。在书法艺术上，《纪泰山铭》也具有极高的价值，为我国帝王摩崖刻石中的杰作。

“云峰”二字由清朝康熙皇帝御笔所写。“云峰”下《夜宿岱顶作》为乾隆皇帝的笔迹。

周围还有“天下大观”“壁立千仞”“登峰造极”等石刻，数不胜数。

思 维 导 图

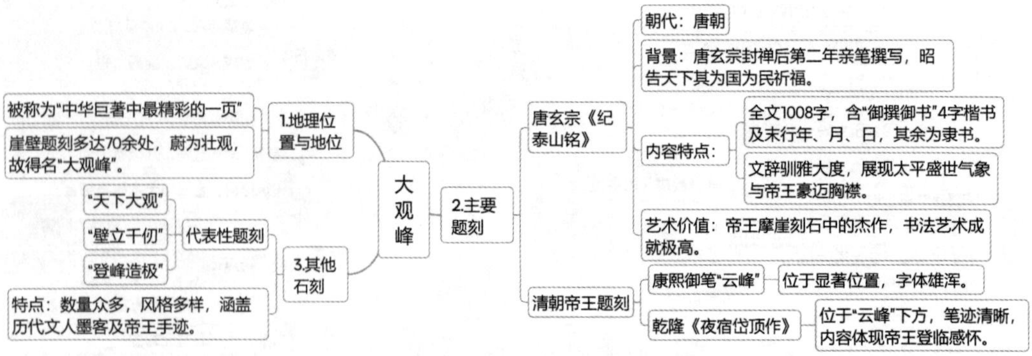

图 3-3-10 大观峰

Tips

大观峰，巨著立，七十余处刻题奇，唐摩崖显帝王气。
玄宗封禅次年立，千零八言铭纪奇，隶楷交融书风逸。
云峰御笔康熙题，乾隆夜宿岱顶诗，天下大观壁千仞。
登峰造极石刻密，帝王文采藏玄机，泰山文脉展雄姿！

11. 五岳独尊及周边刻石☆☆

各位游客，欢迎来到五岳独尊刻石。

五岳独尊景观石群位于泰山的极顶，玉皇庙东南，海拔 1545 米。这里的四个字——“五岳独尊”历经百年风雨，依然屹立于此。它们是正楷书体，书写于清光绪丁未年（1907 年）间，由泰安府宗室玉构题写，象征着泰山在五岳中的至高无上的地位。这四个字不仅是泰山雄伟壮观的象征，更承载着深厚的历史文化内涵，体现了人们对泰山的无比尊崇，也反映了中华民族对名山大川的敬畏与热爱。

在“五岳独尊”刻石的右侧，还有“昂头天外”四个字，书写于光绪三十四年（1908 年）。这四个字在当时内忧外患的年代，寓意深远，值得我们细细品味。

泰山山上共有 2000 多处摩崖石刻，而“五岳独尊”是其中最具代表性的杰作。如今，它已成为泰山的标志，并且被选为五元人民币的背景图案，具有重要的历史和文化价值。

在这里，您将感受到泰山作为五岳之首的独特魅力。

思 维 导 图

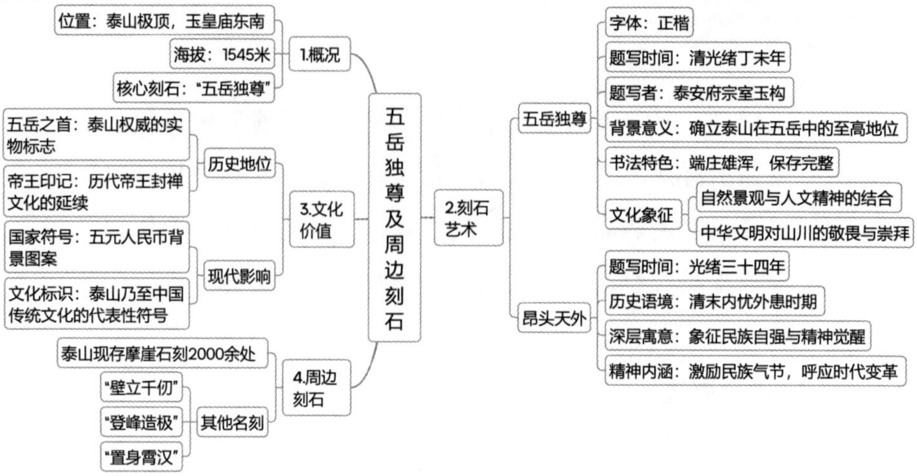

图 3-3-11 五岳独尊及周边刻石

Tips

极顶东南一五四五，光绪丁未玉构题，楷书四字显威仪。
五岳独尊地位奇，百年风雨屹如壁，右侧昂头天外立。
光绪三四寓意谜，内忧外患藏深意，值得细品耐人思。
泰山标志五元依，两千摩崖此为极，独尊昂头天下知！

12. 无字碑☆☆

各位游客，欢迎来到无字碑。

泰山玉皇顶玉皇庙门前这一座高 6 米的石碑，碑顶上有石覆盖，石色黄白，形制古朴浑厚。奇怪的是，碑上没有一个字，因而被人称为“无字碑”。正因为它没有留下文字，所以此碑究竟是何时、何人所立，便成为一个问题。有关此碑，人们曾作多种推测。有人认为是秦始皇立的，有人认为是汉武帝立的。看来，谜底的揭开尚需时日。

Tips

玉皇顶前无字碑，六米高碑黄白披，古朴浑厚无字迹。

秦皇汉武皆猜疑，立碑缘由成悬疑，谜底待解后人知。
无字胜有千言诗，历史谜团藏玄机，到此一游添幽思！

13. 玉皇顶☆☆

各位游客，欢迎来到玉皇顶。

这里是泰山的最高点，也是泰山的极顶。玉皇顶原本叫“太平顶”，因这里有玉皇庙，所以后来得名玉皇顶。

在玉皇顶上，最重要的建筑就是玉皇殿，此外还有迎旭亭、望河亭等。玉皇殿里供奉着玉皇大帝的铜像，他是天地万物的主神，掌管三界。神龛上方的匾额写着“柴望遗风”，这意味着在古代，帝王曾在此进行祭天的仪式，祈求国家安泰，风调雨顺。玉皇殿前有一块石刻，标志着泰山的极顶，石刻上写着“泰山极顶 1545 米”，它是泰山的最高点。站在玉皇顶，您不仅能看到壮丽的山川美景，还能感受到这里深厚的文化和历史气息，体会杜甫笔下“会当凌绝顶，一览众山小”的含义。

接下来，让我们继续探访玉皇顶的独特魅力吧！

思 维 导 图

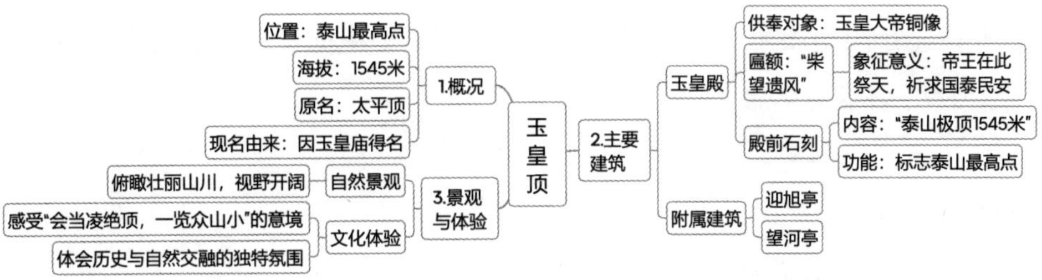

图 3-3-12 玉皇顶

Tips

极顶高标一五四五，太平顶更名玉皇居，玉皇殿立主峰脊。
柴望遗风匾额题，祭天古仪帝王祈，极顶石刻嵌云际。
迎旭望河双亭立，玉皇大帝铜尊屹，三界主神威赫奕。
杜甫诗魂荡胸臆，众山皆小天下低，到此方知岱岳奇！

14. 日观峰与拱北石☆

各位游客，现在我们来到的就是泰山日观峰了。

日观峰坐落于泰山玉皇顶东南方向，堪称泰山观赏日出的最佳地点。清晨时分，站在此处极目远眺，视野极为开阔。一轮红日从云海中喷薄而出，光芒万丈，壮丽的日出景观令人心潮澎湃、叹为观止，这也是泰山最具魅力的景观之一。

在日观峰上，还有一处独特的景观——拱北石，也叫“探海石”。它长约7米，从悬崖上斜向伸出，宛如一条巨龙探身欲海。拱北石造型奇特，仿佛在向人们展示着泰山的雄伟与神奇。每当云雾缭绕时，它便若隐若现，更增添了几分神秘色彩。

拱北石不仅是大自然的鬼斧神工之作，也是泰山的重要标志之一，很多游客都会在此拍照打卡，留下与泰山的美好瞬间。

15. 天外村广场☆

各位游客，欢迎来到天外村广场。

它位于泰山脚下，是进入泰山景区的重要门户。主要由方形广场、圆形广场和石雕连廊组成。广场开阔大气，设计独具匠心。方形广场代表广袤大地；圆形广场代表高高在上的天堂；石雕连廊代表登天之梯；整体设计寓意天圆地方、天人合一。

这里不仅是游客集散的枢纽，配套设施也十分完备。有宽敞的停车场，方便自驾游客停车；还有整洁的游客服务中心，能为大家提供购票咨询、休息等服务。而且，天外村还是乘坐旅游车上山的起始点，为不想全程徒步登山的游客提供了便利，让大家轻松开启泰山之旅，尽情领略泰山之美。

? 思考题

1. 山东最高的山是哪一座？海拔是多少？

2. “泰安”之名是怎么来的？“泰山镇山三宝”指的是哪三件文物？

3. 历史上被誉为“大字鼻祖”“榜书之宗”的摩崖石刻是哪个石刻？以什么字体为主？

4. 五岳分别是哪五座山？

5. 泰山风景区现存最早的碑刻是什么碑刻？是什么字体？

第四节　青岛崂山风景区

景区构成

※ **青岛崂山风景区概况☆☆☆**

一、太清风景游览区

（一）太清风景游览区概况☆☆

（二）太清风景游览区主要景点

1.太清宫概况☆

2.太清宫牌坊☆☆

3.正门☆

4.仪门☆

5.三官殿☆☆

6.龙头榆☆

7.康有为诗刻☆

8.三清殿☆☆

9.关岳祠☆

10.三皇殿☆☆

11.海印寺旧址☆

二、巨峰风景游览区

（一）巨峰游览区概况☆☆

（二）巨峰游览区主要景点

1.嘉会☆

2.自然碑☆

3.“海上名山第一”石刻☆☆

4.巨峰☆☆

三、九水风景游览区

（一）九水游览区概况☆☆

（二）九水风景游览区主要景点

1. 内九水☆

2. 潮音瀑☆☆

3. 蔚竹观☆☆

四、其他区域

1. 上清游览区（含龙潭瀑）☆☆

2. 华严游览区（含那罗延窟、华严寺）☆☆

3. 华楼游览区（华表峰）☆☆

4. 流清游览区☆

5. 仰口游览区☆

☆☆☆

青岛崂山风景区概况

各位游客朋友们，大家好，欢迎来到崂山！

【位置】崂山位于黄海之滨，地处山东半岛南部的青岛市。从远处看，崂山就像一位屹立在黄海之滨的巨人，守护着这片山海奇景。

【声誉|地位】其得天独厚的地理位置赋予了它无尽魅力，享有“海上名山第一”的响亮称号，是自古被传为“神仙之宅”“灵异之府”的道教传播要地，更是当之无愧的我国万里海岸线上的第一高峰。崂山拥有“国家重点风景名胜区”“国家森林公园”“国家5A级旅游景区”等荣誉称号。

【组成】青岛崂山风景区布局精妙，精心划分出南线、北线、中线与一条海上观光游览线，像一张交织的旅游大网，网罗了九水、巨峰、仰口、上清、太清等九大游览区，总共藏有200余处各具风情的景点，而太清宫、巨峰、北九水脱颖而出，构成三大吸睛景区，是游客必到的打卡之处。

【特色|特产】太清风景游览区坐落在宝珠山下，三面环山，一面临海。由于

被远处巨峰和近处7峰环抱，挡住了来自北方的冷空气，加上从海上送来的暖湿气流，使这里形成了独特的亚热带气候环境，冬无严寒，夏无酷暑，被誉为“小江南”。

说到特产，崂山可是毫不吝啬。崂山茶香气馥郁，品一口唇齿留香；崂山菇口感爽滑，尝起来鲜美无比，都是馈赠亲友、犒赏味蕾的上佳之选。

【路线】崂山的旅游线路丰富多样，无论您是钟情于山海风光，还是痴迷于人文古韵，抑或渴望挑战高峰，都能在这里找到属于自己的精彩旅程。登山途中，自然碑、“海上名山第一”石刻纷纷入眼，还有形态各异、栩栩如生的象形石，让人不禁感叹大自然的鬼斧神工。

接下来，就请大家跟紧我的脚步，开启这场崂山探秘之旅，去感受它独一无二的魅力吧！

思维导图

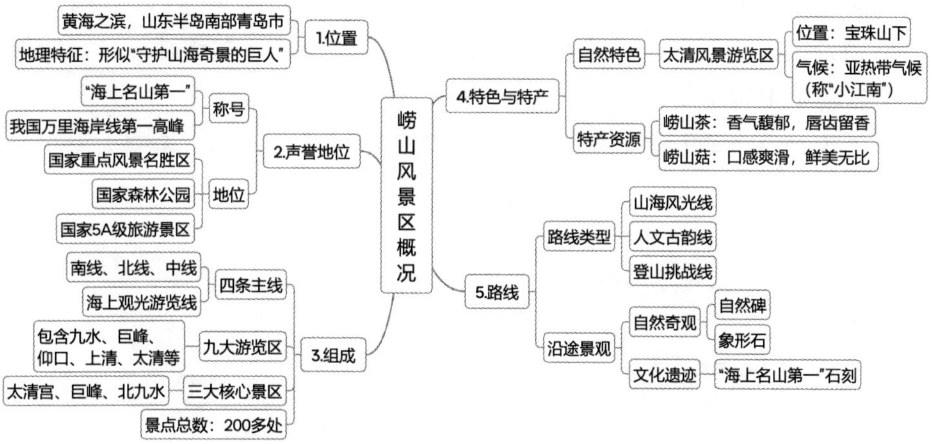

图3-4-1　崂山风景区概况

Tips

黄海之滨青岛立，山东半岛南部栖，山海奇景巨人屹。
海上名山第一誉，国家5A景区立，森林公园重点区。
万里海疆第一峰，九区二百景点密，太清巨峰北九奇。
宝珠山下太清奇，三面环山一海依，亚热带气候小江南。

崂山茶香唇齿溢，崂山菇鲜味蕾怡，馈赠佳品美名提。
南线北线中线立，海上观光游览奇，登山碑石题刻迷。
自然碑前留影记，“海上名山第一”题，象形奇石鬼工奇。
山海风光古韵迷，挑战高峰任君意，崂山探秘启新旅！

一、太清风景游览区

（一）太清风景游览区概况☆☆

各位游客，欢迎来到太清游览区。

太清风景游览区位于崂山风景区的东南部，以著名的太清宫为核心，因此也被简称为“太清景区”。这里坐落在宝珠山下，三面被山脉环抱，一面临海。东面是崂山头，南面则是碧蓝的海湾，称为“太清湾”。

由于四周被七座峰峦环绕，屏蔽了北方冷空气，同时又受到来自海洋的暖湿气流影响，这里形成了独特的亚热带气候。冬暖夏凉，因此被誉为“小江南”。

太清风景区内有众多著名景点，包括太清宫、三皇殿、三清殿、三官殿等。每一处都充满着历史与文化的气息，让人流连忘返。

这里不仅是一个美丽的自然景区，也有着深厚的文化底蕴。希望大家在参观过程中，能够感受到这里的自然风光和历史魅力。

思 维 导 图

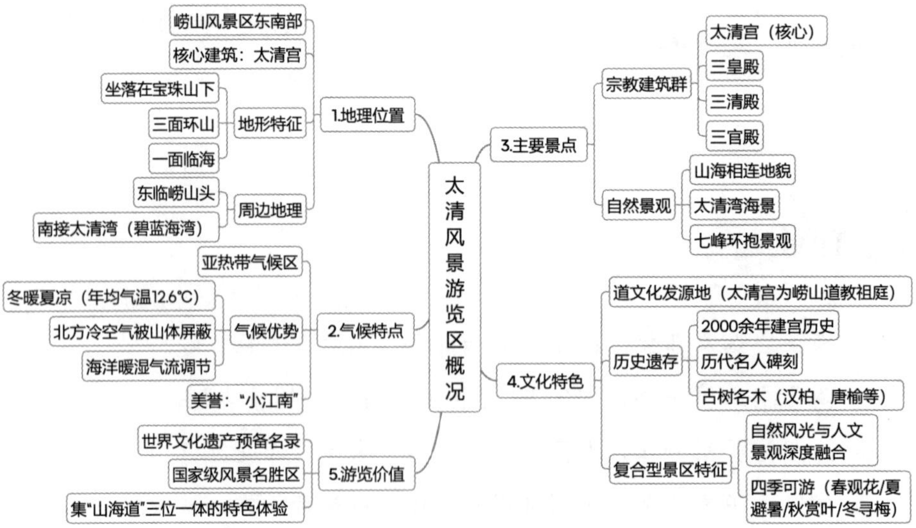

图3-4-2 太清风景游览区概况

Tips

崂山东南宝珠栖，三面环山一海依，七峰绕屏寒氛避。
暖湿气流自海袭，冬暖夏凉小江南，太清湾畔风光奇。
太清宫连三皇殿，三清三官殿宇密，历史文化藏玄机。
山海相拥底蕴积，到此一游心旷怡，道教圣地留传奇！

（二）太清风景游览区主要景点

1. 太清宫概况☆

各位游客，欢迎来到太清宫。

太清宫是太清风景游览区的核心区域，也是崂山历史最悠久、规模最大的一座道观。它始建于西汉建元元年（前 140 年），至今已有 2160 多年的历史，是有记载的最早的崂山道教祖庭。

太清宫的创始人是江西人张廉夫，他因仕途不顺，弃官修道，在太清湾畔建了一座茅庵，供奉三官，称为“三官庙”。唐朝末年，道士李哲玄扩建了庙宇，供奉三皇，取名“三皇殿”。到了宋朝，道士刘若拙又自修茅庵，供奉老子神像，宋太祖敕封他为“华盖真人”，并敕建了“上苑”和上清宫，重修了太清宫，基本奠定了今天的规模。

太清宫历经多次修建与扩展，丘处机、张三丰、徐复阳等著名道士曾在这里修道。清代许多有声望的道长也曾担任太清宫住持，使其成为崂山最著名的道院之一。

在这里，您不仅能感受到浓厚的道教文化气息，还能体验到崂山的悠久历史与深厚底蕴。

2. 太清宫牌坊☆☆

各位游客，眼前这座气势恢宏的建筑，便是太清宫牌坊啦。

这座牌坊高 8 米、宽 16 米，采用四柱三门式构造。从下往上，它由底座、立柱、额枋和字板四个部分组成，整体造型独特，既庄重又大气，散发着磅礴的气势。牌坊是用崂山本地特产的白色花岗岩打造而成，崂山花岗岩因其坚硬和美观而闻名，甚至连北京人民英雄纪念碑选用的石材也出自崂山。

牌坊上的雕刻更是精美绝伦，寓意深远。从下往上，依次雕刻有“事事如意”“福禄寿”“鹤鹿同春”“十二生肖”以及“龙形”等图案，尤以“龙形”最为引人注目，其中龙的数量多达101条，象征着崂山太清宫在山东道家庙宇中的卓越地位。牌坊侧面巧妙地运用了浮雕，展现了蝙蝠、金钱和“寿”字，象征着“福禄寿喜”，寓意吉祥如意。正面阳刻着“崂山太清宫”，背面阴刻着“阅苑圣德”，每一处都彰显着深厚的历史文化底蕴。

这座牌坊不仅是太清宫的标志性建筑，更是崂山文化与道教文化的象征。希望大家在这里能够感受到这份庄严与神圣，留下美好的回忆！

思维导图

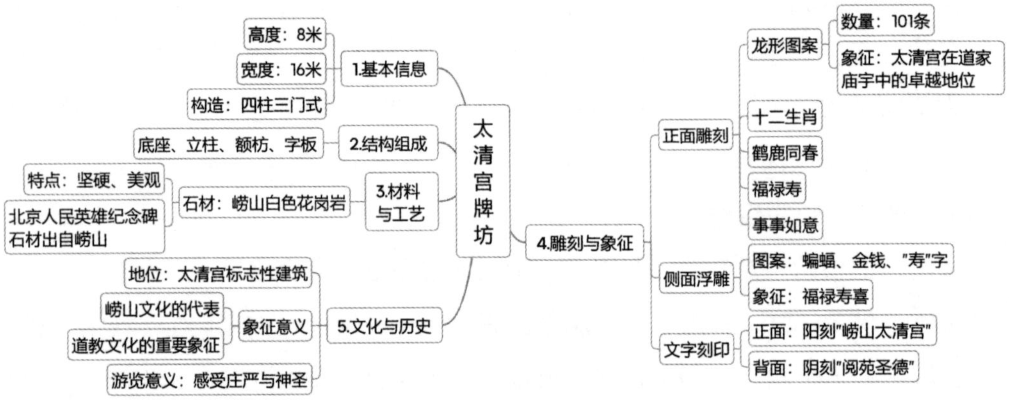

图 3-4-3 太清宫牌坊

Tips

太清宫前牌坊立，八米高来十六米宽，四柱三门气势逼。
崂山白花岗岩砌，人民英雄碑材取，坚硬美观世称奇。
事事如意底纹起，福禄寿连鹤鹿嬉，十二生肖龙形立。
百零一龙藏玄机，山东道庙尊第一，卓越地位显威仪。
蝙蝠金钱寿字依，福禄寿喜浮雕奇，吉祥如意刻心底。
正面阳刻太清宫，背面阴刻阅苑题，崂山道教文化集！

3. 正门☆

各位游客，此刻矗立在我们面前的，便是崂山太清宫的正门。

这座门采用了重檐庑殿式的建筑风格，庄重而典雅，在道教文化中，它被称作“山门”。这个名字承载着深厚的历史意义，想象一下古时道士们隐居山林，潜心修行，山门便是他们与外界的分隔线。根据道教的说法，跨过这道门，意味着踏入仙界，与凡俗尘世彻底告别，内外的气氛截然不同，充满神圣感。

进入山门时，大家可以留意两侧，这里供奉着道教的护法四圣，分别是马灵耀、赵公明、温琼和我们熟悉的关羽。他们威风凛凛，守护着这片圣地，确保这里的安宁与神圣。

走过这道门，您将进入一个神秘的道教世界，感受到这里独特的氛围与深厚的文化底蕴。希望大家在参观过程中，能深入体验这里的宁静与神圣。

4. 仪门☆

各位游客，现在大家眼前的这道门便是仪门了。

仪门是太清宫中一处极具分量的存在，过去它曾作为太清宫的正门，迎接着四方来客。跨过仪门后，大家将进入一个别具韵味的院子，沿着院子前行，您将看到另一道门，而在这道门口的两侧，静静伫立着石鼓，这就是我们常说的“门当”。门上方的木板则是“户对”。

在中国古代建筑体系中，“门当”和“户对”是非常重要的元素。所谓“门当”，通常指的是大门前摆放的石鼓或石墩，形状各异，有圆润的，也有方正的。它们不仅起到装饰作用，还具有镇宅保安的功能。而“户对”则是门楣处的精美雕刻，通常是木雕或砖雕，数量一般为双数，这些雕刻不仅彰显家族的荣耀与身份地位，还在古代婚姻中，成为衡量双方家庭条件的重要参照。

希望大家在参观过程中，能感受到这些细节的美妙和文化的深远。

5. 三官殿☆☆

各位游客，欢迎来到三官殿。

三官殿庄重地供奉着三官大帝，所谓“三官”，便是天官、地官与水官。在中国上古时期，祭天、祭地、祭水的礼仪便已经存在。道家虔诚供奉三官的原因在于，天官赐福，地官赦罪，水官解厄，这三位神明象征着人们对美好生活的祈愿与渴望。

大家请看，三官殿的正面主殿极具特色，采用单檐硬山式砖石结构，殿堂呈长方形，顶面铺有黑色板瓦与筒瓦。整体风格典雅而标准，是宋代建筑风格的生动展现。殿内的每一处细节，都展现了古代工匠的精湛技艺。

值得一提的是，三官不仅仅是道教神明，他们还有着深厚的人文渊源。三官大帝其实是我国古代极具影响力的三位部落首领的化身——尧、舜、禹。尧生有八彩眉毛，心怀敬天爱民之志，在其治理下天下风调雨顺，故被尊为“天官”；舜双目重瞳，在其治理下民风高尚、大地安宁，被尊为“地官”；禹凭借着治理水患的伟大功绩，被尊为“水官”。

三官殿的每一处，都承载着历史的厚重与深远的文化内涵，静静等待着我们去探寻。希望大家在参观时，能更好地感受到这座庙宇的庄严与文化底蕴。

思 维 导 图

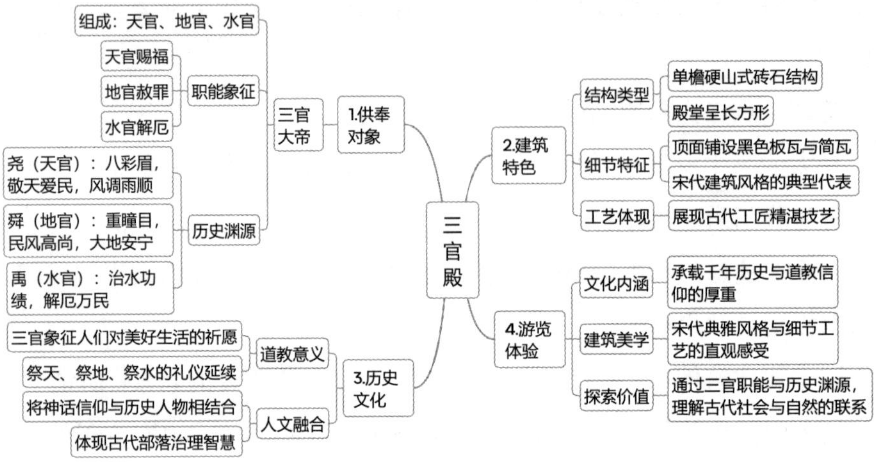

图 3-4-4 三官殿

Tips

三官殿里三官立，天官赐福地赦罪，水官解厄祈愿遂。
单檐硬山砖石砌，宋代风格显大气，黑瓦铺顶筒瓦立。
尧眉八彩敬天民，风调雨顺尊天官；舜目重瞳治大地，民风安宁地官立；
禹治水患功绩伟，水官尊号万民记，上古首领化神祈。
三官殿内藏玄机，道教人文渊源聚，历史厚重待探秘，殿中处处显神奇！

6. 龙头榆☆

各位游客，此刻映入大家眼帘的这棵参天古树，便是大名鼎鼎的龙头榆了。它就静静伫立在崂山太清宫内的逢仙桥旁。大家瞧，这棵树可不一般，它可是国家一级保护古树呢！抬眼望去，它足有 19 米高，主干蜿蜒曲折，好似蛟龙腾空，那些结节高高隆起，尤其树干顶部形似龙头，栩栩如生，更绝的是有一处树节凸出，宛如龙眼，活灵活现，“龙头榆”之名正是由此而来。

据史料记载，这棵树是唐朝赫赫有名的道士李哲玄，前来崂山太清宫潜心清修时亲手栽种的，所以啊，它还有个名字叫唐榆，承载着千百年的历史底蕴，静静等待大家欣赏。

7. 康有为诗刻☆

各位游客，现在大家眼前这块巨石上所刻的，便是极具历史文化价值的崂山康有为诗刻。

1923 年，康有为先生踏上崂山这片土地，瞬间就被眼前的绝美风光所震撼。他文思泉涌，挥笔写下一首五言长诗：“天上碧芙蓉，谁掷（zhì）东海滨。青绿山水图，样本李将军……”字里行间满是对崂山景致的由衷赞叹。之后，这首诗被镌（juān）刻在太清宫旁的巨石之上，历经岁月，风采依旧。它宛如一把钥匙，为崂山开启了一扇通往文化殿堂的大门，浓厚的韵味扑面而来。同时，这诗刻也是研究康有为先生生平与思想的珍贵实物，吸引着无数游客、文化爱好者慕名而来，驻足品鉴。

8. 三清殿☆☆

各位游客，欢迎来到三清殿。

三清殿是道教极为重要的圣地，也是太清宫三大殿中的主殿，专门供奉道教的主神“三清”。这座殿宇的布局非常讲究，呈长方形庭院形式，正殿气势恢宏，两侧的配殿与正殿相得益彰。步入正殿，您将瞻仰到至高无上的三清真神。

位于正殿中央的是玉清元始天尊，他手持元珠，这颗元珠象征着洪元，寓意着“道生一”的初始本源。右侧是上清灵宝天尊，手捧如意，如意代表混元，象征着由元气化生的阴阳二气。左侧则是太清道德天尊，也就是大家熟知的老子、太上老君，他手持宝扇，宝扇象征太初，意味着阴阳交合衍生万物。这三位神明代表着道教的最高境界，体现了道教哲理的深邃与神圣。

在殿外，同样充满了神圣的氛围。镇坛王灵官威风凛凛，他是道教的护法神与纠察神，负责守护此地，确保神圣之地的平安。东侧的配殿供奉着东华帝君，他是掌管天上阳神的总管。西侧的配殿则供奉着西王母，民间称她为“王母娘娘”，是天上阴神的总管。

希望大家在参观时，能够细细品味这些文化遗产，感受这里的神圣与庄严。

思 维 导 图

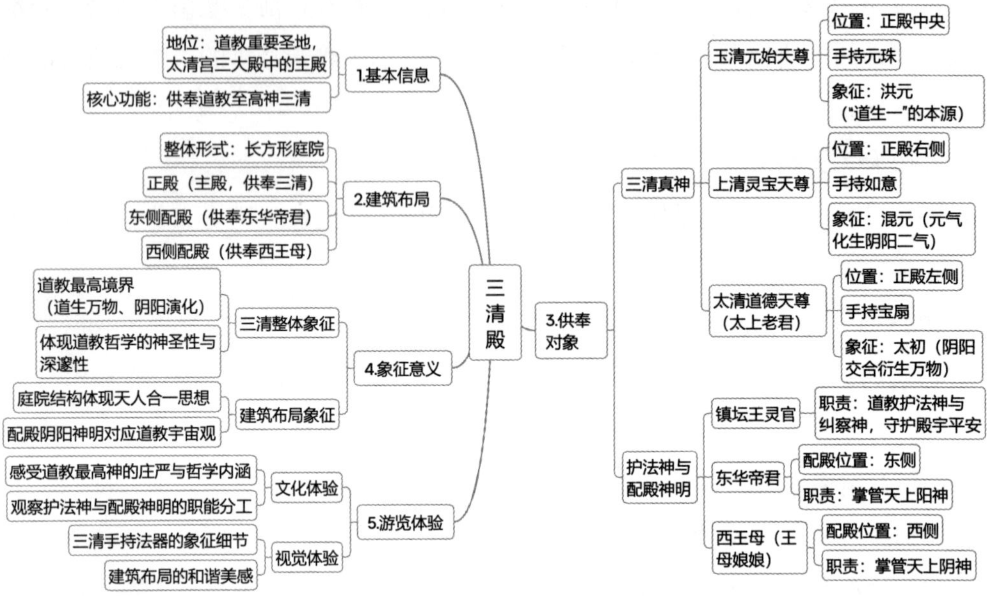

图 3-4-5 三清殿

Tips

三清殿，主殿立，道教圣地显威仪，长方形院布局齐。

玉清元始持元珠，洪元道生一；上清灵宝捧如意，混元阴阳济；

太清道德执宝扇，太初万物启，三清真神镇坛基。

王灵官，护法立，纠察神威守圣地；东华帝君掌阳神，西王母管阴神系。

配殿东西分主次，阴阳平衡玄机秘，道教哲理藏深邃！

9. 关岳祠☆

各位游客，欢迎来到关岳祠。

关岳祠像一颗隐藏在崂山的文化明珠，承载着厚重的历史。它是为了纪念两位英雄豪杰——关羽和岳飞而建。走进祠内，您会看到关羽和岳飞的神像威严肃穆，神情与身姿淋漓尽致地展现了他们忠义无畏的精神气魄，让人不由自主地心生敬仰。

关岳祠的建筑极具韵味，青瓦红墙、古韵悠扬，飞檐斗拱精巧别致。整个建筑风格典型地融合了道教特色，与周围的青山绿水相得益彰，给人一种清幽宁静的感觉。尽管岁月流转，它依然风华依旧，吸引着四面八方的游客前来瞻仰。

在这里，您不仅能感受到历史的厚重，也能体验到道教文化与英雄精神的独特交汇。希望大家能在参观中，感受到这份文化传承的火种，留下一份深刻的记忆。

10. 三皇殿☆☆

各位游客，欢迎来到三皇殿。

三皇殿始建于唐代，由正殿和东西两个偏殿组合而成，背后还有一段传奇故事。唐朝道士李哲玄根据九宫八卦的方位，四处筹集资金，修建了这座专门供奉“三皇”的殿宇。三皇殿的建造不仅体现了道教的哲理，也承载着中国古代文化的深厚底蕴。

走进正殿，您将瞻仰到中华民族远古时期的三位伟大领袖：天皇伏羲、地皇神农和人皇轩辕。首先是手持太极图的天皇伏羲，他智慧超凡，是八卦的创始人，因此被尊为“天皇”；接着是手捻（niǎn）稻菽（shū）的地皇神农，他以悲悯之心尝遍百草，为人类生存立下赫赫功劳，因此被尊为“地皇”；最后是手握笏（hù）板的人皇轩辕氏，他率先发明兵器和舟车，统一了黄河流域分散的部落，建立起中华民族的雏形，因此被尊为“人皇”。

在正殿门口外侧的墙壁上，镶嵌着一块意义重大的碑刻，记录着元太祖成吉思汗敕封崂山道士丘处机掌管天下道事的圣旨，为三皇殿增添了浓厚的历史分量。

另外，殿内的桧柏——汉柏凌霄也是一大亮点。据传，这棵古柏是太清宫开山始祖、汉代人张廉夫亲手栽植的。更神奇的是，从树干上长出了“盐肤木”和“凌霄”两株不同种类的树，形成了罕见的“三木一体”奇观，被评为“中国百株传奇古树”，令人叹为观止。

希望大家在参观过程中，能够体会到千年文化的魅力。

思维导图

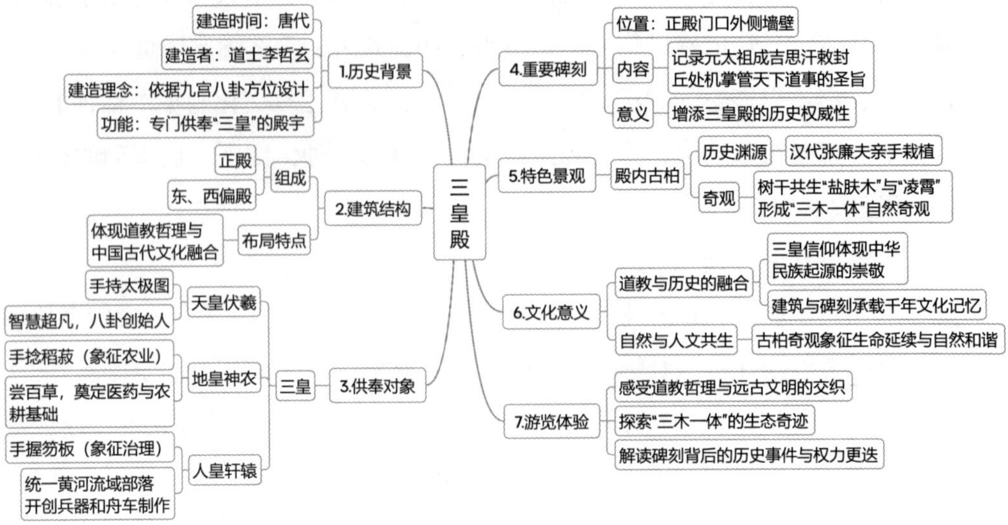

图 3-4-6 三皇殿

Tips

唐李哲玄九宫依，筹集资金建殿基，三皇供奉藏玄机。
天皇伏羲太极持，八卦创始人皇立；地皇神农稻菽捻，尝遍百草功劳奇；
人皇轩辕笏板执，兵器舟车创基业，黄河流域统部落，中华民族雏形立。
元太祖旨嵌壁题，丘处机掌天下棋，圣旨碑刻增史迹。
汉张廉夫亲手植，三木一体千年奇，盐肤凌霄柏共生，自然奇观世称稀。
三皇殿里藏玄机，道教哲理文化积，历史奇观相辉映，到此一游增见识！

11. 海印寺旧址☆

各位游客，面前看到的就是海印寺旧址了。

明代万历十三年（1585 年），憨山大师独具慧眼，在三官庵的根基之上，开启了海印寺的兴建工程，历经三年精心雕琢，至万历十六年（1588 年），一座气势恢宏、庄严肃穆的寺院拔地而起。然而，命运无常，万历二十八年（1600 年），一道皇帝的旨意改变了它的走向，万历皇帝下令毁寺复宫，曾经辉煌的海印寺就此轰然倒塌，徒留这片遗址。

如今，在这片遗址之上，静静伫立着一块石碑，上面清晰镌刻着“海印寺遗址”，同时铭记着“明万历十三年憨山大师建海印寺于宫前，二十八年降旨毁寺复宫”这段沧桑过往。环顾四周，横卧的诸多巨大石柱、石梁映入眼帘，仔细观察，其雕工精细入微，榫卯（sǔn mǎo）结构规整严谨，无声诉说着当年海印寺的宏伟壮观。这里，作为明代崂山“僧道之争”的鲜活见证，吸引着游客纷至沓来，在探寻历史的脚步中，感受岁月的沧海桑田。

二、巨峰风景游览区

（一）巨峰游览区概况☆☆

各位游客，欢迎来到巨峰游览区。

巨峰游览区雄踞崂山中部，因崂山主峰巨峰而得名。巨峰海拔高达 1132.7 米，山势陡峭险峻，宛如一把利剑直插云霄。峰顶怪石嶙峋，那些奇特的象形石更是大自然的杰作，或像奔腾的猛兽，或如仙人降临，形态逼真至极，令每一位游客都不禁啧啧称奇。

这里的植被为巨峰披上了四季的华服。春季，山花烂漫，花朵争奇斗艳；夏季，松涛阵阵，绿浪翻涌，带来阵阵清凉；秋季，层林尽染，五彩斑斓，宛如一幅美丽的画卷；冬季，银装素裹，纯净素雅，别具一番风味。

除了迷人的自然风光，巨峰景区内还散布着丰富的道教文化遗迹，默默诉说着崂山千百年来的深厚底蕴。登山途中，您会看到自然碑以及“海上名山第一”等石刻，它们展示了大自然的鬼斧神工。

毫无疑问，巨峰游览区是您登山揽胜、领略自然与人文双重魅力的不二之选。希望大家在这里能够享受大自然的美丽与历史的沉淀，留下难忘的回忆！

思 维 导 图

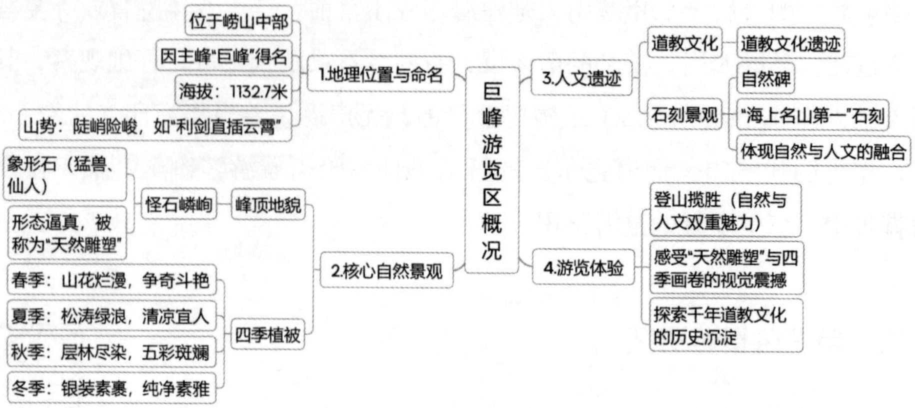

图 3-4-7 巨峰游览区概况

Tips

崂山中部巨峰立，一一三二点七米，剑插云霄险峻奇。

怪石嶙峋象形迷，猛兽仙人形态逼，四季华服植被依。

山花烂漫春争奇，松涛绿浪夏送怡，层林尽染秋彩披，银装素裹冬洁依。

道教遗迹山间栖，自然碑前留影记，“海上名山第一”题。

登山览胜两相宜，自然人文共赏析，巨峰游览留记忆！

（二）巨峰游览区主要景点

1. 嘉会☆

各位游客，面前就是嘉会石刻了。

“嘉会”二字来源于《易经》中的《文言》篇，其中写道：“体仁足以长人，嘉会足以合礼。”这两字寓意深远，一方面，它象征着来自天南地北的游客们如同一家人一般汇聚在这里，共同欣赏崂山的美景；另一方面，回望历史，历代高僧名道、显赫的宦官贵族们也曾纷纷来到崂山，为这里留下了许多珍贵的文化遗产。这份包容和睦的气氛，赋予了崂山祥和的气息，庇护着每一位到访之人。

因此，承载着“嘉会”二字的这块八卦坤位巨石，不仅因其独特寓意而备受喜爱，也成为游客拍照打卡的“神石”。

在这里，我们不仅能领略大自然的美丽，还能感受到崂山深厚的文化底蕴。希望大家在这里留下美好的回忆！

2. 自然碑☆

各位游客，不远处就是自然碑了。

自然碑耸立在山半腰，高约 40 米，宽约 10 米，规模壮观。它的顶端向前突出，形似碑盖，碑面平滑如削。从南向北眺望，仿佛一座天然巨碑，因而得名“自然碑”。这座石碑的形成源于冰川运动，强大的侵蚀力将周围岩石带走，才造就了它独特的形态。

从正面观看，您会看到碑身左上侧突出的石块，形状像一只机灵的小猴子，栩栩如生。而在自然碑的背后，有一块青黛色的石头，有人觉得它像道士坐而论道，也有人看成是狒狒凝视行人，趣味十足。

自然碑是崂山南麓登巨峰的必经之地，这里的自然景观和奇特的岩石形态，定会给您留下深刻的印象！

3.“海上名山第一”石刻☆☆

各位游客，眼前看到的就是“海上名山第一”石刻了。

它雄伟地屹立在崂山巨峰游览区。这六个苍劲有力、仿若游龙的大字，是由著名书法家武中奇先生在 95 岁高龄时亲笔题写的。每个字都充满深意，与崂山的独特韵味相得益彰。

仔细品味，您会发现，“海”字的三点水形似喜鹊，传递着吉祥的寓意；“每”字的形态像狐狸，彰显了崂山人杰地灵的气息；“上”字像道士作揖，展现了道教文化的风采；“名”字形似孔雀立石，与周围的朱雀石相呼应；“山”字仿佛人在划船，生动地描绘了山海相依的景象；“第”字像两只欢快的鸟在树上嬉戏，“一”字则像寓意财富的元宝，突出了崂山作为风水宝地的象征。

这块石刻不仅赞美了崂山的美丽风光，也彰显了其深厚的文化底蕴，已经成为游客们必来打卡的亮丽名片。希望大家在这里，感受到崂山独特的文化魅力和自然景观！

思 维 导 图

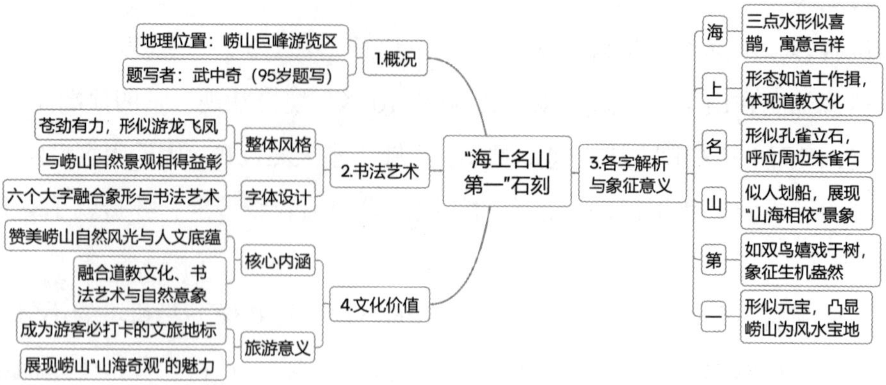

图 3-4-8 “海上名山第一”石刻

Tips

巨峰游览区中立，九五高龄武中奇，挥毫题就六字奇。
海字三点喜鹊立，吉祥寓意藏玄机；每字如狐人杰聚，崂山灵秀由此启。
上字作揖道士仪，道教文化显威仪；名字孔雀朱雀依，山石呼应妙无比。
山字划船山海戏，一舟轻泛浪中立；第字双鸟枝头嬉，一字元宝财富积。
风水宝地美誉齐，必打卡处留影记，山海文化共赏析，石刻名片传万里！

4. 巨峰☆☆

各位游客，欢迎来到巨峰。

巨峰又称“崂顶”，雄踞崂山中部，海拔 1132.7 米，是崂山的最高峰，也是我国万里海岸线上的第一高峰。站在崂顶极目远眺，碧波万顷的黄海一望无际，星罗棋布的海岛如珠似玉般散落在海面上，周围层峦叠嶂的群山恣态各异，共同勾勒出大自然的壮美画卷。

如果您在盛夏时节来到这里，幸运的话还能目睹“云海奇观”和“崂山火球”，那宏大的场面定会让您心潮澎湃；而在隆冬时节，您将看到“银峰晶挂”的美景，仿佛置身梦幻仙境。最为特别的是，在崂顶观赏海上日出，这一景象被誉为“巨峰旭照”，是崂山十二景之一，日出之时光芒万丈，美不胜收。

巨峰游览区的开发巧妙遵循道家“阴阳八卦”理念，形成了“巨峰八卦门”循环线路，将周边的历史人文和自然景点一一串联起来。漫步其间，您会发现许多象形石，仿佛进入了一座天然的“雕塑公园”。

接下来，请大家尽情畅游巨峰，感受它的自然奇观和文化魅力。

思 维 导 图

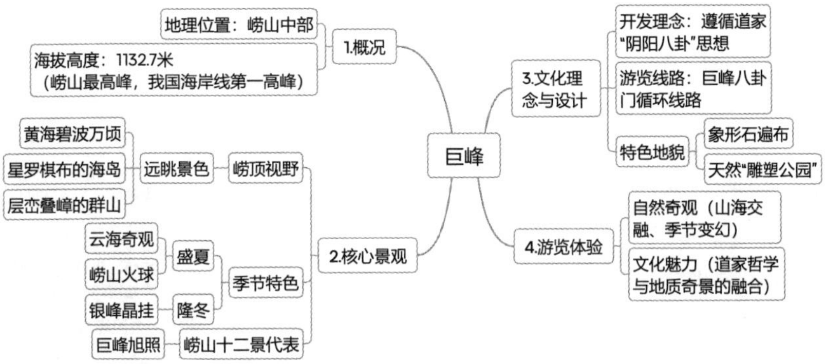

图3-4-9 巨峰

Tips

崂山中部巨峰立，一一三二点七米，海岸第一高峰奇。
极目远眺黄海碧，星罗海岛珠玉依，层峦叠嶂群山丽。
盛夏云海火球迷，隆冬银峰晶挂奇，巨峰旭照十二景，万丈光芒映晨曦。
八卦门循道家理，阴阳循环线路迷，象形石立雕塑里，天然公园藏玄机。
山海奇观文化积，到此一游心旷怡，崂山魅力永铭记！

三、九水风景游览区

（一）九水游览区概况☆☆

各位游客，欢迎来到九水游览区。

九水游览区坐落于崂山主峰北部，因其独特的赏瀑亲水体验而声名远扬，素有“小关东”的美誉。这里的自然景观令人叹为观止，尤其以崂山十二景之一的“蔚竹鸣泉”和“岩瀑潮音”最为著名，它们分别对应北九水中的蔚竹观和潮音瀑。

蔚竹观藏匿于山林之间，清幽静谧，仿佛进入了人间仙境；而潮音瀑则气势磅礴，飞瀑直下，水声如雷鸣，震撼人心。除此之外，九股崂山山泉在这里奔腾汇聚，形成了独特的“九水十八潭”。这些潭水或深或浅，形态各异，每一潭都有不同的韵味，它们的存在与道家思想相得益彰，散发着浓厚的文化气息。

在这里，您不仅能欣赏到大自然的美景，还能感受到浓厚的文化底蕴。希望大家在游览中，能够深刻体会到九水游览区的独特魅力！

思 维 导 图

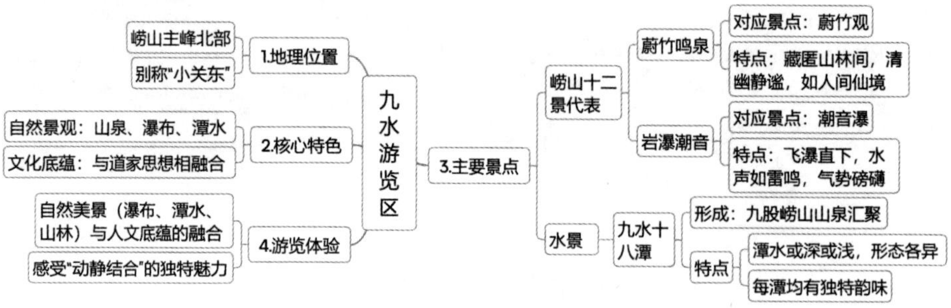

图 3-4-10 九水游览区概况

Tips

崂山北麓九水奇，小关东美誉传袭，十二景中蔚竹立。
藏匿山林幽如谜，潮音瀑震雷轰鸣，九股山泉汇九水。
十八潭影映涟漪，道家哲理藏潭底，文化自然两相依。
到此一游心旷怡，九水探秘增见识！

（二）九水风景游览区主要景点

1. 内九水☆

各位游客，此刻咱们正身处崂山内九水。

内九水是九水风景区中最具特色的部分，全长约 3 千米。这里两山对峙，中间的水流湍急，峭壁高耸，岩石嶙峋，澄清的潭水中水花激溅。与外九水相比，这里的峰峦更加险峻，峡谷更加幽深，因此赢得了“九水画廊”的美誉，步步皆是美景，令人陶醉。

我们首先来到内一水，山坳清幽秀丽，潭水宽阔平静；继续前行来到内二水，双石屋依山而建，紧邻潺潺流水，松竹交错成荫，旁边的“印月潭”清澈如镜，宛如一幅画卷。再到内三水，您将看到“马尾瀑”气势磅礴，白色泡沫飞溅四散，峡谷原为鹳鸟栖息地，故有“鹰愁涧”之名，涧中还刻有高凤翰的五言律诗，古韵悠长。

继续前行，您将看到如刀削般的“斩云峰”、拱手作揖的“大夫石”、色彩艳丽的“飞凤崖”和清幽的“凝碧潭”。当我们走到内九水的尽头，眼前呈现的是震撼人心的潮音瀑。它从悬崖峭壁上分三折奔腾而下，水流轰鸣，气势恢宏，令人叹为观止。

2. 潮音瀑☆☆

各位游客，眼前看到的就是潮音瀑了。

潮音瀑位于内九水的尽头，宛如一条白练从悬崖上飞泻而下。您看，瀑水奔涌而下，恰似泛起层层闪烁的鳞花，又仿佛扬起晶莹的碎玉，这也是它古时被称为“鱼鳞瀑”或“玉鳞瀑”的原因。水流倾泻下来的声音，如同澎湃的潮水，轰鸣阵阵，仿佛大自然的音乐，正因如此，它有了“岩瀑潮音”的美名，并且被誉为“崂山第一瀑”。这瀑布集幽、险、奇、绝于一身，是崂山的绝美景观之一。

再看瀑布左侧岩壁上的“潮音瀑”三个大字，是由20世纪30年代南京国民政府水利部长叶恭绰亲笔题写的，笔力刚劲有力；右侧岩壁上则是“空潭泻春”四字，出自国民党元老邵元冲之手，字形飘逸洒脱。潮音瀑源自巨峰北侧的天乙泉，下方清澈的水潭名为“靛缸湾”。

旁边这座精巧的“观瀑亭”是欣赏这美景的最佳位置。希望大家在这里，能深刻感受到这份大自然的震撼与美丽！

思 维 导 图

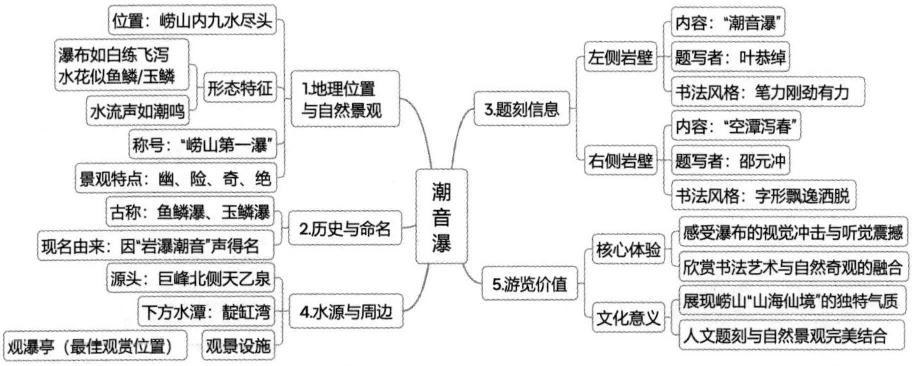

图 3-4-11 潮音瀑

Tips

内九水尽头潮音立，白练飞泻悬崖壁，鳞花闪烁碎玉起。
古时别称鱼鳞玉鳞瀑，潮声轰鸣如浪激，岩瀑潮音美名题，崂山第一瀑称奇！
左岩壁，叶恭绰书潮音力，右岩壁，邵元冲题空潭逸。
天乙泉源巨峰底，靛缸湾清水涟漪，观瀑亭中赏奇景，自然震撼刻心底！

3. 蔚竹观☆☆

各位游客，欢迎来到蔚竹观。

蔚竹观，原名“蔚竹庵”，2006年才更改为今天的名字。这里还以“蔚竹鸣泉”闻名，景色优美，令人陶醉。早在宋代，蔚竹庵周围就是一片茂密的森林，风景如画。到了明朝万历年间，全真华山派道士宋冲儒经过此地，看到层叠的翠绿山峦和潺潺流水，这里环境清幽，仿佛道家修行的天然圣地，于是他在这里修建了道庵。

蔚竹观的规模虽小，整个道庵占地2.6亩，建筑面积150多平方米，但布局精巧，前后两个院子，三间正殿和十多间道舍错落有致。初建时名为“三元殿”，正殿内供奉的真武大帝和观音大士木雕神像工艺精湛，堪称崂山木雕的代表之作，还有独特的铜铸三官神像。如今，蔚竹观依照旧貌修复，并栽种了许多珍稀花木，如白丁香、赤松和山茶等。

院内的古银杏树也颇为壮观，东侧的银杏树高达25.6米，已有800多年历史，西南方另一棵银杏树已有400多年，是历史的见证者。

思　维　导　图

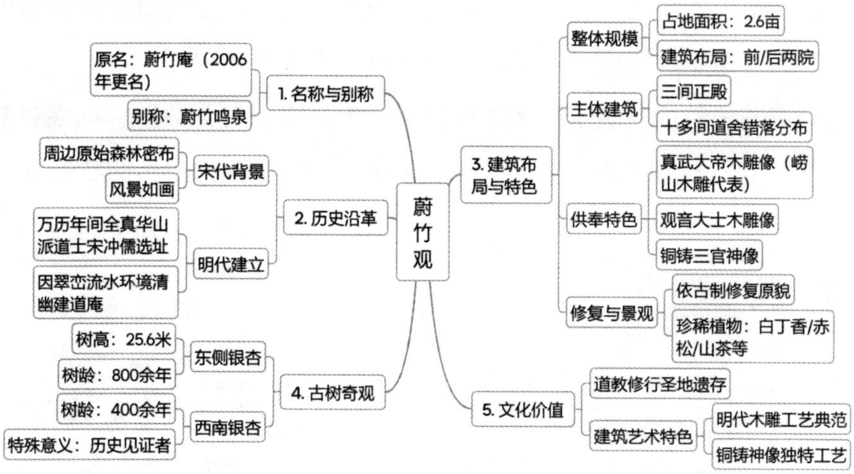

图 3-4-12 蔚竹观

Tips

蔚竹观，旧称庵，二零零六更名立，宋明始建底蕴积。
万历年间宋冲儒，层峦叠翠清泉依，道庵选址修行地。
两亩六分小天地，一百五十多平米布局奇，前后两院殿舍立。
三元殿中真武神，观音木雕工艺奇，铜铸三官神像立。
旧貌修复焕生机，白丁赤松山茶立，珍稀花木添雅意。
八百银杏廿五米，沧桑见证八百季，西南四百树龄立，古木参天映晨曦！

四、其他区域

1. 上清游览区（含龙潭瀑）☆☆

各位游客，欢迎来到上清游览区。

上清区域以自然山林景观和道教名胜为游览特色，今天我们参观的第一站是龙潭瀑。龙潭瀑，也叫“玉龙潭”，是崂山的第一瀑，位于八水河与支流圣水河的交汇处。这里的涧水穿越峡谷，汇集了数十条溪水，形成了一个又急又大的瀑布，从约 30 米高的峭壁上飞泻而下，宛如一条白龙从云中腾起，直泻入潭中，因此得名“龙潭瀑”。

瀑布下的深潭被称为“玉龙潭”，潭水清澈，环境幽静。瀑布下方有一块长形巨石，石面平整，上尖下平，是一个理想的观景平台。站在这里，游客不仅可以远眺四周的群峰，还能近距离欣赏到“龙潭喷雨”的壮丽景观。

龙潭瀑以其独特的自然美景和震撼的瀑布声，吸引着无数游客前来观赏，是崂山景区中不可错过的亮点之一。希望大家在这里尽情享受大自然的壮丽景色！

思维导图

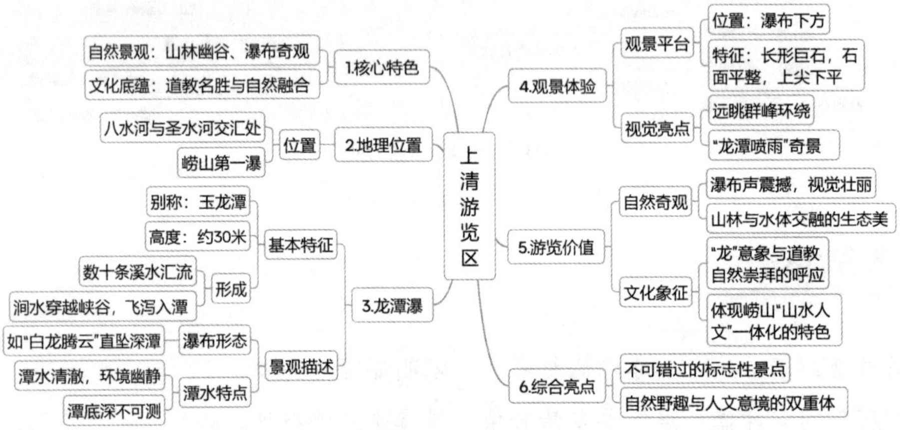

图 3-4-13 上清游览区

Tips

上清游览区，龙潭瀑第一，八水圣水汇，飞泻三十米。
白龙云中腾，玉龙潭里嬉，长形巨石平，观景平台立。
远眺群峰秀，近赏喷雨奇，自然壮丽景，崂山不可遗！

2. 华严游览区（华严寺、那罗延窟）☆☆

各位游客，欢迎来到华严游览区。

华严游览区位于崂山的东部，以奇峰“棋盘石”而闻名，因而也被称为“棋盘石风景游览区”。这里不仅拥有令人叹为观止的自然景观，还包含了佛教名刹（chà）——华严寺，以及天然的洞窟——那罗延窟等历史文化遗址。

华严寺原名“华严庵”或“华严禅院”，是崂山规模较大的佛教庙宇之一，寺庙气势宏伟，香火旺盛，是佛教信徒和游客们心灵的圣地。

接下来，我们将参观那罗延窟。这个天然的花岗岩石洞位于那罗延山的北坡，洞顶有一个圆形的孔直通天空。据说，原本洞顶没有孔，那罗延佛在成佛之前曾带领弟子在这里修炼，当他修炼成佛后，凭借巨大的法力将洞顶冲开了一个圆洞，腾空升天，便留下了这个通天的圆洞。“那罗延”在梵语中意为“金刚坚劳”，而这个花岗岩构成的洞窟正是与这个名字相符合。

在这里，您不仅能感受到佛教的宁静与庄严，也能欣赏到大自然的鬼斧神工。希望大家在参观时，能够深刻体验这片神圣而美丽的土地！

思　维　导　图

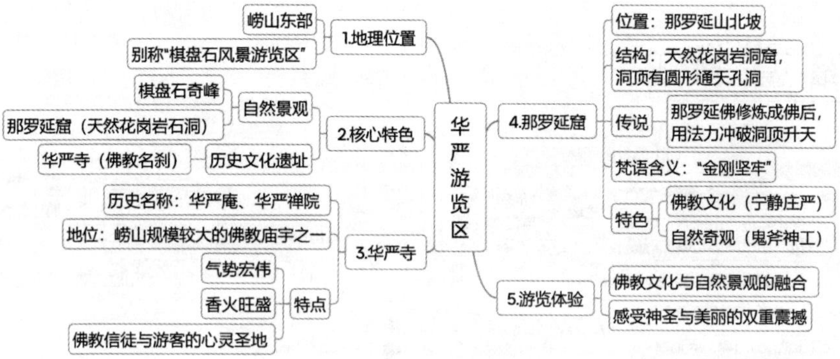

图 3-4-14　华严游览区

Tips

崂山东部华严栖，棋盘石奇景区立，奇峰古刹洞窟密。
原名华严庵禅院，崂山佛庙规模巨，香火旺盛信徒集。
那罗延山北坡栖，花岗石洞天然立，洞顶圆孔通天宇。
修炼成佛冲顶去，金刚坚劳梵语记，鬼斧神工自然奇。
佛教圣地静穆依，到此一游增见识，华严探秘启新旅！

3. 华楼游览区（华表峰）☆☆

各位游客，欢迎来到华楼游览区。

华楼游览区位于崂山风景区的西部，主要以石门山脉为主体，巨峰向西北延伸。

华楼峰海拔 348 米，山形方正，犹如一座高楼，由横向层岩叠加而成，是整个景区的基点。这里不仅有奇峰名石，还有丰富的自然山林景观和道教名胜，景点众多，包括法海寺、下书院、华楼宫、石门涧、石门峰、石门庵和天落水等。

华楼宫位于华楼山上，因山巅的“华楼石”而得名，这块石头又叫“聚仙台”或“华表峰”。自元代以来，华楼游览区成为历代文人墨客和达官贵人必来之地，山上留下了许多名人题写的诗词和刻石。元代尚书王思成曾将华楼景色归纳为十四景，而明代山东提学陈沂（yí）所题“聚仙台”刻石至今仍然可见，成为景区的重要文化遗产。

华楼风景区以其独特的自然美景和丰富的文化底蕴吸引着无数游客，是崂山题词刻石保存数量最多的地方。希望大家在游览时，能留下美好的回忆！

思 维 导 图

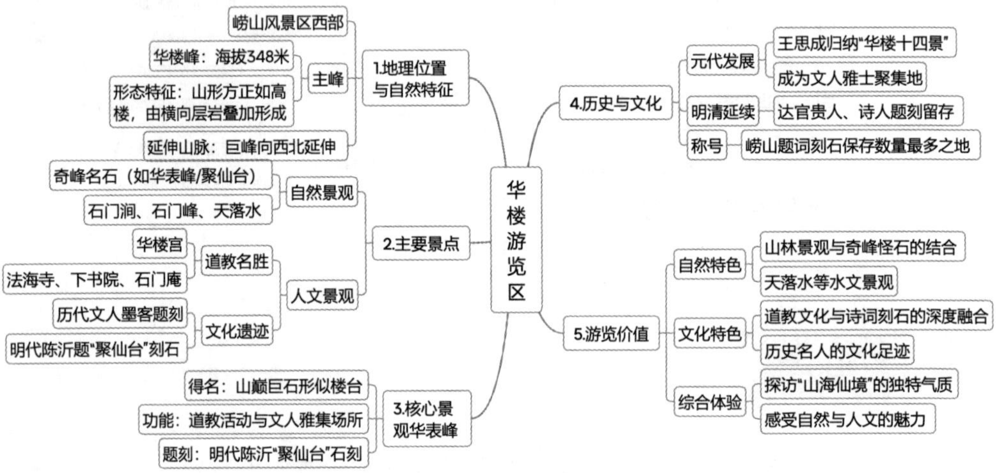

图 3-4-15 华楼游览区

Tips

崂山西部石门依，巨峰西北延伸奇，华楼峰高三四八，层岩叠起似楼立。
法海寺连下书院，华楼宫接石门涧，石门峰伴石门庵，天落水景添雅意。
华楼宫立华楼顶，聚仙台名华表依，元代文人常至此，题刻诗词留痕迹。

王思成列十四景，陈沂聚仙刻石立，崂山刻石此处最，文化底蕴深似海。自然人文两相宜，到此一游心旷怡，华楼游览增见识！

4. 流清游览区☆

各位游客，欢迎来到流清游览区。

流清游览区位于崂山的南部，主山脉向西南延伸，地处巨峰之阳。这里有松顶、流清湾、青蛙石、鲍鱼岛等20处美丽的景点，还有聚仙宫、寿阳宫等宗教文化遗址，历史上曾是道家活动的重要场所。

天门峰在此巍峨耸立，雄伟壮观，天柱、北天门和南天门等山峰拔地而起。特别是在崖上，您能看到“南天门”三个字，据说是丘处机所书。流清河口是登巨峰的起点，您可以沿着流清河谷，经流清水库、前风涧、七十二磴台，最后抵达自然碑和巨峰，这是崂山风景区正面登巨峰的唯一线路。

此外，这里还有著名的象形石——青蛙石，又叫“翘首金蟾”，它看起来就像一只跃起的青蛙，栩栩如生。

希望大家在游览流清风景区时，能够充分享受这里的自然美景与丰富的文化底蕴！

5. 仰口游览区☆

各位游客，欢迎来到仰口游览区。

仰口游览区位于崂山风景区的东北部，背靠群峰仙山，面朝碧波荡漾的黄海，风光旖旎。这里的特色景观包括太平宫道观和海湾沙滩，既有奇特的自然景色，又蕴含着丰富的人文历史。自古以来，仰口就被誉为仙山胜境、洞天福地，是一个充满神秘魅力的地方。

景区内有许多著名的景点，如华盖迎宾、海上宫殿、太平晓钟、狮峰宾日等八大景观。游览的主要线路包括：太平宫、狮子峰、犹龙洞、混元石、仙桃、寿字峰、觅天洞和天苑。

其中，太平宫始建于宋代建隆元年（960年），是宋朝开国皇帝赵匡胤敕封崂山道士刘若拙为华盖真人后拨款修建的。这座宫殿是华盖真人的专用道场。刘若拙，号华盖真人，宋代人，曾自四川来到崂山，与李哲玄相谈甚欢，最终选择在此终老。

这里不仅自然景观迷人，而且道教文化底蕴深厚，希望大家在参观过程中，能更好地体验仰口的独特魅力和深厚的文化背景。

？思考题

1. 素有“海上名山第一”的名山是哪座山？海拔多少？

2. 青岛崂山体现佛教特色的是哪个游览区？

3. 自古被传为“神仙之宅”“灵异之府”的道教传播要地是哪座名山？

4. 崂山历史最悠久、规模最大的道教殿堂是哪座？

5. 崂山风景区中被评选为“中国百株传奇古树”的树木是哪一株？是谁栽植的？

第五节　刘公岛景区

景区构成

※ 刘公岛景区概况☆☆☆

一、中国甲午战争博物院

（一）中国甲午战争博物院概况☆☆

（二）中国甲午战争博物院主要景点

1. 北洋海军提督署☆☆

2. 济远舰打捞物品展☆

3. 龙王庙☆☆

4. 丁汝昌纪念馆☆☆

5. 水师学堂☆☆

二、中国甲午战争陈列馆

（一）中国甲午战争陈列馆概况☆☆

（二）中国甲午战争陈列馆主要景点

1. 序厅☆

2. 日本打开战争魔盒☆

3. 民族屈辱与抗争☆

4. 尾厅☆

三、历史选择展馆☆

四、定远号纪念舰☆

五、刘公岛博览园

（一）刘公岛博览园概况☆☆

（二）刘公岛博览园主要景点

1. 刘公文化区☆

2. 中华海坛☆☆

3. 望海楼☆☆

4. 英租威海卫历史博物馆☆☆

5. 刘公岛鲸馆☆☆

六、刘公岛国家森林公园

（一）刘公岛国家森林公园概况☆☆

（二）刘公岛国家森林公园主要景点——北洋海军忠魂碑☆

七、东泓炮台☆☆

☆☆☆

刘公岛景区概况

各位游客朋友们，大家好！欢迎来到刘公岛景区。

【位置】刘公岛位于山东半岛最东端的威海湾，是一个历史悠久、风景优美的岛屿，位于威海市区东北约 15 千米处，地理位置十分优越，东临渤海，西接黄海，周围海域水深且水质清澈。

【声誉 | 地位】刘公岛有着重要的历史地位，是中国近现代史上中日甲午战争的发生地之一。这里曾是清朝海军的军事重镇，也是清朝末期北洋海军的“母港”。此外，刘公岛也被誉为“海上明珠”，有海上仙山和世外桃源之誉，也是国家 5A 级旅游景区，全国著名的爱国主义教育基地。

【组成】刘公岛主要由岛屿本体以及周围的水域组成。岛屿上有多个重要景点，最著名的包括刘公岛炮台、中国甲午战争博物院、北洋海军提督署、刘公岛国家森林公园和东泓炮台等景观。刘公岛的景点多以历史遗址和文化遗存为主，是了解中国近现代史，特别是甲午战争历史的最佳场所。

【特色 | 特产】刘公岛的海鲜尤为出名，新鲜的海螺、鲍鱼等海产品深受游客喜爱。岛上的海带、海藻，以及传统手工艺品如木雕、竹编等也十分有特色，是游客不可错过的地方风味和纪念品。

【路线】游览刘公岛景区，有两条线路为您推荐。可以选择 3 小时的经典人文线，依次游览中国甲午战争博物院、北洋海军提督署、水师学堂、刘公祠和东泓炮台，在东泓炮台还能俯瞰黄海，感受大海的辽阔。也可以选择 4 小时的山海休闲线，从登岛码头出发，乘坐森林小火车环岛，接着去鲸鱼馆，再漫步南线亲海步道，晚上还能在海岛民宿住下，欣赏美丽的星空。

接下来，让我们一起探索刘公岛的历史与自然之美吧！

思 维 导 图

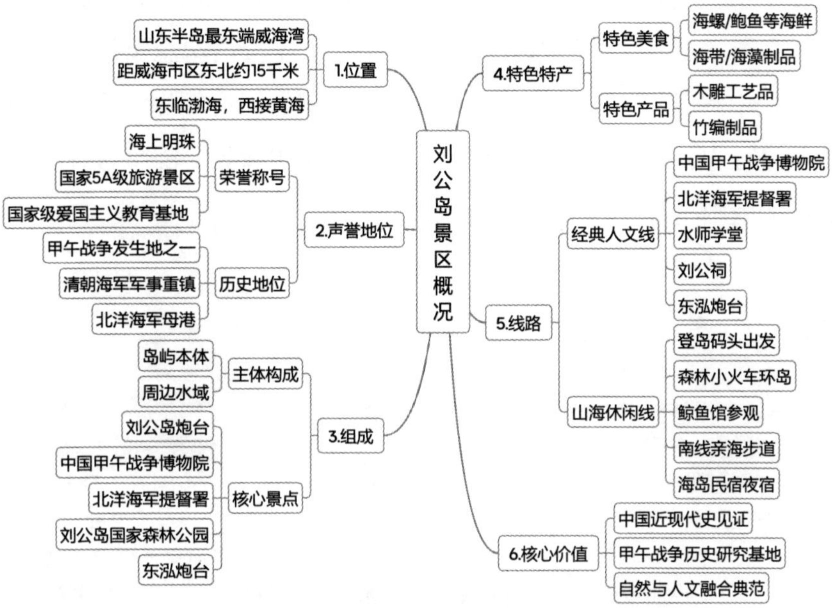

图 3-5-1 刘公岛景区概况

Tips

刘公岛景真奇妙，威海湾内位置好。
甲午战争声名高，景点众多历史绕。
海鲜特产真不少，人文山海线路妙。
历史自然一起瞧，快乐游览没烦恼。

一、中国甲午战争博物院

（一）中国甲午战争博物院概况☆☆

各位游客，欢迎来到中国甲午战争博物院。

中国甲午战争博物院位于威海市刘公岛，是首批国家一级博物馆、首批免费开放博物馆、首批国家革命文物协同研究中心。

中国甲午战争博物院管理着威海湾南北两岸和刘公岛上28处北洋海军和甲午战争遗址，主要景点有北洋海军提督署、龙王庙、丁汝昌纪念馆等。

我们将从中国甲午战争博物院开始，依次参观北洋海军提督署、水师学堂等景点。在游览过程中，大家既能了解到甲午战争的历史背景、战争过程，还能深刻体会到先烈们的爱国精神。

思　维　导　图

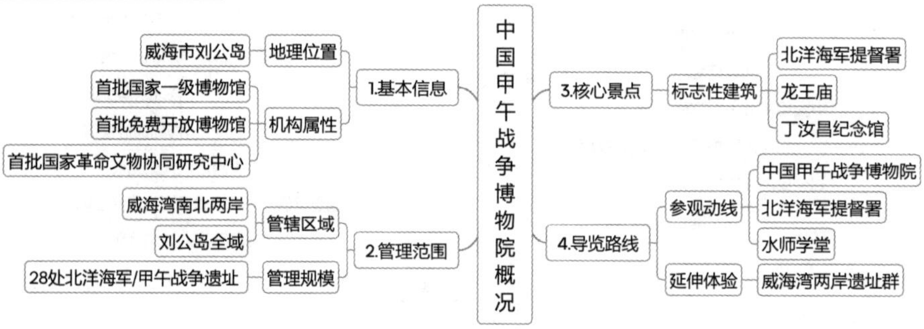

图3-5-2 中国甲午战争博物院概况

Tips

威海刘公岛之上，甲战博物院闪亮。
首批一级免费逛，多遗址里故事藏。
提督署等景点棒，先烈爱国心传扬。

（二）中国甲午战争博物院主要景点

1. 北洋海军提督署☆☆

各位游客，欢迎来到北洋海军提督署。

北洋海军提督署又叫“海军公所”，是北洋海军的最高军事指挥机构，也是全国重点文物保护单位。

北洋海军提督署是典型的清朝砖木举架结构官衙建筑。沿着中轴线，我们能看到前、中、后三进院落，每一进院落都由中厅、东西侧厅和东西厢房组成。大家抬头看，门匾上的“海军公所”，还有两侧门柱上的楹联，是北洋海军的创建者李鸿章亲笔题写。

尽管北洋海军早已引入电灯和电话等现代化设施，但是在战斗中，他们依然常常祈求妈祖的保佑，体现出古老与现代的鲜明对比。

北洋海军提督署是我们了解近代海军发展和甲午风云的重要窗口。大家可以自由参观，仔细感受这里的每一处细节。

思 维 导 图

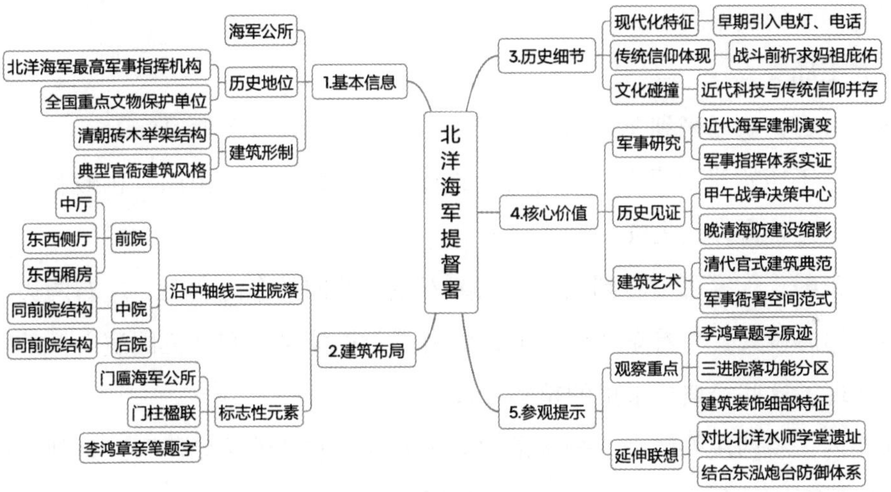

图 3-5-3 北洋海军提督署

Tips

威海有座提督署，又叫海军公所住。
最高军指地位殊，重点文保很突出。
清朝砖木结构筑，三进院落布局酷。

门匾楹联李鸿章，古建细节藏无数。
电灯电话新入驻，妈祖保佑心难抚。
近代海军展宏图，甲午风云在此读 。

2. 济远舰打捞物品展☆

各位游客，欢迎来到济远舰打捞物品展。

济远舰是德国造船工业建造的第一艘穹甲巡洋舰，是 19 世纪末期最先进的军舰之一，参加了黄海海战和威海卫之战。甲午战争结束后，济远舰被日军俘获并编入了日军海军。

1904 年，日俄战争爆发，济远舰在旅顺口外触雷沉没。20 世纪 80 年代经国家文物局批准对其进行了打捞，在打捞出的物品中，最引人注目的是济远舰的双主炮。它由德国克虏伯公司制造，是目前出水口径最大舰炮，被鉴定为国家一级文物，堪称我们博物馆的镇馆之宝。

3. 龙王庙☆☆

各位游客，欢迎来到龙王庙。

这座龙王庙始建于清代，采用典型的砖木举架结构，由山门、正殿和东西厢房构成，整体建筑古朴又大气。

走进正殿，大家可以看到正中间供奉着威风凛凛的东海龙王，左右两边分别是龟丞相和巡海夜叉。再看东西山墙上，画有《封神演义》和《三国演义》的壁画，生动地展现了这些经典故事里的精彩片段。

在庙内，有两块德政碑，分别是“柔远安迩”和“治军爱民”。是刘公岛绅商为海军提督丁汝昌和北洋护军统领张文宣所立。

再看那边的戏楼，它由戏台和化妆室两部分组成。过去，这里是北洋海军以及岛民的主要娱乐场所。

这座龙王庙不仅是一处历史建筑，更是一段历史的见证者，大家可以自由参观，好好感受一下它的独特魅力。

思　维　导　图

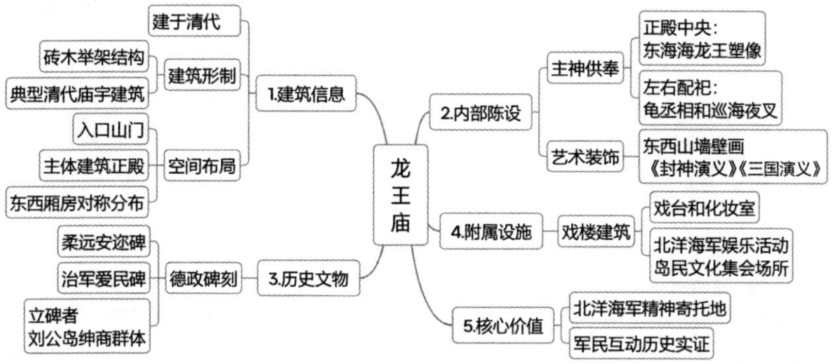

图 3-5-4　龙王庙

Tips

清代始建龙王庙，砖木结构很精巧。
山门正殿厢房绕，古朴大气风格妙。
东海龙王居中央，龟相夜叉两旁靠。
山墙绘有古壁画，封神三国故事飘。
德政碑立赞丁张，柔远治军情义长。
戏楼分成台与房，军民曾在此欢畅。
历史建筑韵味藏，自由参观细品赏。

4. 丁汝昌纪念馆☆☆

各位游客，欢迎来到丁汝昌纪念馆。

丁汝昌纪念馆原称“丁汝昌寓所”。丁汝昌在 1888 年被正式任命为海军提督，是“海军提督第一人”。整个纪念馆分为前花园、寓所和后花园三个部分。

首先看前花园，这里矗立着一尊丁汝昌的铜像，他手握兵书，面朝大海，仿佛在思考着当年的战事。

接着走进寓所，主体建筑是典型的清代举架砖石结构，分为左、中、右三跨院落。正厅前有一株百年紫藤，是丁汝昌亲手栽种的。丁汝昌曾携带家属在此居住长达 6 年，又称“小丁公府”。

寓所曾是英军将校军官俱乐部，中华人民共和国成立后改为人民海军营房。

1989 年 5 月，对外开放。现在寓所的西院被辟为将士纪念馆。

通过参观丁汝昌纪念馆，我们能更加直观地感受到这位海军将领的生活点滴，也能更好地了解那段波澜壮阔的历史。

思 维 导 图

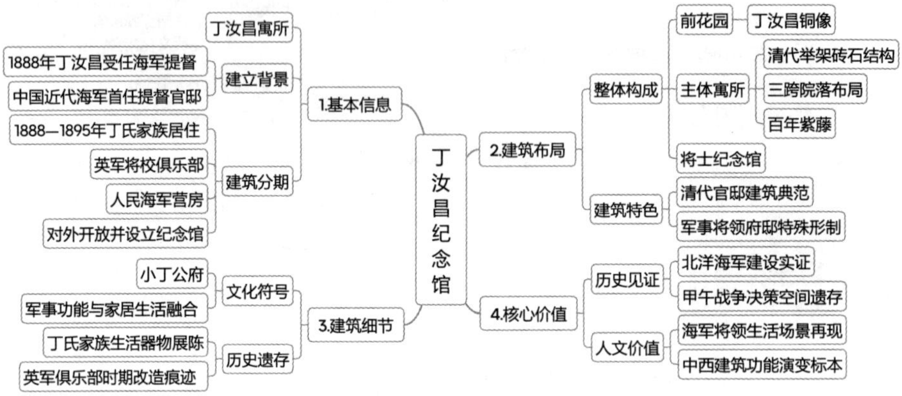

图 3-5-5 丁汝昌纪念馆

Tips

游客朋友这边瞧，丁汝昌馆要介绍。
原是寓所故事绕，海军提督他首挑。
前园铜像握兵书，面朝大海思战潮。
寓所清代砖石造，三跨院落布局巧。
正厅紫藤亲手栽，六年居住情未了。
曾为英人俱乐部，后成海军营房靠。
八九年时开了放，西院将士事迹昭。
参观能把点滴晓，历史壮阔眼前飘。

5. 水师学堂☆☆

各位游客，欢迎来到水师学堂。

水师学堂是目前唯一一处保存得比较完整的清代水师学堂，这里是专门培养海军人才的地方。

水师学堂是继福州马尾船政学堂、天津水师学堂之后，北洋水师兴办的又一所正规水师学堂，由海军提督丁汝昌兼任学堂总办。

学堂学制四年，开设内堂科目和外堂科目，教学模式十分先进。这期间，清政府将康济、威远、海镜等舰船用作学堂练船，学生们不仅能学习书本知识，还能实地操作枪炮，将理论与实践完美结合，这是其他学堂无法比拟的。

在这里，无数优秀的海军人才从青涩走向成熟，为中国近代海军事业贡献力量。接下来，让我们一起细细品味这座意义非凡的水师学堂。

思　维　导　图

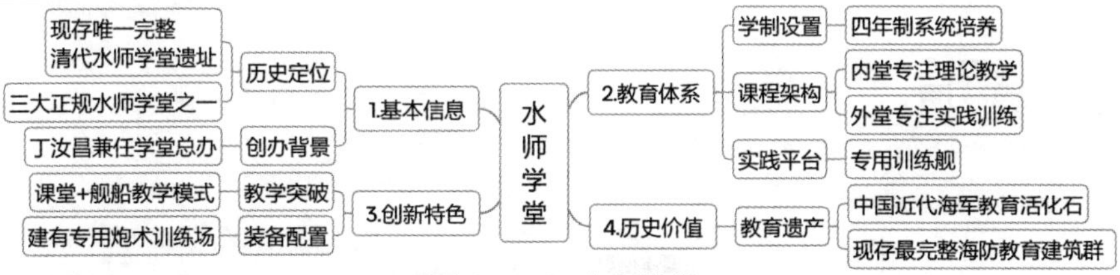

图 3-5-6 水师学堂

Tips

游客齐聚水师堂，清代遗风韵味长。
培养海军专门地，保存完整闪光芒。
马尾天津后兴办，丁汝昌把总办当。
四年学制科目广，内堂外堂教学强。
舰船用作练船忙，枪炮实操技能棒。
海军人才此成长，近代海业添力量。

二、中国甲午战争陈列馆

（一）中国甲午战争陈列馆概况☆☆

各位游客，大家好！欢迎来到中国甲午战争陈列馆。

中国甲午战争陈列馆是了解甲午战争历史的重要窗口，也是进行爱国主义教育的重要场所。

陈列馆分为上、下两层，以“甲午战争史实展”作为基本陈列，分“甲午战前的中国和日本”“日本打开战争魔盒”“民族屈辱与抗争”“警钟长鸣”四个部分进行展示。

陈列馆将象征北洋海军舰船的主体建筑与北洋海军将领的塑像巧妙融合，被誉为“20 世纪中华百年建筑经典”。其中，15 米高的将领雕像是北洋海军的象征，代表着在中日甲午战争中英勇反抗外来侵略、浴血奋战的海军将士们。

广场中央的铸铁雕塑名为“海魂”，它是以甲午海战中受伤沉没的北洋海军军舰“定远号”为造型铸造的。

接下来，就请大家带着对那段悲壮历史的敬畏，参观中国甲午战争陈列馆。

思维导图

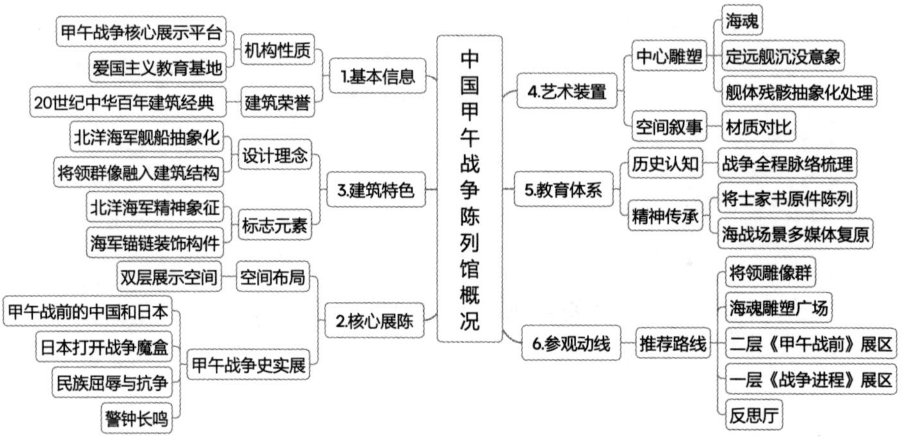

图 3-5-7 中国甲午战争陈列馆概况

Tips

甲午陈列馆辉煌，两层四部分显详。
战前中日对比彰，日本侵华战端藏。
民族屈辱抗争强，警钟长鸣醒世忙。
舰船造型将领像，十五米高斗志昂。
广场海魂定远铸，爱国教育永传扬。

（二）中国甲午战争陈列馆主要景点

1. 序厅☆

各位游客，欢迎来到序厅。

甲午战争对中国近代史影响深远。在这里，您可以看到北洋海军主力战舰的模型。北洋海军成立时，拥有 25 艘战舰，实力位居亚洲第一，世界第六。

另外，这里还展示了北洋海军的军服。这些军服摒弃了传统的宽袍大袖，改为短衣窄袖设计，更适合海上作战，提升了海军的机动性。

清政府将大沽、旅顺和威海卫作为北洋海军的三大基地，形成了一个三角防御体系，既保护京师，又抵御外来侵略。这些基地的建成，标志着晚清的国防进入了新的阶段。

2. 日本打开战争魔盒☆

各位游客，现在来到的是陈列馆的第二部分。

清政府于 1894 年 8 月 1 日对日宣战，甲午战争全面爆发。墙上悬挂的是两国宣战诏书。

这组雕像展示的是左宝贵血战玄武门的场景。左宝贵是甲午战争中牺牲的第一位清军高级将领，光绪帝亲自为左宝贵题写祭文。

平壤之败，成为甲午陆战的关键转折点；黄海大战，则在海上战场掀起惊涛骇浪。眼前这组雕塑，生动再现了黄海大战中邓世昌指挥致远舰毅然怒撞日舰吉野的悲壮画面。

再看这幅画，它细致入微地还原了辽东陆战时期，金州曲氏一家宁死不屈、投井殉节的凄惨景象，那段历史的沉重与悲怆扑面而来。

这边的油画中，描绘的是辽东战役后坚决反对议和的辽东统帅宋庆，因其白发苍苍，被人们尊称为“白发将军”。

还有这幅油画，栩栩如生地再现了摩天岭炮台激战的场景，炮火纷飞的画面仿佛就在眼前。

最后，这座塑像是北洋海军提督丁汝昌，作为中国近代史上第一任海军提督，他承载着特殊的历史意义，见证了那段跌宕起伏的海军发展历程。

3. 民族屈辱与抗争☆

各位游客，现在来到的是陈列馆的第三部分。

甲午战争持续了 8 个多月，最终以清政府战败而告终。

这里展示的是马关春帆楼谈判的场景。当时，中方代表是李鸿章，日方代表是日本首相伊藤博文。1895 年 4 月 17 日，李鸿章被迫与伊藤博文签订了《马关条约》，这是一份极为不平等的条约。根据条约，台湾被割让给日本，从此台湾进入了日本的殖民统治。直至 1945 年 8 月抗日战争结束，台湾才得以光复。

4. 尾厅☆

各位游客，现在来到的是尾厅，也是陈列馆的第四部分。

甲午战争的失败给中国人民带来了深刻的教训，它提醒我们只有自身强大才能避免被欺凌。在这段历史中，我们看到了海洋对于国家兴衰的重要性。陈列在这里的是新中国成立后党和国家领导人对海军及海防建设的重要指示，它们激励着我们不断前进。

“落后就要挨打，腐败必然灭亡”这句话时刻警醒着我们，必须强化海防，振兴海权。作为生活在和平年代的我们，更应该懂得居安思危，提高全民的海权意识，加强海防建设，为实现中华民族伟大复兴的中国梦贡献力量。

三、历史选择展馆☆

各位游客，大家好！欢迎来到历史选择展馆。

这个展馆是由原本的北洋海军屯煤所改建而成，是全国重点文物保护单位。现在是胶东（威海）党性教育基地的核心部分。

历史选择展馆分为五个主要部分：“民族救亡道路的艰难探索”“历史在国共两党身上的聚焦”“历经苦难的中国共产党”“万众归心迈向新中国”以及“书写辉煌的历史答卷”。它打破了传统党史展示的模式，不仅关注共产党的角色，还从中华民族伟大复兴的大视角出发，通过多角度比较和史论结合的方式，全面展示了甲午战争后中国政治舞台上不同政治力量的情况，解答了为何历史和人民选择了中国共产党。

四、定远号纪念舰☆

各位游客，大家好，欢迎来到定远号纪念舰。

定远号，曾被誉为“亚洲第一巨舰”。定远号纪念舰的主体景观是依据其原貌进行复制和再现的，是国内首艘完整复原的清代军舰。

全舰可参观的区域分为五层，其中三层专门展示武器装备，另外两层则作为历史展厅，展示了西式军官餐厅、中式厨房和军官生活区等，这些地方都按照历史原貌进行了还原。

定远舰独特的景观和丰富的历史背景吸引了众多影视制作人的注意。《辛亥革命》《我的法兰西岁月》《1894·甲午大海战》等一系列高质量的影视作品都选择在这里取景拍摄。

五、刘公岛博览园

（一）刘公岛博览园概况☆☆

各位游客，大家好！欢迎来到刘公岛博览园。

刘公岛博览园是由刘公岛管委会主持兴建的一处综合性景观。这里有甲午风云、英租历史、刘公文化、海权文化以及海洋文化等六大特色展区和十九个展厅，全方位、立体化讲述了刘公岛的主题文化。

刘公岛博览园运用高科技手段与传统工艺相结合的方式，展现了刘公岛悠久的历史和深厚的文化底蕴，被誉为“解读刘公岛的百科全书”。

现在，让我们一起去探索六大展区中隐藏的奥秘，体验历史与现代相互交织的独特魅力吧。

思 维 导 图

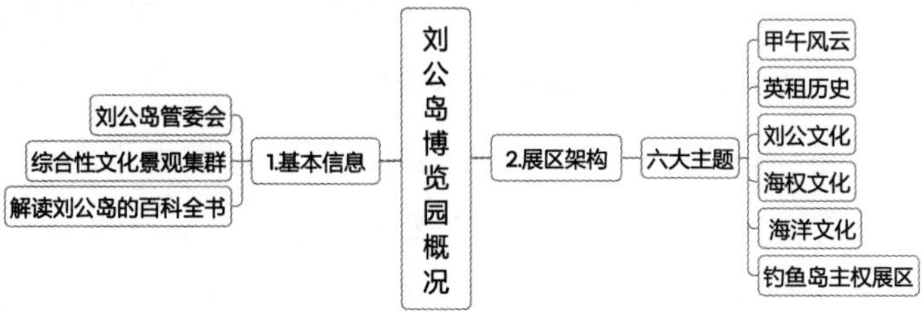

图 3-5-8　刘公岛博览园

Tips

刘公岛博览园强，管委会建综合场。
六大展区美名扬，甲午英租刘公藏。
海权海洋文化广，科技传统结合强。
百科全书历史长，探索奥秘思无疆。

（二）刘公岛博览园主要景点

1. 刘公文化区☆

各位游客，欢迎来到刘公文化区。

刘公文化区的建筑风格模仿了清代的传统布局，包含正殿、东偏殿、西偏殿以及钟鼓楼。展厅内展示了巨幅彩玉壁画和东阳木雕等精美工艺，讲述了刘公和刘母的故事以及刘公岛名字的由来。

在海圣殿的正中，坐着两尊老人雕像，分别是刘公和刘母。两侧的壁画《汉末皇室浩劫图》和《刘公齐鲁漂泊图》用上千种天然彩色玉石精雕细刻而成，十分精美。

明朝末年，人们开始称此岛为“刘公岛”，这个名字一直沿用至今。

2. 中华海坛☆☆

各位游客，欢迎来到中华海坛。

中华海坛是为纪念甲午战争 110 周年而建造的，其正前方石壁上刻有 56 条石雕飞龙，这些飞龙象征着中华 56 个民族一脉相连、团结友爱。

在海坛上方巍（wēi）然屹立的是“定海神针”，它的神圣使命是“镇海”，同时也寄托了中华民族对海上和平的美好愿望。

中华海坛下方是钓鱼岛主权馆。其由国家海洋局宣教中心、威海市海洋与渔业局和刘公岛管委会三方共建，是全国第一个系统展示钓鱼岛历史和主权的专业场馆。

这里每一处景致都饱含深意，是民族情感与国家主权的生动展现。各位游客朋友，不妨抓住机会，在此拍照留念。

思 维 导 图

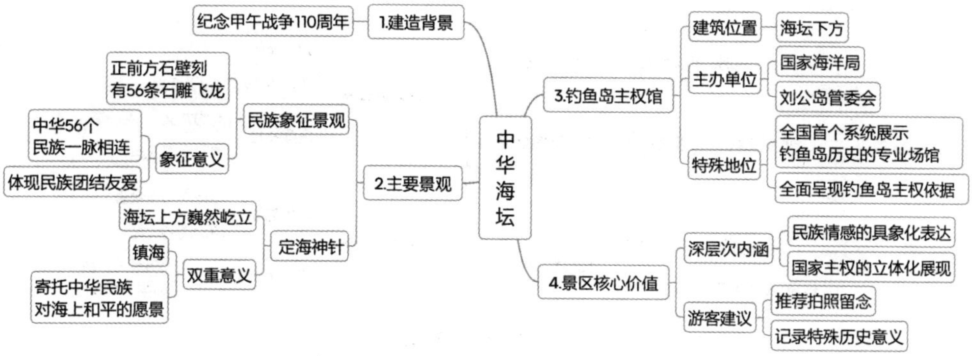

图 3-5-9 中华海坛

Tips

中华海坛纪念强，甲午百年立威扬。
五十六龙石壁镶，民族团结血脉长。
定海神针镇海疆，和平祈愿心中藏。
钓岛主权馆下方，历史系统展示详。
民族情感国家彰，拍照留念永不忘。

3. 望海楼☆☆

各位游客，欢迎来到望海楼。

望海楼是岛上的一个重要景点，分为春福厅、夏禄厅、秋寿厅、冬禧厅四层，楼内汇集了国内 20 余位顶尖工艺美术大师的精品杰作，堪称“艺术宝库”。

望海楼建于唐代，明朝永乐年间毁于战火。复建的望海楼高约九丈，为博览园最高点，站在楼顶，您可以俯瞰整个刘公岛以及周围辽阔的海域。望海楼不仅是一个观景的好地方，还是当年防备海上敌情的军事设施之一，历史意义非凡。

无论是欣赏自然景色，还是了解历史，望海楼都是刘公岛上不可错过的景点。希望大家在这里能够留下美好的回忆，感受刘公岛的独特魅力。

思 维 导 图

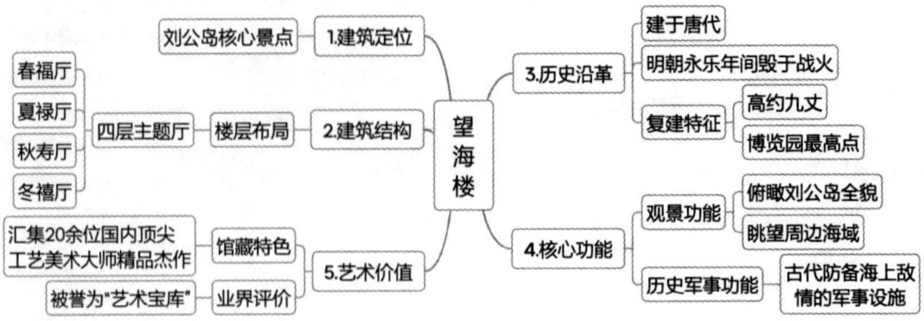

图 3-5-10 望海楼

Tips

望海楼在刘公岛，四层艺韵藏锋芒。
唐建明毁复辉煌，九丈楼高览四方。
军事要地御敌强，俯瞰全岛风光靓。
艺术历史两相彰，刘公岛上韵味长。

4. 英租威海卫历史博物馆☆☆

各位游客，欢迎来到英租威海卫历史博物馆。

博物馆采用了场景复原、史迹照片与影视相结合的展示手法，讲述了威海卫和刘公岛被英国殖民统治的历史。

第一展厅展示的是甲午战争失败后，西方列强掀起一场宰割中国的争夺战。

第二展厅让我们重回百年英殖民统治下的威海卫，威海卫被认为是远东舰队的后花园。英国将威海卫作为一处不设防的军港，用于驻华海军的训练补给和官兵疗养。

第三展厅的主题是难圆的“第二香港梦”，英租威海卫后，殖民部决定“以最低的成本管理威海卫”。

第四部分展示了东西方文化交融时期的威海近代社会。

最后的尾厅展示了 1930 年威海卫回归祖国的场景。

思维导图

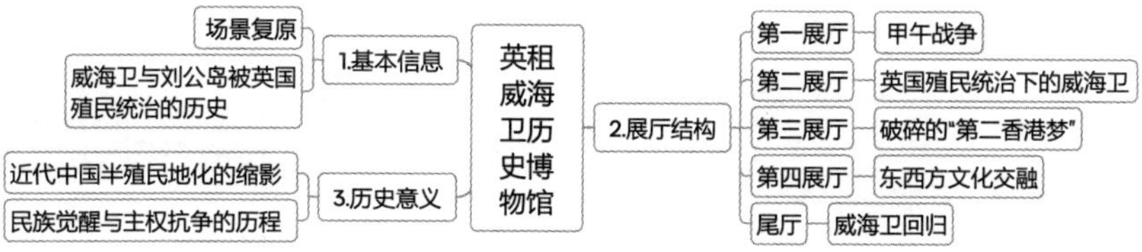

图 3-5-11　英租威海卫历史博物馆

Tips

英租威卫历史馆，场景复原展沧桑。
甲战败后列强狂，瓜分中国野心藏。
百年殖民苦难尝，远东舰队后花园。
“第二香港”梦难圆，低成本管策略忙。
东西文化交融旺，近代社会变迁详。
三零回归祖国疆，历史屈辱终收场。
参观此馆记心上，爱国精神永传扬。

5. 刘公岛鲸馆☆☆

各位游客，欢迎来到刘公岛鲸馆。

刘公岛鲸馆是目前国内最具规模和特色的鲸豚科普教育基地，其馆内珍藏的抹香鲸标本是迄今为止国内最大的齿鲸标本。

鲸馆分为三层，一楼展示的是须鲸标本，二楼展示的是抹香鲸标本，三楼展示的是抹香鲸的肾脏、眼睛、牙齿、生殖器等标本，以及抹香鲸出水时的照片。

鲸馆内的互动展览也很有趣，可以通过触摸屏、模拟体验等方式，了解鲸鱼的喉音、生活习惯等知识，非常适合家庭游客尤其是带孩子的游客。馆内还展示了许多有关海洋环保的知识，提醒大家保护海洋生态环境的重要性。

参观完鲸馆，您不仅能获得关于海洋生物的新知识，也能深刻体会到海洋世界的神秘与奇妙。希望大家在这里度过一段充实而有意义的时光。

思 维 导 图

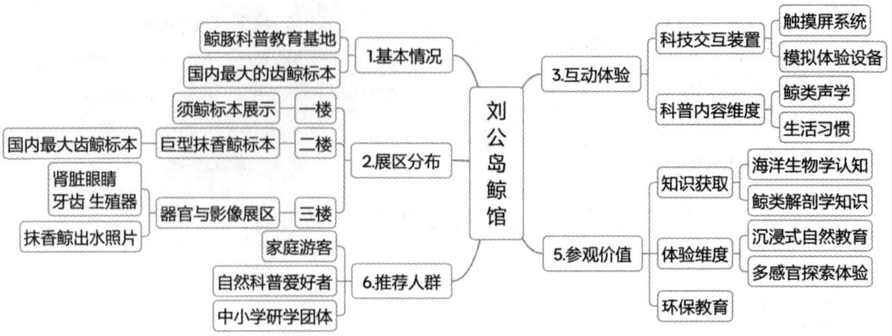

图 3-5-12 刘公岛鲸馆

Tips

刘公岛鲸馆美名扬，国内最大齿鲸藏。
三层布局各有章，须鲸一楼抹香藏，
三楼器官照片详。互动展览趣味长，
触屏模拟知识强。海洋环保记心房，
神秘世界开眼量，充实时光永难忘。

六、刘公岛国家森林公园

（一）刘公岛国家森林公园概况☆☆

各位游客，欢迎来到刘公岛国家森林公园。

刘公岛国家森林公园，是我国首个国家级海上森林公园。

园内生长着以黑松为主的 150 多种植物，栖息着 200 多只野生梅花鹿，还有大熊猫、麋（mí）鹿等国家一级保护动物。

2008 年 11 月，海峡两岸关系协会与台湾海峡交流基金会在台北市会谈时，商定了两岸互赠大熊猫、珙桐树、长鬃（zōng）山羊和梅花鹿的事宜。刘公岛凭借其优良的生态环境，成功迎接了台湾地区赠送的梅花鹿和长鬃山羊。人们为梅花鹿投票选出“繁星”和“点点”作为名字，而长鬃山羊则被命名为“喜洋洋”和“乐洋洋”。

下面让我们一起去看看这些生长在刘公岛国家森林公园的动植物吧。

思 维 导 图

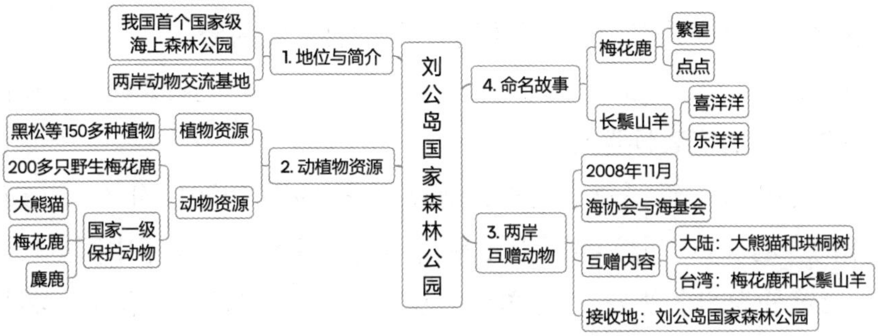

图 3-5-13 刘公岛国家森林公园

Tips

刘公岛森林公园强，海上第一美名扬。
黑松百种郁苍苍，鹿群漫步梅花香。
熊猫长鬃麋护航，一级保护列堂皇。
零八两岸赠礼忙，台鹿“繁星点点”亮，
长鬃“喜洋乐洋”徜。生态优良客心畅，
动植物园探幽藏 。

（二）刘公岛国家森林公园主要景点——北洋海军忠魂碑☆

各位游客，欢迎来到北洋海军忠魂碑。

北洋海军忠魂碑位于刘公岛国家森林公园西部山顶，是为纪念北洋海军成军100周年而建。此碑呈六棱形，碑由雪花大理石镶嵌。上书“北洋海军忠魂碑”七个黄金大字，碑文下部两侧是北洋海军将士浴血奋战、英勇杀敌的群体浮雕。

整个建筑宏伟壮观，好似一把宝剑，象征着中华民族反抗侵略的精神武器永握在手。

七、东泓炮台☆☆

各位游客，大家好！欢迎来到东泓炮台。

东泓炮台位于刘公岛最东端，是全国重点文物保护单位，是威海地区 28 处甲午战争遗迹之一，是刘公岛甲午战争纪念地的重要组成部分。

东泓炮台由北洋海军德国军事顾问汉纳根设计，是岛上最大的一处海防炮台，也是清代海防炮台的代表性遗址。

东泓炮台展馆在习近平总书记视察刘公岛一周年时（2019 年 6 月 12 日）对外开放。展馆的主题展览“北洋海军基地威海卫防务掠影”展示了中国近代海防建设的一部分。展览分为四个部分：“北洋海军基地威海卫”“刘公岛炮台防务体系”“威海湾炮台防务体系”和“甲午国殇，警钟长鸣”。

通过参观这个展览，大家不仅能更清楚地了解北洋海军的历史和威海卫的防务体系，还能深刻感受到那段波澜壮阔的历史，警醒我们珍惜今天的和平与繁荣。

思维导图

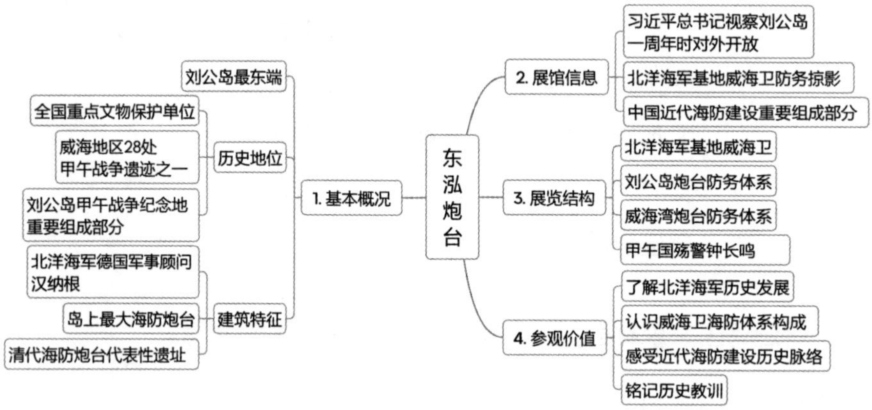

图 3-5-14 东泓炮台

Tips

东泓炮台刘公东，重点文保史留踪。

德顾问汉纳根建，岛上最大海防雄。

总书记视察周年庆，展览开放亮新容。

北洋基地防务重，炮台体系展威风。
甲午国殇铭心中，警钟长鸣醒世功。

? 思 考 题

1. 中国甲午战争博物馆开馆于1985年3月21日，属纪念遗址性博物馆，共有28处纪念遗址，请说出不少于6处遗址。

2. 中国近代第一支正规化海军的指挥机构、目前国内保存最完整的军事衙门是哪个地方?

3. 刘公岛北洋海军提督署的“镇馆之宝”是什么文物?

4. 谁被誉为“海军提督第一人”?

5. 我国第一个国家级海上森林公园指的是哪个公园?

第六节　烟台蓬莱阁旅游区

景区构成

※ **烟台蓬莱阁旅游区概况**☆☆☆

一、蓬莱阁景区

（一）蓬莱阁景区概况☆☆

（二）蓬莱阁景区主要景点

1.“人间蓬莱”坊☆

2.弥陀寺☆☆

3.丹崖仙境坊☆

4.龙王宫☆☆

5.天后宫☆☆

6.“碧海丹心”刻石☆☆

7.蓬莱阁主阁☆☆

8.“海不扬波”刻石☆☆

9.避风亭☆☆

10.卧碑亭☆☆

11.苏公祠☆☆

12.宾日楼、普照楼☆

13.吕祖殿☆

14.三清殿☆

15.蓬莱水城☆☆

16.蓬莱古船博物馆（海上丝绸之路博物馆）☆

17.戚继光纪念馆☆

二、八仙过海景区概况☆☆

三、三仙山景区概况☆☆

☆☆☆

烟台蓬莱阁旅游区概况

各位游客朋友们，大家好！欢迎来到烟台蓬莱阁旅游区！

【位置】蓬莱阁旅游区位于山东省烟台市蓬莱区，地处黄海之滨。

【声誉|地位】蓬莱阁是我国5A级旅游景区。蓬莱阁是中国古代四大名楼之一，与滕王阁、岳阳楼、黄鹤楼齐名，这里不仅自然风光优美，而且文化底蕴深厚，是一处集自然风光与人文景观于一体的绝佳旅游胜地。自古便有“人间仙境”的美誉。

【组成】蓬莱阁旅游区包含蓬莱阁景区、三仙山景区和八仙过海景区三部分。蓬莱阁景区以古建筑群和海市蜃（shèn）楼为主要看点；三仙山景区集旅游观光与休闲度假于一体，拥有和气大殿、蓬莱仙岛、方壶胜境等景观；八仙过海景区以八仙文化和道教文化为主题，大家可以在这里欣赏到以八仙为主题的玉器、瓷器、漆雕等艺术品。

【特色|特产】蓬莱阁旅游区的特色在于它融合了山海景观与神仙文化。这里不仅有精美的古建筑群，如天后宫、龙王宫、蓬莱阁主阁等，还有壮观的海市蜃楼奇观，让人仿佛置身于仙境之中。同时，蓬莱阁还是道教圣地之一，这里流传着许多美丽的神话传说，如八仙过海等，为旅游区增添了一份神秘色彩。

【路线】大家可以从蓬莱阁东门进入，依次游览人间蓬莱坊、弥陀寺、龙王宫、天后宫等景点，最后登上蓬莱阁主阁远眺海景。随后前往八仙过海景区和三仙山景区游览。当然，大家也可以根据自己的兴趣和时间灵活安排游览路线。

希望大家在这里度过一段愉快而难忘的时光！

思维导图

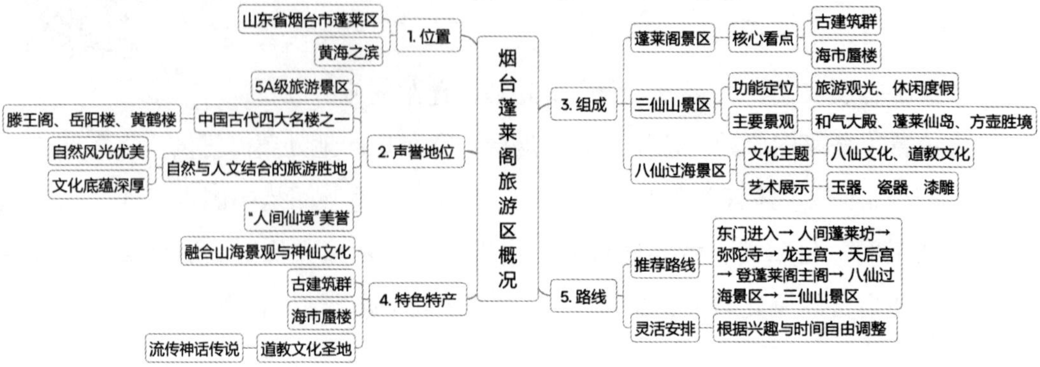

图 3-6-1 烟台蓬莱阁旅游区概况

Tips

蓬莱胜景韵悠长，黄海之滨美誉彰。
位列名楼光耀眼，荣膺 5A 绽荣光。
蓬莱阁内古建妙，三仙山上仙景藏。
八仙过海主题妙，道教文化绽光芒。
东门而入游兴涨，坊寺宫阁步丈量。
山海仙踪融一体，逍遥之旅乐无疆。

一、蓬莱阁景区

（一）蓬莱阁景区概况☆☆

各位游客，欢迎来到蓬莱阁景区！

蓬莱阁景区位于山东省烟台市蓬莱区，是国家 5A 级旅游景区烟台蓬莱阁旅游区的重要组成部分。蓬莱阁景区以丹崖山为中心，两侧还有蓬莱水城和田横山，自然景色和人造景观完美融合，有“人间仙境”的美称。此外，蓬莱阁与黄鹤楼、岳阳楼、滕王阁并称为“中国四大名楼”，文化地位显赫。

蓬莱阁始建于北宋年间，历经千年的风雨，依旧屹立不倒，保持着北宋时期的原貌。这里因“八仙过海”的传说和“海市蜃楼”的奇观而闻名，吸引了无数文人墨客前来游览、题诗。

在景区内，我们可以看到错落有致的建筑群，包括吕祖殿、蓬莱阁主阁、天后宫、龙王宫等，这些建筑古朴典雅，各有特色。漫步其中，不仅可以欣赏到迷人的自然风光，还能深刻感受到这里的历史文化底蕴。

接下来，请大家随我一起，走进这座充满神秘色彩的景区，感受它的独特魅力吧！

思　维　导　图

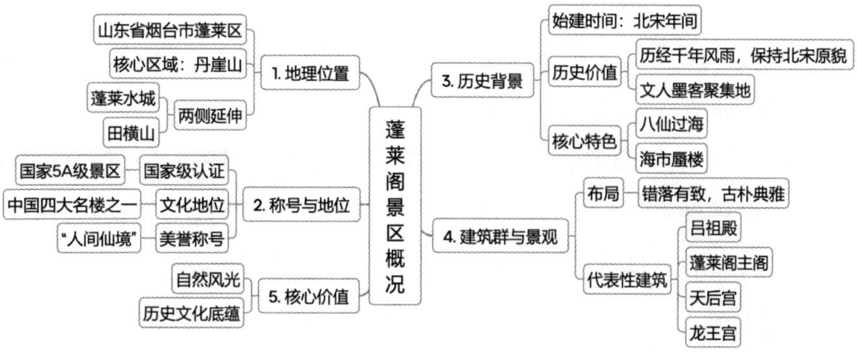

图 3-6-2　蓬莱阁景区概况

Tips

游客们，听我言，蓬莱阁景不一般。
烟台蓬莱 5A 级，丹崖为心景相连。
四大名楼地位显，始建北宋千余年。
八仙过海传神话，海市蜃楼奇景现。
吕祖殿、主阁轩，天后宫与龙王殿。
古朴建筑韵味足，同赏蓬莱奇妙景。

（二）蓬莱阁景区主要景点

1.“人间蓬莱”坊☆

各位游客，欢迎来到人间蓬莱坊。

人间蓬莱坊是蓬莱阁景区的标志性建筑之一，它位于景区的入口处，是一座四柱三门式的石牌坊。牌坊上方正中刻有“人间蓬莱”四个大字，苍劲有力，这是宋代文人苏轼的手迹。内外两边柱子上分别刻着两副楹联，一副描述了蓬莱阁的宏伟壮观，另一副则是抒发了来仙境游历后梦境般的感受。

牌坊两侧雕刻着精美的图案，包括八仙过海、麻姑献寿等神话传说，这些图案非常逼真，不仅装饰了牌坊，还传递了蓬莱阁丰富的文化内涵。

这座牌坊不仅是一座建筑，更是一道通往仙境的大门。穿过人间蓬莱坊，我们便正式踏入了蓬莱阁景区。

2. 弥陀寺☆☆

各位游客，欢迎来到弥陀寺。

弥陀寺始建于唐朝，是蓬莱阁里面唯一一座佛教寺庙。“弥陀”就是阿弥陀佛的简称，是佛教西方三圣之一，这座寺庙就是专门礼拜他的。

弥陀寺的正殿里供了西方三圣和十八罗汉。中间的是阿弥陀佛，他能带着念佛的人前往西方极乐世界，所以也叫“接引佛”。他左边是观世音菩萨，观世音菩萨特别慈悲，谁遇难了一叫她名字，她就来帮忙。右边是大势至菩萨，他出门的时候，十方土地都会震动。

大殿两边还供了十八罗汉，他们都是佛祖的得意弟子。和尚好好修行，成了正果，就能变成罗汉。罗汉是奉佛祖的命令来救人的，他们一直留在人间，不进入生死轮回。

接下来，请大家自由参观，感受这里的文化底蕴。

思维导图

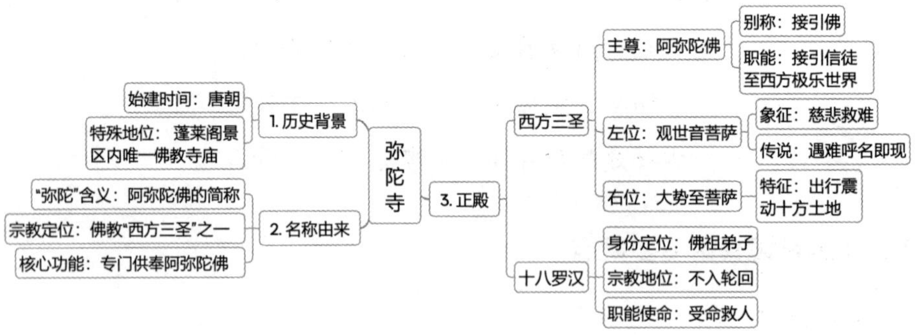

图 3-6-3 弥陀寺

Tips

唐建弥陀阁内藏，西方三圣坐中央。
弥陀接引登极乐，左右观音大势强。
十八罗汉列两厢，佛祖弟子佑四方。
修行正果成罗汉，奉命救人离苦乡。
观音慈悲救苦难，大势震动十方疆。
历史悠久底蕴厚，欢迎游览细端详。

3. 丹崖仙境坊☆

各位游客，欢迎来到丹崖仙境坊。

这座牌坊位于蓬莱阁山脚下，是进入主景区的必经之路。它最初名为“丹崖胜境坊”，为木质结构，历经多次毁坏与修复。我们现在看到的是按照原式修复的版本，上方“丹崖仙境”四个大字，是由董必武同志题写的。

为什么叫“丹崖”呢？因为蓬莱阁坐落在丹崖山上，山石呈红褐色，所以得到了这个名字。牌坊两侧雕刻着精美的龙凤图案，寓意吉祥如意；下方设有三门通道，中间宽阔，两侧稍窄，显得庄重大气。

当地有句俗语：“牌坊下面站一站，无灾无难保平安；仙境里面走一走，一生多福又多寿。”这座牌坊不仅是蓬莱阁景区的入口，更是其深厚文化底蕴的象征。它见证了蓬莱阁悠久的历史，也寄托了人们对美好生活的向往。

4. 龙王宫☆☆

各位游客，欢迎来到龙王宫。

龙王宫位于蓬莱阁景区的核心位置，供奉的是四海龙王之首——东海龙王敖广。这座庙宇式建筑由南向北依次布局，分为前殿、正殿和寝殿，占地广阔。

前殿有两位大将守着门，一边一个，东边的是定海将军，西边的是靖海将军，他们守护着大海的安宁。

正殿匾额“霖雨苍生”和楹联“龙酬丹崖所期和风甘雨，王应东坡之祷翠阜重楼”，寄托了人们对风调雨顺、平安丰收的美好祈愿。走进正殿，中间坐着东海龙王敖广，他目光威严，仿佛掌控着这片海域的一切。他身旁立着八位站官，各司其职：东侧有巡海夜叉、千里眼、雷公和电母；西侧有赶渔郎、顺风耳、风婆和雨神。其中，赶渔郎最受渔民欢迎，负责将鱼群聚集，帮助渔民丰收。这些站官分工明确，听命于龙王，共同维护海域的秩序。

后殿也是寝殿，是龙王休息的地方。

龙王宫不仅是宗教场所，更是一部生动的民俗文化史书，记录着蓬莱人民与大海相依相存的岁月。

接下来，请大家自由参观，感受这里浓厚的历史文化底蕴。

思 维 导 图

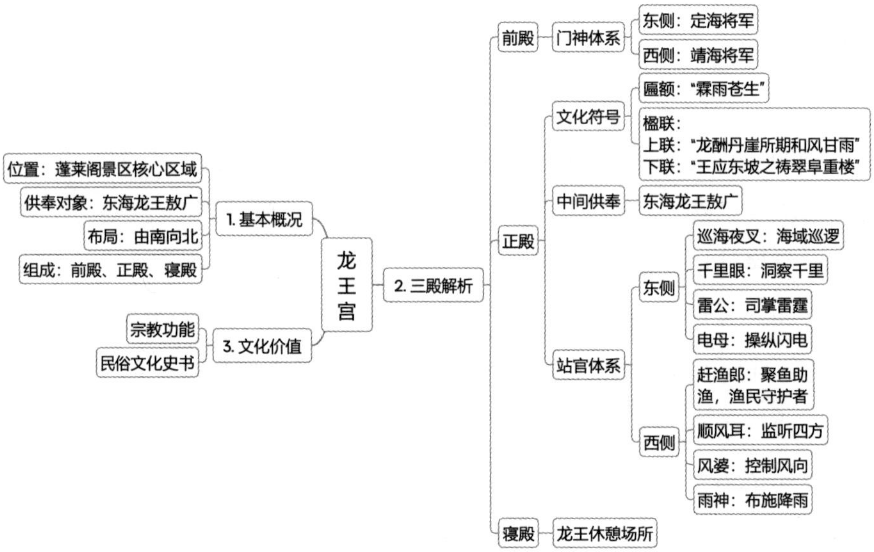

图 3-6-4 龙王宫

Tips

唐建龙宫阁中雄，东海龙王坐镇东。
三进殿宇南北纵，前殿双将护海空。
“霖雨苍生”祈年丰，八神列位各司通：
东立夜叉千里眼，雷公电母震苍穹；
西伴渔郎顺风耳，风婆雨神布云浓。

寝宫静卧龙王踪，风调雨顺万民崇。
千年海韵藏宫阙，蓬莱渔歌入画中。

5. 天后宫☆☆

各位游客，欢迎来到天后宫。

天后宫是我国北方最大的天后宫庙宇之一，主要供奉的是海神天后，即妈祖娘娘林默娘，北方人称她为“海神娘娘”，在她的家乡在福建莆田，人们亲切地称她为“妈祖”。

天后宫占地广阔，总共包含戏楼、前殿、正殿和后殿四进院落。

戏楼在最前面的院子里，有两层楼，是用木头和石头盖的。通常人们在这里演戏，向天后娘娘感恩，祈求她保佑人们平安。

前殿供奉的是两位门神——嘉应和嘉佑，是保护天后的神将。

正殿挂着“道德神仙”的匾额，里面坐着天后娘娘的金身雕像，旁边有四个侍女和八个站官。东边是东海龙王、南海龙王和两个文官，西边是西海龙王、北海龙王和两个文官，他们帮海神娘娘管理海域的事务。

后殿是天后娘娘的卧室，门上匾额“福锡丹崖”是著名书法家费新我写的，“锡”意为“赐”，寓意着天后娘娘将福气赐予每一位来到丹崖山的人。

接下来，大家可以自由参观，感受这座古老宫殿的独特魅力！

思 维 导 图

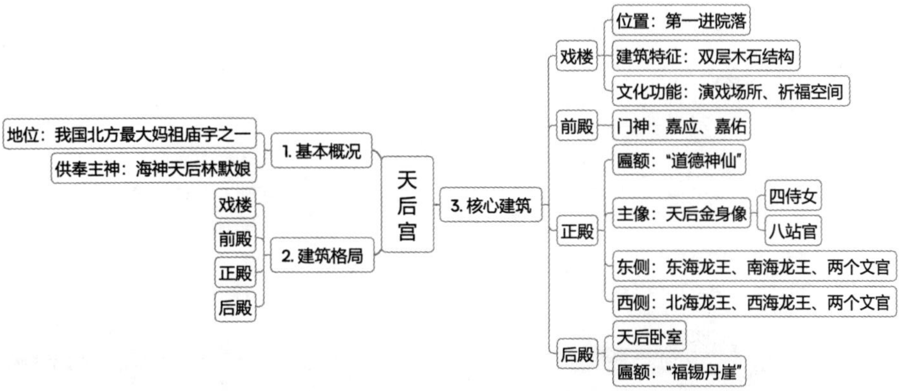

图 3-6-5　天后宫

Tips

北建天后宫宇雄，海神妈祖佑波平。
四进院落连南北，戏楼飞檐映日红。
嘉应嘉佑镇前殿，四海龙王列正宫。
“道德神仙”悬殿宇，“福锡丹崖”赐祥风。
文官武将齐辅佐，海峡同根一脉通。

6.“碧海丹心”刻石☆☆

各位游客，欢迎来到“碧海丹心”刻石。

这四个字背后，蕴藏着一段感人至深的爱国故事。

“碧海丹心”这四个字是国民党的爱国将领冯玉祥写的。九一八事变后，日本开始侵略中国，冯玉祥很想抗日救国，但遭到蒋介石的压制，他心里很难受。

1934年，冯玉祥和李烈钧两位爱国将领一起来到蓬莱，商量怎么抗日。在蓬莱阁游览的时候，李烈钧写了一副对联：“攻错若石，同具丹心扶社稷；江山如画，全凭赤手挽乾坤。”他请冯玉祥写个横批，冯玉祥就写了“碧海丹心”这四个字，表示他对国家的忠心。后来，为了纪念冯将军的爱国精神，人们就把这四个字刻在了石头上。

“碧海丹心”不仅是一块石刻，更是一段历史的见证，一种爱国精神的传承。它激励着后人铭记历史，捍卫祖国的山河。

接下来，大家可以仔细观赏，感受这份深沉的家国情怀。

思 维 导 图

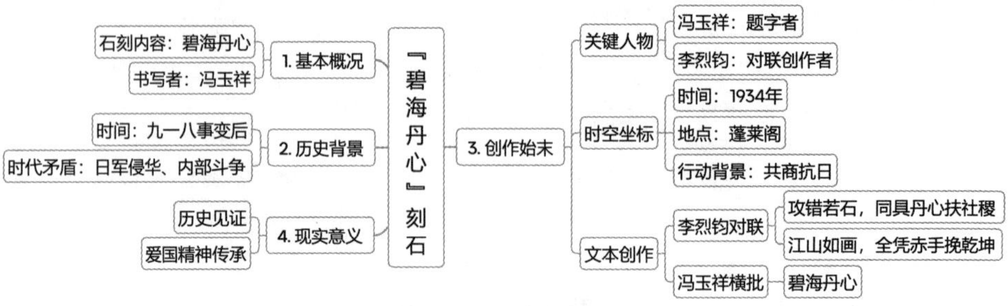

图 3-6-6 “碧海丹心”刻石

Tips

各位游客看过来，碧海丹心故事哀。
冯玉祥系九一八，抗日受阻心难开。
三四年间到蓬莱，李烈钧联抒胸怀。
冯玉祥书横批在，“碧海丹心”表忠怀。
后人刻石永纪念，爱国精神传万代。

7. 蓬莱阁主阁☆☆

各位游客，欢迎来到蓬莱阁主阁。

蓬莱阁主阁坐落在蓬莱城北面的丹崖山顶，它始建于北宋时期，后来经过明清两代多次扩建修缮，形成了如今我们所见的宏伟规模。

蓬莱阁不仅建筑精美，更承载着丰富的历史文化内涵。蓬莱阁与岳阳楼、黄鹤楼、滕王阁并称为“中国四大名楼”，是其中唯一保持原貌、未经重建的一座。相传，蓬莱、方丈、瀛洲是三座海上仙山，住着众多神仙，而蓬莱阁就被认为是通往仙境的门户。这些传说为蓬莱阁增添了一份神秘的色彩，吸引着人们前来探寻。

主阁分为上、下两层，一层展示的是瓯（ōu）塑浮雕壁画“八仙传说”。相传八仙曾在此醉酒后，各显神通渡海而去，这便是“八仙过海”故事的起源。

上了二楼，往远处看，那景色美得让人惊叹。要是运气好，还能看见“海市蜃楼”。二楼中间摆了八仙喝醉酒的蜡像，生动展现了八仙的洒脱与豪迈。

蓬莱阁不仅是一座建筑瑰宝，更承载着丰富的神话传说与历史记忆。

接下来，大家可以自由参观，感受这座千年名楼的独特魅力！

思维导图

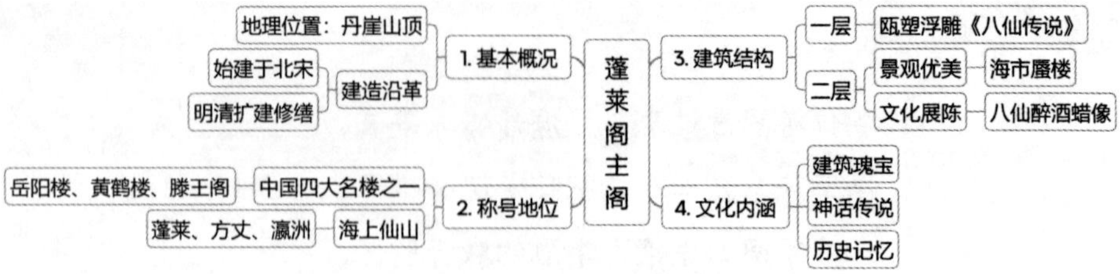

图 3-6-7 蓬莱阁主阁

Tips

北宋始建明清扩，四大名楼唯一存。
八仙过海传神话，海市蜃楼现奇景。
主阁两层分上下，一楼瓯塑壁画佳。
八仙醉酒蜡像真，二楼远眺海无垠。
蓬莱仙境通仙道，历史神话融一身。
自由参观莫错过，美景传说细琢磨。

8.“海不扬波”刻石☆☆

各位游客，欢迎来到“海不扬波”刻石。

“海不扬波”由清朝山东巡抚托浑布书写，这四个字背后，承载着一段沉重的历史。

1840年鸦片战争爆发后，托浑布来到蓬莱督办海防。他登上蓬莱阁，望着平静的大海，感慨万千，挥笔写下“海不扬波”四个字，寄托了对万里海疆平安无事的深切期望。

然而，历史却开了一个残酷的玩笑。1894年中日甲午战争爆发，战火蔓延到了蓬莱。1895年，日舰炮击蓬莱城，一颗炮弹击中了这方石刻。幸运的是，这是一颗哑弹，但“海不扬波”中的“不”字却被毁了，变成了“海扬波”。这一变故深刻说明，没有强大的海防，“海不扬波”只能是一种幻想。

如今，“不”字虽已补上，但这段历史依然警示我们：国家的安宁离不开强大的国防。这块刻石不仅是一段历史的见证，更是一种深刻的启示。

接下来，大家可以仔细观赏，感受这份历史的厚重与深远。

思　维　导　图

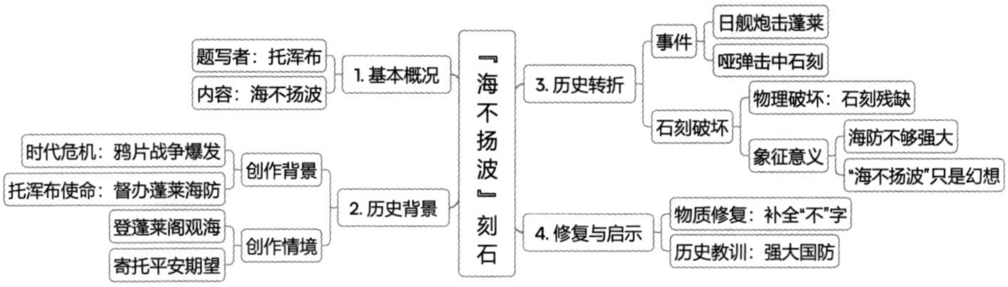

图 3-6-8　“海不扬波”刻石

Tips

各位游客看石刻，“海不扬波”故事切。
清臣托浑布题刻，鸦战督办海防设。
甲午炮声惊海天，日舰炮击蓬莱咽。
哑弹击中“不”字缺，“海扬波”现国耻篇。
今人补字警世言，国强方能海平安。

9. 避风亭☆☆

各位游客，欢迎来到避风亭。

避风亭原来叫“海市亭”，但亭子建好之后，大家发现它特别神奇，能挡住风，所以就改名叫“避风亭”了。避风亭是蓬莱阁上最神奇的地方，亭子坐南朝北，面向大海，却专避北风。

以前有人说，亭子避风是因为里面有颗神奇的避风珠。但现在我们知道，亭子避风其实是因为设计巧妙。它前面有像牙齿一样的短城墙，当北风吹过来时，气流会从城墙上面越过，亭子里就感觉不到风了。而且，亭子三面都没有窗户，空气进不来，风也就进不来了。著名书画家欧阳中石先生来避风亭时曾留下题诗：“面北当风，风力虽狂绝不入；开轩秉烛，烛光固小竟长明。”

避风亭里有吕祖石刻画像，画的是吕洞宾和他的书童。吕洞宾站在亭子外面，头发和衣服都被风吹得飘起来；而他的书童站在亭子里面，手里的烛火却是直直的。

两个人就差那么一点点距离，却呈现出一个风大一个风小的鲜明对比，说明避风亭避风效果明显。

避风亭里还有 25 块石刻，其中，明朝袁可立的“观海市诗刻”把海市描述得特别真实，字是大书画家董其昌所写。

接下来，请大家自由参观，感受避风亭的神奇所在。

思 维 导 图

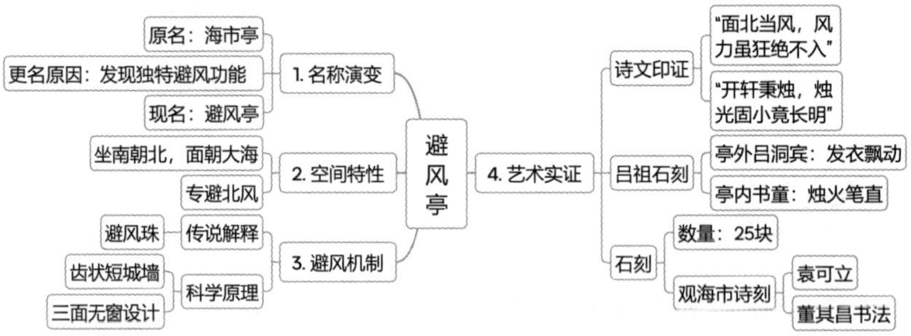

图 3-6-9 避风亭

Tips

游客朋友听端详，避风亭里奥秘藏。
原名海市后更名，巧借地势避风浪。
短墙如齿阻北风，三面无窗风难纵。
欧阳妙语传四方，“烛光固小竟长明”。
吕祖石画显奇功，主仆避风对比强。
洞宾亭外衣飘扬，书童烛火稳又强。
25 石刻墨宝香，袁诗董字世无双。
科学设计美名扬，奇景背后智慧藏。

10. 卧碑亭☆☆

各位游客，欢迎来到卧碑亭。

卧碑亭因亭内一块叫作“卧碑”的石碑而得名。经专家鉴定，卧碑上的字是北宋大文学家苏东坡的手迹。

这块碑文有这样一个特点，刚开始字小而正规，逐渐挥洒豪放，到后来是笔走龙蛇，非常洒脱。有人说苏东坡生性豪放，他可能是边饮酒边作诗，到后来酒喝多了，字也越来越大了。实际上，碑文并非苏东坡醉酒挥毫所致，而是由两篇文章组合而成。卧碑正面刻的是《题吴道子画后》，因该文章的篇幅短于当时计划镌刻的《海市诗》，所以镌刻完成后碑面尚有一块空白。因此，又续上了苏轼的另一篇文章《跋吴道子地狱变相》的开头几句，以此来填满碑面。这就是这块碑文的书法风格从头至尾有所差异的原因了。

思 维 导 图

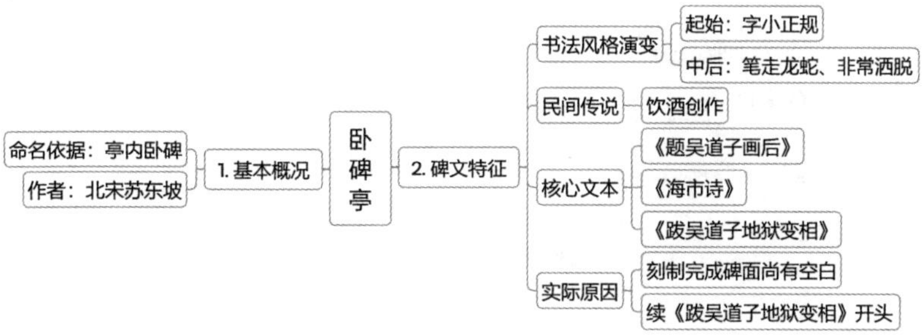

图 3-6-10 卧碑亭

Tips

游客朋友看过来，卧碑亭里有奇材。
东坡墨宝刻石上，字体变化费疑猜。
初时工整渐豪放，酒酣笔走龙蛇态。
原是两文合一篇，《题画》《跋文》巧安排。
《海市诗》幅嫌短窄，补刻《地狱》开头载。
书法差异由此来，刻工填白显奇才。

11. 苏公祠☆☆

各位游客，欢迎来到苏公祠。

苏公祠是为了纪念苏东坡而建。苏东坡一生仕途坎坷，曾经被皇帝调到登州当太守，五天后又被皇帝召回京城做礼部郎中。

苏东坡虽然在登州时间短，但做了不少好事。他深入了解百姓生活，请求皇帝减轻了百姓的盐税，还让百姓能够自己晒盐、卖盐，这极大地改善了当地百姓的生活状况。百姓们很感激他，就建立了苏公祠来纪念他。

苏公祠看起来古朴文雅，里面有苏东坡的画像，还展示了很多苏东坡写的诗和与他相关的故事。苏公祠不只是纪念苏东坡的地方，还是传承他精神的地方。

接下来，大家可以自由参观，细细品味这位文学巨匠的魅力。

思 维 导 图

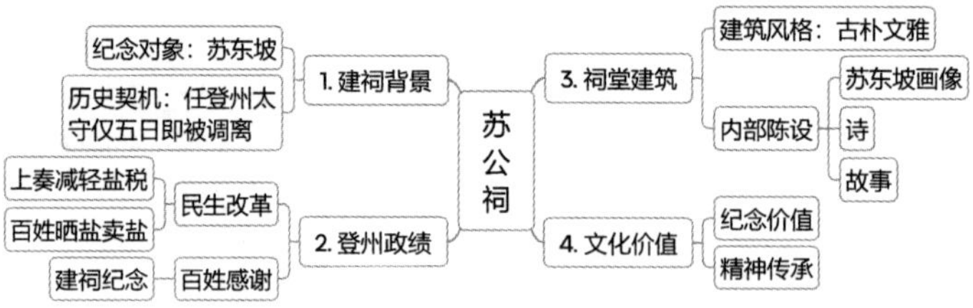

图 3-6-11 苏公祠

Tips

各位游客请留步，苏公祠里寻典故。
东坡任登州太守，仅仅五日便离走。
体察民情速上奏，力减盐税解民忧。
百姓晒盐可自售，生活改善乐悠悠。
后人建祠表感戴，画像诗文展情怀。
清廉爱民精神在，传承千年永不衰。

12. 宾日楼、普照楼☆

各位游客，欢迎来到宾日楼和普照楼。

我们先来看宾日楼。这楼是宋代所建，是八角双层十六柱木质结构建筑，面朝大海。宾日楼名字的寓意是迎接日出，这里视野开阔，是观赏海上日出的绝佳地点。大型历史舞蹈史诗《东方红》曾选择这里作为背景，该片开头日出的画面就是在这里拍摄的。

再来看西边的普照楼，人们也叫它“灯楼”。它和宾日楼正好对着。普照楼这个名字是从佛教里来的，意思是“普照世间”。它就像个灯塔，给海上的船指引方向，守护了无数往来船只的平安。

这两座楼都是蓬莱阁的重要组成部分，承载着丰富的历史文化内涵，值得大家细细品味。

13. 吕祖殿☆

各位游客，欢迎来到吕祖殿。

吕祖殿始建于清朝，是为供奉八仙之一的吕洞宾而建。

吕祖殿共有三间主殿，东西两侧附设两排庑房，东庑南端还有一间小亭相连。殿内设有高台神龛（kān），正中端坐着吕洞宾的金身塑像。他身着道袍，手持拂尘，神态安详。塑像周围绘有色彩斑斓的壁画，生动展现了吕洞宾的传奇故事。吕洞宾左右两侧分别是药童和柳树精。柳树精虽修炼成人形，但因不够认真，头上仍留有一缕杨柳枝，寓意做事不可三心二意，颇具警示意义。

过去，吕祖殿是人们祈福求愿的圣地，大家都希望能得到吕洞宾的庇佑。如今，它不仅是传统文化的象征，更是我们了解神话传说、感受历史底蕴的重要窗口。

14. 三清殿☆

各位游客，欢迎来到三清殿。

三清殿始建于唐代，明代曾重修，整体保持了明朝的建筑风格。这里是供奉道教最高天神的地方，也是道教文化的重要载体。

前殿供奉的是两位守门将军——哼哈二将。左为哼将郑伦，右为哈将陈奇，他们威风凛凛，守护着三清殿的安宁。

正殿内供奉的是三位道教始祖。中间是玉清元始天尊，手拿红珠，象征洪元世纪；东边是上清灵宝道君，又称“通天教主”，手拿太极图，象征混元世纪；西边是太清太上老君，手持扇子，象征太初世纪。道教认为，正是经过洪元、混元、太初这三个世纪的演变，世间才有了生灵万物。

道教宣扬“道”是万物的本源，正如《道德经》所说：“道生一，一生二，二生三，三生万物。”这种思想体现了古代中国人民对宇宙和生命的深刻理解。

三清殿不仅是道教信仰的象征，也是古代建筑艺术的瑰宝。

15. 蓬莱水城☆☆

各位游客，欢迎来到蓬莱水城。

蓬莱水城，以前叫“登州港”，在山东半岛最北边。由于地理位置特别，这里一直以来都是对外交流的窗口，也是抵御外患的要地。

早在隋唐时期，古登州港就与明州、泉州、扬州并称为“四大通商口岸”。作为中国建筑最早、保存最完整的古代军港，蓬莱水城已成为全国重点文物保护单位。

古港原来是自然港口，水域面积比现在的蓬莱水城大三四倍。到了北宋，为了抵御契丹入侵，朝廷在这里建了“刀鱼寨”。到了明朝，为了抵御倭寇，又在刀鱼寨的基础上加了码头、城墙、炮台等，此后就叫它“蓬莱水城”了。民族英雄戚继光也曾在这里训练水军，打过倭寇。

蓬莱水城有两个门，南门叫振扬门，和陆地连着；北门是水门，是海上进出水城的必经之路；城里的小海就是用来停船的。

在这里，请大家自由参观，欣赏水城的壮丽景观，感受古代海防的威严与魅力！

思 维 导 图

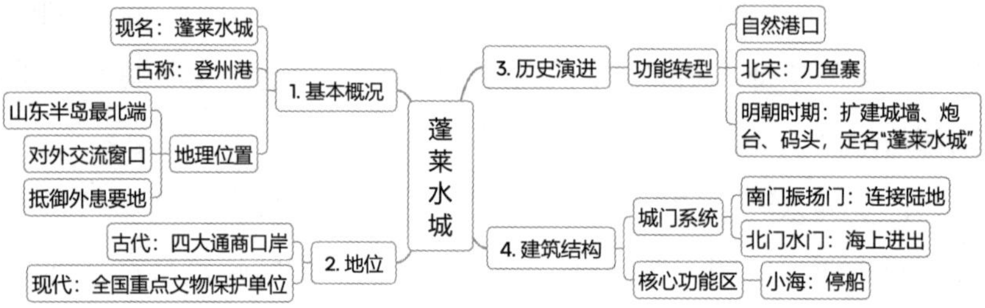

图 3-6-12 蓬莱水城

Tips

水城古称登州港，半岛北端扼海疆。
隋唐四大通商口，最早军港世无双。
宋防契丹建刀鱼，明抗倭寇筑炮营。
继光练兵驱敌寇，南北双门通海空。
小海停船千帆列，海防威严耀苍穹。

16. 蓬莱古船博物馆（海上丝绸之路博物馆）☆

各位游客，欢迎来到蓬莱古船博物馆。

蓬莱古船博物馆，也叫海上丝绸之路博物馆，是在登州古船博物馆的基础上发展而来的。

博物馆主要包含“登州古港”和“蓬莱古船”两大主题，分成了七个单元，比如“登州海道”“起航之港”“北方第一大港”等。

博物馆里分为五个展区，主要是古代中国北方第一大港、中国古代造船史、蓬莱水城海底沉船、互动区和户外体验区。其中，最重要的展区就是蓬莱水城海底沉船，这里展示了四艘元明时期的船，还有很多珍贵的文物，比如紫檀木舵（duò）杆、黄花梨造船木等。

这些展品是研究我国古代军港、传统造船技术和东方海上丝绸之路不可多得的实物史料。

17. 戚继光纪念馆☆

各位游客，欢迎来到戚继光纪念馆。

戚继光是山东蓬莱人，明朝杰出的军事家、书法家、诗人、民族英雄。

戚继光纪念馆占地面积约 2 万平方米，是一座中轴对称的二进式仿古建筑，现为国家三级博物馆。戚继光纪念馆是胶东（烟台）党性教育基地蓬莱教学区的核心教学点，是山东乃至全国首个全面系统展示戚继光民族精神的主题场馆。

戚继光纪念馆原为明代管防倭寇的官府，现为纪念民族英雄戚继光的展馆。

纪念馆通过“将门世家”“流芳华夏”等专题，采用壁画、雕塑、多媒体等表现形式，展出了戚继光发明创新的兵器展品以及水师船模等，再现了历史画面。同时，还展出了战刀、战袍等 20 余件文物，生动展现了戚继光保国卫民的戎马一生。

这些珍贵的史料和展品，让我们仿佛穿越回那个烽火连天的年代，亲身感受戚继光的英勇与智慧。

二、八仙过海景区概况☆☆

各位游客，欢迎来到八仙过海景区。

八仙过海景区是一个三面环海的葫芦形岛屿，游览面积 5.5 万平方米。景区位于蓬莱城北的黄海之滨。

这里不仅是国家 5A 级旅游景区，更是神话传说中八仙过海的地方，因此得名“八仙渡”或“八仙过海口”。

在景区内，我们可以看到八仙坊、八仙祠、会仙阁等景观，每一处都蕴含着深厚的道教文化和蓬莱神话背景。特别是八仙祠，是供奉八仙的地方，香火鼎盛，大家可以在此上香祈福，祈求平安健康。

传说八仙曾在此各显神通，渡海成仙，留下许多美丽的传说和故事。今天，我们来到这里，不仅可以领略到自然风光的秀美，更可以感受到道教文化的博大精深。

希望大家在游览的过程中，能够放松心情，享受这段美好的旅程。

思 维 导 图

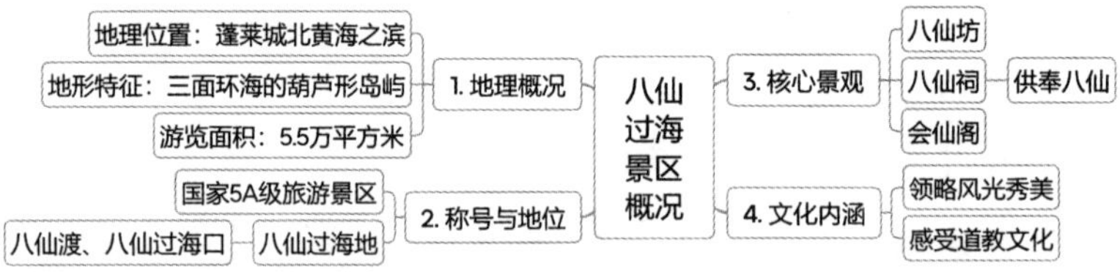

图 3-6-13 八仙过海景区概况

Tips

黄海之滨葫芦岛，八仙过海景区妙。
国家 5A 美名扬，神话传说传九霄。
八仙坊连八仙祠，会仙阁上观海涛。
道教文化底蕴厚，上香祈福乐陶陶。
八仙过海神通显，自然风光入画描。

三、三仙山景区概况☆☆

各位游客，欢迎来到三仙山景区。

三仙山的名字来源于古代神话传说中的“蓬莱、方丈、瀛洲”三座仙山。这里曾是秦始皇、汉武帝东巡访仙求药的地方，因此有着“人间仙境”的美誉。

整个景区占地超过 20 万平方米，以“和”的文化与“风”的精神为主题，崇尚正、清、和。这里既有北方皇家园林的雄伟气势，又有南方私家园林的秀丽风光，完美展示了人与自然和谐共生的美妙画卷。

三仙山景区内拥有三和大殿、蓬莱仙岛、瀛洲仙境等多个景观，游览线路通常为环湖路线。在这里，可以欣赏人与自然的和谐美景，还可以拜仙祈福。

这片美丽的仙境，不仅是山东半岛黄金旅游线上的一颗璀璨明珠，也是集旅游观光与休闲度假于一体的理想之地。接下来，请大家随我一起漫步其中，尽情感受这片人间仙境的独特魅力！

思维导图

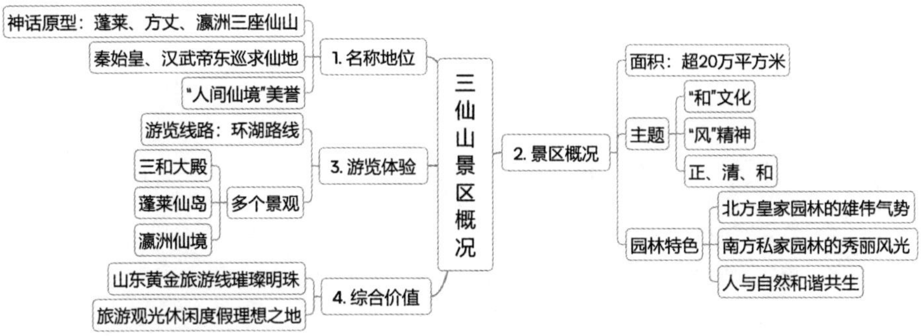

图 3-6-14 三仙山景区概况

Tips

三仙山名源神话，秦皇汉武寻仙踏。
二十万平融南北，皇家私家韵悠长。
三和大殿凌云汉，蓬莱瀛洲仙境徜。
环湖漫步心神畅，正清和韵贯全园。
半岛明珠休闲地，人间仙境美名扬。

思考题

1. 蓬莱阁始建于北宋年间，与哪三大楼阁并称为“中国四大名楼”？
2. 蓬莱阁古建群的六大单体建筑分别是什么？
3. 蓬莱阁弥陀寺正殿供奉的是谁？
4. 蓬莱阁三仙山景区中的“三仙山”具体指哪三座仙山？
5. 蓬莱阁“海不扬波”刻石上的“海不扬波”四字由谁题写？

第七节　台儿庄古城景区

景区构成

※ 台儿庄古城景区概况☆☆☆

1. 西门☆☆
2. 参将署☆☆
3. 水陆通衢牌坊☆
4. 扶风堂（万家大院）（度量衡博物馆）☆☆
5. 三恪堂（中国运河税史馆）☆☆
6. 台庄驿及驿前广场☆
7. 翠屏学馆☆☆
8. 日升昌记☆
9. 谢裕大茶行☆☆
10. 天后宫☆☆
11. 中国运河招幌博物馆☆☆
12. 船形街☆☆
13. 台儿庄运河奏疏展馆（闸官署）☆☆
14. 兰婷书寓三寸金莲展室☆
15. 运河酒文化馆☆
16. 台儿庄运河、古码头☆☆
17. 贾三近旧居（大夫第）☆☆
18. 山西会馆（关帝庙）☆☆
19. 台儿庄大战遗址公园☆
20. 清真寺☆
21. 药典博物馆☆

☆☆☆

台儿庄古城景区概况

各位游客朋友们，大家好！欢迎来到台儿庄古城！

【位置】台儿庄古城位于枣庄市台儿庄区，京杭大运河的中心点。

【历史沿革】台儿庄古城的历史可以追溯到数百年前，它不仅是运河沿线的重要商贸枢纽，更是南北文化的交融之地。然而，1938 年的台儿庄战役让这座古城遭受了重创，几乎化为废墟。直到 2008 年，古城才得以重建，既保留了历史的痕迹，又融入了现代元素，成为一座集运河文化、大战文化于一体的旅游胜地。

【声誉 | 地位】台儿庄古城是中国国内规模最大的古城之一，也是国家 5A 级旅游景区，乾隆皇帝曾称赞它为“天下第一庄”。

【组成】如今的台儿庄古城，拥有 50 多处二战遗址，是世界上二战遗址最多的城市之一，每一处遗址都记录着那段烽火连天的岁月。在这里，您可以看到古老的京杭大运河河道依然流淌，见证活着的运河文化，感受古往今来的繁荣与变迁。漫步在古城中，您会发现水街水巷古朴幽静，乘船可以游遍古城的每个角落，感受“水城”的独特魅力。此外，古城内多样的建筑风格和庙宇，也展现了多元文化的交融，从明清建筑到欧式风情，每一处都让人流连忘返。除了历史文化遗址，这里还有丰富的非遗文化体验，如柳琴戏、皮影戏等，这些活动丰富了游客的观光体验，还可以近距离感受传统文化的魅力。

【路线】从古城西门进入，首先映入眼帘的是西门码头，可乘船游览运河，欣赏两岸古建筑风光；上岸后沿着古街前行，参观大战遗址和纪念馆，感受那段悲壮的历史；接着穿梭于各个街巷，逛特色店铺，品尝美食；最后来到东门，欣赏古城全景，为这次难忘之旅画上句号。

希望大家尽情享受在台儿庄古城的每一刻！

思 维 导 图

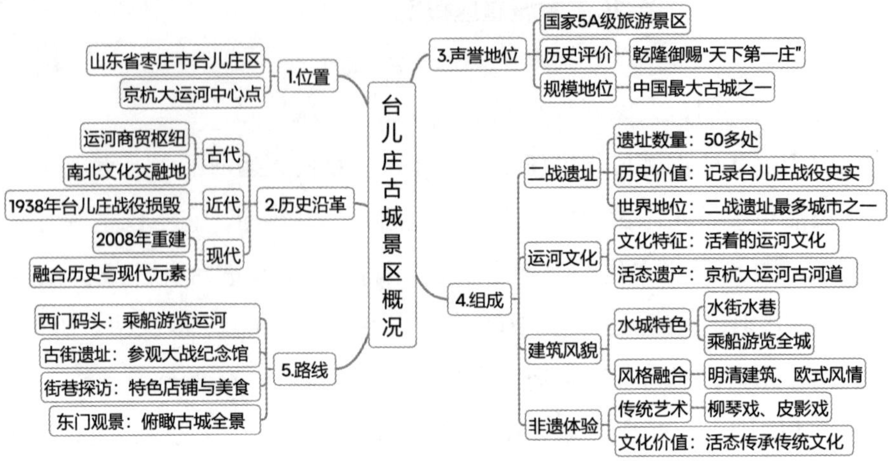

图 3-7-1 台儿庄古城景区概况

Tips

枣庄台儿庄，运河中心点。
百年兴商贸，战火几成残。
重建换新颜，5A 声名传。
二战遗址多，运河水潺潺。
非遗趣味足，按线游城垣。
西门始乘船，东门收美卷。

1. 西门☆☆

各位游客，欢迎来到台儿庄古城的西门。

这里是古城最具代表性的地标之一，也是历史与文化的交汇点。当年乾隆皇帝下江南时，正是从这座城门进入台儿庄，因此它不仅曾是古城的主要出入口，更承载着“天下第一庄”的美誉。

大家抬头看，城门上悬挂的两块牌匾大有来头。上方“天下第一庄”是乾隆皇帝亲笔题字，彰显了古城的历史地位；下方“中华古水城”则点明了古城的独特风貌——一座因水而兴、因水而美的东方水乡。西城门在清代经过大规模翻修，从土墙升级为砖墙，并被命名为“台城旧志”，寓意守护古城的历史印记。

穿过这道城门，我们将进入台儿庄这座“活着的文化博物馆”。古城内还有50多处二战遗址、多样的建筑风格和庙宇，展现了多元文化的交融与历史的厚重。

接下来，让我们一起走进这座古城，感受台儿庄古城带来的视觉与心灵双重盛宴！

思 维 导 图

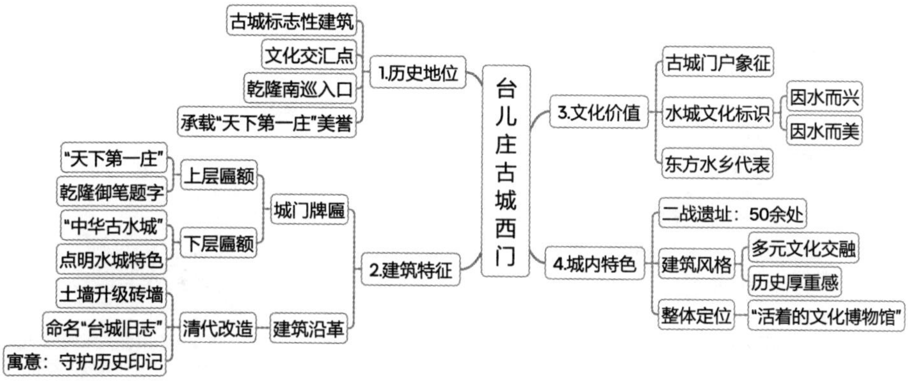

图 3-7-2 台儿庄古城西门

Tips

台庄西门韵悠长，乾隆曾此入庄忙。
两块牌匾故事藏，“天下第一”御笔扬。
“中华古水”水乡彰，清代翻修砖石强。
“台城旧志”护史章，穿门遗址建筑赏。
多元文化交融旺，古城厚韵岁月长。

2. 参将署☆☆

各位游客，欢迎来到台儿庄古城的参将署。

这里俗称“大衙门”，是清朝正三品参将的办公地，相当于现在的军区副司令驻地。为什么要在运河边设立这么高的军事级别呢？这里还有一个有趣的历史故事：当年顺治皇帝的龙袍曾在此被劫，朝廷痛定思痛，特派精兵驻守，足见台儿庄作为“天下第一水旱码头”的战略地位。

在参将署门前旗杆上的“太平斗”里，装着五谷杂粮，寄托着保漕运平安、护民生安康的职责。1938 年台儿庄大战期间，这里作为军火库为前线输送了大量物资，虽最终毁于战火，但残垣（yuán）断壁依然诉说着“一寸山河一寸血”的悲壮历史。

大家请看，照壁上雕刻的“狻兽”张着血盆大口，警示官员要清正廉洁。台儿庄重建时特意保留了这些文化密码，如今这里不仅是两岸文化交流的窗口，更是运河军事文化的活化石。

接下来，让我们一起走进参将署，感受这座建筑的历史厚重与文化韵味，聆听它讲述的运河故事与战争记忆！

思维导图

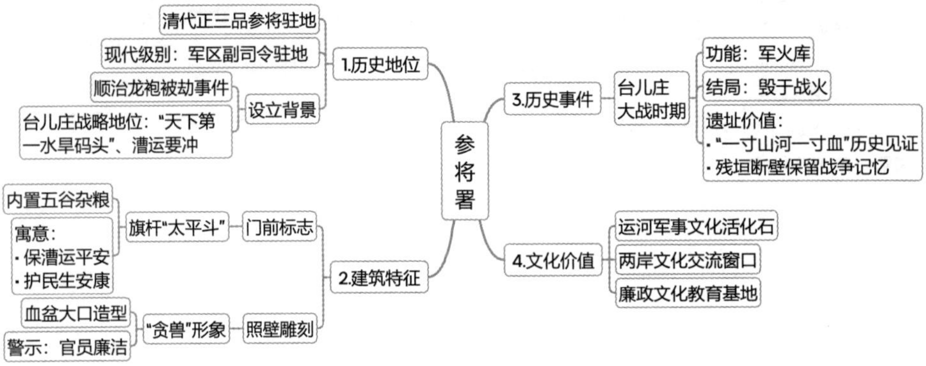

图 3-7-3 参将署

Tips

台庄“大衙门”，参将办公地。
三品官职高，曾因龙袍起。
顺治袍被劫，重兵来此地。
“太平斗”中粮，漕运民生系。
大战作武库，残垣诉悲戚。
照壁“狻兽”刻，廉洁警官吏。
重建留密码，文化交流密，
运河军事史，活化石中觅。

3.“水陆通衢”牌坊☆

各位游客，欢迎来到台儿庄“水陆通衢（qú）”牌坊。

它充分展现了台儿庄重要的地理位置和往昔的繁荣盛景。

据记载，台儿庄当地孔道是水陆通衢，水路说的就是大名鼎鼎的京杭大运河，陆路则是大街门街，这可是古代的一条官道。运河和官道，直接造就了台儿庄明清时期的繁盛。在“水陆通衢”四个字下方，有块木质标牌，上面写着“海峡两岸交流基地欢迎您”。

2009年，经国家相关部门批准，全国首个海峡两岸交流基地在山东枣庄台儿庄成立。从此，台儿庄在两岸经济文化交流中，发挥着至关重要的作用，成为两岸沟通交流的重要平台。大家可以在此拍照留念，感受台儿庄独特的魅力与意义。

4.扶风堂（万家大院）（度量衡博物馆）☆☆

各位游客，欢迎来到扶风堂。

扶风堂是台儿庄四大家族之首万家的宅院，是一座典型的晋派建筑。明清时期，运河漕运兴盛，台儿庄因此繁荣起来，万家作为四大家族之一，凭借智慧和勤劳积累了丰厚的家业。由于万家先人是郎中，郎中在古代也叫“扶风”，所以其宅院也叫“扶风堂”，寓意扶助苍生、风调雨顺。

走进一进院，您会看到独特的“半面翘”屋顶设计。这种设计原本是山西建筑用于防寒的样式，到了多雨的台儿庄，屋顶又多翘出三分，既防止雨水溅到路人，又暗含“肥水不流外人田”的商道哲学，体现了万家精明的商业智慧。

在二进院内，您可以看到一棵400多年的银杏树，树下高出的基面就是“台儿庄”的“台”。由于这里地势低洼、雨水多，百姓为防水患，世代“筑台而居”，形成了独特的居住文化。

如今的扶风堂已改造成特色五星主题客栈，既能承办餐饮、会议，又保留了浓厚的历史文化氛围。西用房还设有度量衡博物馆，展示了古代商业文化的精髓。

接下来，让我们一起走进扶风堂，感受这座晋派建筑的独特魅力，聆听它讲述的运河故事与商业传奇！

思 维 导 图

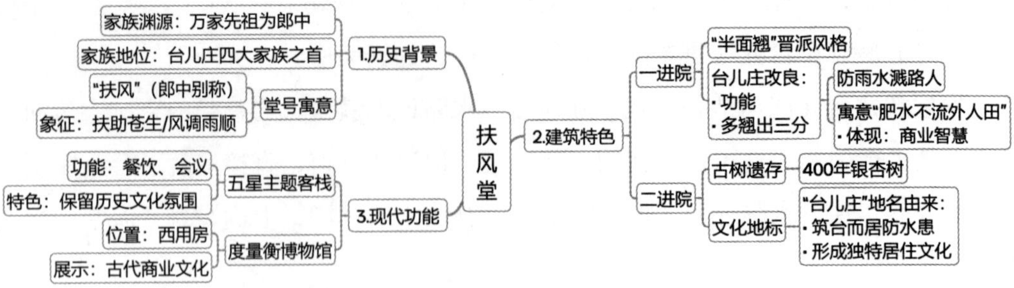

图 3-7-4 扶风堂（万家大院）（度量衡博物馆）

Tips

台庄万家扶风堂，晋派建筑韵流芳。
漕运盛时家业广，先为郎中名此堂。
一进院里屋顶巧，“半面翘”形智慧藏。
防雨溅人商道显，肥水自留意味长。
二进银杏四百岁，基面成“台”水患防。
今朝改作五星栈，餐饮会议文化彰。
西房设馆度量衡，古商精髓共传扬。

5. 三恪（kè）堂（中国运河税史馆）☆☆

各位游客，欢迎来到三恪堂。

三恪堂是台儿庄富商陈家的府第，建于清末民初，俗称“陈家大院”，现在作为运河税史馆陈列。“三恪”的意思是对待天、地、人，都要谨慎恭敬。陈家先祖从安徽泾县迁来，主人陈扶清官至六品，清末时出任税务官。这是陈家的荣耀，也是在三恪堂设立中国运河税史馆的原因。

陈家在台儿庄大战前达到鼎盛，现存“陈万祥”商号。

展馆是关于明朝运河税收的一个缩影，由两部分组成：静区分为“钞关”“关署与关务”“核算、纳税与放行”三个展区，以实物陈展的方式，分别介绍相关历史知识；动区设置了“商船通关”时空穿越影视互动项目，以影视互动的方式，让游客以古代漕商的视角目睹漕船通关的场景。

接下来，让我们一起感受这座宅院的独特魅力，聆听它讲述的漕运故事与运河税史故事！

思 维 导 图

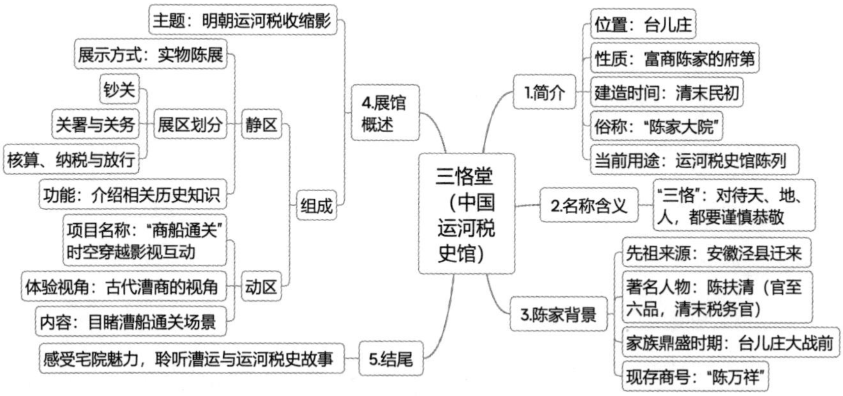

图 3-7-5　三恪堂（中国运河税史馆）

Tips

台儿庄里三恪堂，清末民初陈家院。
“三恪”敬天又敬地，为人恭谨记心间。
先祖迁自安徽泾，扶清六品税务官。
陈家荣耀税史馆，大战之前盛名传。
“陈万祥”号今犹在，运河税史展新篇。
静区三馆实物现，钞关关署核算严。
动区穿越时空转，漕船通关影视间。
古商视角亲体验，税史风云在眼前。
漕运故事百年院，税海沉浮听我言。
宅院魅力细细品，运河传奇代代延！

6. 台庄驿及驿前广场☆

各位游客，欢迎来到台儿庄古城的台庄驿。

驿站在古代被视为“国之命脉”，承担飞报军情、接送客人、运输军需等重要职责，类似现代“机关招待所”，持“驿关”证件官员能免费食宿。台庄驿作为水驿，随漕运发展而设，整体是苏州园林风格，院内小桥流水，典雅清幽，如今是驿站文化主题酒楼，其内部展区展示着中华三千年邮驿文明史与台儿庄水驿历程。

台庄驿前广场看点颇多。您看，西侧壁画上写的是“天下第一福”，由康熙御笔，周总理命名，这福字字形瘦长，谐音“寿”，称“长瘦福”，还能拆成“才”“子”“多”“田”，寓意多子、多才、多田、多福、多寿。

广场东侧的二维半雕塑，源自一张战地照片。照片里是位敢死队员，即将奔赴战场。当时西门防线被突破，敢死队与日军展开激烈白刃战，他们和先锋队一同夺回阵地。台儿庄因这场激战而“一战成名”。

7. 翠屏学馆☆☆

各位游客，欢迎来到翠屏学馆。

翠屏学馆是古城内的一所私塾学校，采用文庙的建制，由棂星门、大成门、大成殿以及两侧的庑房组成，充满了浓厚的文化气息。

大成门前有一副劝学的楹联：“跬（kuǐ）步休轻，可酬胸内摩云志；寸阴莫误，请听门前流水声。”它提醒学子们，要脚踏实地，珍惜光阴，努力实现自己的远大志向。

走进东侧庑房，这里是私塾文化及古本图书展区。我们可以看到墙上展示着一份特殊的试卷——中国最后一位状元刘春霖的殿试策。

再往前走，是名人与私塾展示区域。翠屏学馆培养了许多文化名人，现代著名诗人和剧作家贺敬之就曾在此求学，足见这里的文化底蕴之深厚。

最后，我们来到大成殿。正殿中央供奉着我国古代伟大的思想家、政治家、教育家，儒家学派的创始人——孔子。孔子塑像上方悬挂着“万世师表”的匾额，表达了对这位圣人的崇高敬意。

接下来，让我们一起感受翠屏学馆的文化魅力，聆听它讲述的劝学故事与名人传奇！

思维导图

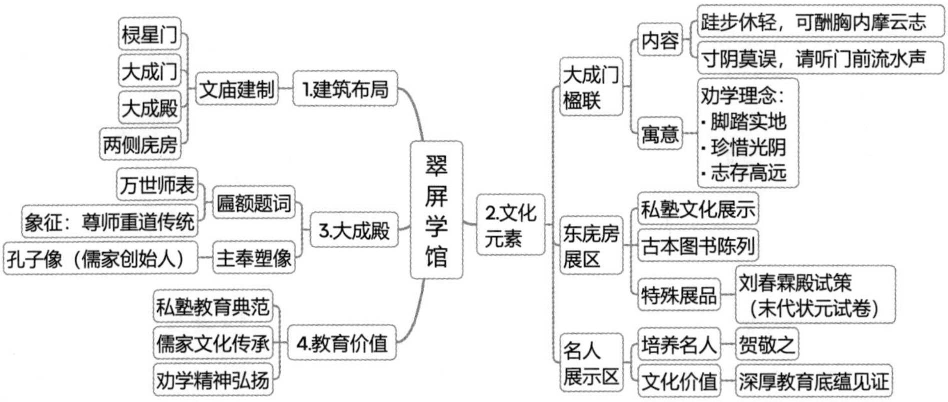

图 3-7-6 翠屏学馆

Tips

台庄翠屏有学馆，文庙建制韵不凡。
棂星大成殿庑配，劝学楹联志当坚。
庑房古本图书展，末位状元策可观。
名人私塾忆往昔，贺敬之曾此求贤。
大成殿中拜孔子，“万世师表”匾额悬。
文化深厚传千载，学馆遗风润心田。

8. 日升昌记☆

各位游客，欢迎来到日升昌记。

日升昌记是一座鲁南建筑风格的院落，由山西人吴玉章在清光绪年间设立，是平遥日升昌票号在台儿庄设立的唯一一家分号。

请随我进入大门，东侧的位置为日升昌票号的柜房。柜房是票号对外营业的首要场所，是客户办理存款、取款、汇兑等业务的场所。柜房对面是大肚弥勒。这尊坐像是用 6 万多枚铜钱和 9000 多根银线穿制而成，堪称吉尼斯世界之最。商家多认为大肚弥勒具有欢喜、招财的意味，因而视同财神供奉。

大家请看，票号主人在院子里栽种的两棵树也是非常讲究的。左面是榆树，右面是槐树。左榆右槐，必定发财。

9. 谢裕大茶行☆☆

各位游客，欢迎来到谢裕大茶行！

谢裕大茶行是徽州六大茶庄之首，这里不仅是茶文化的展示地，更是一段徽商传奇的见证。

大家请看，这里有一把“天下第一壶”，壶水从壶嘴的位置划出7米的弧线，可以直接注入对面的茶杯中，这种壮观的景象正是茶行的招牌，吸引了无数游客驻足观赏。

谢裕大茶行原本是浙江茶商沈绮建造的苏式木雕茶楼，后来被徽州茶商谢正安收购，改名为谢裕大茶行，并成为徽州六大茶庄之首。“谢裕大”这个商号，不仅记录了一代徽商的传奇历程，也见证了黄山毛峰名扬全国的历史。

如今的谢裕大茶行已改造成特色茶楼，在这里，您可以看到精彩的曲艺表演，如运河大鼓、山东快书等。其中，运河大鼓历史悠久，在台儿庄地区广为流传，现已被列为山东省非物质文化遗产。

接下来，让我们一起走进谢裕大茶行，品味一杯香醇的黄山毛峰，感受徽商文化的魅力，聆听运河大鼓的悠扬旋律！

思 维 导 图

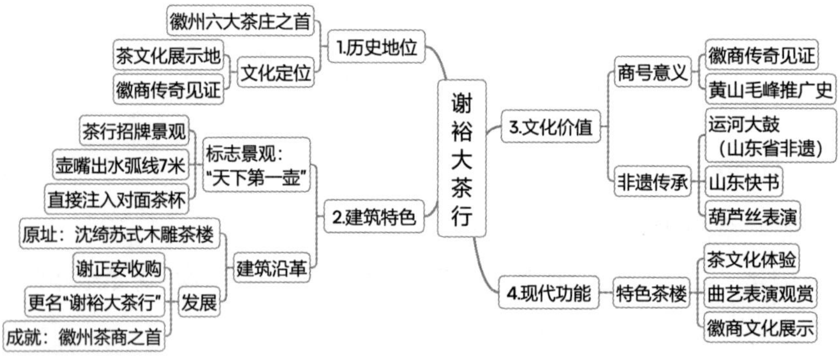

图3-7-7 谢裕大茶行

Tips

徽庄之首谢裕大，茶韵商传奇事佳。

"天下第一壶"姿妙，七米弧线客叹呀。
原是浙商沈绮建，苏式木雕韵味华。
谢正安收成盛业，黄山毛峰名远达。
今作茶楼曲艺秀，运河大鼓非遗夸。
快书丝乐齐登场，茶行新貌人人夸。

10. 天后宫☆☆

各位游客，欢迎来到天后圣母宫。

天后圣母宫简称"天后宫"。天后宫是祭祀海神林默的地方，可惜在 1938 年的台儿庄大战中毁于战火。如今重建的天后宫，可以说是国内建筑工艺最精美的一座，采用二进庭院的格局，由正殿、左右厢房、钟鼓楼等建筑组成，气势恢宏，细节精致。

这里是天后宫的庙前广场。当年乾隆皇帝第四次下江南时，曾在此登岸，接受地方官员朝拜，并御笔亲题"天下第一庄"五个大字，成为台儿庄的金字招牌。如今，这里每天都会上演大型水陆实景演出《乾隆巡游台儿庄》，带您穿越回那个繁华的年代。

走进正殿，中间供奉的是天后圣母，两侧的侍神分别是千里眼和顺风耳。东侧是主司年运的六十星宿太岁，西侧则是福德正神，也就是我们俗称的土地神——一位土地公公和一位土地婆婆。过去，人们祭祀土地神是为了祈求年岁丰登、地方平安，而台儿庄的老百姓还会将他们当作财神祭拜，寄托了对美好生活的向往。

接下来，让我们一起走进天后宫，感受这座建筑的恢宏与精美，聆听它讲述的历史故事与民俗文化！

思维导图

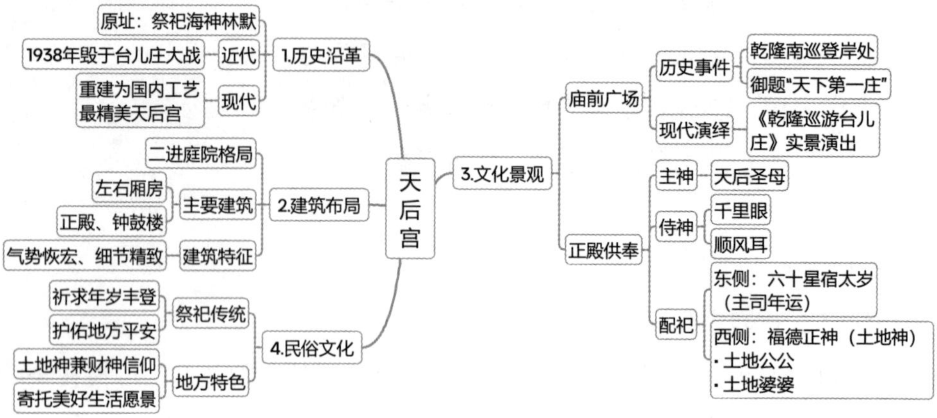

图 3-7-8 天后宫

台庄圣母天后宫，祭祀海神林默处。
昔日毁于大战火，今朝重建工艺殊。
二进格局气势足，殿厢钟鼓展宏图。
庙前乾隆曾登驻，御笔亲题美名出。
实景演出忆盛古，正殿诸神佑世俗。
千里顺风随天后，星宿土地福运浮。
祈丰求富心所寄，平安美好愿皆如。

11. 中国运河招幌（huǎng）博物馆☆☆

各位游客，欢迎来到中国运河招幌博物馆。

中国运河招幌博物馆是全国唯一以传统商业广告为主题的专题馆，这里藏着古人做生意的“智慧密码”。所谓“招幌”，简单说就是古代的“广告”，既包括挂在门口的招牌幌子，比如酒旗、药葫芦，也包括走街串巷的吆喝声、响器声，甚至磨剪子的铁片声。

博物馆共有四大展区，以“城汇商脉，诚聚商萃，承继商魂”为主旨，分为序厅、坐贾门市招幌、行商市井招幌、传承华商精神四个展区。

其中，坐贾门市招幌展区以京杭运河为轴线，选取了运河两岸不同行业、颇具盛名的老字号作为代表，展示各行各业的招幌特点。同时，通过穿插一些新老故事、商业逸闻趣事，向游客再现京杭运河沿线的商业发展和招幌文化。

再看行商市井招幌展厅。所谓行商就是行走的商人，他们穿梭于城镇的大街小巷，多以市井吆喝来招揽顾客，生活气息浓郁。

博物馆展陈各式招幌，复原运河流域著名中华老字号，再现旧时商贩贸易场景，引领游人穿越时空。接下来，让我们一起穿越时空，重温古运旧梦，体验京杭大运河绚丽多姿的商业文化风情。

思 维 导 图

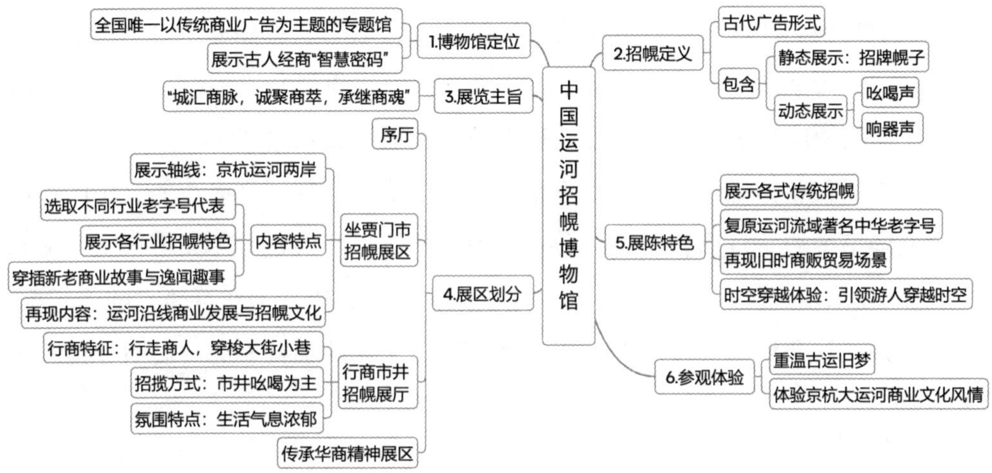

图 3-7-9 中国运河招幌博物馆

Tips

台庄有座招幌馆，广告专题它独揽。
古人经商智慧藏，招幌原是古广告。
酒旗药葫招牌悬，吆喝响器声不断。
三大展区内容满，“坐贾”场景老字号。
“招财举宝”当铺宝，财源广进寓意妙。
“行商”“扬海外”皆观，坐行商贩智慧显。

中西融合牌楼间，文化传播见一斑。

12. 船形街☆☆

各位游客，欢迎来到船形街。

船形街是一条充满运河文化韵味的特色街区。大家看，船形街四周环水，整体造型就像一艘扬帆起航的巨船，寓意“大河行舟，一帆风顺”。

船形街是名副其实的非物质文化遗产展销街区，东阳木雕、潍坊风筝、泸州油纸伞、山东面塑等全国各地的非遗项目，都在这里集中展示，让您一站式感受传统文化的魅力。街道两侧建筑的门上，木雕全是船的造型，寄托了台儿庄人对过往船只的满满祝福。

走到船形街的中心位置，您会看到一座戏台，名为“后乐亭”，名字取自范仲淹的名句“先天下之忧而忧，后天下之乐而乐”。这里经常上演柳琴戏，这种戏曲在台儿庄运河两岸广为流传，现已被列为国家非物质文化遗产。

船形街不仅整体像巨船，街道里里外外还塑造、绘制了许多小船，中间那艘更是仿照乾隆皇帝的龙舟形貌打造。台儿庄因运河航运而兴盛，船只带来了人流和物流，造就了这里的繁华。“一帆风顺”这些祝福语，最初就是对行船人的美好祝愿。

接下来，让我们一起漫步船形街，感受运河文化的独特魅力，聆听非遗技艺的传承故事！

思 维 导 图

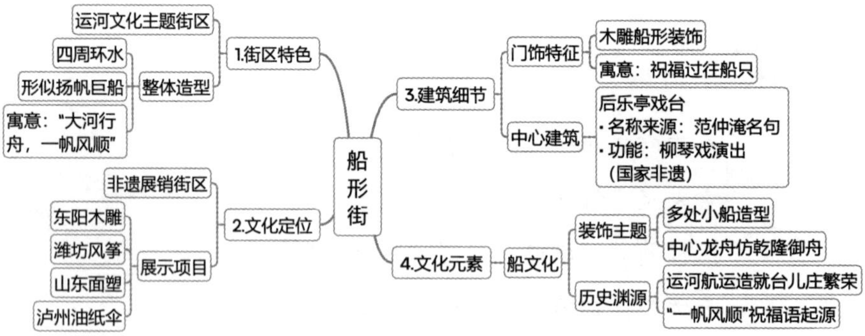

图 3-7-10 船形街

Tips

运河招幌第一馆，智慧密码古今传。
招幌本是古人宣，酒旗药葫芦门前展，
吆喝响器声穿巷，磨剪铁片当广告板！
四大展区主旨鲜：城汇商脉诚聚贤，
承继商魂序厅先，坐贾行商分两边。
坐贾门市运河线，老字招幌两岸连。
布庄药铺茶酒肆，趣事逸闻说百年！
行商走街又串巷，市井吆喝生活篇，
扁担货箱声悠远，烟火人间在眼前。

13. 台儿庄运河奏疏展馆（闸官署）☆☆

各位游客，欢迎来到台儿庄运河奏疏展馆，也就是台庄闸官署旧址。

这里曾是闸务官员办公的地方，是一座典型的官式建筑，由门厅、西厢房、北大厅和东廊道组成，充满了历史的厚重感。

当年，台庄闸就位于门前的古运河上，是北上进京漕船从江苏进入山东的第一道船闸，号称“山东第一闸”。由于这段运河河弯水急、落差大，行船十分危险，因此闸官署门前的牌坊上题有“升平”二字，寓意“一路平安”，寄托了对船只安全过闸的美好祝愿。

走进北大厅，您会看到运河维护管理奏疏，内容涉及河道整治、人事变更等，展示了古代运河管理的严谨与细致。屏风南侧还陈列着《台儿庄运河八闸图》，详细描绘了水文形势和八闸位置，具有极高的史料价值。

北侧墙上展示了“泇河三公”的事迹。舒应龙、刘东星、李化龙三位官员为开凿运河殚精竭虑，刘东星甚至殉职。乾隆皇帝曾写诗表达对他们的敬重。可以说，没有“泇河三公”的奉献，就没有台儿庄运河和今天的台儿庄古城。

接下来，让我们一起走进闸官署，感受这段运河历史的厚重与辉煌。

思 维 导 图

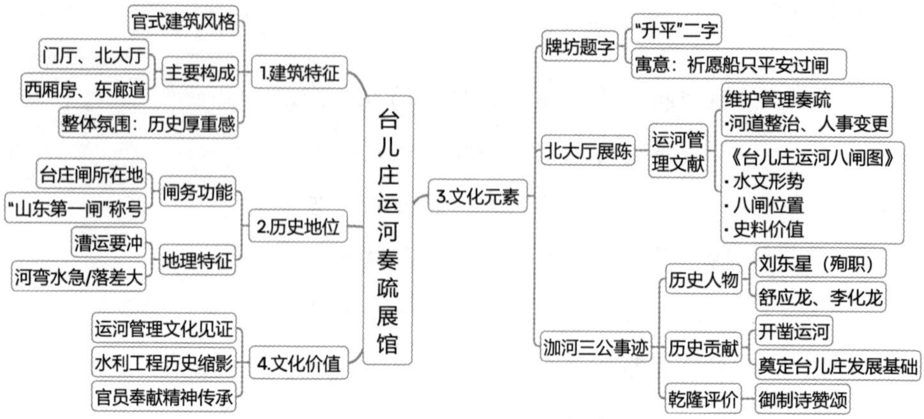

图 3-7-11 台儿庄运河奏疏展馆（闸官署）

Tips

台庄闸官署威严，官式建筑厅廊全。
门前“山东第一闸”，“升平”牌坊保平安。
北厅奏疏见严谨，八闸图展史料全。
“泇河三公”功劳显，东星殉职帝礼赞，古运古城赖其建。

14. 兰婷书寓三寸金莲展室☆

各位游客，欢迎来到兰婷书寓的三寸金莲展室。

这里陈列着各式各样与三寸金莲相关的展品，它们来自不同地域、年代，有着不同的形式和花色。

三寸金莲，和我国古代妇女裹足习俗紧密相连。大家看，这里展示了山东、江苏流行的平头金莲，浙江、福建一带的翘头金莲，还有古代女子新婚穿的三寸喜莲等；此外，还有男子行酒令用的三寸金莲形状用品，以及金莲形状的枕头、烟袋、油灯等。

古人把裹过的脚称作“莲”，按脚的大小分为不同等级，大于四寸是“铁莲”，四寸为“银莲”，三寸则是最美的“金莲”。1912 年孙中山下令禁止缠足，但仍有部分人继续缠足。直到 1949 年新中国成立后，这延续千年的缠足陋俗才被彻底清除。通过这些展品，我们能看到这一特殊历史现象背后的复杂文化，从中感受时代的变迁。

15. 运河酒文化馆☆

各位游客，欢迎来到台儿庄古城运河酒文化展馆。

它是在道升酒坊旧址上建造的，分上、下两层，由多个室内区域和天井院落构成，是展示运河文化的重要场所。

馆内通过多种手段展示古代酒坊从生产到展卖的全过程。传统酿酒有 12 个步骤，馆内着重用虚拟场景展现 3 个关键过程。

在恢复重建道升酒坊的时候，还从地下挖掘出了一批窖（jiào）藏，这批窖藏见证了台儿庄酿酒工艺的源远流长。在袁家酒馆的天井处，为满足游客取景留念的需要，特意布置了这只"玉碗"；在袁家酒馆的东院，还模拟了古代曲水流觞的场景；楼道墙上挂着的是"百酒"与"百瓶"的书法镌刻，取"长长久久、平安"之意。

16. 台儿庄运河、古码头☆☆

各位游客，欢迎来到台儿庄运河及古码头。

台儿庄段运河位于山东省最南端，呈东西走向，开挖于明代，至今已有 400 多年的历史，从未断流。这里是京杭大运河的重要组成部分，也是台儿庄古城的灵魂之所在。因其古街保存完好，生活气息浓郁，被世界旅游组织誉为"活着的运河"，同时也是全国重点文物保护单位。

在运河古道北岸，我们可以看到顺河街、月河街、丁字街等古街巷，原汁原味地保留了明清时期的古商铺、古民居和古码头。其中，月河街融合了北方建筑的沉稳与江南建筑的灵巧，是明清建筑风格最集中的地方，漫步其中，仿佛穿越到了那个繁华的年代。

中国大运河项目在世界文化遗产名录中是一颗璀璨的明珠。台儿庄古城内的十多座古码头、古河道、古驳岸，是运河申遗的重要节点，如今已成为中国大运河"世界文化遗产"的一部分。

接下来，让我们一起漫步在古运河畔，感受这段"活着的运河"的独特魅力，聆听它讲述的漕运故事与历史变迁！

思 维 导 图

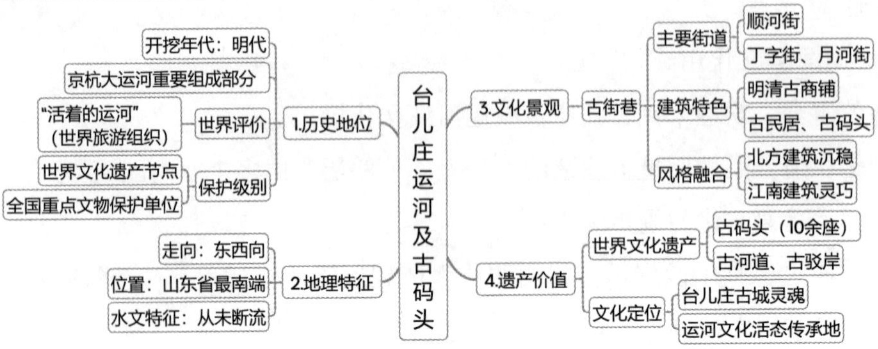

图 3-7-12 台儿庄运河及古码头

Tips

台庄运河鲁南端，明代开挖四百年。
东西走向从未断，古城灵魂活力添。
北岸古街韵味全，商铺民居码头连。
月河建筑融南北，申遗节点耀世传，古城风貌永流丹。

17. 贾三近旧居（大夫第）☆☆

各位游客，欢迎来到贾三近旧居。

贾三近旧居俗称“大夫第”，是一座徽派风格的宅院，充满了江南园林的雅致与历史的厚重。传说，明代被誉为“天下第一奇书”的《金瓶梅》就是贾三近在此创作的。

来到二门，您会看到上面刻着“大夫第”三个字，这是身份的象征。自唐代起，五品及以上文官称“大夫”，五品以下称“郎”。贾三近辞去大理寺卿（正三品）回乡后修建此府，故而称“大夫第”。

这里还设有《金瓶梅》文化研究资料中心，原是贾三近的议事厅。在这里，您可以看到《金瓶梅》不同版本的书籍及研究成果，规模仅次于徐州国际《金瓶梅》资料中心。

走进书房“明贤里之轩”，传说这里是贾三近创作《金瓶梅》的地方。书房中的硅胶塑像再现了贾三近奋笔疾书的场景，仿佛让人穿越到那个文人墨客挥毫泼墨的年代。

接下来，让我们一起走进大夫第，感受这座宅院的文化魅力，聆听贾三近的传奇故事！

思 维 导 图

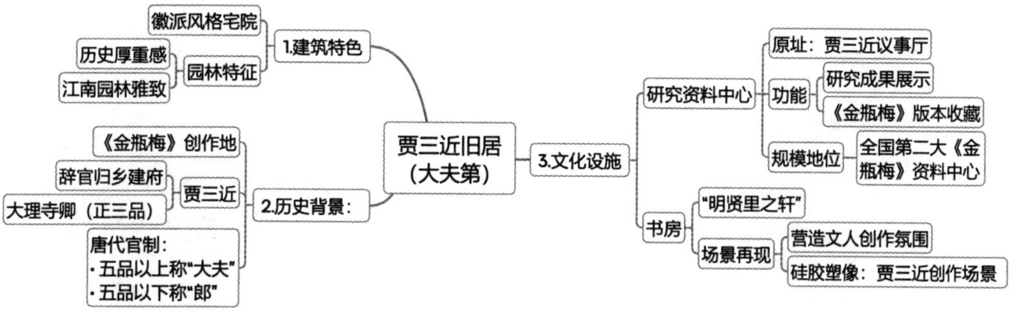

图 3-7-13　贾三近旧居（大夫第）

Tips

台庄贾宅大夫第，徽派风格韵独奇。
传是《金瓶梅》生地，江南雅致史留迹。
二门“大夫”显身份，三品辞官建府邸。
轩内塑景笔如飞，资料中心研著集。
探秘奇书好去处，往昔才情此间忆。

18. 山西会馆☆☆

各位游客，欢迎来到山西会馆，当地老百姓也常称它为“关帝庙”。

明末清初，随着漕运的繁荣，山西商人纷纷来到台儿庄，有的甚至在此定居经商。为了凝聚同乡、祭奠山西圣贤关羽，晋商们集资修建了这座山西会馆。它不仅是台儿庄最大的庙宇之一，也是晋商文化的象征。

然而，1938 年春天，台儿庄大战爆发，关帝庙遭受日军炮火的猛烈攻击，大部分房屋被夷为平地，只留下我们眼前这些残留的建筑。

在原址上恢复建设的关帝庙，由大殿、东西配殿、东西厢房、戏台、钟鼓楼、老君殿等部分组成。它布局精巧，堪称民间建筑艺术的集大成之作，在这里您可以深切感受到清代中晚期追求精雕细琢、装饰华丽的社会风尚。现在这些建筑都已被列入国家级文物保护单位，成为那段历史的无声见证。

接下来，让我们一起走进山西会馆，感受这座晋派建筑的恢宏与精美，聆听它讲述的晋商传奇与历史沧桑！

思 维 导 图

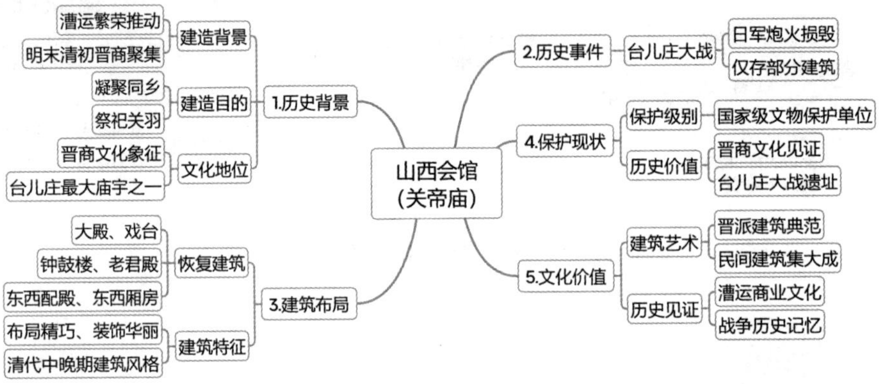

图 3-7-14 山西会馆（关帝庙）

Tips

明末清初漕运兴，晋商赴庄落经营。
集资筑起山西馆，凝聚乡情祭关公。
怎奈三八战火燃，日军炮轰庙几倾。
后经复建展新颜，殿厢戏台布局精。
雕琢华丽显世风，文物无声证史情。

19. 台儿庄大战遗址公园☆

各位游客，欢迎来到台儿庄大战遗址公园。

公园内留存着多处经历台儿庄大战战火的民房，不少墙体上弹孔密布，它们都是战争的历史见证者。这里以前是商住混合区，沿街有中和堂药栈、双巷酒馆等商铺，其余大多是民宅。1938 年台儿庄大战后，95% 以上的建筑都被摧毁了。历经 80 多年岁月，如今保留下来的民宅建筑遗存仅有 10 栋左右。

另外，遗址公园里有两处纪念碑，是为了纪念台儿庄大战期间涌现出的两位英雄人物，一位是空军上尉副队长何信，另一位是湖南少女刘守玟。公园内还遗存有义丰恒商号、仁寿堂药店、中和堂药店等战时民房，这些幸存建筑的墙壁上弹孔累累，是日军侵华的铁证。

这处四合院是李敬善旧宅，坐南向北，由前后两座平排屋及院落组成，在当地人心目中，它是如今能见到的最接近四合院的建筑组合了。

20. 清真寺☆

各位游客，欢迎来到台儿庄古城里的清真寺。

它是鲁南地区规模最大、年代最久远的伊斯兰教活动场所，也是台儿庄大战后保留最完整的战斗遗迹，和关帝庙等一同被列为国家级文物保护单位。

台儿庄大战时，这里是中国守军城防司令部，中日双方在此激烈争夺，历经 7 天 7 夜拉锯战，清真寺沦为焦土。后来，多位领导前来凭吊，并留下“扬威之地，遗址永存”的题字。自建寺以来，历经多次重修。

如今，这座清真寺仍正常使用，是当地回族同胞心中圣地。寺内的西小讲堂，曾是 186 团指挥所作战室，弹痕累累的墙面，见证着当年的惨烈，部分弹痕密集的砖墙现存于国家博物馆，室内已按当年场景复原。西侧的礼拜堂和标志性建筑望月楼，也是重要宗教场所。望月楼兼具传教、召唤礼拜及观察新月确定斋戒月的作用。

21. 药典博物馆☆

各位游客，欢迎来到台儿庄古城中正街的药典博物馆。

这里是中国唯一、世界首座药典博物馆。

大家都知道，药品关乎人命，要保证安全、有效、均一、可控，就要有个判定药品优劣真假的标准，这就是药品标准。而药典，作为药品标准体系的核心，堪称人类健康的保护神。

博物馆展陈内容兼具专业性与科普性，既能帮助药学专业人员系统学习药品标准，也能给普通公众宣传药典文化和安全用药知识。展览分为五个单元，从药典的地位作用，到中国古代、近现代药典，再到世界药典，最后是“药典走进你我他”。

台儿庄古城建这药典博物馆，就是为了记载药典历史、弘扬文化、传播知识、讲述故事。通过它，大家能了解到，今天我们能用上安全有效的药，背后是无数药典人、药检人默默奉献的功劳。

? 思考题

1. 台儿庄运河是1959年京杭大运河台儿庄段改道城外时留下的，世界旅游组织称其为“京杭大运河仅存的清代文化遗产”，号称为什么？

2. 被乾隆皇帝誉为“天下第一庄”的是哪座古城？

3. 世界首座药典博物馆位于哪里？

4. 扶风堂是台儿庄四大家庭之首万家的宅院，“扶风”在古代指什么？

5. 台儿庄古城内的扶风堂属于什么派建筑？

第八节　沂蒙山旅游区

景区构成

※ 沂蒙山旅游区概况☆☆☆

一、蒙山龟蒙景区

（一）蒙山龟蒙景区概况☆☆

（二）蒙山龟蒙景区主要景点

1. 福寿康宁鼎☆☆
2. 万寿宫☆☆
3. 翠竹园☆
4. 接气坛☆
5. 九龙潭☆
6. 百寿摩崖石刻（中路）☆
7. 鹰窝峰☆☆
8. 群龟探海☆☆
9. 蒙山悬崖栈道☆☆
10. 蒙山 3D 玻璃桥☆
11. 蒙山极顶“龟蒙顶”☆☆
12. 蒙山寿星巨雕☆☆

二、蒙山云蒙景区

（一）云蒙景区概况☆☆

（二）蒙山云蒙景区主要景点

1. 金刚文化广场☆☆
2. 中国瀑布☆☆
3. 雨王庙☆
4. 蒙山森林栈道☆

5. 黑松林☆

6. 天壶峰☆

7. 大、小云蒙峰☆

三、沂山风景区

（一）沂山风景区概况☆☆☆

（二）沂山风景区主要景点

1. 东镇庙景区☆

2. 玉皇顶景区☆

3. 歪头崮景区☆

☆☆☆

沂蒙山旅游区概况

各位游客朋友们，大家好！欢迎来到美丽的沂蒙山旅游区！

【位置】沂蒙山旅游区横跨山东临沂、潍坊等地市，处于沂蒙山区的核心地带。

【声誉|地位】沂蒙山旅游区是世界文化遗产齐长城所在地，世界著名养生长寿圣地，现为国家5A级旅游景区、国家森林公园、国家地质公园、国家水利风景区，也是著名的革命老区，被誉为“两战圣地、红色沂蒙”。沂蒙山素有“三十六峰七十二崮”之称，海拔千米以上高峰15座。

【组成】沂蒙山旅游区由临沂市的龟蒙景区、云蒙景区和潍坊市的沂山景区共同组成。沂蒙山旅游区开创先河，是全国首个跨越不同地市、携手共创的国家5A级旅游景区。三大景区更是各展风采。龟蒙景区以其主峰龟蒙山而闻名，龟蒙山形似巨龟卧于云端，山上的寿星巨雕是世界上最大的山体雕刻，庄严肃穆，让人不禁感叹工匠们的鬼斧神工。云蒙景区森林覆盖率极高，山峦起伏，云雾缭绕，山间清泉潺潺，瀑布飞泻，充满了灵动之美。沂山景区历史悠久，古迹众多，有法显故里等人文景点，也有玉皇顶等自然风光。

【特色|特产】特产首推沂蒙山煎饼，它以粗粮为原料，手工摊制，薄如蝉翼，香酥可口，既可以卷上大葱、咸菜，也可以搭配各种炒菜。还有蒙山蜂蜜，源自深

山野花，口感纯正，营养丰富。另外，像沂蒙山区的金银花、丹参等中药材，品质优良，制成的茶饮、保健品深受欢迎。

【路线】现在所在的位置是龟蒙景区，咱们乘坐观光车欣赏沿途风光，登上龟蒙山巅，瞻仰寿星巨雕；接着前往云蒙景区，漫步山林，感受自然之美；最后去往沂山景区，探寻古迹，登高望远。

接下来，就让我们一起走进这片神奇的土地，开始我们的沂蒙山之旅吧！

思维导图

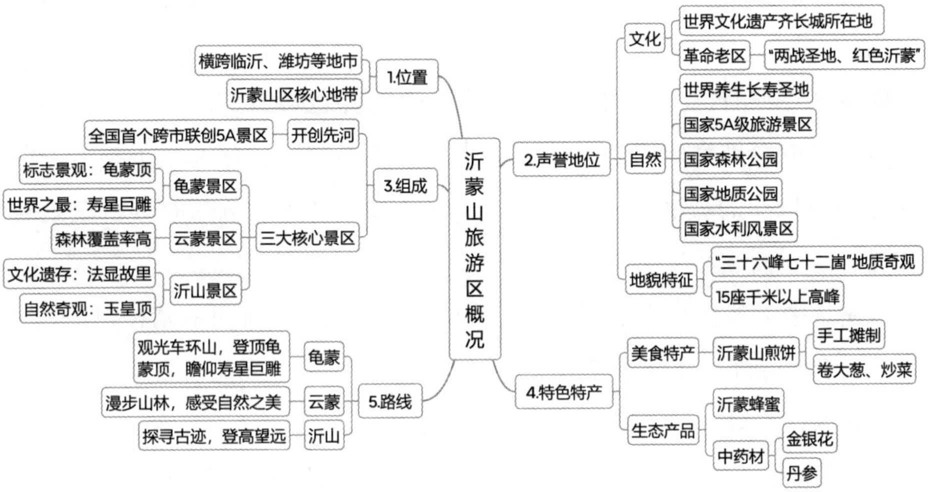

图 3-8-1 沂蒙山旅游区概况

Tips

横跨临潍核心地，世遗齐长城址立。
5A 圣地养生奇，两战红区崮峰迷。
龟蒙寿星云端立，云蒙飞瀑清泉啼。
沂山古迹玉皇顶，三景携手创第一。
煎饼粗粮手工制，蜂蜜深山野花集。
银花丹参药材奇，观光登顶瞻寿星。
云蒙漫步听泉鸣，沂山寻古踏阶行。

一、蒙山龟蒙景区

（一）蒙山龟蒙景区概况☆☆

各位游客朋友，欢迎来到龟蒙景区！

龟蒙景区是国家5A级旅游景区沂蒙山旅游景区的重要组成部分。龟蒙景区坐落在蒙山南麓，临沂市平邑县。

龟蒙景区自然风光秀丽，生态资源优良，森林覆盖率高达98%以上，负氧离子含量极高，被誉为“天然氧仓”。得天独厚的自然条件，孕育了著名的长寿养生胜地和休闲度假胜地。龟蒙景区主峰龟蒙顶是沂蒙山最高峰，山东省第二高峰，海拔1156米。

龟蒙景区还拥有世界最大的单体雕刻——寿星巨雕，江北最长栈道——蒙山悬崖栈道，临沂对外宣传标志性旅游景点——鹰峰奇观，江北最大道观——万寿宫，齐鲁海拔最高的玻璃桥——蒙山3D玻璃桥，以及群龟探海等百余处自然和人文景观。

蒙山还是中国著名的革命圣地，沂蒙精神是党和国家宝贵的精神财富。《沂蒙山小调》唱响海内外，《谁不说俺家乡好》跟着嫦娥一号飞向了太空。

希望大家在这里尽享美景，收获美好回忆！

思 维 导 图

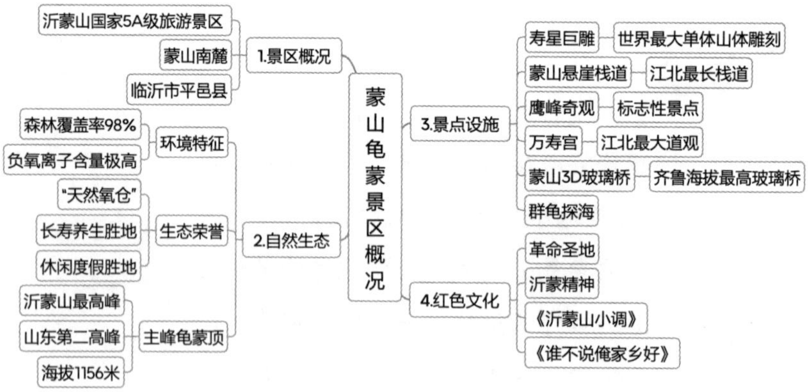

图3-8-2 蒙山龟蒙景区概况

Tips

龟蒙景区平邑立，沂蒙5A核心地。
森林九八氧仓奇，主峰一一五六米。
寿星巨雕世第一，栈道悬崖江北稀。
鹰峰奇观标志立，万寿宫观道风袭。
玻璃桥悬群龟探，红色圣地精神集。
沂蒙小调天下知，嫦娥携歌飞天际。

（二）蒙山龟蒙景区主要景点

1. 福寿康宁鼎☆☆

各位游客，我们现在看到的就是福寿康宁鼎了。

这座雄伟的石鼎高达9.99米，周长6.19米，重达606吨，是目前国内最大、最高的石制盛鼎。它采用纯天然黑墨玉青石雕琢而成，两耳高高耸立着，三足稳稳支撑，整体设计庄重和谐，大气磅礴，象征着天圆地方。

大鼎由三只赑屃（bì xì）驮住。赑屃是“龙生九子”之一，又名“霸下”，形似龟，寓意着力量和负重。鼎身的三足上分别刻有“福、康、宁”三个大字，而字与字之间还嵌有一个“寿”字，这六个字寓意深远，象征着对健康、长寿、安康的美好祝愿。鼎身上还雕刻了999个“寿”字，每一个字都寄托着对长寿的期盼与祝福，象征着福寿无疆、健康长久。

福寿康宁鼎不仅是一件精美的艺术品，它还深深融入了蒙山的文化内涵。它承载着蒙山丰富的历史与文化，反映了蒙山经济与文化的精神价值，体现了人们对天地自然的敬畏与感恩。

希望大家在这里，感受到蒙山文化的深厚底蕴，留下美好的回忆！

思维导图

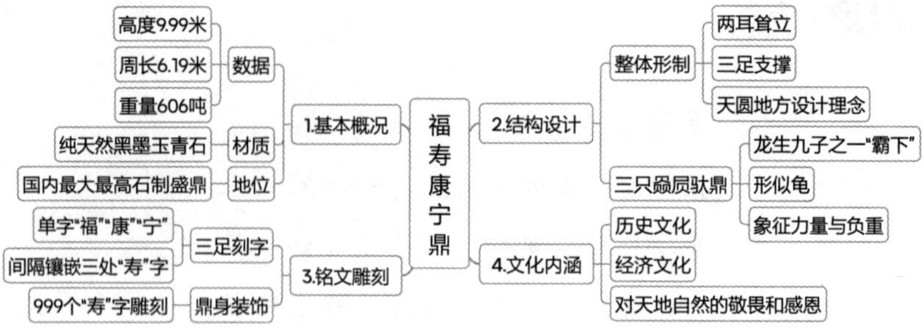

图 3-8-3 福寿康宁鼎

Tips

九米九高六米围，黑玉巨鼎镇山梁。
赑屃驮鼎承重任，天圆地方福寿长。
三足“康宁福”相连，九九九寿刻鼎旁。
蒙山文化融天地，到此沾福保安康。

2. 万寿宫☆☆

各位游客，欢迎来到万寿宫。

万寿宫，最初名为“古蒙祠”，始建于西周。宋朝时，古蒙祠被改为道教圣地“玉虚观”。明朝时，被更名为“万寿宫”。在清朝康熙年间，万寿宫迎来了它的鼎盛时期，在全国道教界享有极高的声誉。

万寿宫布局严谨，分为三进院落，层层递进，布局十分雅致。

第一进院落主殿为山神殿，这里供奉着蒙山山神及两位道教执法神——灵官。蒙山山神端坐中央，威严而慈祥，两侧则是威风凛凛的灵官雕像。

第二进院落为万寿宫的核心——玉皇殿。玉皇殿两侧设有配殿，其主体建筑是纯木结构，古朴典雅。尤其值得一提的是玉皇殿前檐的八根石龙柱，它们仿照曲阜大成殿的石龙柱雕刻而成，气势恢宏。殿内正中供奉的是玉皇大帝，两侧陪祀的是托塔李天王与太白金星，庄严肃穆。

第三进院落为三清阁，这是万寿宫唯一一座双层建筑。一层供奉道教三清尊神：玉清元始天尊、上清灵宝天尊、太清道德天尊，他们代表着道教的至高无上。二层则供奉八仙之一的吕洞宾，道号纯阳真人，他飘逸出尘的形象深受信众喜爱。

希望大家在这里，感受到深厚的文化底蕴，留下美好的回忆！

思　维　导　图

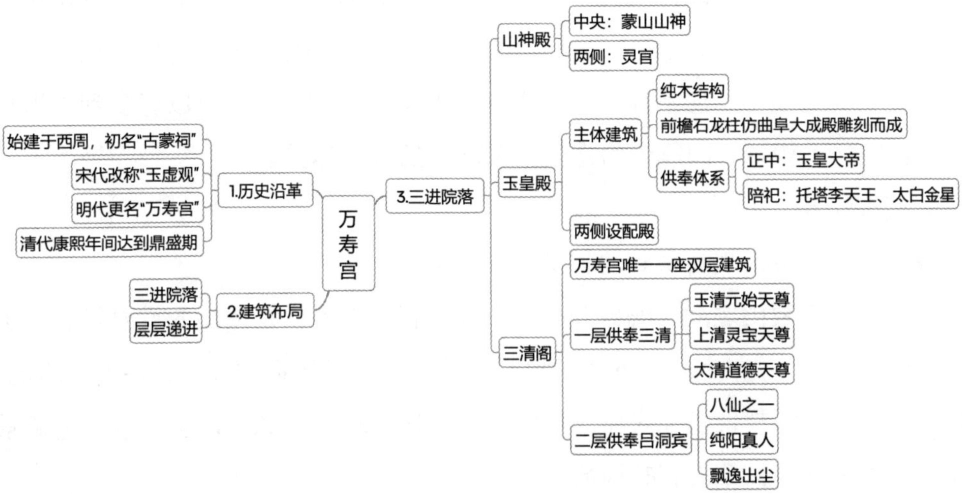

图 3-8-4　万寿宫

Tips

西周始建古蒙祠，宋改玉虚明易名。
三进院落层层递，道教圣地韵悠长。
一进山神镇四方，灵官护法威气扬。
二进玉皇殿辉煌，石龙柱仿曲阜样。
托塔天王太白伴，纯木构造显堂皇。
三进三清阁成双，元始灵宝道德王。
二层洞宾凌仙态，千年宫观福满堂。

3. 翠竹园☆

各位游客，欢迎来到翠竹园。

翠竹园是沂蒙山旅游区的一大亮点，这里生长着毛竹、紫竹、凤尾竹等几十个品种的竹子，是北方难得一见的大片竹林。

在这片竹园的西侧高地上，矗立着一座雅致的小亭——聚贤亭。站在亭中凭栏远眺，您可以将雄伟的蒙山风光尽收眼底。此亭之所以命名为“聚贤亭”，正是寓意着广纳天下英才，汇聚四方豪杰。

沿着亭子向东行，一条清澈见底的小溪潺潺流过。溪水上横跨着两座各具特色的小桥：北面那座平桥设计简约而不失雅致；南面那座名为“玲珑桥”的拱桥，形态弯曲优美，名字取自宋代诗人苏舜钦的诗句“日光穿竹翠玲珑”，富有诗意与美感。

漫步在翠竹园中，您不仅可以欣赏到各种美丽的竹子，还可以感受到这里独特的文化氛围，希望翠竹园能带给您愉悦和难忘的旅游体验。

4. 接气坛☆

各位游客，我们现在来到的就是接气坛了。

接气坛位于蒙山之巅，海拔较高，空气清新。它不仅是蒙山的重要景点，更承载着深厚的历史文化内涵。据传，这里是古代人们祈求风调雨顺、五谷丰登的地方，也曾是举行重要宗教仪式和庆典的场所。站在接气坛上，您可以俯瞰整个龟蒙景区的美景，视野开阔，令人心旷神怡。

接气坛直径 39 米，蕴含“三三不断，九九归真”、好运不断、事事圆满等含义。主体建筑由两部分组成，分别是中间立于太极之中的龟、柱、日和周围的八卦、十天干、十二生肖、二十八宿、四灵、百寿。接气坛的立柱上是著名易经学者，中国吉祥文化研究会张驰院长的赞誉——“蒙山生清气，灵龟养静息”。

接气坛蕴含着丰富的道教文化，见证了道教的兴衰与发展。在这里，您可以感受到历史的厚重和文化的瑰丽。

5. 九龙潭☆

各位游客，我们现在看到的就是九龙潭。

九龙潭位于蒙山深处，是一处自然山水景观。九龙潭水面面积 2 平方千米，蓄水量 30 万立方米，因九条汉白玉石龙而得名。据传，这里曾栖息着九条神龙，瀑布水声如龙吟。大家可以看到，瀑布从高处倾泻而下，水势磅礴，水花四溅，形成一片片清澈的潭水。在阳光的照射下，潭水波光粼粼，仿佛镶嵌在山间的明珠。

九龙潭不仅景色优美，而且富有传奇色彩。每一条瀑布都有其独特的名字和传说，如龙潭、鲤鱼潭、蛟龙潭等。这些传说为九龙潭增添了一份神秘与浪漫，吸引着无数游客前来探寻。

瀑布的中间是水帘洞，由 18 个洞口和 19 根柱子组成。穿过水帘走到洞里，能感受到瀑布从头顶飞流直下，脚下是绝壁深渊，令人神清气爽，仿佛置身仙境。

希望大家能在九龙潭度过愉快而难忘的时光！

6. 百寿摩崖石刻（中路）☆

各位游客，欢迎来到百寿摩崖石刻。

在这面石壁上，雕刻着形态各异的“寿”字，其中包括楷书、隶书、行书、草书、篆书等多种书体，每个“寿”字都独具特色，彰显了中国书法的博大精深。在这 99 个人工雕刻的“寿”字之中，还巧妙地融入了一个天然形成的“寿”字，若隐若现，与自然完美融合。

特别是位于中心的大“寿”字，高达 9.9 米，寓意深远，象征着长长久久。据传，这个字是临摹自东晋著名书法家王羲之的笔法，字体流畅自然，气势恢宏。

百寿摩崖石刻不仅是龟蒙景区的一大亮点，更是中国书法艺术和长寿文化的完美结合。希望大家在这里，既能欣赏到绝美的自然风光，也能领略到中国传统文化的独特魅力。

7. 鹰窝峰☆☆

各位游客，我们现在看到的就是鹰窝峰。

鹰窝峰是蒙山十景之首，以“鹰峰夕照”而著名，甚至有“不到鹰窝峰，枉为蒙山行”的美誉，可见它在蒙山景区中的重要地位。

鹰窝峰的地貌与张家界的砂岩峰林非常相似，因此被称为“小张家界”。这里四周群峰耸立，树木葱郁，山崖陡峭如削，几乎呈垂直状，只有老鹰能在这险峻的山崖中栖息、筑巢，这也正是它名字的由来。

在鹰窝峰的石缝间，生长着许多奇松古柏，其中有两处特别引人注目。一处是位于峰顶的松树，它像华盖一样笼罩在峰顶，又像一朵巨大的灵芝，形态独特。另一处则是从山顶往下数第三个山峰上的龙头松，它和下方形似尾巴的松树相连，宛如一条巨龙在腾飞，十分壮观。

此外，在鹰窝峰的北崖峭壁上，还刻有“鹰峰奇观”四个大字，这是由著名书法家启功先生亲笔题写的，为鹰窝峰增添了文化底蕴。

在这里，您可以尽情领略大自然的鬼斧神工，感受鹰窝峰的独特魅力。希望大家在这片奇美的自然景观中，留下美好的回忆！

思 维 导 图

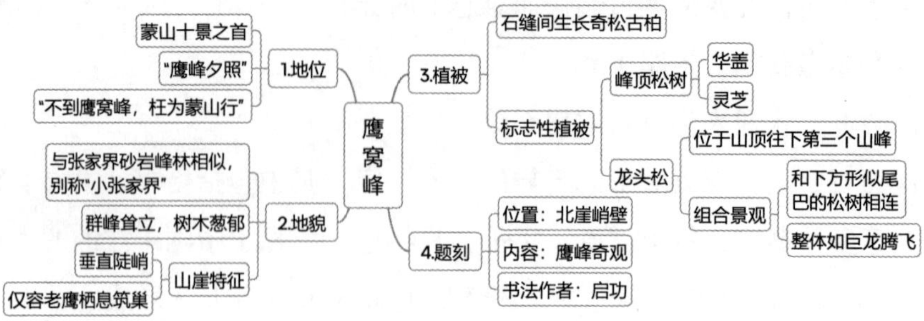

图 3-8-5 鹰窝峰

Tips

鹰窝峰首景名扬，夕照奇观美誉长。
砂岩峰林类张景，群峰陡立鸟难翔。
奇松古柏石缝藏，华盖灵芝峰顶罩。
龙头松舞巨龙翔，启功题刻添雅章。
鬼斧神工天造就，蒙山一绝震八方。

8. 群龟探海☆☆

各位游客，我们现在看到的就是群龟探海了。

群龟探海是一处自然景观。瞧，路边的山崖上有好多大石头，它们的形状都像极了乌龟。这些“乌龟”有的在闭目养神，有的在急急忙忙赶路。山谷里常常会起雾或者云海，这些“乌龟”就像在“海”里游泳一样，特别生动。我们可以看到，下边的巨龟已爬进海底，中间的巨龟有的在左右回顾，最上边的几只小龟可能是刚从蛋壳中爬出来，还不敢下海，正在东张西望，可爱至极。此景被命名为“群龟探海”，真是再恰当不过了。

说到乌龟，大家都知道它是长寿的象征，我国有“龟龄鹤寿”的说法，蒙山则是被人叫作“长寿山”。为什么这么叫呢？第一，因为蒙山空气清新，负氧离子含量极高，在世界上也较为罕见，对身体健康、长寿特别有好处。第二，从航空照片上看龟蒙顶及其周围几座海拔千米以上的山峰，它们连起来很像一个“寿”字形图案。第三，蒙山上的龟状象形石极多，是长寿的象征。当然后两者是自然的巧合，这也印证了天、地、人之间的统一与和谐。

希望大家在这里，感受大自然的美妙，得到长寿祝福！

思　维　导　图

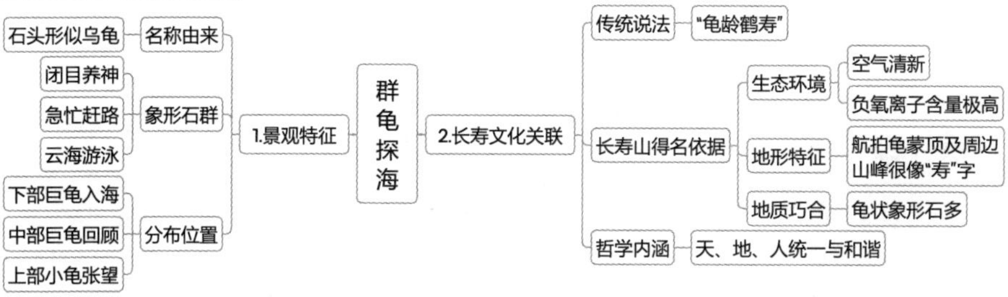

图 3-8-6 群龟探海

Tips

山崖巨石似龟形，闭目赶路各神情。
云雾缭绕如沧海，众龟嬉戏碧波行。
下龟潜海中间顾，小龟探头怯生生。
蒙山寿山美名扬，三奇印证福寿长。
负氧离子含量高，千米群峰寿字藏。
龟石密布添祥瑞，天地人合福满堂。

9. 蒙山悬崖栈道☆☆

各位游客，欢迎来到蒙山悬崖栈道。

从虎踞龙盘石那儿开始，便是蒙山的特色景点——蒙山栈道。这条栈道总共 2999 米长，是由悬崖栈道和森林木栈道两部分组成的。悬崖栈道有 1999 米，森林木栈道有 1000 米，它是江北地区最长的栈道。

走在栈道上，可以看到很多漂亮的景色，比如醉美沂蒙、沂蒙脊梁、群龟拜寿、百鸟朝凤，还有个叫"八戒背媳妇"的巨石。

其中，最引人注目的当属"沂蒙脊梁"这一景点，它的名字意义深远，充满了历史的厚重感。在栈道上，您会看到一座座山脊延伸向龟蒙顶，这些山脊像沂蒙人民的脊梁骨一样坚韧。在革命时期，沂蒙老区的人民为了支援前线，很多人参军为国捐躯，还有很多人为战士们运送物资。正如陈毅元帅所说，“淮海战役的胜利，是人民群众用小车推出来的”。这些山脊不仅让蒙山看起来高大雄伟，还象征着沂蒙人不屈不挠、勇敢奋斗的伟大精神。所以，这里就被叫作“沂蒙脊梁”了。

希望大家在这里尽情享受大自然的美景，同时也要注意安全，感受这条悬崖栈道带给您的震撼！

思 维 导 图

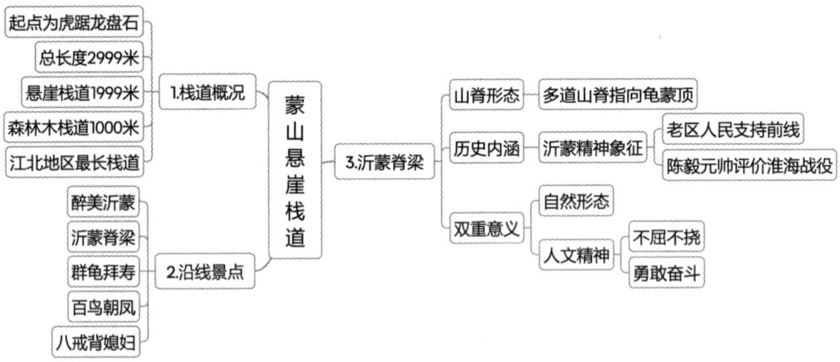

图 3-8-7 蒙山悬崖栈道

Tips

虎踞龙盘石处起，蒙山栈道江北奇。
二九九九悬崖连，一九九九险象环。
醉美沂蒙群龟拜，八戒背媳趣味添。
最是脊梁精神显，陈毅元帅语铿锵。
小车推胜美名扬，坚韧不屈世代传。
走栈赏景心飞扬，安全第一记心间。

10. 蒙山 3D 玻璃桥☆

各位游客，我们现在来到的就是蒙山 3D 玻璃桥。

这座桥总长 160 米，宽 3.04 米，是用钢化玻璃铺的桥面，两侧桥墩还精心设计了 3D 地面效果，让人行走在上面便能体验到惊险与刺激。特别是部分桥面还升级成了 5D 特效，当您踩上去时，玻璃会瞬间“碎裂”，还有步步生花、金龙出没等多种特效，仿佛漫步在梦幻仙境。

这座桥的形状是弯弯的弧形，是国内第一座弧形外形的玻璃桥。这样的设计好处是，拍照的时候不会挡住别人走路。站在桥上，四周都能看到龟蒙景区的美丽景色，低头是深深的山谷，抬头是连绵的山峰，要是碰上有云海，那就像是走在天空中一样。不过放心，这座桥建得很牢固，绝对安全，大家可以大胆地上去走一走！

11. 蒙山极顶“龟蒙顶”☆☆

各位游客，我们现在来到的就是龟蒙顶。

龟蒙顶海拔 1156 米，是山东的第二高山，也是沂蒙山的最高峰。它的外形像一只神龟趴在云海中，因此得名“龟蒙顶”。

当您看到崖壁上刻着“龟蒙顶”三个大红字时，就意味着您已经站在了蒙山的最高点。字旁边是一棵古老的松树，枝丫伸展，像是在欢迎每一位游客，这棵松树被称为蒙山的“迎客松”。前面还有个牌坊，上面写着“蒙顶奇观”，是从旁边的石碑上复制来的。而牌坊的背面则刻有“万古风云”，这是明代王寿庸题写的，具有深厚的历史文化意义。

站在龟蒙顶上，向西北望去，会看到一座隐匿在绿树之间的山峰，它的形态与毛主席很像，面向南方，静静地躺着。由于这座山峰与毛主席的神态十分相似，所以被称为“伟人峰”。

这里不仅是自然的奇观，更是历史与文化的融合。希望大家在这里，能领略到大自然的壮丽与蒙山独特的文化魅力！

思　维　导　图

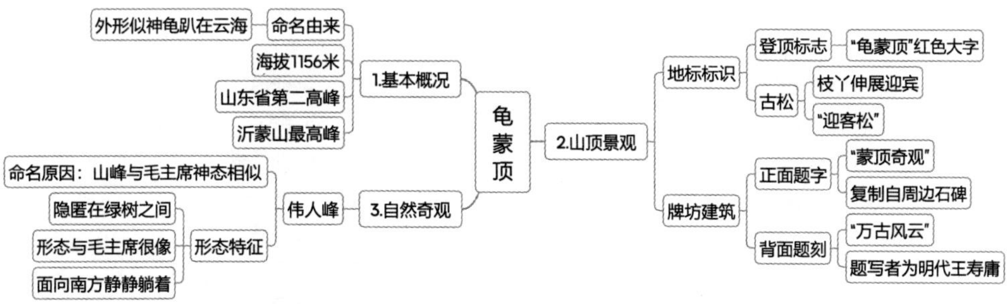

图 3-8-8　龟蒙顶

Tips

一一五六米云巅，山东第二沂蒙巅。
神龟趴云名自显，迎客松展臂相牵。
蒙顶奇观牌坊立，万古风云碑上镌。
西北伟人峰仰卧，主席安卧绿林间。
自然奇观融史韵，龟蒙顶上览众山。

12. 蒙山寿星巨雕☆☆

各位游客，我们现在看到的就是蒙山寿星巨雕。

蒙山是东方著名的养生长寿胜地。寿星巨雕是其标志性景点，它不仅是世界上最大的山体雕刻，还比四川的乐山大佛大了整整三倍，已经载入了吉尼斯世界纪录。

蒙山寿星巨雕位于龟蒙顶的西北方，高达 218 米，宽 198 米，光是雕像的头部就有 85 米高。雕像的造型是根据古代的南极仙翁形象雕刻的，您可以看到他的大脑门、长长的白胡子和白眉毛，一手拄着拐杖，另一只手托着仙桃，慈眉善目、和蔼可亲，仿佛在欢迎每一位游客。这座雕像的建造历时 999 天，数字“999”寓意着长寿与吉祥，和蒙山的养生长寿主题十分契合。

希望大家在这里，感受到雕像的宏伟与长寿的祝福！

思 维 导 图

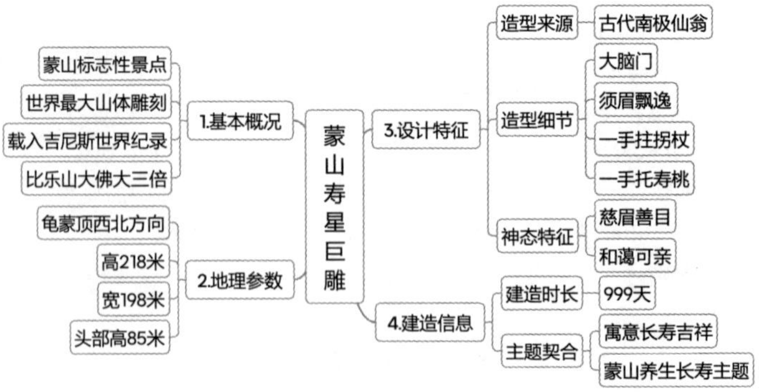

图 3-8-9 蒙山寿星巨雕

Tips

世界最大山体雕，三倍乐山大佛高。
龟蒙西北立仙翁，218 米入云霄。
头部八十五米高，白须飘逸拐杖操。
手托仙桃笑迎客，九九九天成寿雕。
养生圣地美名扬，吉祥长寿福运绕。

二、蒙山云蒙景区

（一）云蒙景区概况☆☆

各位游客，欢迎来到蒙山云蒙景区！

蒙山云蒙景区是国家 5A 级旅游景区沂蒙山旅游区的重要组成部分，位于沂蒙山风景区的核心区域，是一个以自然景观和红色文化为特色的旅游胜地。

云蒙景区旅游资源丰富，具有独特的山岳景观、森林景观、瀑布景观、人文景观等，一年四季景观各异，是沂蒙山好风光的典型代表。景区内动植物资源丰富，森林覆盖率高达 99% 以上，空气中负氧离子含量丰富，有“天然氧吧”之称。

景区先后投资十多亿元，建设和完善了系列配套设施，打造了森林冲锋车、森林索道、森林漂流、森林大巴车等一系列项目。先后荣获国家森林公园、国家地质公园、全国青年文明号、全国十佳林场等多项荣誉称号。

该景区的整个路线构成为三纵两横，三纵是中路、南路和索道，两横是木栈道环线和野葡萄沟环线。

希望大家在这里，能够充分体验云蒙景区的美丽与深厚的文化底蕴，留下美好的回忆！

思 维 导 图

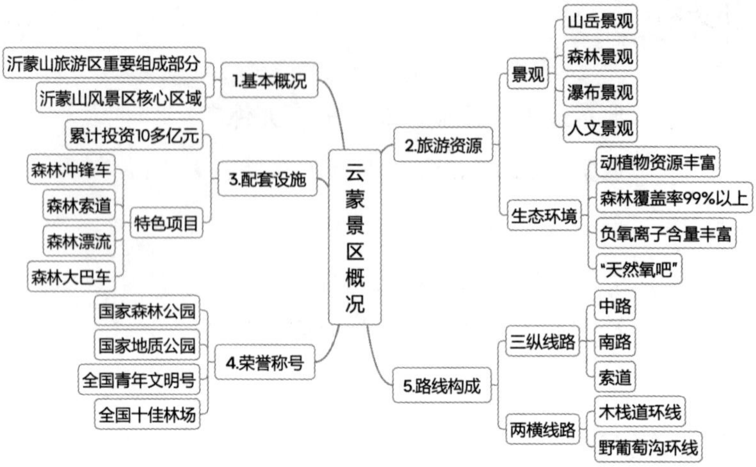

图 3-8-10 云蒙景区概况

Tips

云蒙景区沂蒙央，5A 核心美名扬。
森林瀑布四季赏，天然氧吧负氧藏。
十亿打造设施强，冲锋索道漂流忙。
国家公园地质榜，三纵两横路网畅。
木葡环线连风光，红色文化永传扬。

（二）蒙山云蒙景区主要景点

1. 金刚文化广场☆☆

各位游客，欢迎来到金刚文化广场。

金刚文化广场地处蒙山主景区云蒙景区入口处，总面积达 2 万平方米，由金刚广场、金刚门等建筑组成。

广场正面廊道镌刻《金刚般（bō）若（rě）波罗蜜经》，前端有 7 座石雕佛塔，记载着过去七世佛的圣迹，里侧是般若波罗蜜金刚门。广场中央为圣泉池，观自在菩萨安坐池内莲花中间。广场建筑风格中西结合、阴阳和谐。

金刚门全称“般若波罗蜜金刚门”，是泰国皇恩寺的释圣智根据其梦境的创意设计而成，由福建泉州石雕工艺大师精心打造。门柱由 8 尊整石雕凿的金刚塑像组成。金刚门顶部有四大菩萨，四菩萨之间是梅花鹿和汉龙卫护着的经坛和宝刹。金刚门凸显了中西结合、阴阳和谐的风格，整座建筑气势雄伟，工艺精湛，既体现了传统的继承与发展，也表达了人文与自然的和谐统一，是沂蒙山人文地理重要标志。

希望大家可以在这里了解佛教文化，感受平静与安宁。

思 维 导 图

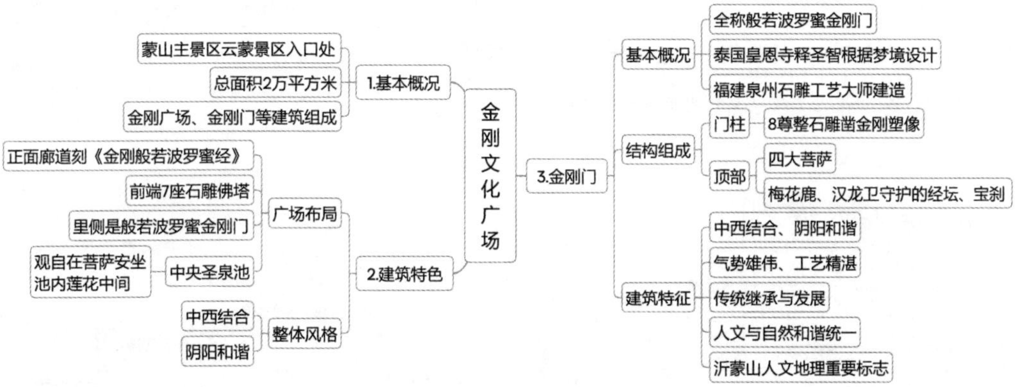

图 3-8-11　金刚文化广场

Tips

云蒙入口金刚场，两万平阔气势昂。
正面廊道刻佛经，七佛塔记圣迹彰。
圣泉池中立观音，莲花宝座佑四方。
金刚门接泰国梦，八尊金刚镇门旁。
四大菩萨顶部驻，鹿龙护坛显灵光。
中西合璧阴阳融，工艺精湛世无双。

2. 中国瀑布☆☆

各位游客，我们现在看到的是中国瀑布。

因瀑布所在的崖壁形状就像中国的地图一样，所以得到了这个名字，它是蒙山的标志性景观。

中国瀑布是江北地区少有的三叠式瀑布。水从差不多一百米高的悬崖上直接冲下来，被两个突出的崖壁挡了一下，转了个弯，然后又继续往下冲，形成了叠起来的瀑布。瀑布落下来的时候，就像从天上掉下来的银河一样，非常壮观。

瀑布左边的石崖上有个被水帘遮住的门，所以这个瀑布也叫水帘洞瀑布。传说，战国时期孙膑和庞涓（juān）就是在这里跟着鬼谷子王禅学习并成仙的。

观瀑亭是观赏中国瀑布的最佳位置，可以看到瀑布的全部美景。在瀑布的左下侧有个“涛”字，是书法家邓晓川写的。这个字有五层寓意，在观瀑亭，春看花涛，夏看云涛，秋看枫涛，冬看雪涛，一年四季都能听见阵阵松涛。另外，“寿”字旁边的水字旁比另一边要低，意味着寿命比水还要长。

接下来，请大家尽情领略瀑布的壮观和美丽！

思维导图

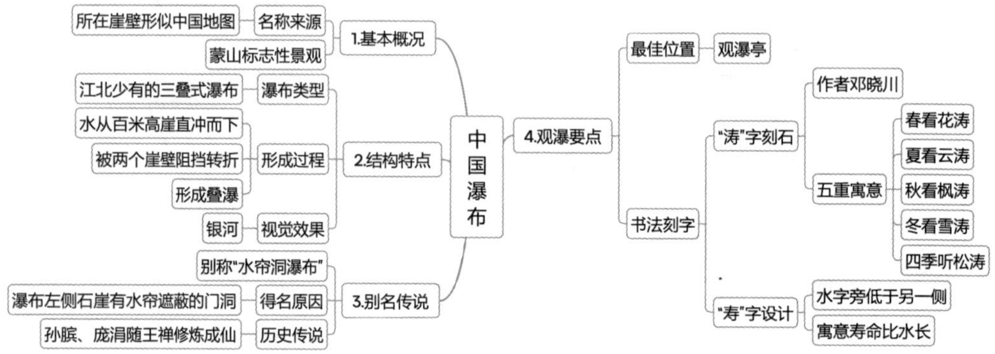

图 3-8-12 中国瀑布

Tips

云蒙奇观中国瀑，崖似版图江北殊。
百米三叠银河坠，水帘洞隐鬼谷书。
观瀑亭上览全景，邓书“涛”字五层图。
春云枫雪松涛伴，寿旁水低寓意足。
福如东海寿比泸，四季奇观入画图。

3. 雨王庙☆

各位游客，我们现在来到的是雨王庙。

雨王庙始建于金朝明昌年间，后来经过多次重建，虽然经历了很多波折，但一直都很有人气。它是蒙山上的主要道观之一，也是北方少有的专门祭拜雨神的庙。这个庙拜的主神是雨王，是蒙山专门掌管下雨的神仙，传说他能保佑这里风调雨顺，百姓安乐。

雨王庙大殿正面供奉的就是雨王神像，庙里还有观音菩萨、鬼谷子和黄大仙等其他神仙的神像，来求神拜佛的人一直很多。

每年三月三，这里都会举行盛大的雨神祭奠活动，据说在这里求雨特别灵验。而且，雨王庙内还存有三件珍宝：千年何首乌、江北第一杉和八百年古井，都充满了传奇色彩。

希望大家在参观雨王庙的时候，不仅能欣赏到这里的建筑和风景，还能感受到它深厚的文化底蕴。

4. 蒙山森林栈道☆

各位游客，我们现在来到的是蒙山森林栈道。

蒙山森林栈道始建于 2002 年，它有 4000 米长，2 米宽，一开始是用红松原木铺的。在 2013 年，换成了像木头一样的木塑仿生材料。这条栈道蜿蜒在森林里，连接着栖凤山、邵家寨和夕照峰这些地方，还连着上山的南、中、北三条路，就像一条漂亮的彩带，将路上的很多自然景点都串起来了，是游客看蒙山美景的一条好路。

走在这条栈道上，您会看到很多好玩的景点，每一处都充满了自然野趣。大家可以尽情欣赏层林叠翠的美景，品味原始森林的魅力，呼吸清新的空气。接下来，请大家随我一起踏上这段美妙的森林之旅吧！

5. 黑松林☆

各位游客，我们现在来到的是黑松林。

黑松是一种常绿乔木，能长到 30 到 35 米高，是蒙山主要树种之一。黑松林地处栖凤山天然氧吧测量点。因为黑松很多，所以空气特别好，是游人休息的好地方。

1999 年，中国科学院的人到蒙山进行检测，发现这里空气中的负氧离子特别多，是北京同期的 195 倍，居全国之首。所以，蒙山就被叫作“天然氧吧”，成了中国最好的绿色旅游胜地之一。

在黑松林的步道上走走，可以看到特别美的景色，还能感觉到大自然的平静与和谐。

6. 天壶峰☆

各位游客，欢迎来到天壶峰。

天壶峰海拔 919 米，因从栖凤山南侧望去，其山体形状酷似一把倒置的茶壶而得名。山顶巨石像一把茶壶，顶部的小松树是壶盖，左侧伸出的是壶嘴，后方圆柱形的是茶杯。传说这是西王母来蒙山饮茶时随手放到蒙山的。天壶峰不仅形态独特，而且景色迷人，尤其在有月亮的夜晚，山影朦胧，仿佛一只蹲踞在山间昂首望月的仙狐，因此又有“仙狐望月”的美称。如果在栖凤山北侧观看，这里则被命名为“仙狐楼”。

天壶峰周围植被茂盛，空气清新，是登山观景、亲近自然的好去处。站在峰顶，能够俯瞰整个云蒙景区的壮丽景色，感受大自然的鬼斧神工。

7. 大、小云蒙峰☆

各位游客，我们现在看到的就是大、小云蒙峰了。

这两座巍峨耸立的山峰，在当地还有着非常接地气的名字——“挂心崛子”和“挂薪崛子”。为什么它们会被叫作“挂心崛子”呢？这里面有个有趣的传说。传说东蒙有座仙狐楼，成仙的老狐狸会把不孝儿女的心肝挂在峰上，因此叫“挂心崛子”。以此来告诫世人，不孝之罪不可饶恕。再说说“挂薪崛子”这个名字的由来。传说远古洪水时，只有云蒙双峰露出水面，挡住漂流的枯木朽枝，洪水退后峰上挂满柴薪，所以又叫“挂薪崛子”。

大家瞧，大云蒙峰海拔约 1030 米，像一位威风凛凛的巨人，直插云霄。而小云蒙峰，海拔 1003 米，山势更加陡峭险峻，连苍鹰都难以飞越，至今能登顶的人少之又少。这两座山峰紧紧相依，并肩矗立，就像一对守护这片土地的卫士。

三、沂山风景区

（一）沂山风景区概况☆☆

各位游客，欢迎来沂山景区游览！

沂山位于山东省潍坊市临朐（qú）县，是沂蒙山风景区的重要组成部分，也是一处著名的旅游胜地。

沂山的总面积达 65 平方千米，主峰玉皇顶海拔 1032 米，是山东省的第五高峰。因其雄伟的山岳景观和丰富的文化底蕴，被誉为“鲁中仙山”。它不仅以自然景色迷人而著称，更有着深厚的历史文化积淀。

沂山有着悠久的历史，古时被称为“海岳”，并有“东泰山”之称。提起“五岳”，相信大家并不陌生。但是说起“五镇”，很多游客朋友可能并不熟悉。五镇是中国古代仅次于五岳的东西南北中五座名山，其中东镇为沂山，为五镇之首。这里曾经有 10 朝 16 位皇帝来此登封，留下了珍贵的“东镇碑林”，其中保存的御碑数量更是世界之最。

沂山的自然资源也非常丰富。沂山还是一个国家级森林公园，空气中负氧离子含量极高，被称为“天然氧吧”。

接下来，请大家和我一起，踏上这段美丽的沂山之旅，享受自然和历史的完美融合。

思　维　导　图

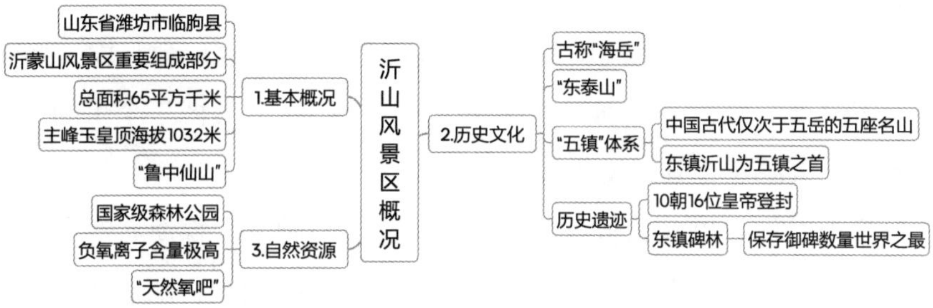

图 3-8-13　沂山风景区概况

Tips

临朐沂山鲁中藏，五镇之首美名扬。
沂山叠翠广袤疆，玉皇顶立云海旁。
十朝十六帝登封，东镇碑林御碑王。
天然氧吧负氧藏，鲁中仙山韵味长。

（二）沂山风景区主要景点

1. 东镇庙景区☆

各位游客，我们现在来到的是东镇庙。

东镇庙建在沂山东边山脚下，庙内供奉的主神是“东镇沂山之神”，是道教神庙，也代表了沂山悠久的镇山文化。

从炎黄时代开始，人们就开始在沂山进行祭祀了。沂山以前还被轩辕黄帝叫作“东泰山”。最早来沂山祭祀的皇帝是汉武帝，他还在沂山的玉皇顶上建了个“泰山祠”。东镇庙里有很多碑林，这些碑林有重要的历史地位，通过研究它们，我们可以了解到皇家祭祀的规矩，以及不同时期的政治、经济、文化等。

东镇庙的建筑是按照中国古代的建筑形式布局的，主要以南北为纵轴线，分成了东、中、西三个部分。主体建筑是东安王殿，里面拜的就是东镇沂山之神，当地人亲切地叫他“东镇爷爷”。这个殿的匾额“东安王殿”是全国道教协会原会长任法融先生写的。殿里面有东安王的坐像，还有金童玉女和两个文臣武将的站像。墙上还有很多和东安王、沂山有关的故事壁画。

2. 玉皇顶景区☆

各位游客，我们现在来到的是玉皇顶景区。

玉皇顶是沂山主峰，海拔 1032 米。它周围还有花枝台、歪头崮、狮子崮等十多座山峰。玉皇顶的位置很特别，它正好在潍坊、临沂、淄博三个市的交界处，也是临朐、沂水、沂源三个县的交界处。

在玉皇顶上，你可以看到玉皇阁等建筑，还有极顶石、探海石等景点。

玉皇阁是沂山的标志性建筑，里面供着玉皇大帝的铜像，两边还有金童玉女的铜像，特别生动。

极顶石是一块石碑，上面写着“极顶”两个字，代表了沂山的最高点。

探海石内高外低，看起来像要掉下去一样。天气晴朗时，站在这块石头上向东南眺望，能够看见东海，从而叫作“探海石”。

“灵气所钟”石上的“灵气所钟”四个字是康熙皇帝写的，与这里的风光相得益彰。

登上玉皇顶，可以将美景尽收眼底，如果运气好，还能看到日出、云海和晚翠这三大美景。

3. 歪头崮景区☆

各位游客，我们现在来到的是歪头崮景区。

歪头崮景区也可以叫作“三崮景区”。三崮指的是三座很有名的山，分别是狮子崮、歪头崮和回头崮。在这三座山的中间，北边有条沟叫崮沟，也叫仙人谷；南边那条沟是弥河天齐湾上面的主要水源地。

清朝时，有个叫了（liǎo）一子的史官来到这儿，他觉得歪头崮美得就像蓬莱仙境一样，于是就在上面刻了“人世蓬莱，同治乙丑，了一子书”这些字。

在歪头崮的山顶上有个小亭子，叫“长春亭”，是为了纪念一个叫丘处机的道人而建的。在歪头崮顶上还有一块大石头，像柱子一样，叫“天柱石”。天柱石上面还有个天然的小坑，叫“天池”。

? 思考题

1. 在沂蒙山，被载入吉尼斯世界纪录的世界最大山体雕刻是什么？
2. 沂蒙山的最高峰是哪一座？海拔是多少？
3. 沂蒙山旅游区中位居“古蒙十景”之首的是什么景观？
4. 山东省有代表性的红色旅游景区有哪些？（至少说出 3 处）
5. 习近平总书记是如何评价“沂蒙精神”的？

第九节 烟台南山旅游区

景区构成

※ 烟台南山旅游区概况☆☆☆

一、宗教文化园

（一）宗教文化园概况☆

（二）宗教文化园主要景点

1. 香水庵☆☆

2. 南山禅寺☆☆

3. 南山大佛☆☆

4. 华严世界☆☆

5. 南山民俗文化园☆☆

6. 灵源观☆

二、中华历史文化园

（一）中华历史文化园概况☆☆

（二）中华历史文化园主要景点

1. 黄帝庙☆

2. 远古馆☆

3. 西周馆☆

4. 唐朝馆☆

5. 南山药师玉佛殿☆☆

三、南山国际养生谷健康小镇

（一）南山国际养生谷健康小镇概况☆

（二）南山国际养生谷健康小镇主要景点

1. 礼堂☆

2. 小镇商街☆

3. 南山大院☆

四、东海海滨旅游度假区概况☆☆

☆☆☆

烟台南山旅游区概况

各位游客朋友们，大家好！欢迎来到南山旅游风景区。

【位置】南山旅游区坐落于山东省烟台市的龙口市，处于渤海之滨、胶东半岛北部。

【声誉 | 地位】南山旅游区是国家5A级旅游景区，集宗教文化、历史文化、海滨风光、高尔夫运动等多种元素于一体，是一处综合性的休闲度假胜地。其中，南山大佛更是闻名遐迩，被誉为“东方第一大佛”，成为众多信徒朝拜、游客祈福的圣地，在国内外宗教与旅游领域都有着极高的知名度。

【景区组成】南山旅游区主要由四大板块构成：宗教文化园、中华历史文化园、南山国际养生谷康养小镇以及东海海滨旅游度假区。宗教文化园是南山景区的核心，包括佛教文化景点如香水庵、南山禅寺和世界第一锡青铜铸大坐佛——南山大佛等；中华历史文化园则是一个以朝代为序、通过风格各异的建筑群和丰富的文化内涵展现中华历史的大型主题公园；欢乐谷是一个集运动、休闲和娱乐为一体的主题公园；东海旅游度假区则是南山佛教文化的重要延伸，著名的观音阁就坐落在这里。

【特色 | 特产】说到特产，首屈一指的便是大名鼎鼎的龙口粉丝了。龙口粉丝选用优质绿豆、豌豆为原料，经过传统工艺精心制作而成。丝条匀细，纯净光亮，可凉拌可热炒。

【路线】首先从景区大门进入宗教文化区，瞻仰南山大佛，参观寺院，感受宗教氛围；接着步入历史文化园，了解胶东历史；随后前往海滨休闲区，踏浪逐沙，畅享海滨乐趣；最后如果有兴趣，还可以到高尔夫球场一展身手。

希望大家在南山旅游区度过一段难忘的时光！

思维导图

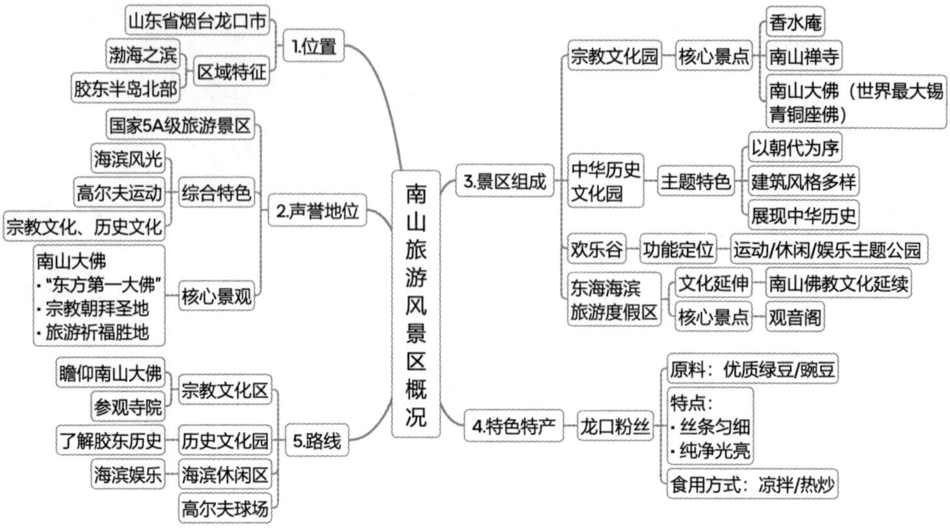

图 3-9-1 南山旅游风景区

Tips

龙口南山景非凡，5A 景区美名传。
海滨半岛风光秀，宗教历史韵皆全。
大佛雄伟声名远，四板块中趣万千。
龙口粉丝丝匀细，游览先佛后海边，历史赏罢球场欢。

一、宗教文化园

（一）宗教文化园概况☆

各位游客，现在我们来到的是南山旅游区的重中之重——宗教文化园。

这里汇聚了诸多精华景点，如中外闻名的南山大佛，还有南山禅寺、香水庵、南山药师玉佛殿、华严世界，以及灵源观和南山道院景区（点）。漫步其间，仿佛穿越千年，晋、唐、宋、元、明、清各代的历史遗存纷纷映入眼帘。

园内的南山大佛，是举世罕见的锡青铜释迦牟尼大坐佛，当之无愧的目前世界第一铜铸大佛！站在大佛跟前，敬仰之心油然而生。再看大佛莲花座下的万佛堂，里面整整齐齐陈列着 9999 尊金铜佛像，与大坐佛相互映衬，组成了万尊佛像的震撼阵容。

还有佛教历史博物馆，这里面翔实展示了佛教文化的兴起历程，数十件如释迦牟尼舍利这般的文物以及佛教文化艺术珍品静静陈列，无声诉说着悠悠岁月。

（二）宗教文化园主要景点

1. 香水庵☆☆

各位游客，欢迎来到香水庵。

香水庵原名“响水庵”，由四重殿阁组成：山门、天王殿、大雄宝殿、藏经阁。首先，我们走进的是山门，也就是寺院的大门，别称“三门”，象征追求佛祖的“三解脱”，因此这里也常被称为“三门殿”。殿内两旁，左侧为“密迹金刚”，右侧是“那罗延金刚”，这两位因护持佛法有功，还被封为“仁王”，三门殿因此也被称为“仁王殿”。

穿过山门后，左右两侧对称而立的是钟楼和鼓楼。接下来，我们继续前行，就到了天王殿，这是进山门后的第一座重大殿堂。天王殿的中央供奉的是眉开眼笑、袒胸露腹的弥勒佛，背后是韦陀菩萨，东西两侧是四大天王，守护着寺院。

再往前走，我们来到了大雄宝殿。大雄宝殿是香水庵的正殿，里面供奉的是横三世佛，“大雄”是释迦牟尼佛的德号。殿内供奉着三尊大佛，从左到右依次是药师佛、释迦佛、弥陀佛，背后有观音菩萨、善财童子和龙女相伴，而两侧则供奉着文殊菩萨、普贤菩萨和地藏菩萨。

最后一殿是藏经阁，藏经阁是佛教寺院的知识宝库，也是佛教寺院中的重要殿阁，主要存放着佛院的经典和历代高僧的著作。

走进香水庵，大家不仅可以感受到佛教文化的深厚底蕴，还能体验到宁静祥和的氛围，感悟佛教的智慧与慈悲。

思维导图

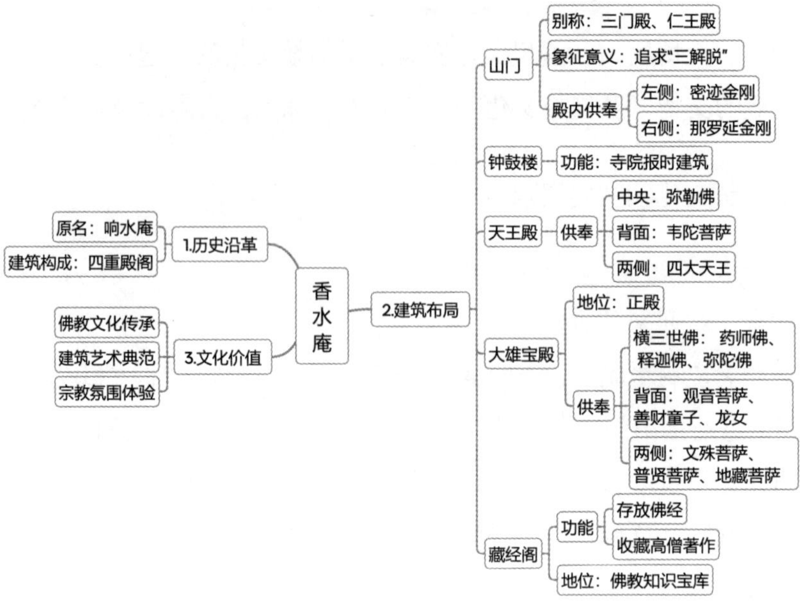

图 3-9-2 香水庵

Tips

香水庵前脚步移，山门开启智慧启。
三门别称寓意奇，金刚护法仁王立。
钟楼鼓楼相对峙，天王殿内佛齐聚。
弥勒开怀迎众喜，韦陀镇后天王侍。
大雄宝殿佛三世，观音文殊普贤至。
藏经阁藏经典籍，佛缘深厚静心思。

2. 南山禅寺☆☆

各位游客，欢迎来到南山禅寺。

南山禅寺的前身是龙口市最古老的石泉寺。早在唐朝时期，佛教就传入了龙口，当地至今流传着“三观八寺”之说，其中石泉寺便是八寺之首。关于石泉寺的由来有两种说法，一种认为是圣水济患泉，另一种说法是源自石鼓溅泉。后来，石泉寺经过重修，并改名为“南山禅寺”。

南山禅寺的游览线路主要有三条：山门中路是南山禅寺的精华所在，沿中路进，您可以看到弥勒殿、大雄宝殿和圆通殿等景点。东路有钟楼、地藏殿、伽蓝殿、东方三圣殿、文殊殿等；西路有鼓楼、祖师殿、西方三圣殿和普贤殿等。

大雄宝殿是南山禅寺的主殿，采用了重檐庑殿顶式建筑，这是我国宫殿建筑中最高等级的屋顶结构，只有皇宫主殿才允许使用。大雄代表着大勇士，是佛教教主释迦牟尼的德号，也是对其道德法力的尊称。

大雄宝殿中央供奉的是三世佛金身坐像，里面供奉的是竖三世佛，从左到右分别为过去世的燃灯佛、现在世的释迦牟尼佛和未来世的弥勒佛。大殿的两侧则是十六尊者，每侧有八尊，他们都是释迦牟尼的弟子，象征着佛教的传承。

在三世佛的后面，是以“童子拜观音”为主题的海岛主体群塑像，展示了佛教中的慈悲与智慧。

南山禅寺不仅是一个宗教圣地，也是一个充满历史文化和艺术气息的地方，来这里游览，大家可以深入了解佛教文化的博大精深。

思 维 导 图

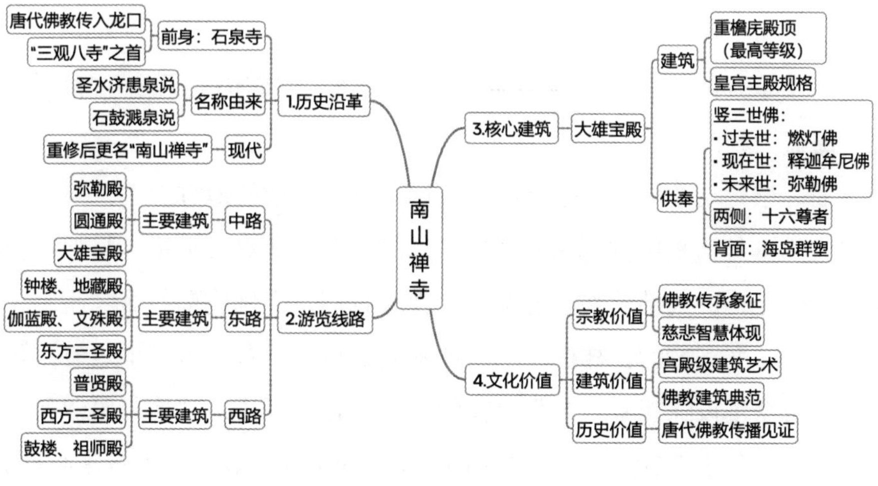

图 3-9-3 南山禅寺

Tips

龙口古寺源石泉，唐时佛教此地传。
重修易名南山禅，三线游览景万千。
中路精华弥勒殿，大雄宝殿最庄严。
三世佛金身坐莲，十六尊者两侧瞻。
后有观音施善缘，禅寺文韵世代延。

3. 南山大佛☆☆

各位游客，欢迎来到南山大佛。

这尊锡青铜大佛，高 38.66 米，重约 380 吨，加底座总高 47.46 米，从底面一路仰望到大佛头顶，足有 102 米，差不多相当于 35 层楼房的高度。

大佛构造精妙，由佛体、莲花瓣、发髻，总共 642 块锡青铜铸件完美组合而成，莲花座下藏着三层建筑，总高度 18.8 米。

最底层是佛教历史博物馆，建于南山大佛基座内，全方位展现了佛教的历史轨迹，及其对中国文化艺术的深远浸润。

中间一层是万佛殿，这里供奉着 9999 尊小佛像，和南山大佛相互呼应，构成“万佛朝宗”的盛大场面。

最上面一层是功德殿，这是专门用来铭记善信捐赠的地方。

再看大佛本身，是佛教创始人释迦牟尼的造像。他双目垂视，眼神睿智慈祥，不论走近还是走远，大佛始终在温柔地注视着我们，大佛胸前有个“卍”（wàn）字符，这是古印度宗教的吉祥标志，象征着太阳与火。右手呈招手之势，名为“施无畏印”，帮众生拔除痛苦；左手放在膝上，掌心向上，是“施与愿印”，祈愿大家尽享欢乐。还有这“结跏（jiā）趺（fū）坐”的坐姿代表为世人带来心灵的慰藉。

南山大佛不仅是一座宏伟的佛教艺术雕像，更是象征着佛教文化的慈悲与智慧，大家可以在这里感受到这份宁静与力量。

思　维　导　图

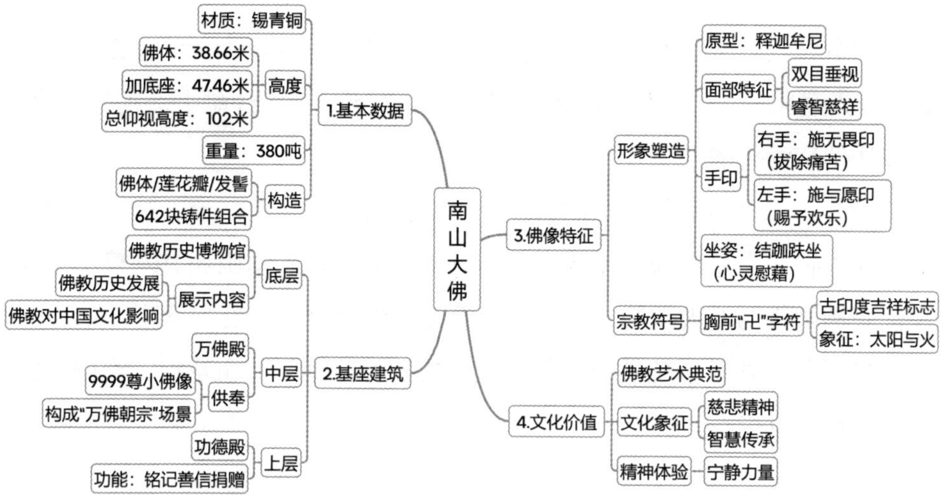

图 3-9-4　南山大佛

Tips

南山大佛傲苍穹，高近百米气势雄。

六百多块青铜铸，精妙组合绽华风。

座下三层藏妙境，历史万佛功德融。

释迦牟尼慈悲容，印相坐姿寓意丰。

凝视众生施善愿，佛韵悠悠润心中。

4. 华严世界☆☆

各位游客，欢迎来到华严世界。

南山华严世界由多个精美的景点组成，包括毗（pí）卢宝殿、阿閦（chù）佛殿、宝生佛殿、不空成就佛殿、无量寿佛殿、“药师颂”动感音乐喷泉、转经回廊和祇（qí）园等。

现在大家看到的是“药师颂”动感音乐喷泉，它的雕塑主体是“药师佛”的形象，底座、佛像部分采用黄铜铸造，莲花部分采用黄铜锻造。整个雕塑由三部分组成。

上部分是药师佛和六瓣莲花。当“药师佛”静止时，佛像隐匿在莲花瓣内，莲花瓣慢慢展开后，佛像缓缓升起并开始旋转。这一组雕塑融合了灯光、喷泉、开合、升降和音乐，利用现代高科技手段将古老的佛教文化展现得淋漓尽致，极具视觉和听觉的震撼效果。

中间部分是药师罐和狮鼓的造型，两边是日光菩萨和月光菩萨，亦称“日光遍照”和“月光遍照”，他们与药师佛一同构成了东方三圣。药罐下部则是鼓的造型，象征着佛法的广泛传播。

下部分是十二神将和须弥座的造型，十二神将各自持有法器，神态各异，展现出佛教的强大护法力量。须弥座四周有四海龙王的雕像，周围还有八尊小型药王菩萨，象征着药师佛的八大护法，代表着佛教能够治愈百病，庇护众生。

华严世界是一处融传统佛教文化和现代科技为一体的壮丽景点，给游客们带来无与伦比的精神享受。

思　维　导　图

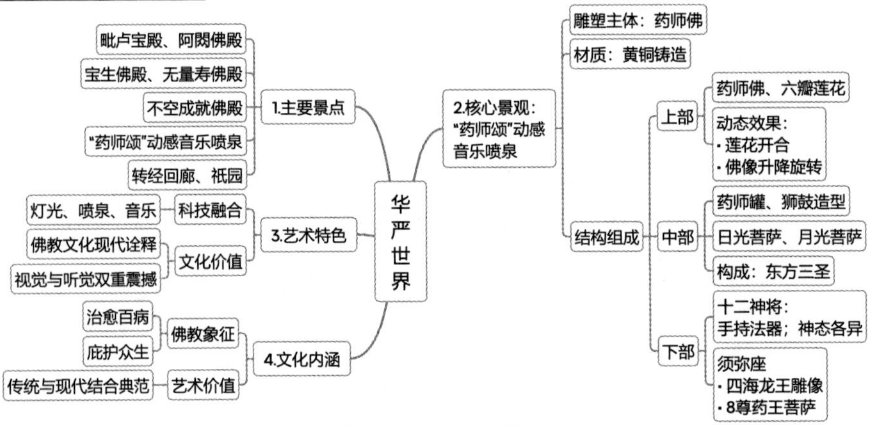

图 3-9-5 华严世界

Tips

南山华严绽华光，诸殿林立韵悠长。
且看“药师颂”泉旁，黄铜雕塑绽奇章。
药师佛隐莲花藏，展开旋转绽佛光。
三圣同辉传法广，神将护法护安康。
科技佛韵相碰撞，游客沉醉精神飨。

5. 南山民俗文化园☆☆

各位游客，欢迎来到南山民俗文化园。

这个文化园以延真宫为基础，由南山集团恢复性修建而成。园内有东、中、西三条主要游览线路，丰富的景点中融入了众多民俗文化的元素。今天我们的游览就从东路出发。

现在，重点为大家介绍园中的福、禄、寿三星。福星源于道教三官大帝中的天官，主宰赐福之事。在民间传统艺术作品中，我们经常看到“天官赐福”的形象。禄星是文昌，代表了仕途和财富，而寿星则以“南极老人”形象出现，手持龙头拐杖，托着大寿桃，象征长寿和健康。这三位神祇合称为“福禄寿”，在此齐聚，实属难得，象征着福气、财富与长寿的美好祝愿。

接下来，我们来看关圣殿。这座殿宇供奉着三国时期的名将关羽。关圣殿共分为四个堂，分别是关圣殿、结义堂、娘娘祠、三祖祠。其中结义堂重现了桃园三结义的历史场景；关圣殿的正中是关羽的塑像，左、右两侧分别是五虎上将及关羽部下的塑像，姿态挺拔，英勇无比；娘娘祠则是供奉关羽家眷的地方；三祖祠内供奉着关羽的祖上。

南山民俗文化园是一个融合历史、文化和民俗的场所。希望大家在这里度过一段愉快而充实的时光！

思 维 导 图

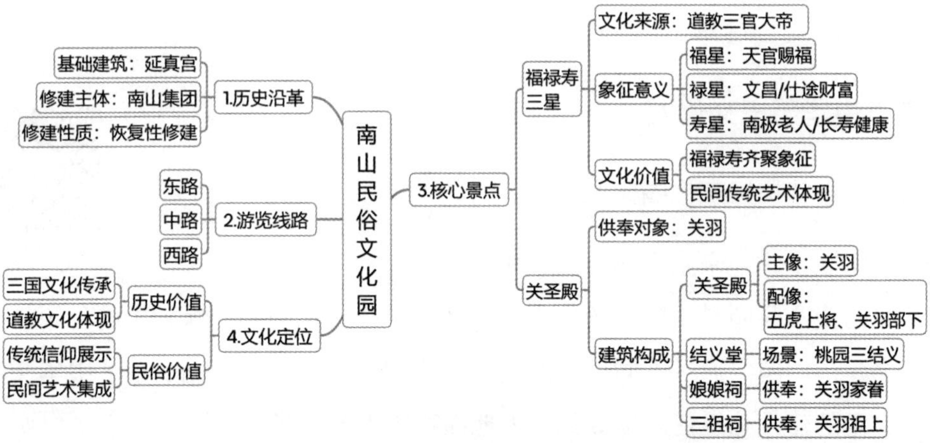

图 3-9-6 南山民俗文化园

Tips

文化古园依宫建，东西中路景万千。
东路先赏三星面，天官赐福美名传。
禄星文昌财路显，寿星持杖寿桃甜。
福禄寿聚皆如愿，祈福纳祥乐绵绵。
再观关圣威名现，四堂各把故事演。
结义堂中情似磐，圣殿塑像气不凡。
娘娘三祖祠中见，民俗历史共绵延。

6. 灵源观☆

各位游客，现在眼前看到的就是灵源观了。

灵源观的历史相当悠久，始建于北宋淳化年间，中间历经波折，元初道士王志全在此重建。因此地山泉喷涌，飞漫激溅，故名“灵源观”，因和南面山上的上观遥遥相对，又被称作“下观”。

灵源观主要由山门殿、三清殿等殿阁组成。山门殿内两侧供奉哼哈二将，为守门神将。正殿为三清殿，供奉“三清”真神。玉清元始天尊手持圆珠，象征洪元；上清灵宝天尊手持如意，象征混元，太清道德天尊手拿八卦扇，象征太初。“三清”同时又指三位天尊所居住的三清天、三清境。

二、中华历史文化园

（一）中华历史文化园概况☆☆

各位游客，欢迎来到中华历史文化园。

中华历史文化园是一座以历史文化为经、吉祥文化为纬的庞大主题公园，按照朝代顺序建造，园内通过不同风格的建筑群体和丰富的文化内涵展示了中华文明的精髓。这里的建设总投资高达6亿，占地面积6平方千米。

园区的布局非常精妙，从远古传说到各朝代的建筑群呈环形分布，形成了一条完整的游览路线。每个朝代的建筑群风格独特，结合文史资料和实物展示，中华五千年的重大历史事件和名人事迹都栩栩如生。漫步其中，您可以体会到仿佛正在翻阅一本鲜活的“中华通史”。

中华历史文化园以中华五千年的历史文化为核心，涵盖民族文化、宗教文化、饮食文化和园林艺术。园区的主要景点包括黄帝庙、远古馆、西周馆和唐朝馆等，每个馆区都有丰富的历史和文化展示。

现在，中华历史文化园已被烟台市确定为历史教学实景基地，成为了解中华历史文化的一个重要场所。希望大家在这里能够深刻感受到中华悠久历史文化的魅力。

思 维 导 图

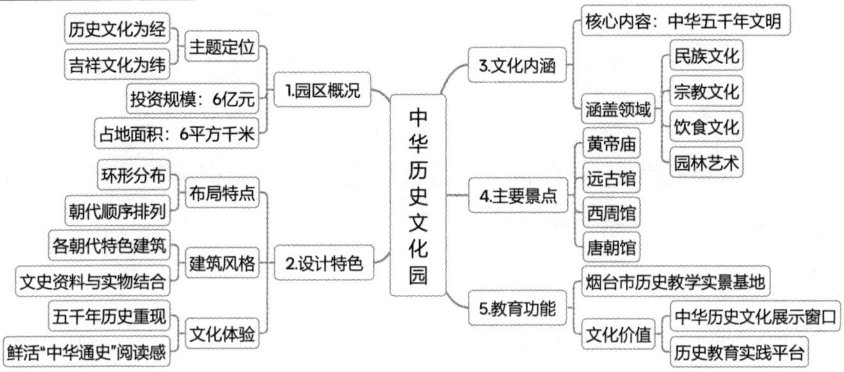

图 3-9-7　中华历史文化园概况

Tips

历史文化园庞大，经纬交织韵味佳。
六亿投资六顷地，朝代建筑环成画。
远古至今故事多，文史实物展山河。
通史一本园中现，民族宗教美食和。
黄帝远古西周馆，唐馆等等皆可看。
烟台教学实景地，历史文化用心传。

（二）中华历史文化园主要景点

1. 黄帝庙☆

各位游客，现在我们来到的是黄帝庙广场。

大家请看，广场两侧矗立着“五灵六相”，五灵是青龙、白虎、朱雀、玄武与麒麟，六相代表黄帝部落的六个氏族。

目光转向黄帝庙，步入殿内，正中供奉的便是黄帝塑像。黄帝因居轩辕之丘，所以又被称为“轩辕氏”，他是约5000年前黄河流域的部落联盟首领，部落中心大致在陕西渭（weì）河流域。

当年，部落纷争不断，其中阪（bǎn）泉、涿（zhuō）鹿之战最为著名。阪泉之战中，黄帝战胜炎帝，而后二者联合。这幅画中手持卷轴者为炎帝，他在阪泉之战后与黄帝联手；中心是黄帝，他身边的旗帜上蛇龙图腾醒目，咱们“龙的传人”之称正源于此。再看那壁画，描绘的是涿鹿之战，黄帝通过这场战争一举奠定了天下共主的地位。以黄帝为首领的部落，后来沿洛水南下，东渡黄河，在中原地区定居下来，开始发展畜牧业和农业。

2. 远古馆☆

各位游客，现在我们来到的是极具特色的远古馆。

大家请看，远古馆与夏、商、周展馆为一整体洞穴山体建筑，外观仿若巨型山体，各场馆呈山间窑洞式分布，远古馆把历史故事、神话传说、考古发现、科学艺术和游人参与性活动巧妙结合。

远古时期，也就是史前时期，时间跨度从约公元前170万年至公元前21世纪，涵盖原始群、母系氏族公社、父系氏族公社等阶段，是中华文明最初的曙光。

远古馆把历史故事、神话传说、考古发现、科学艺术以及游人参与性活动完美融合。如河姆渡饰品石门、三皇五帝雕像、钻木取火场景、神农百草园等，全方位展现那个遥远而神秘的时代。

3. 西周馆☆

各位游客，现在我们来到的是西周馆。

西周王朝以其独特的礼乐文化和典章制度闻名遐迩。大家请看，西周馆门前这棵参天大树，它象征着中华民族的古老文明，根基深植于周朝。最高统治者自称“天子”始于周朝；周朝推行的分封制影响深远，后世的“册封”“赐命”等说法始于周朝；以血缘关系为基础形成的宗法制始于周朝；井田制始于周朝；还有古称“百工”即如今“七十二行”的说法，都源于周朝，所以周朝堪称中国文化成形的摇篮。

走进馆内，大家会发现这里着重展现的是西周的礼乐文化。展馆建造了九宫、易经、易传、太极八卦五行柱等主题景点，另建有西周车马坑、周公测井台、周公辅成王、西周战车等展区，更是生动还原了当时的场景。再看展示的那些精美的西周铜器、玉器等文物，无一不彰显着西周的礼乐文明。此刻，就请大家漫步其中，感受西周那段辉煌灿烂的历史。

4. 唐朝馆☆

各位游客，咱们现在来到的是唐朝馆。

从李渊创立李唐王朝，到朱温逼迫唐哀帝禅位，唐朝共历经21帝，享国近300年。

王朝建立并统一后，统治阶级内部矛盾逐渐凸显，焦点便是争夺皇位继承权。玄武门之变后，李渊迫于局势，将皇位传给次子李世民，自己安享太上皇生活。李世民登基成为唐太宗后，开创了贞观之治的盛世局面。他知人善用、虚心纳谏，爱才惜才，使得朝堂上文臣武将人才济（jǐ）济，其卓越功绩名垂青史。

大明宫是唐代长安城最大的皇宫，面积约有北京故宫的4倍。其上“日月行天”四字，组合起来正是我国史上首位女皇武则天所创的“曌”字。

展馆依据唐朝历史打造，大明宫、勤政宫、崇道馆、三彩堂、艺文堂、和泰馆、仕女馆，借助文字、图片、文物及趣味活动，全方位展现唐朝政治、经济、文化、军事脉络，重点凸显唐代建筑的奢华、宗教民族交流、仕女风姿、唐三彩与诗画艺术魅力。

5. 南山药师玉佛殿☆☆

各位游客，欢迎来到南山药师玉佛殿。

这座殿共有三层，展现了佛教深厚的文化底蕴和精美的艺术造诣。

首先，请看第一层的琉璃宝殿。殿内设有三个大展台，供奉着药师七佛。大殿的墙壁上绘制着十二药叉神将，他们是药师法门的护持者。周围还有16个展柜，展示了佛教三大语系的珍贵展品，这些展品生动展现了佛教文化的多样性及其广泛传播的发展历程。

接着，我们来到第二层的檀城殿，这里展示的是密宗佛教文化。殿中的佛龛供奉着大日如来，又名“毗卢遮那佛”，是密宗中的最高供奉佛像。大日如来背后是苏悉地菩萨，类似汉传佛教中的韦陀（wéi tuó）菩萨，象征着坚定的护法力量。

在第三层的大玉佛殿，您抬头可以看到“南无东方琉璃世界药师琉璃光如来”这 15 个大字，充满了庄严与祝福的意味。殿中这尊玉佛便是药师佛，他是东方琉璃世界的教主。台上还有六尊佛像，与药师佛一同合称“药师七如来”。佛像背后是香樟木雕佛光，佛光从佛像背后照射出来，象征着佛法的普照与庇佑。背后周围的经幢（chuáng）上绣着经文，进一步表达佛教的教义。殿后还供奉着阿富汗玉雕成的千手观音，慈悲的目光和千手的造型象征着无尽的护佑与救赎。

希望大家在这里能够获得内心的宁静与启迪。

思维导图

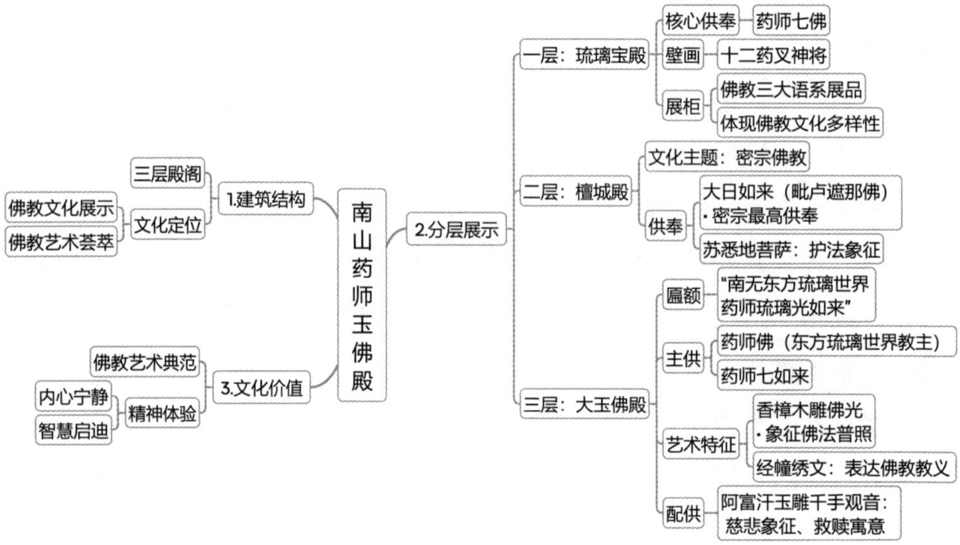

图 3-9-8 南山药师玉佛殿

Tips

佛殿三层韵悠长，文化艺术绽光芒。
一层琉璃供七佛，药叉神将壁上彰。
展柜珍奇语系广，佛教多样传播畅。
二层檀城密宗显，大日如来龛中现。
苏悉地伴护法坚，密宗教义心中念。

三层玉佛气不凡，药师教主坐堂前。
七如来聚光普照，经幢绣文教义传。
千手观音阿富汗，慈悲护佑心自安。

三、南山国际养生谷健康小镇

（一）南山国际养生谷健康小镇概况☆

各位游客，现在我们来到的是国际养生谷，是南山倾心打造的养生天堂。

该区域秉承尊重自然的宗旨，充分利用南山的佛、道、儒文化和自然山水，以2017年山东省政府批复建设的健康小镇为总揽，从大爱情怀、前瞻眼光、国际高度出发，投巨资建设南山大院、老年大学、艺术中心、小镇商街、礼堂、山水会所、康体中心、老年公寓、齐鲁医院南山分院、齐鲁医院南山康养中心、健康培训护理中心等康养设施，倾力打造国际一流的养生养老胜地。

可以说，这里汇聚各方优势，全力塑造出国际一流的养生养老胜地，让每一位来到这儿的朋友，都能尽享悠然惬意的康养生活，开启一场美好的康养之旅。

（二）南山国际养生谷健康小镇主要景点

1. 礼堂☆

各位游客，欢迎来到礼堂。

大家请看，礼堂采用中西合璧的风格设计，能同时容纳500人参与活动。礼堂以金婚、银婚等婚礼纪念活动为主，以青年婚礼、摄影活动为辅，同时融入文艺演出、健康讲座、论坛等多元活动，致力于打造一处综合性、多功能的聚会场所。

礼堂广场堪称花的海洋。这里汇聚了绣球花、紫薇花、紫露草、雪松、樱花等各类花木，高低起伏，仿若波涛翻涌的大海，自然之美扑面而来。

再把目光投向毗邻的婚礼广场，“心”形雕塑以指尖上的国家级非物质文化遗产——龙口剪纸为灵感，巧妙融入胶东文化元素。心形音乐符号与心形雕塑组合，再加上福字剪纸、双喜花架等7处人文景点，共同为婚庆摄影营造出如梦如幻的浪漫景观，提供丰富多元的拍摄场景选择。四季常青的绿色草坪与礼堂广场的花海相互映衬，将婚礼广场装点得靓丽壮观，成为举办室外卓坪婚礼的绝佳场地。

2. 小镇商街☆

各位游客，现在我们来到的是小镇商街。

这条总建筑面积超5万平方米的特色街区，由福寿文化岛、中华风味岛、锦绣创业岛组成，三岛并驱、功能互补，是集购物、娱乐、体验于一体的商业综合体。福寿文化岛是三座岛屿中最大的一座，主营福寿商品、民俗工艺。漫步街头，您可以看到极具特色的非遗展览、童趣十足的儿童乐园、健身设施完备的文化广场，可谓老少皆宜。中华风味岛占地1万余平方米，特色步行街汇聚各地美食，为您带来崭新的舌尖快感！锦绣创业岛配套设施完备，设有用于文创产品开发的创业基地，可以举办各类民间艺术展销会。

接下来就请大家自由活动，尽情享受商街的魅力吧！

3. 南山大院☆

各位游客，现在我们来到的是极具韵味的南山大院。

它位于南山大佛东邻，采用的是老黄县建筑风格，中轴对称，有中、东、西三进院落。

南山大院主体分为三大板块，首先是南山发展史馆。这里用14个展厅，为大家徐徐展开南山从改革开放初期到如今40多年的奋进画卷，细致讲述南山九大主导产业的成长故事。

接着是红色文化展馆，这里集中展现了中华民族自辛亥革命起，历经中国共产党成立、抗日战争、解放战争等重要历史阶段，一路披荆斩棘，直至中华人民共和国成立的光辉历程。通过这些展览，能深入了解中国革命的壮阔历史。

最后是南山宗祠，内设华夏人文始祖炎黄、嫘（léi）祖专祠，还包含宋、隋、韩、王等16个姓氏祠堂，规模宏大，国内罕见。每逢清明、春节等节日，各姓氏族人纷纷前来寻根问祖、虔诚祭祀。宗祠中院布置着与传统文化、宗教文化相关的展品，东院展示农村、农民文化，西院则呈现历史文化。

四、东海海滨旅游度假区概况☆☆

各位游客，欢迎来到东海海滨旅游度假区。

东海海滨旅游度假区是南山旅游景区的重要组成部分，整个度假区从东往西依次有步行购物街、观音阁、月亮湾海景酒店和会议中心等景点。这里集休闲、购物和旅游于一体，是一个放松身心的理想之地。

这座椭圆形的建筑就是观音阁。阁内供奉的观音像是净瓶观音，雕像总高9.9米，采用了锻铜贴金工艺，并在2008年举行了盛大的开光仪式。净瓶观音，也叫杨柳观音或杨枝观音，因观音菩萨手持的净瓶中插有杨柳枝而得名。这尊观音像与南山大佛遥相呼应，成为东海海滨度假区的一大亮点，给游客带来宁静与安慰。

东海海滨旅游度假区不仅有美丽的海景，还有丰富的文化和宗教元素，是休闲度假的绝佳选择。希望大家在这里能够享受自然风光，放松身心，体验美好的度假时光！

思　维　导　图

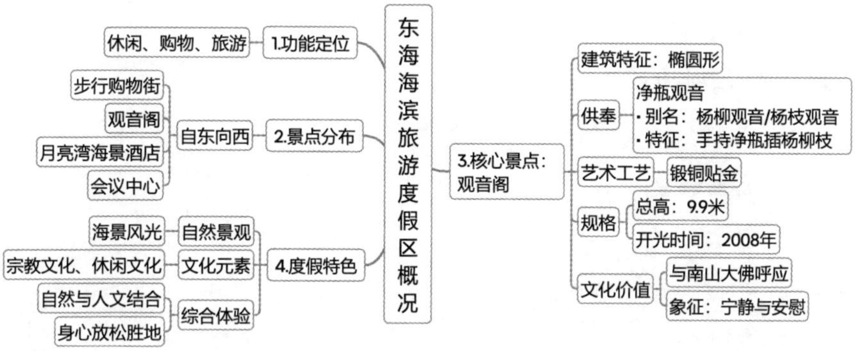

图3-9-9　东海海滨旅游度假区概况

Tips

东海海滨景迷人，南山景区绽华魂。
观音阁立呈祥瑞，净瓶观音佑世民。
步行街区购物乐，酒店会议设施新。
海景文化相辉映，度假休闲梦可寻。

思考题

1. 被誉为“东方第一佛”的是哪座大佛？

2. 南山民俗文化园中的福星源于什么？

3. 烟台南山旅游景区中，哪座寺庙前身是龙口市内最古老的石泉寺？

4. 唐朝时期佛教传入龙口后，流传着“三观八寺”之说，其中八寺之首是哪座寺庙？

5. 烟台南山旅游景区的南山大佛是谁的造像？

第十节　青州古城旅游区

景区构成

※ 青州古城旅游区概况☆☆☆

一、青州古城景区

（一）青州古城概况☆☆

（二）青州古城主要景点

1. 阜财门及记忆古城文化展馆☆
2. 天主教堂☆☆
3. 偶园☆☆
4. 青州古十景砖雕墙☆☆
5. 基督教堂☆☆
6. 青州府贡院☆☆
7. 清真寺☆
8. 奎星楼☆
9. 牌坊群☆
10. 李成纪念馆☆
11. 欧阳修纪念馆☆
12. 青州民俗馆☆

二、青州博物馆

（一）青州博物馆概况☆☆

（二）青州博物馆主要景点

1. 青州历史陈列厅☆
2. 龙兴寺佛教造像陈列厅☆
3. 状元卷☆☆

三、云门山景区

（一）云门山概况☆☆

（二）云门山主要景点

1. 望寿阁☆☆

2. 明摩崖巨寿☆☆

3. 云门山山顶石刻☆☆

4. 云门洞☆☆

5. 云门山石窟造像☆☆

6. 云窟☆

☆☆☆

青州古城旅游区概况

各位游客朋友们，大家好！欢迎来到青州古城旅游区。

【位置】青州古城旅游区位于山东半岛中部的青州市，隶属于潍坊市，自古便是兵家必争、商贸繁荣之地，地理位置十分优越，周边山水相依，为古城增添了几分灵动之气。

【声誉 | 地位】青州古城旅游区是国家5A级风景名胜区、国家地质公园、全国重点文物保护单位。

【组成】青州古城旅游区包括青州古城景区、青州博物馆和云门山景区三大板块。青州古城具有城建格局完整、历史脉络清晰的特点，是国内外罕见的至今保存完好、山水城一体的明清古城。青州博物馆是全国第一家县级综合性国家一级博物馆，共设有八个展厅，馆藏文物6万余件，国家珍贵文物3000余件。其中馆藏的龙兴寺佛教造像、明代赵秉忠的“状元卷”、东汉“宜子孙”玉璧为馆内三大镇馆之宝。云门山山阳有隋唐时代造像5窟，石佛造像300余尊，历代文人墨客给云门山留下了众多珍贵的摩崖题刻。山阴摩崖镌刻有中国古代最大的摩崖题刻云门山“寿”字，距今已经有400多年的历史了。

【特色 | 特产】隆盛糕点是根据伊斯兰教的饮食习惯制作的，其制作历史可追

溯至明代，口味独特，是当地人钟爱的传统美食；青州柿干是中国国家地理标志产品；青州蜜桃久负盛名，据《青州府志》记载已有 450 余年的历史。

【路线】游客可以沿着古街，依次游览偶园、真教寺、阜财门等景点，感受历史的变迁；随后前往云门山，欣赏历代名人题记；最后前往青州博物馆，着重参观青州历史及三大镇馆之宝。

希望大家在游览青州古城时，能够充分领略到这里的魅力和风情，享受一次美好的旅行体验！

思 维 导 图

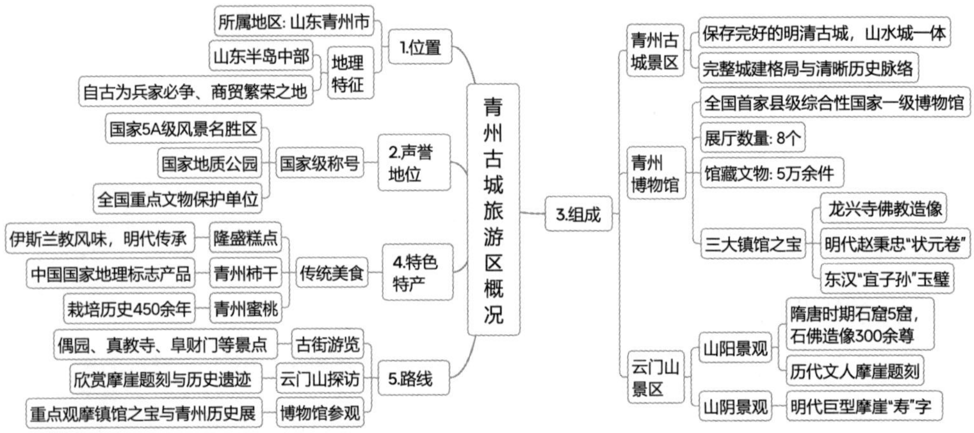

图 3-10-1 青州古城旅游区概况

Tips

山东半岛中部立，潍坊青州位置奇，山水相依灵气聚。
双遗 5A 国保立，三大板块藏玄机，古城博馆云门栖。
明清格局保存密，山水城合罕见奇；
五万馆藏文物立，龙兴造像状元题，东汉玉璧宜子孙。
云门山阳隋唐窟，三百石佛造像奇；山阴寿字四百岁，摩崖题刻天下稀。
隆盛糕点明起始，柿干地标蜜桃奇，四百五十历史记。
古街偶园真教寺，阜财门连云门奇，博物馆中宝三立。

青州探秘启新旅，文化底蕴深似海，到此一游心旷怡！

一、青州古城景区

（一）青州古城概况☆☆

各位游客，欢迎来到青州古城。

青州古城不仅历史悠久，而且保存完好，堪称世界上少见的明清古城之一。它的城建格局相当完整，山水城完美融合，至今依旧展现出浓厚的历史文化底蕴。古城内有 10 多条古街巷，数不清的景点，能够全方位展示青州深厚的历史文化以及原汁原味的市井民俗风情。

青州历史源远流长，自西汉时期便设郡县，南燕国在此定都 12 年，更是“东夷文化”的摇篮。城内的建筑格局保留了山、水、城一体的传统样式，衙署建筑、各类牌坊、明清古街道等古建筑一应俱全。

此外，青州还出过 6 位状元、180 多位进士，文化底蕴深厚，范仲淹、欧阳修、李清照等大人物曾在这里为官、居住或游历。青州还是一个多民族和谐聚居的地方，佛教、道教、伊斯兰教、天主教、基督教等多元文化在此交相辉映，形成了独特的文化氛围。

希望大家在这里的游览中，能够享受每一个充满历史故事的瞬间！

思　维　导　图

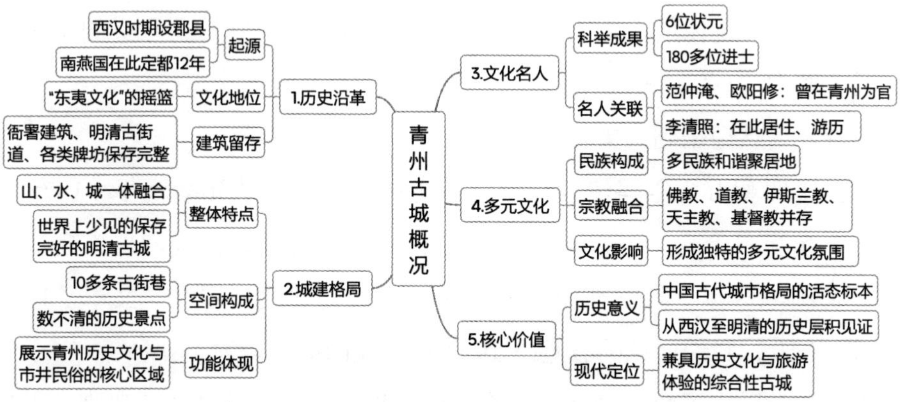

图 3-10-2　青州古城概况

Tips

山东半岛中部立，潍坊青州位置奇，山水城合罕见稀。
西汉郡县南燕立，十二载都东夷基。
十数古街牌坊立，衙署明清遗迹依，山水城合格局密。
六位状元进士稀，范欧李曾留足迹。
佛道伊斯兰齐聚，天主基督和谐居，多元文化交融奇。
青州探秘增见识，历史故事藏玄机，到此一游心旷怡！

（二）青州古城主要景点

1. 阜（fù）财门及记忆古城文化展馆☆

各位游客，眼前看到的就是阜财门了。

阜财门是古南阳城的南门，旧时称为“云山门”。“阜财”意为财富充盈，是古城的象征之一。城楼是古城的重要地标性建筑，您可以登楼远眺，俯瞰古城的全貌，感受这座历史悠久的城市的独特魅力。

此外，记忆古城文化展馆就位于阜财门藏兵洞内，馆内分为多个展区，展示了丰富的历史文化资源。展馆包括青州三雕文化展区，展示木雕、砖雕、石雕等艺术作品；青州府老照片展区，展示了300多幅老照片，生动记录了青州的历史变迁；还有跨越千年之梦展区，展馆反映了古城的保护、修复及其建设历程。

通过这些展品，您不仅能够了解青州的历史文化，也能更深入地感受到青州古城的历史变迁和文化传承。希望大家在参观时，能细细品味这些珍贵的文化遗产。

2. 天主教堂☆☆

各位游客，欢迎来到天主教堂。

天主教于明朝万历年间传入青州，最初的教堂建于清光绪元年（1875年），规模较小。光绪二十六年（1900年），法国神甫接管后，首次购地扩建。随着天主教的发展，1933年，教堂在原址上重建了更大的建筑，但在“文革”期间教堂遭到破坏。今天，我们所见的教堂是1997年重建的。

这座新教堂采用了西方哥特式建筑风格，坐西面东，外观庄严典雅。正门设有三扇红色大门，门上方雕刻着耶稣像，旁边有象征和平的白鸽，门顶写有“荣主”“益人”四个大字。教堂内，西侧设有圣坛，四周挂着数十幅精美的艺术油画，展示了耶稣的圣迹。每逢礼拜日，众多教友会在这里参加弥撒。

现在，“青州市天主教爱国会”和“天主教益都主教区”均设于此，是青州宗教活动的中心。希望大家在参观时，能够感受到这里的宁静与圣洁。

思维导图

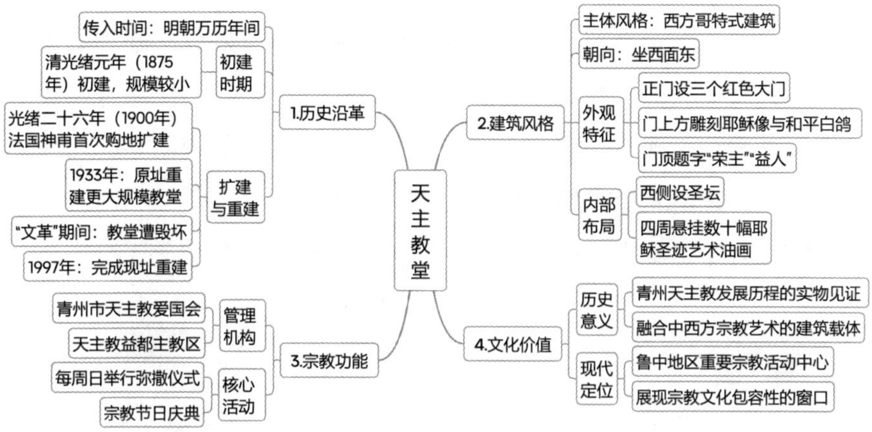

图 3-10-3 天主教堂

Tips

青州教堂历史长，光绪元年初建小。
廿六法神扩新貌，三三重修规模傲。
“文革”被毁难不倒，九七重建换新貌。
哥特风格西式调，三门红漆圣像雕。
和平白鸽两边绕，荣主益人门上耀。
西侧圣坛居中靠，耶稣圣迹油画妙。
周日弥撒人如潮，宁静圣洁心自陶。
爱国会址主教庙，宗教活动热情高。

3. 偶园☆☆

各位游客，欢迎来到偶园。

偶园最初是明代衡王府的东花园，后来成为清代康熙年间文华殿大学士冯溥的居所，因此也被称为“冯家花园”。园名“偶园”取“无独有偶”之意，象征着独特与和谐。

偶园北面与古朴的冯氏宗祠和冯宅相连，形成了一个三位一体的古建筑群，完美融合了宅第、宗祠和园林。尽管宗祠和宅地大部分已被毁坏，但这座花园至今保存完好。偶园原为衡王府的东花园，布局和规模与皇宫内的御花园相似，是明朝著名造园家张南垣的儿子张然设计的。

园内最珍贵的四大奇石“福、寿、康、宁”象征着家族的兴旺和幸福。这些石头曾有“一两石头一两银”的说法，极具历史价值。此外，园中还有一块国家一级文物——“大齐碑”，碑文记载了北齐青州刺史娄定远重修南阳寺的功绩，以及青州在当时的地位，是南北朝时期留存的大型石碑之一。

希望大家在游览过程中，能够感受到偶园的历史魅力和文化底蕴！

思 维 导 图

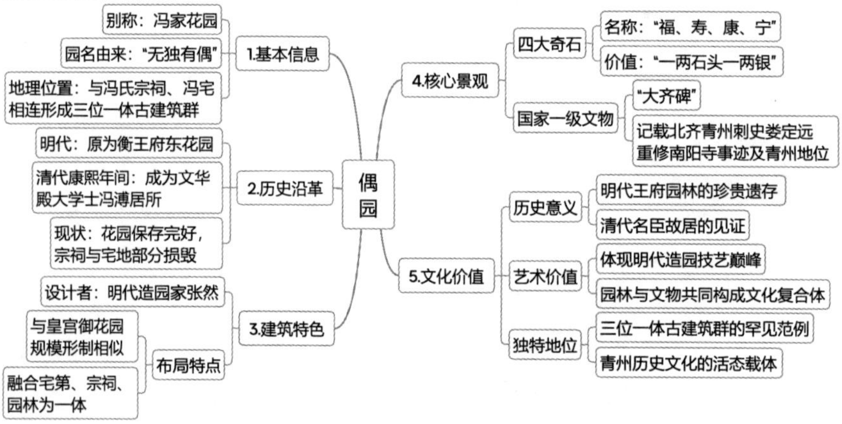

图 3-10-4 偶园

Tips

偶园故事传千年，衡王花园变家园。
康熙宰相冯溥住，无独有偶美名传。
宗祠冯宅北相连，三位一体古风延。

虽遭毁坏园林在，张然造景技艺玄。
四大奇石福寿全，一两石头一两银。
镇园之宝大齐碑，北齐功德记心间。
历史魅力藏其间，文化底蕴润心田。
漫步偶园脚步轻，岁月沉香满庭轩。

4. 青州古十景砖雕墙☆☆

各位游客，眼前看到的就是青州古十景砖雕墙了。

青州有着悠久的历史和灿烂的文化，早在明代万历年间，山东右布政使李本纬便将青州的十大美景概括为“青州十景”，并为它们写下了诗篇。这些景点包括云门拱璧、南楼夜雨、范井甘泉、驼岭千寻等，每一处都蕴含着独特的自然景观与人文韵味。

其中，“云门拱璧”指的是位于云门山的云门洞。云门山山顶有一个天然的南北贯通的洞穴，远看像一面高悬在空中的明镜，形成了一个如拱门般的“云门拱璧”。夏秋季节，这里云雾缭绕，穿洞而过时，山顶的亭台楼阁仿佛飘浮在滚滚云海之上，宛如仙境，因而得名“云门仙境”。

这座砖雕墙通过精致的雕刻艺术，将青州的这十处美景生动呈现，展示了青州深厚的历史文化底蕴。希望大家在参观时，能感受到这些经典景点的魅力与青州的独特韵味。

思　维　导　图

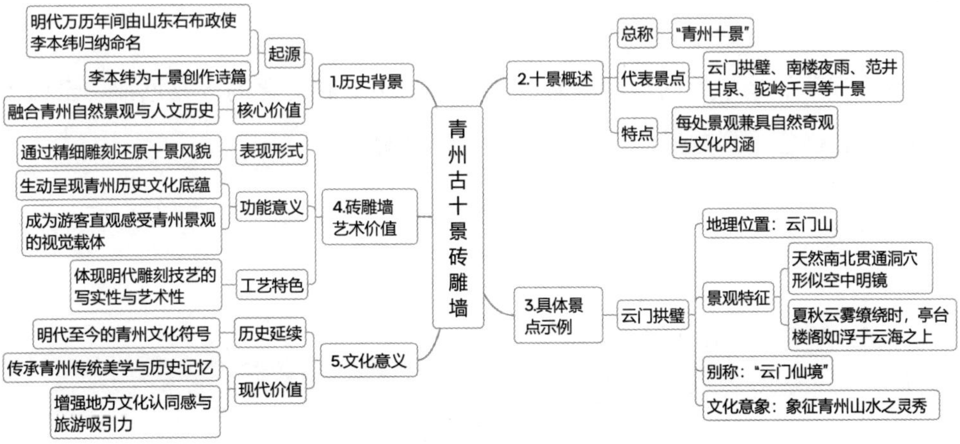

图 3-10-5　青州古十景砖雕墙

Tips

青州十景美名扬，万历李公赋诗章。
云门拱璧南夜雨，范井甘泉驼岭长。
云门山顶穿石洞，明镜高悬映苍穹。
夏秋云雾绕亭阁，仙境飘飘入画中。
砖雕墙上十景现，刀笔传神韵万千。
历史底蕴藏方寸，漫步其间思千年。

5. 基督教堂☆☆

各位游客，欢迎来到基督教堂。

这座基督教堂的历史可以追溯到（1879 年），当时英国传教士怀恩光等人来到青州，在此购买土地，建起了几处平房，成为青州最早的基督教活动场所。到 1909 年，基督教堂正式建成，成为青州的重要宗教场所。

这座教堂的建筑风格融合了欧式与中国传统建筑特色，彰显出独特的文化交融魅力。教堂面阔五间，进深九间，中间没有大门，设计上别具匠心。两侧的六角形三层柱式钟楼被称为“恩光楼”，底层设有尖拱式大门，可直通教堂内部。教堂内部装饰精美，西侧的圣坛突出，祭台前有一直径两米的圆形净池，供教友在听课前净手净身使用。

教堂前的月台下，南北两侧各有平房 11 间，北侧是办公用房，南侧曾是博物堂，也是中国最早的博物馆之一。

这座教堂不仅是宗教活动的场所，也是青州历史和文化的重要见证。希望大家在参观时，能够感受到这里的历史氛围与文化底蕴。

思 维 导 图

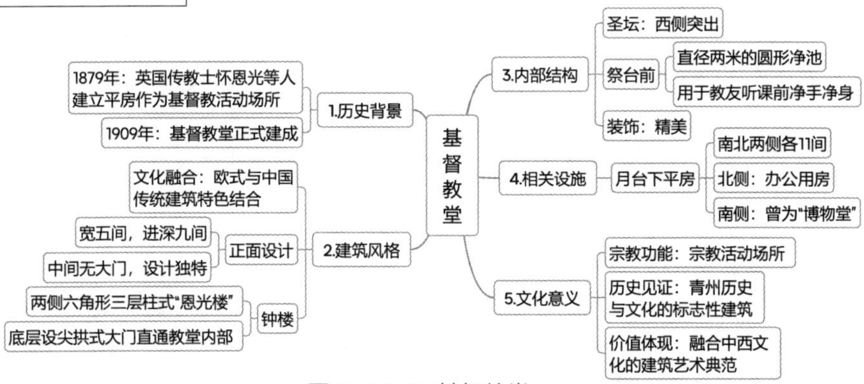

图 3-10-6 基督教堂

Tips

基督教堂百年长，1879 英传教。
平房初建到 1909，正式落成传四方。
中西合璧特色强，五宽九深布局方。
中间无门别设计，两侧钟楼恩光扬。
三层六角柱式高，尖拱大门通内堂。
圣坛西侧祭台显，两米净池洗手忙。
月台南北各十一，北侧办公南博堂。
中国最早博物馆，历史见证美名扬。

6. 青州府贡院☆☆

各位游客，欢迎来到青州府贡院。

青州府贡院，俗称“考院”，是古代科举考试的重要场所。它的前身为明代山东布政司衙署，具有悠久的历史。明初，山东布政使司设于青州，青州成为省级行政区，直至清朝末年（1905 年）科举制度废除，青州贡院一直作为各县秀才的考选场所，历时数百年。著名作家蒲松龄便是在这里考中秀才。

青州自古文运昌盛，科举成果丰硕。自唐代科举考试开始，至清朝末年，全国共有 777 位状元，其中青州就有 6 人，在山东数量仅次于孔子故里曲阜的 7 人。此外，还有一位状元与青州有着特别的联系——洪钧。洪钧本是苏州人，随母亲来青州打工，因聪明才智被雇主提携，最终考中状元。也因此，青州流传着“有状元徒弟，无状元师傅”的俗语。

希望大家在参观贡院时，能感受到这片历史遗迹中浓厚的文化氛围与青州深厚的文脉。

思 维 导 图

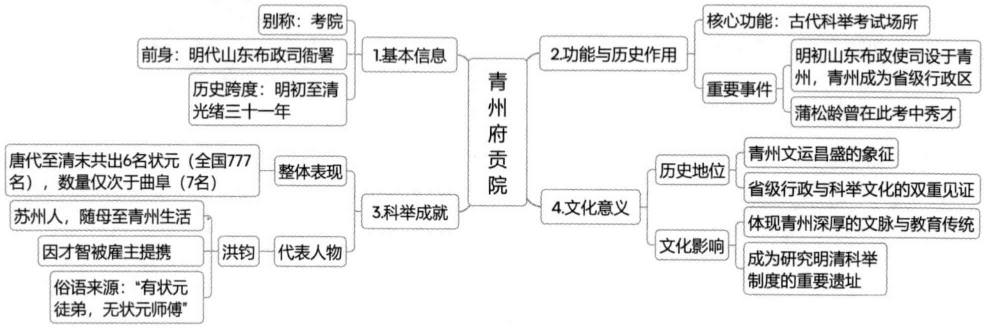

图 3-10-7 青州府贡院

Tips

青州贡院历史长，布政司衙变考场。
明清科举数百年，秀才考选在此忙。
蒲松龄曾题名榜，文运昌盛美名扬。
科举状元青有六，仅次曲阜七魁郎。
洪钧本是姑苏郎，随母务工到青乡。
雇主提携展才智，终成状元传四方。
俗语流传意味长，状元徒弟师傅藏。
漫步贡院寻文脉，千年文运永流芳。

7. 清真寺☆

各位游客，欢迎来到清真寺。

这座清真寺始建于明万历年间，是青州重要的伊斯兰教圣地。抬头望去，门上高悬“开天古教”金字匾，八字门墙两侧角门静立，给人一种庄严肃穆的感觉。进入寺内，寺院分为前后两院，南北对列的讲堂各有三间。

清真寺的主体建筑是礼拜大殿，前方有 1 米高的月台，左右各立着三通建寺的石碑。大殿由卷棚、前殿和后殿组成，共有 50 间，门上悬挂着“教隆真一”金字匾，熠熠生辉，显示出浓厚的宗教氛围。

特别值得一提的是，清真寺后院设有文化博物馆，在这里，游客可以深入了解回族的历史源流、风俗习惯和文化特色，感受回族的独特魅力。

希望大家在参观时，能够享受这段富有文化底蕴的旅程。

8. 奎星楼☆

各位游客，欢迎来到奎星楼。

奎星楼位于古城东南角的城墙上，原为青州府的东南角楼，也叫“文昌阁”或“魁星楼”。它始建于宋代，明清时期多次修缮，2011 年在原址重新建造。楼为两层重檐、带廊的歇山式砖木结构，面阔三间，进深一间，整体造型既优美又庄重。

奎星楼是古“青州十景”之一的“南楼夜雨”的所在地。每到夏秋季节，楼周围的白杨树随风摇曳，杨叶作响，像极了雨声，给人一种宁静的感觉。楼内供奉有魁星的塑像，古人常在此跪拜，祈求科举考试成功。

奎星楼不仅是青州古城的地标性建筑，也承载着深厚的文化内涵。它体现了人们对文运昌盛的期盼和对知识的尊崇，展示了青州悠久的历史和灿烂的文化。

希望大家在这里能够感受到这座古老建筑的魅力和历史的厚重。

9. 牌坊群☆

各位游客，接下来让我们走进牌坊群。

历史上，青州古城内牌坊众多，不下于二三十座，这些牌坊，主要包括王府牌坊、府文庙和县文庙牌坊以及众多地方名人的恩荣坊、科第坊等。因为古城内牌坊众多且规格形式多种多样，均带有纪念性和很强的装饰风，使古城的主要街道形成了一道特殊的文化景观，这在其他府城是少见的。

历史上，仅从南门大街向北至偶园街、北门大街，就矗（chù）立着二十几座牌坊，有时是十几步或几步就有一座，风格各异，蔚为壮观。根据古城保护修复规划，目前，已经修复和正在修复的名人牌坊和过街牌坊有十余座。这些牌坊的恢复，为青州古城增添了浓浓的文化气息。现古城内主要有八座有代表性的牌坊：海岱都会坊、尚书里坊、一门科第坊、大学士坊、柱国坊、大宗伯坊、太保坊、北门里坊。

10. 李成纪念馆☆

各位游客，欢迎来到李成纪念馆。

李成纪念馆位于青州古城阜财门内东侧，毗邻欧阳修纪念馆，主要用于纪念北宋初期的中国山水画宗师李成。李成是五代及宋初的画家，以山水画著称，尤其擅长描绘青州郊外的自然景色。李成作画用笔简练，画面意境清旷，有“惜墨如金”之誉。他独创了“营丘派”山水画，与范宽、关仝（tóng）并称为“山水三家鼎峙”，对后世山水画的发展影响深远。

纪念馆的展览分为“林泉高致”“山水传派”“稷下畅怀”三大部分，下设“驰誉丹青”“古今第一”等十个单元，利用实物、雕塑和多媒体展示李成及青州历代画家的作品。这里不仅能让大家了解李成的生平和艺术成就，还能更深入地了解中国山水画的发展历程。

希望大家在参观过程中，能够感受到李成在中国绘画史上的独特地位，同时领略到青州深厚的文化底蕴。

11. 欧阳修纪念馆☆

各位游客，欢迎来到欧阳修纪念馆。

欧阳修纪念馆原是欧阳修在青州担任官职时的起居之地，位于青州古城阜财门内东侧，是一座典型的宋式建筑。纪念馆内设有四个主题展厅，全面展示了欧阳修在青州任职期间的施政方针、文学成就以及书法艺术等方面的成就。

第一展厅主要介绍欧阳修在青州任职期间的施政方针以及他对醉意山水的独特理解；第二展厅则展示了他的文学成就和书法艺术；第三展厅展示了欧阳修在金石学方面的研究成果以及青州金石学的发展；第四展厅则复原了宋代书斋的场景，展现了他高洁的学术风范。

欧阳修一生廉洁奉公、刚正不阿，他的品格在诗文中得到了生动体现，至今仍深受人们尊敬。通过参观欧阳修纪念馆，您将更好地了解这位历史伟人的卓越贡献与精神内涵。

12. 青州民俗馆☆

各位游客，欢迎来到青州民俗馆。

青州民俗馆位于青州古城三官庙西侧，原址为温家大院。馆内通过衣、食、住、行、生产、商贸、文娱、信仰等八大板块，展示了青州地区独特的民俗风情。馆内有 11 个展厅，包括青齐沃壤、海岱珠玑（jī）等，通过老物件、老照片、雕塑模拟，利用多媒体互动等手段，生动再现了青州从古代到近代民俗文化的传承与演变。

室外展区则包括齐民要术、勤俭持家、四方通衢三个展厅，展现了青州人民的生活智慧。通过这些展示，您能全面了解青州的风土人情，深刻体验当地的传统文化与民俗特色。

二、青州博物馆

（一）青州博物馆概况☆☆

各位游客，欢迎来到青州博物馆。

青州博物馆是一座综合性博物馆，创建于 1959 年，最初位于偶园内，后来成为全国第一家县级综合性国家一级博物馆。馆内现有八个展厅，但有些展厅展出的内容会根据需要时常调整。

青州博物馆馆藏文物丰富，有 6 万余件，其中包括 3000 余件国家珍贵文物。馆内的藏品主要包括石刻、书画、陶瓷、瓷器、玉器等，展示了青州的历史文化和艺术成就。特别值得一提的是博物馆的三大镇馆之宝：龙兴寺佛教造像、明代赵秉忠的“状元卷”、东汉“宜子孙”玉璧，它们在全国都是极为罕见的珍品。

青州博物馆每年吸引了大量海内外游客前来参观。著名画家黄胄曾在参观后为博物馆题词：“世界第一流，小大博物馆”，这也充分体现了博物馆在国内外的声誉。

通过参观青州博物馆，您能够深入了解青州的历史、文化以及丰富的艺术遗产，是一次不容错过的文化之旅。

希望大家在这里度过愉快的时光，带走美好的回忆！

思　维　导　图

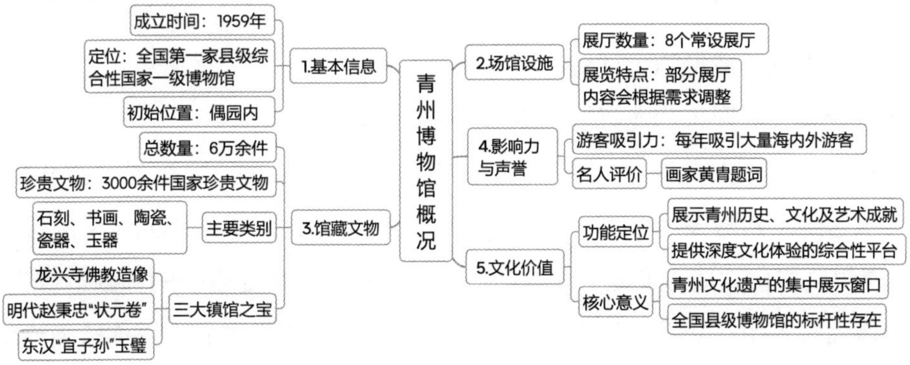

图 3-10-8 青州博物馆概况

Tips

青州博物底蕴深，五九初创偶园存。
全国首座县级馆，一级殊荣震乾坤。
六万藏品列八厅，石刻书画藏奇珍。
三大镇宝冠华夏，龙兴造像状元文。
东汉玉璧宜子孙，赵卷孤本世无伦。
黄胄题赞世界流，美誉远扬四海闻。
文化遗产聚一堂，艺术长河越千年。
漫步展厅寻文脉，青州记忆留心间。

（二）青州博物馆主要景点

1. 青州历史陈列厅☆

各位游客，欢迎来到青州历史陈列厅。

这个展厅主要讲述了从史前到 1840 年之间青州的历史。青州历史悠久，地位重要，有着“东方古州”和“海岱都会”的美誉。西汉时期，青州设立了郡县，南燕国曾在此定都 12 年，是“东夷文化”的发祥地。宋代大文豪苏辙（zhé）在诗中写道：“面山负海古诸侯，信美东方第一州。”生动地概括了青州的历史地位。

在这片富饶的土地上，青州的文化世代相传，绵延不息。通过展品，您将穿越时光，领略青州历史的厚重与辉煌。希望大家能够感受到这座古城悠久历史的魅力！

2. 龙兴寺佛教造像陈列厅☆

各位游客，欢迎来到龙兴寺佛教造像陈列厅。

两汉之际，佛教从古印度传入中国，经过数百年的发展，尤其是在南北朝时期，佛教艺术达到了新的高度，涌现出多个佛教文化中心，形成了不同风格的佛教造像艺术。青州风格佛教造像便是其中之一。以青州龙兴寺遗址出土的佛教造像为代表，这些佛像大多采用石灰石、汉白玉等材料，通过精细雕刻而成，堪称精美绝伦，被誉为“改写东方艺术史的杰作”，是世界美术史的重大发现。

这些佛像最具特色的是它们微笑的表情，这种微笑展现了佛教艺术的独特魅力，给人以心灵上的宁静与启迪。由于其浓郁的地方特色和独特的艺术风格，这批佛像被学界称为“青州风格”，也被亲切地称为“青州微笑”。它们不仅是佛教艺术的瑰宝，也是青州文化的重要象征。

让我们走近这些佛像，感受它们荡涤人心的微笑，体味其独特的艺术魅力，领略青州佛教艺术的精髓。

3. 状元卷☆☆

各位游客，眼前这份珍贵的状元卷，是明代状元赵秉忠的殿试卷。赵秉忠，明青州府益都县人，在万历二十六年（1598 年）荣登状元榜。

这份殿试卷保存完好，共分为 19 折册页，分为前后两部分。前一部分是赵秉忠及其三代祖先的简历，采用仿宋体书写，共 4 折；后一部分是正文，共 15 折册页，全文 2460 字，采用馆阁体小楷书写，文章工整优美，洋洋洒洒，无一错字。卷首有万历皇帝亲笔御批的“第一甲第一名”六个大字，卷尾则印有大学士、礼部尚书、户部尚书等九位阅卷官及一位印卷官的姓名和官职，显示出这一份卷子的特殊地位。

他在殿试卷中用中肯的语言，深入浅出地分析了当时的社会矛盾，并针对时弊提出了一系列改革的建议，反映了其治国安邦的雄才大略。赵秉忠用对“实政”和“实心”的论述回答皇帝的策问。同时他还提出“天民说”：皇帝是天子，所治之民，应叫天民。以民为天，把帝王和百姓放在同等地位上对待，提醒皇帝要爱护百姓、尊重百姓，这是民本思想的体现，也是这份状元卷的闪光点。正是由于赵秉忠这一番披肝沥胆的策对，使万历皇帝龙颜大悦，朱笔钦定“第一甲第一名”。

这份状元卷不仅是赵秉忠才学的象征，更是一份展示治国理政理念的珍贵文献，它展现了赵秉忠在当时社会变革中的卓越眼光和治理智慧。

思 维 导 图

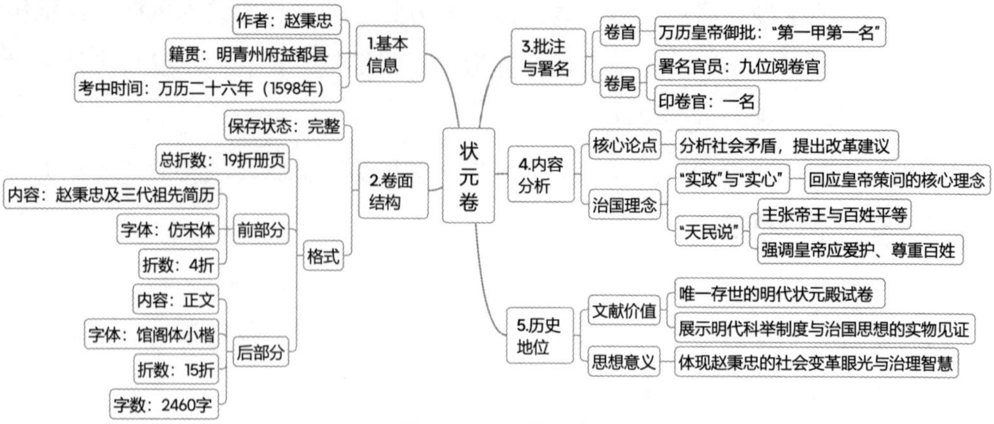

图 3-10-9 状元卷

Tips

万历状元赵秉忠，青州益都有才名。
十九折册保存全，四折简历十五文。
馆阁小楷两千字，笔笔工整无错痕。
卷首御批第一名，卷尾九卿留墨痕。
实政实心对策深，天民之说显仁心。
帝王百姓同地位，爱民重民谏明君。
万历大悦朱笔点，治国智慧耀古今。
孤本状元传家宝，民本思想传万春。

三、云门山景区

（一）云门山概况☆☆

各位游客，欢迎来到云门山景区。

云门山位于青州市城南约 2.5 千米处，属于泰沂山脉，主峰大云顶海拔 421 米。这里群峰耸立，林木覆盖率高达 90%，仿佛一个天然的氧吧。这里风景秀丽、气候宜人，历代名人题刻布满山崖。

山的阳面保存有隋唐时期的五窟造像，石佛多达 300 余尊，周围还有众多历代文人墨客留下的珍贵摩崖题刻。山阴一侧，最为著名的是中国古代最大的摩崖题刻——云门山“寿”字，距今已有400多年历史。这一“寿”字源于“寿比南山”这一传统祝愿。

接下来，我们看到的这座金黄琉璃瓦覆顶的牌坊，是云门山的山门，匾额上的“云门山”三字出自红军书法家舒同之手。从牌坊通往山顶大“寿”字的路，便是“长寿路”，此路共有999级石台阶，“999”谐音“久久长久”，寄托着人们延年益寿的美好愿望。

让我们一起走进这片自然与历史交织的美丽景区，感受云门山的独特魅力，开启这场难忘的旅程！

思维导图

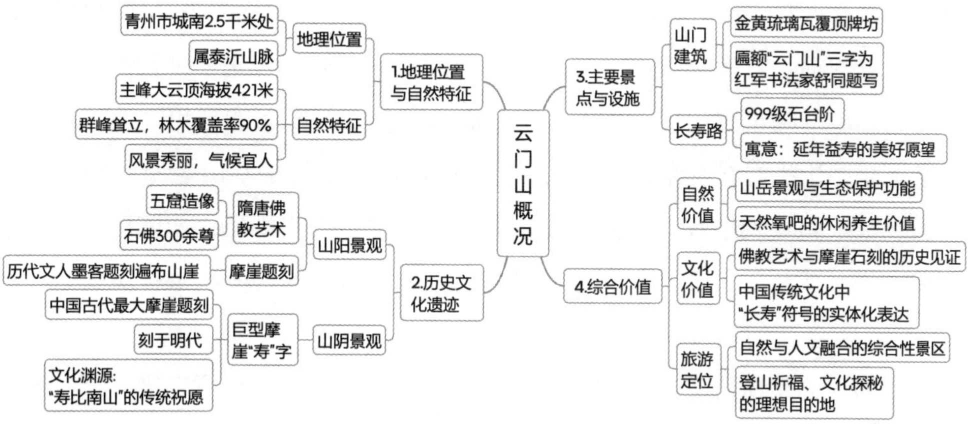

图3-10-10　云门山概况

Tips

云门山，城南边，泰沂余脉主峰连。
海拔四百二十一，天然氧吧空气鲜。
群峰叠翠林蓊郁，名人题刻遍山崖。
山阳隋唐五窟现，三百石佛坐千年。
山阴巨寿世称奇，寿比南山源此传。
舒同题匾金光闪，琉璃山门迎客还。

长寿路通九百九，久久长久福寿添。
自然人文融一体，云门美景永流传。

（二）云门山主要景点

1. 望寿阁☆☆

各位游客，欢迎来到望寿阁。

望寿阁是云门山上的一处著名风水宝地，三面悬崖环绕，景致独特。正门上的“望寿阁”三个大字，由中国书法家协会原名誉主席启功先生亲笔题写，书法精湛，气韵生动。

进入正殿，您会看到福、禄、寿三星在此供奉。门楣上悬挂着“三星共照”的牌匾，寓意着福气、官运和长寿。福、禄、寿是中国传统文化中极具代表性的象征，分别代表着幸福、官运和长寿。中国人素来讲究“五福寿为先”，长寿是最为人们所重视的。望寿阁也因此成为人们祈求健康长寿、幸福安康的理想之地。

接下来，让我们看看东西厢房的供奉。东厢房供奉的是泰山老母（碧霞元君），还有送子娘娘和眼光娘娘，人们在此祈愿子孙满堂、眼明心亮；西厢房则供奉着关公与文、武财神，关公寓意平安，文财神比干和武财神赵公明则象征着财富与事业顺遂。

望寿阁无论是从历史文化的角度，还是从风水和吉祥的寓意来看，都是云门山重要的景点之一。希望大家在这里能够感受到平安、幸福与长寿的美好祝福！

思 维 导 图

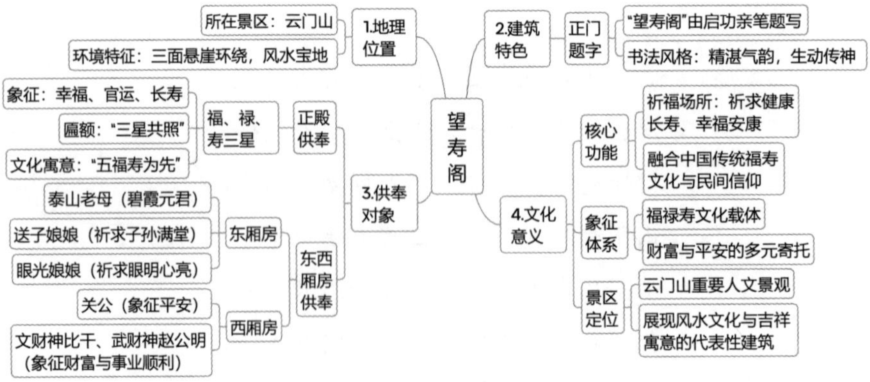

图 3-10-11 望寿阁

Tips

望寿阁，云门藏，启功题匾韵味长。
三星拱照福满堂，五福寿先祈安康。
东厢送子眼明亮，西供关公财运旺。
风水宝地聚吉祥，平安幸福万年长。

2. 明摩崖巨寿☆☆

各位游客，眼前这块巨大的“寿”字石刻，就是青州云门山著名的明摩崖石刻。

请大家注意，这个“寿”字高达 7.5 米，单是下面的“寸”字就有 2.3 米高，站在旁边，真有一种“人无寸高”的感觉。它享有“天下第一高寿”的美誉，堪称一绝！这个巨型“寿”字最初是为给衡王祝寿而刻，饱含“寿比南山”的美好祝愿。实际上，“寿比南山”这一成语便源于我们青州云门山。

自从这块“寿”字被刻上山壁后，云门山声名远扬，成为各地官员、百姓以及国内外游客纷纷前来拜寿的圣地。以“寿”字为核心，长寿路、观寿亭、望寿阁等景点相继形成，孕育出了青州独特的“寿”文化，成为青州重要的文化象征。

希望大家在参观时，能够感受到“寿”字所蕴含的深厚文化内涵，领略到青州特有的长寿文化和美好祝愿！

思　维　导　图

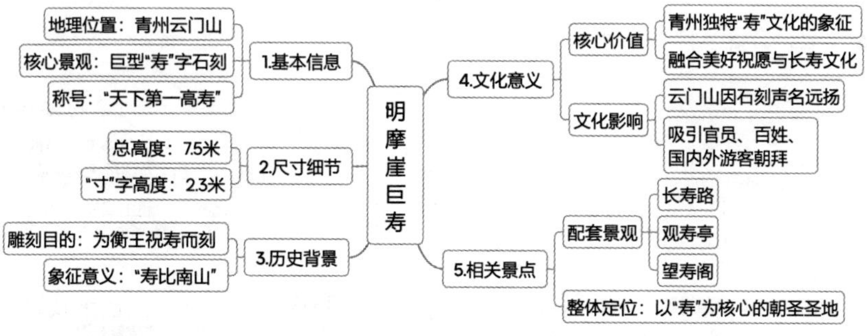

图 3-10-12　明摩崖巨寿

Tips

云门大寿天下扬，七米五高气势昂。
寸字两米三人仰，人无寸高趣味藏。
衡王祝寿刻山壁，寿比南山源此方。
声名远扬成圣地，长寿路上祈福忙。
观寿亭前驻足望，望寿阁中香火旺。
青州寿字藏深意，千年祝愿永流芳。

3. 云门山山顶石刻☆☆

各位游客，眼前看到的就是云门山山顶石刻。

云门山阴面有诸多题刻。近年来，在修复云门山古迹的同时，相关部门先后征集到我国近代书法家武中奇、舒同、李铎（duó）等名人的字画，精心镌刻于崖壁之上，给古老的云门山增添了新的生气。其中，“云龙之门”便是军中书法家李铎的题刻。

在云门山阳面石窟旁边的崖壁上，历代名人的题记遍布山崖。云门洞上方“云门山”三个小篆体字，生动地展现出云门山如仙境般的意境；“鬼斧神工”“超尘离梦”“玄之又玄”都是雪蓑（suō）的题记。“鬼斧神工”是雪蓑对云门洞浑然天成、宛若仙境的感叹；“超尘离梦”表达了雪蓑对生命的感悟，对人生的感叹，展示了他欲驾九天祥云乘风而去的潇洒情怀；“吐纳风云”则表明此山为道家修行养生的胜地。

这些石刻不仅是历史的见证，更是云门山文化的瑰宝。希望大家在这里能感受到这座山的深厚文化和独特魅力。

思维导图

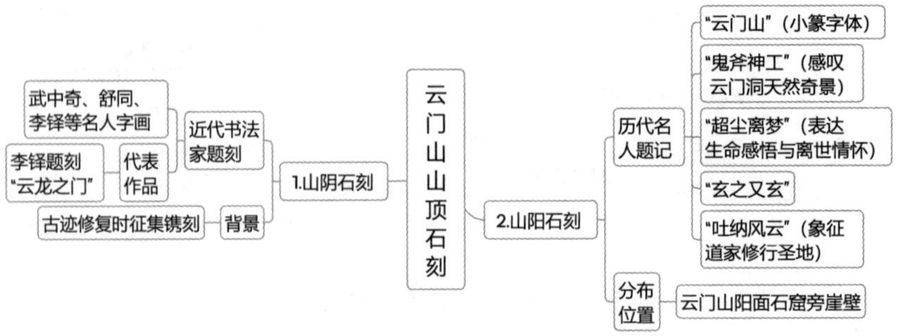

图 3-10-13 云门山山顶石刻

Tips

云门山顶石刻奇，阴阳两面藏玄机。
武舒李铎留墨宝，云龙之门李铎题。
阳面石窟旁崖立，历代题记遍山壁。
云门山篆仙境意，鬼斧神工雪蓑笔。
超尘离梦悟人生，玄之又玄抒胸臆。
吐纳风云道家地，养生修行在此栖。
古今题刻汇一处，历史文化共延续。

4. 云门洞☆☆

各位游客，眼前看到的就是云门洞了。

云门洞高约 3 米，宽约 4 米，深度超过 6 米，是一处天然形成的南北贯通的石洞，位于云门山山顶的悬崖之间。这个巨大的石洞像一扇巨门，因此得名“云门洞”，也有一个非常有意境的名字叫作“云门拱璧”。

除了壮丽的自然景观，云门洞还有着深厚的文化内涵。古人曾在此修行，探讨道家哲学。洞内的“超尘离梦”题记，是雪蓑对人生的深刻感悟，表达了他希望超脱尘世、乘风飞去的潇洒情怀。“吐纳风云”则表明这里是道家修行的圣地，吸引了许多仁人志士前来修道养性。

此外，云门洞还有一个美丽的传说。明朝时，青州衡王的女儿咏絮公主想挑选一个如意郎君，便发布告示，称谁能在云门山上挂一面镜子，且从王府的绣楼上能看得清，她就嫁给谁。许多王孙公子和富家子弟纷纷尝试，但由于距离太远，均未能成功。最后，青州城西南的一位小石匠，用十天时间打通了一个南北贯通的大洞，从王府望去，这洞恰似一面高悬的明镜。公主被小石匠的毅力所感动，便决定嫁给他，这个故事也被传为美谈。

希望大家在这里能够享受这片宁静与神秘带来的心灵洗礼。

思 维 导 图

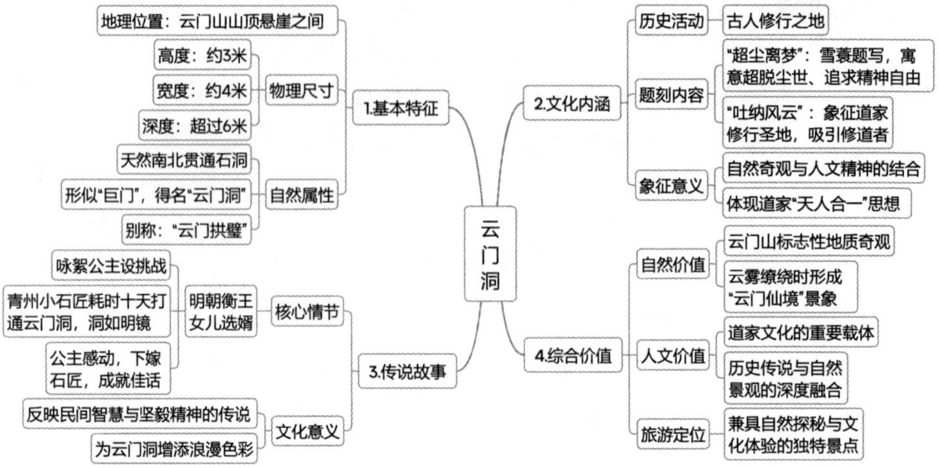

图 3-10-14 云门洞

Tips

云门洞，山顶悬，三米高宽四米宽。
六米纵深南北穿，云门拱璧美名传。
道家修行此地仙，超尘离梦雪蓑言。
吐纳风云养生处，志士修道结善缘。
明朝公主选婿难，绣楼明镜挂山间。
石匠十日凿洞通，终成眷属佳话传。
天然石洞藏玄机，文化传说两相宜。
漫步其间寻幽趣，云门仙境醉心脾。

5. 云门山石窟造像☆☆

各位游客，眼前看到的就是云门山石窟造像了。

我们现在所看到的石窟造像群，位于云门山阳坡石壁上，由五座石窟和 300 余尊石佛造像组成，与西边的驼山石窟共同被誉为“齐鲁石窟之冠”。

其中，云窟西边的第一窟是一个中型窟，开凿于北齐时期，这座石窟最具特色。它位于石壁前开阔的地方，能够容纳较多的修行者，显示出它在云门山造像群中的重要地位。特别值得注意的是，这座窟的中央主佛像位置是空缺的，称为“壁龛”，最初的设计便没有安排主尊佛像，这种独特的设计吸引了许多学者的关注。

继续往西，第二窟属于隋朝初期的作品，主要供奉的是西方三圣像——阿弥陀佛、观世音菩萨和大势至菩萨。再往西，我们还可以看到一个深约 2 米的石窟，这个石窟没有佛像，称为“葬窟”，它与周围的方形小龛相互关联，这些小龛被称为“骨灰龛”，是古人安放遗骨的地方。

希望大家在参观时，能够领略到云门山石窟的历史魅力和文化深度。

思 维 导 图

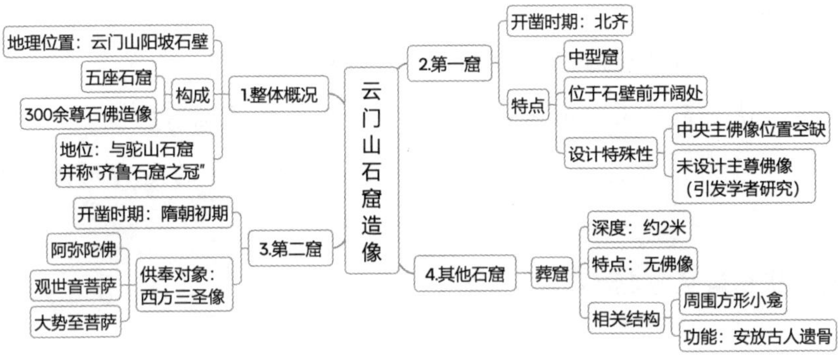

图 3-10-15 云门山石窟造像

Tips

云门山阳坡石壁上，五座石窟列成行，三百石佛排成行，齐鲁石窟美名扬。
北齐第一窟真特别，主佛位置是空的，中型窟里地位显，学者研究兴趣添。
隋代第二窟西方三圣像，阿弥陀佛坐中央，观音势至在两旁。
再往西去有葬窟，两米深洞没佛像，方形小龛骨灰藏，古人习俗记心上。

6. 云窟☆

各位游客，眼前看到的就是云窟了。

这山石间一道自然裂缝，口子呈井状，深邃得望不到底，它就是“云窟”。

每到夏秋时分，云雾会源源不断地从窟中涌出，而后轻盈地穿过云门洞，将整座山头笼罩在朦胧云雾之中，云门山之名的由来便与此相关。

咱们所在的云门山是国家地质公园，云门山的岩石主要为石灰岩等可溶性岩石，在漫长的地质历史时期，受到地下水的溶蚀作用，岩石逐渐被溶解，形成了许多裂隙和空洞。地壳的运动使山体发生断裂和褶皱，这些断裂和褶皱为地下水的流动提供了通道，加速了岩石的溶蚀过程，使得裂隙和空洞不断扩大和连通，最终形成了云窟这样的天然洞穴。总之，这里是流水溶蚀、冲蚀和崩塌共同造就的奇观，大家好好感受下这神奇的地貌吧。

? 思考题

1. 被誉为“齐鲁石窟之冠”，也是我国东部最大的石窟造像群的是哪个石窟群？最早雕凿的年代是什么时期？

2. 青州“偶园”内享誉海内外的四大奇石名称是什么？

3. 赵秉忠殿试状元卷上“第一甲第一名”六个大字是谁写的？

4. 被誉为“改写东方艺术史及世界美术史重大发现”的是青州博物馆的什么文物？

5. 青州古城旅游区包括哪三大板块？

第十一节 威海华夏城景区

景区构成

※ **威海华夏城景区概况☆☆☆**

一、威海华夏城景区

1. 华夏第一牌楼☆☆
2. 华夏生态文明馆☆
3. 生态教育长廊☆
4. 胶东民俗园☆☆
5. 高空5D玻璃桥☆
6. 文化谷☆☆
7. 太平禅寺☆☆
8. 威海人民防空教育馆☆☆
9. 禹王宫☆☆
10. 龙山花谷☆☆
11. 老邮局、火车餐厅☆
12. 矿山小寨、矿坑遗址☆☆
13. 欢乐水岸☆
14. 寿山桃园☆

二、《神游传奇》秀☆☆

三、威海神游海洋世界

（一）威海神游海洋世界概况☆☆

（二）威海神游海洋世界主要景点

1. 老渔村☆
2. 渔家劳作☆
3. 地中海风情老街☆

4.《神游海空》动感影院☆

5. 深海探秘☆

6. 极地风光☆

☆☆☆

威海华夏城景区概况

各位游客朋友们，大家好！欢迎来到威海华夏城景区。

【位置】威海华夏城位于山东省威海市，坐落于优美的海滨，距离威海市区约 10 千米，毗邻威海港。

【声誉 | 地位】威海华夏城作为中国北方地区一个重要的文化旅游综合体，它的特色是将传统文化、现代娱乐和历史教育相结合。这里被誉为“文化旅游新地标”，是展示中华优秀传统文化和现代文明的一个重要平台，是国家 5A 级旅游景区，曾获国家文化产业示范基地、中国生态环保第一城、中国矿坑修复示范单位、山东省文化产业示范园区等荣誉。2020 年，被列为国家“两山”实践创新基地。

【组成】主要包括华夏城景区、神游海洋世界、会跑的实景演艺——《神游传奇》秀和华夏生态体验馆等业态。华夏文旅集团创造性地利用地势打造了各式景点景观，有展示尧舜禹时期历史文化的禹王宫，有供游客参观体验的威海人民防空防灾教育馆，有依据山势建造的集中展示胶东民俗特色的夏园等。其中最具特色的是国内首个 360 度旋转行走式的室外演艺《神游传奇》秀，被称为“会跑的实景演艺”，开创了自然景观与人文景观相结合的实景演艺先河。

【特色 | 特产】华夏城景区是华夏文旅集团历经 16 年修复龙山的 44 处矿坑，将生态修复、环境治理与旅游开发相结合的重要成果。2018 年 6 月，习近平总书记视察时，对华夏文旅集团通过生态修复变矿坑为绿水青山，又将绿水青山转化成金山银山，给予了肯定。

如今，华夏城已成为一个宣传习近平生态文明思想的新窗口、一张向世界展示中国文旅产业的重要名片、一个推动威海新旧动能转换和城市升级的力量源。

思 维 导 图

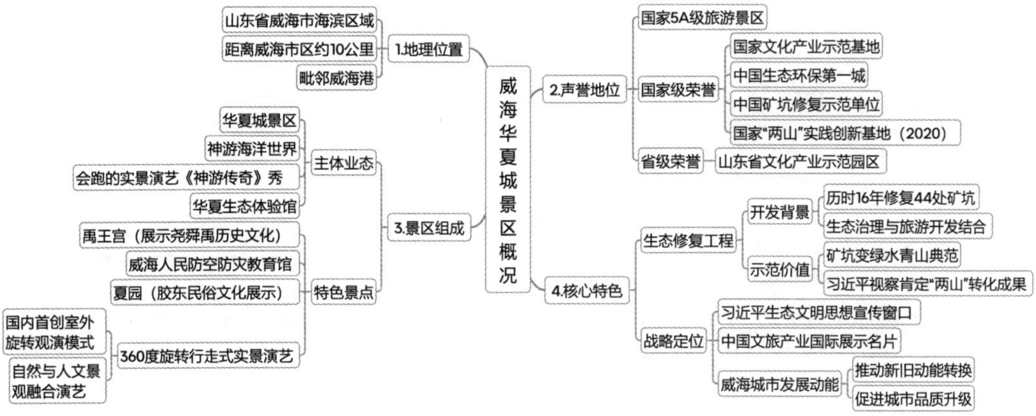

图 3-11-1 威海华夏城景区概况

Tips

威海华夏城真棒，海滨优处距市央。
文旅综体声名响，荣誉众多响当当。
景区多元业态强，“会跑演艺”最超常。
矿坑修复创辉煌，两山实践绽光芒。

一、威海华夏城景区

1. 华夏第一牌楼☆☆

各位游客，现在我们来到的是华夏第一牌楼。

华夏第一牌楼是华夏城景区的标志性建筑，整体仿照明清风格，采用五间六柱式结构，高高耸立，格外壮观。

牌楼的布局也颇具深意，正中间的主牌楼最大，两侧依次排列着四栋小牌楼，整体自然向下延伸，体现了中国传统文化中谦虚、内敛的品质。牌楼上还悬挂着三副对联，气势磅礴，展现了华夏儿女自强不息的奋斗精神。这些对联由著名书法家曲波老师撰稿，华夏文旅集团董事长夏春亭先生题写，字里行间充满了文化底蕴。

接下来，让我们一起穿过这座宏伟的牌楼，进入华夏城景区，感受这座生态之城的独特魅力！无论是自然风光，还是文化内涵，这里都将为您带来一场难忘的体验！

思 维 导 图

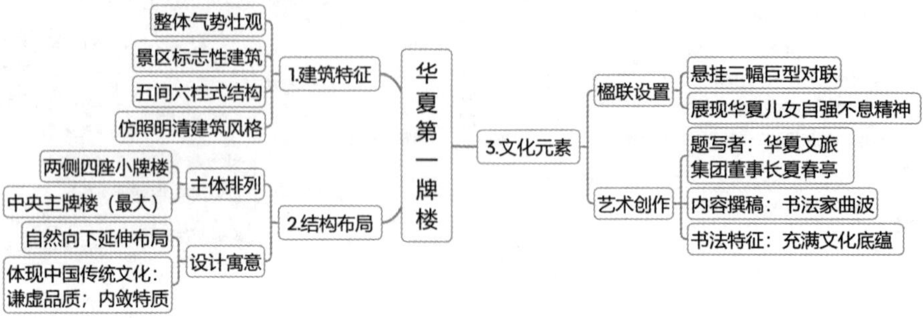

图 3-11-2 华夏第一牌楼

Tips

华夏牌楼好气派，明清仿造立高台。
五间六柱冲云霄，主副排开次第排。
联语磅礴书壮志，名家撰稿笔锋开。
谦虚内敛风格在，文化光芒耀九垓。

2. 华夏生态文明馆☆

各位游客，欢迎来到华夏生态文明馆。

您眼前这座生态文明馆，投资巨大，规模也相当可观。与普通的陈列式展馆不同的是，华夏生态文明馆采用了“情景沉浸、实景漫游”这种新奇独特的技术手段，把观展和体验完美融合在了一起。在这里，大家能真切地感受到华夏城是如何从矿坑废墟一步步变成绿水青山，又如何将绿水青山转化为金山银山的，很好地诠释了习近平总书记“绿水青山就是金山银山”的理念，展现了威海生态立市、绿色发展的生动实践，是威海生态文明建设的新窗口。

馆内主要有“地球呐喊”“山水情怀”“精致威海”和“飞跃华夏”四大主题。参观的线路也很有特色，一条是以“阐释习近平生态文明思想”为主的教育培训线路，另一条则是注重“参与性、体验性、互动性”的“沉浸式”市场线路。大家可以根据自己的喜好来选择参观方式，相信都会有非常棒的体验。

3. 生态教育长廊☆

各位游客，现在我们来到的是生态教育长廊。

这里是华夏文旅集团宣传习近平生态文明思想的前沿阵地，更是2018年华夏文旅集团董事长夏春亭向习近平总书记汇报景区生态修复成果的重要见证地。

大家看这长廊里的六组新旧对比图，它们是修山历程的生动记录。

请看这一组图，展示的是修山之后继续做好生态保护的典型做法。为了持续做好生态保护，集团巧妙利用矿坑打造出震撼的《神游传奇》秀，不仅守住了绿水青山，还融入了深厚文化，成了景区的灵魂所在。该演出更是荣获国际大奖，让中国企业在世界舞台上大放异彩。

再看这一组，展示的是景区的隧道。由于过去双面开采，山体难以修复，于是因地制宜将其改成隧道，上面覆土绿化，下面供游客参观。

2018年6月，习近平总书记前来视察，听完汇报后称赞华夏城真正践行了“绿水青山就是金山银山”理念，并勉励华夏城再创佳绩。华夏城生态修复这一“样板”，定会为全国生态修复照亮前路！

4. 胶东民俗园☆☆

各位游客，现在我们来到的是威海胶东民俗园——夏园，它以明代大臣夏原吉及威海夏氏始祖夏暹（xiān）的生平为主线，再现了胶东劳动人民的勤劳与智慧。

这是一座融合了南北古建筑精华的园林，巧妙利用低洼地储水造景，将陆上建筑与水体相连，打造出“不是江南却胜似江南”的绝美风情。在这里，您可以看到北方的大气与南方的柔美完美融合，既有古韵，又兼具时尚气息，令人流连忘返。

接下来，我们走进胶东特色民俗文化馆。这是一座四合院式的三层建筑，一楼为您展现威海生活全景图；走上二楼，您能体验明朝街景、感受传统工艺与胶东民俗的魅力，领略生活百态；三楼则聚集胶东婚嫁习俗，从婚嫁礼仪到海上捕鱼，从祈福仪式到节庆活动，应有尽有。这里将威海民俗的独特魅力展现得淋漓尽致，让人仿佛置身于胶东人民的生活场景之中。

无论是建筑的精巧设计，还是文化的深厚积淀，这里都让人感受到胶东地区独特的历史底蕴与人文风情。

思 维 导 图

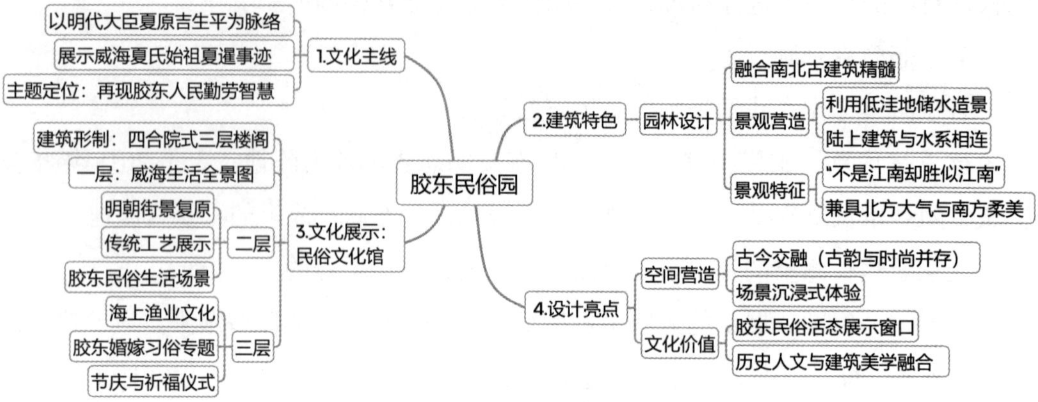

图 3-11-3 胶东民俗园

Tips

威海夏园绽华光，夏氏生平故事长。
南北古建融精妙，低洼造景赛苏杭。
民俗馆里风情藏，一楼全景绘日常。
二楼工艺明朝样，三楼婚嫁韵悠扬，胶东魅力此间彰。

5. 高空 5D 玻璃桥☆

各位游客，欢迎来到高空 5D 玻璃桥。

高空 5D 玻璃桥是华夏城景区全新打造的娱乐项目，也是威海市的第一座 5D 玻璃桥。它横跨景区内的两座山峰，站在桥上，山峦连绵起伏，绿野一望无际，景区的美景全方位呈现在眼前。极目远眺，威海市的城市风貌也能一览无余。

高空 5D 玻璃桥还融入了高科技手段，安装了全景式声乐设备，脚下一踩，就会呈现玻璃炸裂的虚拟效果，绝对惊险刺激！

桥上每隔一段距离，都建有小的观景台，观景台可以让游客获得更好的视觉效果和拍照体验；同时，观景台也是恐高的游客挑战自我的绝佳地点。

6. 文化谷☆☆

各位游客，欢迎来到文化谷！

文化谷是一处将自然景观与中国传统书法艺术完美融合的文化胜地，其入口处的红色朱漆大字，十分引人注目。走进谷内，仿佛步入了一片书法艺术的殿堂，47块雕刻于仿石崖壁上的作品，展示了30多位中国古今书法名家的墨宝，给大家呈现了一场视觉和文化的盛宴。

文化谷有两个特别之处。一是景区依托矿坑沟的自然地形巧妙设计，曾经的坑洼不平经过精心修复，成了一条独特的通道。这条通道连接了胶东特色民俗文化馆——夏园与《神游传奇》秀剧场。二是崖壁上的书法作品跨越多个历史时期，展示了楷书、草书、篆书等不同的风格。在这里，您可以看到王羲之的《兰亭集序》、康有为的行书、鲁迅的名句，还有祝允明、柳公权、郑板桥等书法大家的作品。

无论是欣赏书法作品，还是漫步于这片融合自然与文化的土地，文化谷都能带给您一种穿越时空的独特体验。希望大家能够在这里感受到中华优秀传统文化的魅力，留下难忘的回忆。

思　维　导　图

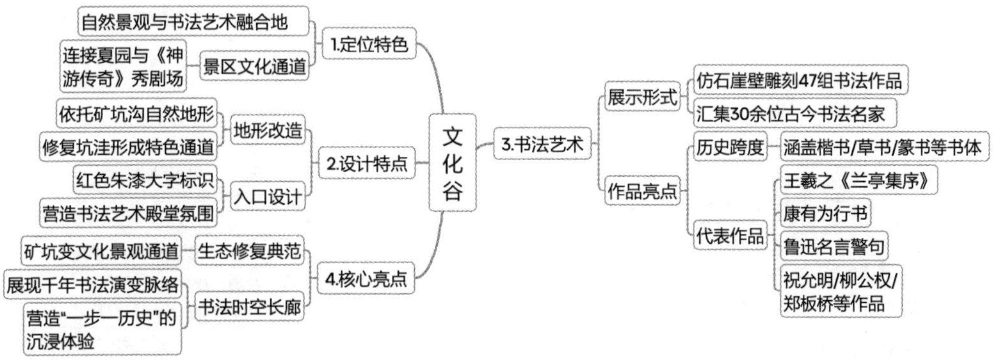

图3-11-4　文化谷

Tips

威海文化谷称奇，朱漆大字入口吸。
步入仿若书殿堂，石崖精刻名家词。
依凭矿坑巧设计，连通场馆剧场宜。
跨越史期书体异，赏字漫步醉心驰，时空穿越韵难羁。

7. 太平禅寺☆☆

各位游客，欢迎来到太平禅寺！

太平禅寺历史悠久，是佛教文化的瑰宝。这座寺庙由前殿天王殿、正殿大雄宝殿、侧殿地藏殿和五路财神殿组成。寺庙最初建于唐朝长安年间，由一位法号为洪智的僧人所建，以感念太平公主。

不幸的是，随着时间的推移，寺庙曾遭拆毁，仅剩下一口历经千年的古井、一棵近千年的古银杏树，以及一些残碑和断柱，默默诉说着历史的沧桑。后来，华夏文旅集团启动修复计划，在原址上重建了这座寺庙，让这段珍贵的佛教文化得以延续。

走进主殿大雄宝殿，正中央是释迦牟尼佛，左侧是药师佛，右侧是阿弥陀佛。这三尊佛像象征着婆娑世界、东方净琉璃世界和西方极乐世界的佛教智慧，寓意着包容和吉祥。站在这里，您可以感受到浓厚的佛教气息，体会到无尽的宁静与神圣。

希望大家在太平禅寺中，能感受到佛教文化的深厚底蕴，带走一份内心的平和与安宁。

思 维 导 图

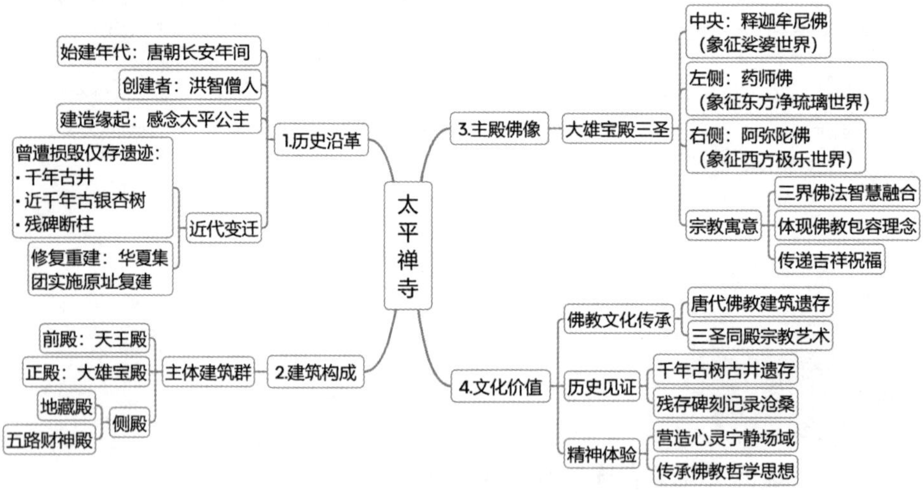

图 3-11-5 太平禅寺

Tips

威海禅寺岁月长，唐时始建念公芳。
天王大雄诸殿靓，曾历沧桑剩井桑。
华夏倾心重修复，佛光辉映韵悠扬。
大雄宝殿三佛立，净世祈祥圣意彰，静宁之感润心房。

8. 威海人民防空教育馆☆☆

各位游客，欢迎来到威海人民防空教育馆，又名“走进未来战争馆”。

这个教育馆位于一个矿坑内，矿坑上方覆盖着绿化植物，而地下则是一个独特的参观空间，堪称工程建造的奇迹。它不仅获得了“国家人民防空教育基地”和“山东省防灾减灾宣传教育基地”等诸多荣誉，还为我们提供了丰富多元的教育体验。

馆内的展区非常丰富多样。在自然灾害体验区，您可以亲身感受台风、地震、火灾等自然灾害的强大威力；在国际国防知识区，您可以了解全球各国的防卫策略；在中国防空史区，您可以了解我国防空事业的发展历程。此外，还有关于城市防空和核生化防护的知识区，为大家展示这些关乎国家安全的重要领域。馆内的超震撼4D电影院，通过现代声光电技术，也让您仿佛置身于一场真实的灾难与防空对抗之中。

特别值得一提的是，这里有一个时空隧道，以军用飞机为造型，借助高速旋转的动态影像，让人产生仿佛进入了时空穿梭的奇妙体验。

接下来，让我们一起走进人民防空教育馆，感受多重维度的冲击与震撼。

思　维　导　图

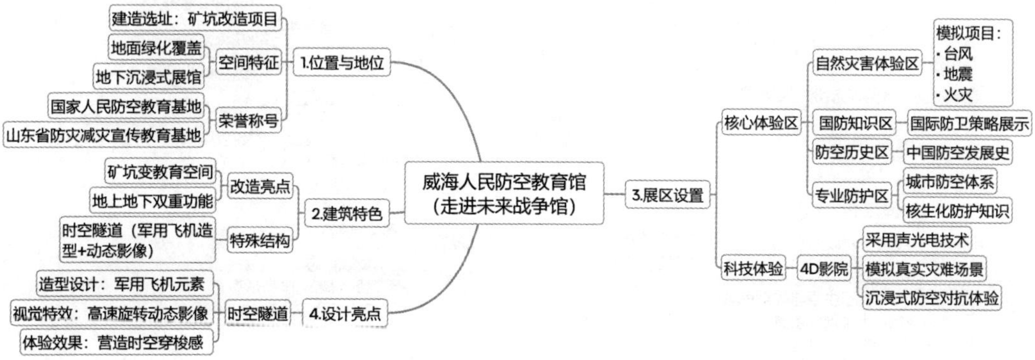

图 3-11-6 威海人民防空教育馆

Tips

教育之馆矿坑藏，覆绿地下绽奇光。
荣誉加身多体验，展区丰富韵悠长。
灾患国防皆可赏，防空核化知识详。
4D 影院声光电，仿若临战心激荡。
时空隧道造型强，军机幻影穿梭忙。

9. 禹王宫☆☆

各位游客，大家好！现在我们来到的是禹王宫。

这座建筑整体坐北朝南，由山门、禹王殿、老子殿、夫子殿以及厢房等部分组成，气势恢宏，充满了历史的厚重感。

踏入院落，首先映入眼帘的是华夏集团建庙时立下的四块碑，上面刻有《孔子礼赞》《禹本纪》《禹王赞颂》《老子赞颂》等碑文，详细介绍了孔子、老子和夏禹王这三位先贤的生平与卓越功绩。

禹王殿是禹王宫的核心主殿，殿内供奉着大禹。大禹治水的故事家喻户晓，他因治水立下奇功，舜便将君王之位禅让给他。此后，大禹将中华国土划分为九州，并铸九鼎镇守各州，保一方太平。他结束了原始部落联盟形态，开创了中国第一个王朝——夏朝，为中国帝王史翻开了全新篇章。

接下来，让我们一起走进禹王殿，感受大禹治水的伟大精神与深远历史韵味！

思 维 导 图

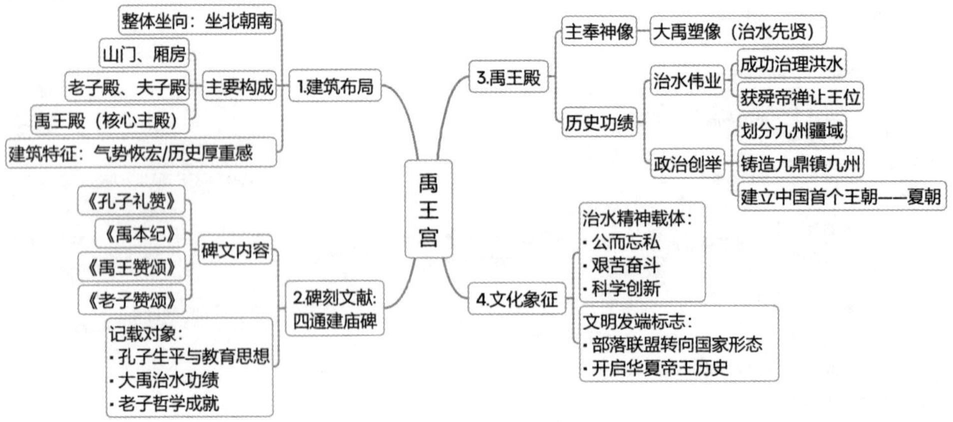

图 3-11-7 禹王宫

Tips

威海禹宫朝南向，山门诸殿势轩昂。
入院四块功德碑，先圣生平刻其上。
禹王主殿耀光芒，治水奇功世流芳。
划疆铸鼎开夏朝，帝王史启韵悠长，厚载千秋岁月长。

10. 龙山花谷☆☆

各位游客，现在我们来到的是龙山花谷。

威海华夏城因山峦层层叠叠、连绵起伏，形似一条腾飞的巨龙，因此得名“龙山”。早在唐朝长安年间，洪智法师在此地建寺，此后香火延续了千年之久。然而，20 世纪 70 年代，龙山沦为石矿开采的重灾区，放眼望去，渣石堆积如山，景象惨不忍睹。后来，华夏集团投入巨资修复矿坑，将龙山打造成了如今美轮美奂的千亩花谷。站在高空彩虹桥上俯瞰，您可以看到“绿水映青山，红花染龙谷”的奇异景观。

除了有自然的美景，这里还精心打造了彩虹滑道、彩虹桥、火车餐厅、水陆两栖装甲车等十多种娱乐设施，堪称景区的“后花园”。无论是刺激的游乐项目，还是悠闲的田园风光，这里都能满足您的需求。

接下来，让我们一起走进龙山花谷，尽情享受这片美丽的“绿水青山”，放松身心，享受这场难忘的旅程吧！

思 维 导 图

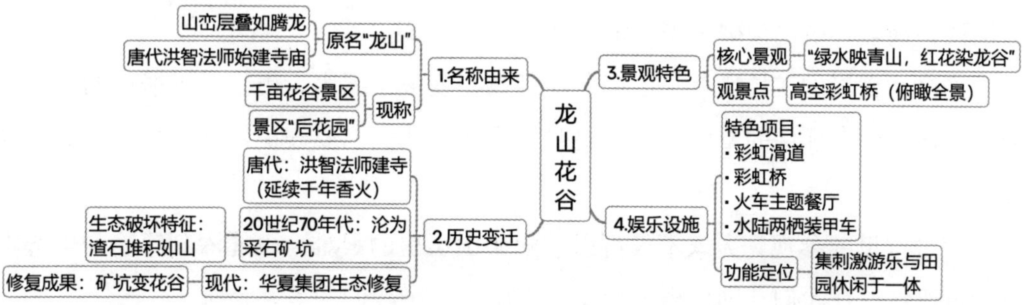

图 3-11-8 龙山花谷

Tips

威海华夏城如龙，唐时建寺香韵浓。
可惜昔日矿开采，渣石成山满目忡。
幸有集团投巨金，千亩花谷绽娇容。
高空俯瞰山水秀，游乐田园趣万重，美景娱项乐无穷。

11. 老邮局、火车餐厅☆

各位游客，现在我们来到的是老邮局和火车餐厅。

无论是老邮局还是火车餐厅，都诚意满满地复原了 1912 年到 1949 年民国时期的造型与风格。您可以穿着旗袍前来，沉浸式体验穿越时空的奇妙感觉，穿梭于百年历史的烟云之中，感受低调优雅的复古风情。

在 20 世纪前，人们没有如今便捷的微信、QQ 这些通讯工具，大多靠写信和远方的亲友联络。信件传递速度虽慢，但亲手写下的诚意，承载着深厚的情感，常常令人动容。现在，到了老邮局，如果您有远方牵挂的人，不妨就在这里，给他寄出一份来自威海的邮件。华夏城还贴心准备了专门的明信片，让您重拾旧时那种浪漫的牵挂，留下一段温暖的回忆。

12. 矿山小寨、矿坑遗址☆☆

各位游客，现在我们来到的就是矿山小寨。

矿山小寨和矿坑遗址位于龙山花谷，旨在纪念景区的来之不易。这里复原的是当年开山采石的旧貌，您眼前这个不起眼的小工棚，就是当时采石工人们日夜劳作、栖身的地方。那时的工作和生活条件极其艰苦，整天飞沙走石，工人们不仅身体饱受摧残，周边环境也被破坏得千疮百孔。

如今，曾经的矿坑废墟早已旧貌换新颜，变成了绿水青山。矿坑遗址的复原，恰恰凸显了生态环保的重大意义，也时刻警醒着我们，要守护好这来之不易的美好环境。

通过这里的参观，大家不仅可以了解矿山历史的艰难，也能深刻感受到生态修复的重要性，让我们共同珍惜这片绿水青山，守护我们的美好家园。

思 维 导 图

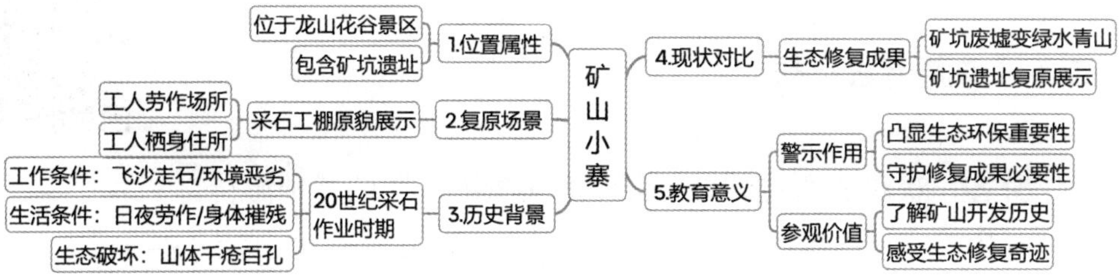

图 3-11-9　矿山小寨

Tips

龙山花谷有小寨，矿坑遗址忆难在。

昔日棚舍工栖身，石飞沙舞苦劳债。

今时矿废换新颜，绿水青山展新态。

环保意义此间显，守护家园情不改，珍惜美景心长待。

13. 欢乐水岸☆

各位游客，现在我们来到的就是梦幻多彩的欢乐水岸。

它静卧于大山怀抱之中、花谷幽深之处，七彩模样格外吸睛。虽说矿坑废墟带着点低调的灰，可一转身，绿水青山就把游客的快乐点亮，变得五彩斑斓。来这儿驰骋（chěng）撒欢，可以体验飞一般的畅快，尽情享受欢乐时光！

14. 寿山桃园☆

各位游客，现在我们来到的是寿山桃园。

《尚书》中提到人有五福：长寿、富贵、康宁、好德、善终，其中长寿位居五福之首。从古至今，人们都对长生不老、益寿延年满怀追求与期盼。

而寿山桃园正是以寿文化为主题打造的。寿星是这里的主角。当音乐响起，云雾缭绕中，寿星雕像会缓缓升起，伴随着喷泉涌出，雕像还会旋转起来。在这如梦似幻的场景中，仿佛是各位寿星轮流来给游客送上美好的祝福。

寿山桃园的三面寿星雕像各有不同。一面的寿星，右手上拿着的是王母娘娘蟠桃会上特供的长寿仙果——蟠桃；另一面的寿星，手中握着一副玉如意，寓意着吉祥如意、幸福降临；还有一面的寿星，手捧葫芦，“葫芦”与“福禄”谐音，是富贵的象征，代表着长寿和吉祥。

二、《神游传奇》秀☆☆

各位游客，欢迎来到被誉为“会跑的实景演艺”的《神游传奇》秀！

《神游传奇》秀是华夏文旅集团依据原采石场及周边环境，巧妙地将能“跑”的移动式看台观众席安置在大型采石场上，打造成的自然山水实景舞台，堪称国内首创。

这场秀的总策划、总编剧、总导演，都是华夏文旅集团董事长夏春亭先生。创作团队采撷（xié）华夏传统文化的精华元素，深挖自盘古开天地以来的经典神话传奇故事，将伏羲女娲、凤凰涅（niè）槃（pán）、八仙贺喜等传说巧妙地串联起来，融合在这场精彩的演艺中。

演出包括序幕和六章正篇。借助声光电技术，演出展现了女娲传说、大禹治水、八仙过海、东游求仙等奇幻内容，带给您一场视觉与心灵的双重震撼。

2019年，《神游传奇》秀荣获了代表世界主题娱乐行业顶尖水准的TEA大奖——杰出成就奖，华夏文旅集团是当年唯一获此殊荣的中国演艺企业。

接下来，让我们一起尽情享受这场精彩的大秀吧！

思 维 导 图

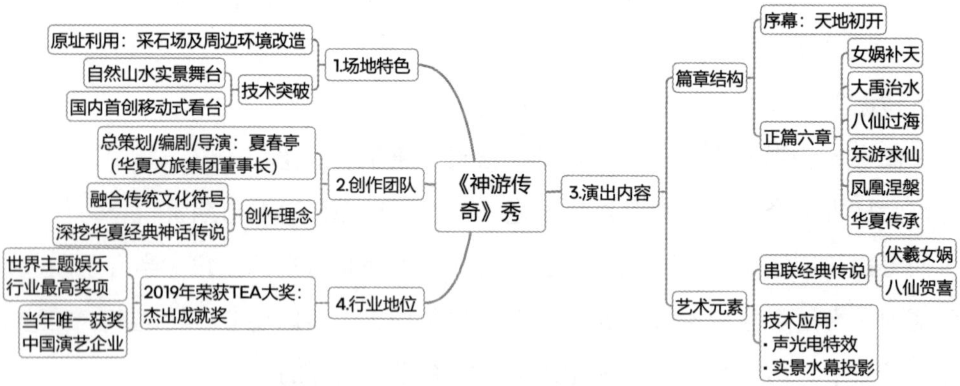

图3-11-10 《神游传奇》秀

Tips

华夏文旅创意妙，采石场地变艺巢。
移动看台依山靠，自然实景绽华韶。
夏总操刀精编导，神话传奇串一条。
六章演绎声光绕，女娲大禹八仙飘。
TEA 大奖怀中抱，惊艳环球震九霄。

三、威海神游海洋世界

（一）威海神游海洋世界概况☆☆

各位游客，现在我们来到的是威海神游海洋世界。

威海神游海洋世界是威海市的首家海洋馆，也是威海市首家海洋科普教育基地，同时还是威海市水生野生动物救护中心。

威海神游海洋世界位于华夏城景区的北侧，是威海华夏城景区的重要组成部分。场馆外观以纯净的蓝色和白色为主色调，蓝白相间，如同层层波浪，既展现出海洋世界的神圣，又透着一丝幽谧。

除了能够欣赏到常规的海洋生物，威海神游海洋世界与其他海洋馆相比，还具有独特的魅力。它以海洋文化和渔业文化为主题，从胶东出发，放眼全球。在这里您不仅可以看到胶东特色的渔村文化，还可以参观充满异域风情的地中海文化观赏区。这里还有群鱼表演、海洋科普知识宣传等丰富项目，把观赏、参与、体验、科教、文化全都融合在一起，让大家能全方位感受海洋文化的神奇。

让我们一起深入了解海洋世界的奇妙，感受海洋文化的魅力吧！

思 维 导 图

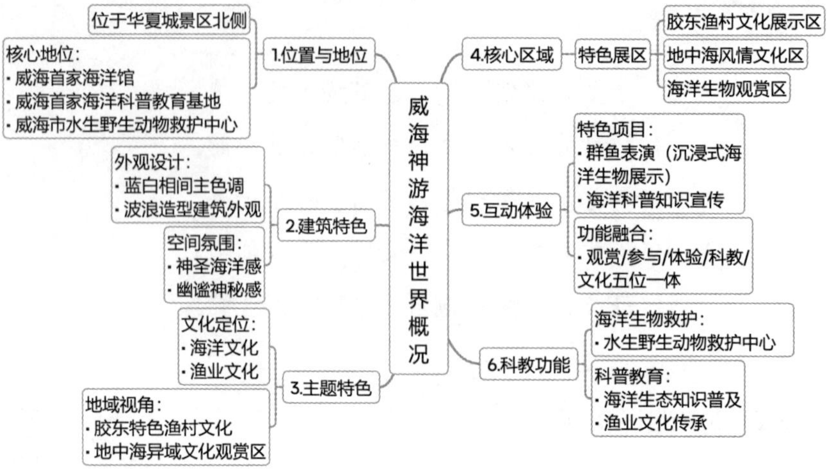

图 3-11-11 威海神游海洋世界概况

Tips

威海首座海洋馆，科普救护功能全。
华夏城北它相伴，蓝白外观似浪翻。
常规海物皆可览，胶东全球特色显。
渔村异域风情展，群鱼表演知识传。
观赏体验融科教，海洋文化魅力燃。

（二）威海神游海洋世界主要景点

1. 老渔村☆

各位游客，现在我们来到的是老渔村。

老渔村在胶东沿海，先民们祖祖辈辈靠海吃海：打鱼、海上捕捞、水产贸易、养殖，形成了当地崇尚海洋的独特文化。

老渔村展区用板块式构景，把胶东渔村民俗文化和透明观赏视窗结合起来，大家站在这儿，既能感受胶东民俗风情，又能欣赏奇妙的鱼类世界。

老渔村牌坊是北方典型的标志性牌坊，还原了胶东早期村头牌坊的风格，大方古朴。

村里的海草房是威海极具特色的民居。海草房用海草铺屋顶，乱石垒墙。屋顶用的是当地前海特有的藻类，新鲜的时候是褐色，时间一长就慢慢变成灰白色，住着冬暖夏凉，已被列入省级非物质文化遗产名录。

这边是渔人码头。这里生动展示了一艘从大西洋远航而来的英国商船，停靠在港口和当地渔民进行货物交换的场景。除此之外，这里的渔家光景和悬空玻璃栈道都各有特色，吸引着各地游客。

2. 渔家劳作☆

各位游客，现在我们来到的是展现胶东老渔村渔家劳作风情的地方。

胶东老渔村依山傍水，村里大部分村民世世代代都靠着渔业捕捞为生，由此形成的渔家劳作场景，是胶东民俗中一道独特又迷人的风景线。

在咱们眼前的这个展区，精心选取了渔民打鱼归来、渔家姑娘下锅烹饪等多处极具代表性的生活场景，让大家深入了解渔村民俗文化。

农家小院，窗户外面挂着一串串晾晒的玉米和鱼干，金黄与银白相间。走进小院，屋里的姑娘们梳着两条大辫子，穿着胶东旧时最具代表性的质朴衣裳，坐在热乎乎的炕头上诉说着渔家的日常点滴。

这里微缩版的祭海场景展现欢送渔民出海、祈愿渔业丰收的原生态民俗。在胶东，祭海活动已有 500 多年的历史，充分体现了人与自然和谐共处的美好理念，每年祭海节一举行，也就意味着渔民们一年的海上生产劳作正式拉开序幕。

3. 地中海风情老街☆

各位游客，欢迎来到地中海风情老街。

这里是世界海洋文化展示的一扇大窗口，也是地中海码头独特风情的浓缩。区域精选了四个最具代表性的生活场景，带大家近距离感受世界海洋文化的魅力。

场景一，街头的鲜花店里，金发女郎正在整理出售的鲜花。出海归来的年轻水手们会在这里买上一束鲜花送给自己的爱人。

场景二，布置精致的小餐馆里，一对青年男女正在谈天说地，听着小提琴的美妙音乐，准备享用一顿丰盛的午餐。

场景三，餐厅的厨师正在一展厨艺，烤海鲜的香气将为他们吸引来更多的码头商人和游客。

场景四，欧式酒吧文化渗透在渔港小镇的每个角落，风格各异的酒吧几乎可以满足每一个酒吧爱好者的需要。

请大家尽情感受这里的世界海洋文化风情！

4.《神游海空》动感影院☆

各位游客，现在我们来到的是《神游海空》动感影院！

这里是采用裸眼5D悬空式球幕的高科技影院，配备巨型悬挂式球形屏幕，并融合高科技电脑智能控制技术等现场特效。影院分为一号院和二号院，能同时容纳四百余人一起开启这场奇幻之旅。

影片时长8分钟，由神游海洋世界的萌宠明星——神龙小威，带着大家去游览华夏城景区以及世界各地的绝美风光。观影时大家不需要佩戴5D特效眼镜，裸眼就能轻松感受感憾效果。

跟随影片乘坐华夏一号宇宙飞船到神秘的海底、太空和世界各地去游览：美丽的海底、威海的华夏城、山东的泰山、中国的故宫、法国的埃菲尔铁塔、埃及的狮身人面像和金字塔等一系列闻名遐迩的景观纷纷映入眼帘。

《神游海空》动感影院是神游海洋世界里最受欢迎的体验区域之一。

5. 深海探秘☆

各位游客，现在我们来到的是深海探秘区域。

深海探秘主要包含两个拱形海底隧道，一个圆形的中心主池。拱形海底隧道通过拱形的通道将人们带入海底，透过环绕于头顶和四周的透明拱形长廊，海底隧道创造了一种“人在内、鱼在外”的观赏方式，相当于获得了一双潜水员的眼睛，却远比潜水员要轻松自如。280度的观赏视窗让您仿佛置身于神奇、美妙的大海中央，主池里上千种海洋生物在身边游来游去，近到似乎触手可及。

深海探秘区域是神游海洋世界的中心区域，承载着全馆的绝大多数水体，保障着馆内鱼类的正常生活。这里采用的透明“玻璃”是一种名叫“亚克力”的化工产品，透过“亚克力”，经过光学折射，我们看到的景象都比实体稍小些。

6. 极地风光☆

各位游客，现在我们来到的是极地风光。

这里巧妙吸纳极地元素，用白色冰凌精心造景，再配上极光色调，打造出一个纯净无比的冰雪天地，高度还原了极地动物们的栖息环境，海狮、海象、海狗、企鹅、白鲸、海豚等极地萌宝齐聚于此，安居乐业。

聪明伶俐的南美海狮是海兽表演队里公认的“幽默大师”“杂耍明星”。在驯养师的悉心教导下，它们不仅握手、亲吻、问候、套圈游刃有余，还擅长高难度的顶球、单手倒立、一狮两球等绝技。

还有这儿的宽吻海豚，吻部较长，嘴较小，嘴裂外形似乎在微笑，模样亲和又友善。它们不光能发出动听的声音，更有着卓越的表演天赋，转呼啦圈、跳跃腾空，各种精彩节目轮番上演，定会给大家带来一场难忘的欢乐之旅！

? 思考题

1. 被誉为“中国生态环保第一城”的是哪里？

2. 威海胶东民俗园——夏园与哪些名人有关？

3. 太平禅寺建寺的原因是什么？

4. 被誉为“会跑的实景演艺”的是哪处？

5. 威海市首家海洋馆、威海市首家海洋科普教育基地、威海市水生野生动物救护中心是哪处？

第十二节 黄河口生态旅游区

景区构成

※ **黄河口生态旅游区概况**☆☆☆

1. 黄河三角洲鸟类博物馆☆☆
2. 黄河口湿地观鸟科普园（湿地观鸟线路）☆
3. 鸟岛☆
4. 天然柳林木栈道☆☆
5. 鸟类科普园（鸟类放飞区）☆☆
6. 黄河口湿地公园☆
7. 泥滩捉蟹☆
8. 远望楼☆☆
9. 河海交汇奇观☆☆
10. 红地毯观赏☆

☆☆☆

黄河口生态旅游区概况

各位游客朋友们，大家好！欢迎来到黄河口生态旅游区。

【位置】黄河口生态旅游区位于东营市黄河入海口区域，依托山东黄河三角洲国家级自然保护区而建。

【声誉 | 地位】黄河口生态旅游区集国家5A级旅游景区、国际重要湿地、国家级自然保护区示范点、国家森林公园等多项荣誉于一身。黄河三角洲国家级自然保护区更是候鸟迁徙通道上的关键枢纽，区内鸟类资源丰富，珍稀濒危鸟类众多，被誉为“中国东方白鹳（guàn）之乡”和“中国黑嘴鸥之乡”，是一处集自然景观、生态保护和科普教育于一体的绝佳旅游胜地。

【组成】景区内景点有远望楼、鸟类科普园、天然柳林等，景区还提供了丰富的旅游体验项目。黄河与大海相拥，造就了举世罕见的河海交汇自然奇观。您可以乘坐游船近距离观赏河海交汇的奇观，也可以体验泥滩捉蟹的快乐。

【特色 | 特产】黄河口生态旅游区是中国沿海最大的新生湿地自然植被区。这里不仅分布着上万亩的盐地碱蓬“红毯”奇景，还拥有华北平原地区面积最大的人工刺槐林。作为山东省第一处国际重要湿地和唯一一处国家级示范自然保护区，这里保存着中国暖温带地区最为年轻、广阔且完整的湿地生态系统。如东方对虾、三疣（yóu）梭子蟹等，都是黄河口湿地生态园的馈赠。

【路线】从景区入口进入，先步入原始森林，沿着木栈道前行，呼吸新鲜空气，欣赏自然景观，聆听鸟儿鸣叫；随后走出森林，来到生态果园，根据季节采摘水果；最后前往农家乐，品尝特色美食，如蜜梨炖鸡、野菜团子等，让您全方位感受黄河口生态旅游区的魅力。

希望大家在这里度过一个愉快而难忘的旅程！

思　维　导　图

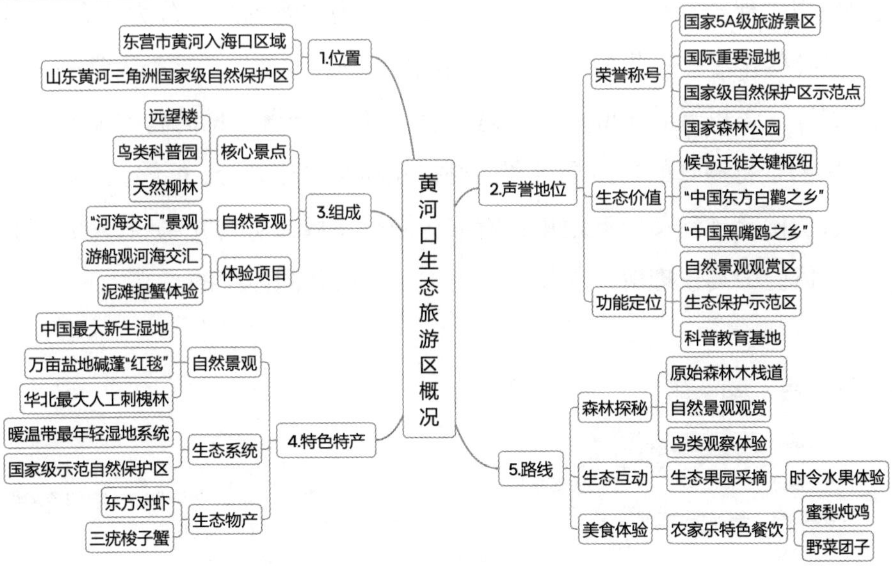

图 3-12-1 黄河口生态旅游区概况

Tips

东营河口湿地广，5A 国保国际范。
白鹳鸥乡迁徙忙，远望楼连柳林旁。
游船探秘黄蓝汇，万亩红毯碱蓬香。
刺槐林海华北冠，对虾梭蟹湿地藏。
入园木栈听鸟鸣，采摘尝鲜农家乐。
河海交汇奇观壮，生态画卷醉心房。

1. 黄河三角洲鸟类博物馆☆☆

各位游客，欢迎来到黄河三角洲鸟类博物馆。

这里不仅是全国最大的鸟类主题博物馆，更是一个能看展览、学知识、做研究，还能放松身心的宝藏地！就像一张会动的城市明信片，向大家展示着黄河口生态保护成果、丰富的动植物，还有人与自然和谐共生的美好画面。

博物馆以“保护珍稀鸟类，共建生态文明”为主题理念，分为“大河息壤——共生厅”“候鸟驿站——共鸣厅”“鸟国探秘——共赏厅”“鸟类天堂——共享厅”四大主题展厅。馆里藏着 1200 多件珍贵展品，包括难得一见的鸟类标本。

最特别的是将逼真的自然场景和高科技互动装置相结合，能够调动视觉、听觉、触觉，让人仿佛穿越到黄河湿地里：看群鸟漫天飞舞，听鸟儿鸣叫，感受羽毛的触感，在趣味体验中真正理解“人类与鸟类本是生命共同体”的意义。

思 维 导 图

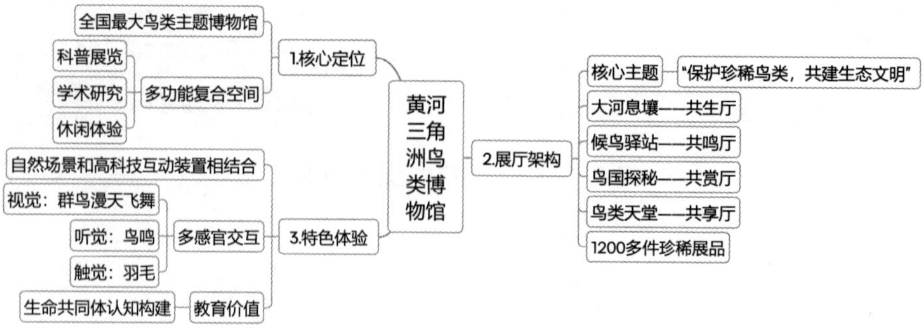

图 3-12-2 黄河三角洲鸟类博物馆

Tips

全国最大鸟类馆，科普研究两相宜。
四厅主题各精彩，大河息壤共生厅。
候鸟驿站共鸣强，鸟国探秘共赏奇。
鸟类天堂共享乐，千二标本藏珍奇。
科技互动临其境，视听触融湿地景。
保护鸟类齐努力，生态共融谱新章。

2. 黄河口湿地观鸟科普园（湿地观鸟线路）☆

各位游客，欢迎来到黄河口湿地观鸟科普园。

黄河口湿地观鸟科普园是个藏在自然保护区里的鸟类天堂，位于自然保护区内的湿地恢复区之中。这里有 15 千米长的环形观鸟步道，沿途设置了特色观鸟屋、观鸟长廊，还有观鸟帐篷。园区提供专门的观鸟游览车，还能提供珍稀鸟类的专业化拍摄。现在整个园区已经规划形成了“一路、两屋、三站、三节点”的多角度生态观鸟空间布局，让游客多角度观察鸟类。

这片湿地现有 300 多种候鸟“落户”于此。每年 11 月到次年 3 月，这里就像举办鸟类春运大会，几百万只候鸟在这里栖息、捕食。专家都说这里是“鸟类的国际机场”，这里不仅是东北亚内陆和环西太平洋候鸟迁徙的必经服务区，也是它们过冬的栖息地。

3. 鸟岛☆

各位游客，欢迎来到鸟岛。

鸟岛，顾名思义，就是鸟类栖息的天堂，是保护区内在候鸟迁徙季节鸟类活动最为集中的区域。这里位于黄河入海口附近，拥有得天独厚的湿地生态系统，是众多鸟类理想的繁殖和栖息地。岛上植被茂密，食物丰富，吸引了大量珍稀鸟类在此栖息繁衍。

为了不影响鸟类的正常生活，这里特别设置了观鸟长廊和隐蔽式观鸟亭。观鸟长廊蜿蜒于鸟岛核心区域，设计巧妙，既能让游客近距离观察鸟类，又不会对它们的生活造成干扰。长廊两侧设置了高倍望远镜，能够清晰地看到远处的鸟类。而隐蔽式观鸟亭，则巧妙地融入了周围的自然环境，它的外观与周围的湿地景观相协调，不易被鸟类察觉。如此一来，就能在不干扰鸟类生活的情况下，近距离观察它们的习性，感受大自然的神奇魅力。

希望大家在这里度过愉快而充实的时光。

4. 天然柳林木栈道☆☆

各位游客，欢迎来到黄河故道天然柳林。

天然柳林木栈道全长799米，宽2.6米，就像一条飘带穿梭在黄河故道的支流中。栈道两侧长满茂密的芦苇，脚下流淌的黄河水里，时不时还能看到野生鱼群游过。

这些柳树属于杞柳，柳条非常柔软。它们的种子跟着黄河水漂流到此，在沼泽里扎根后，虽不长主树干，但枝条会不断地向四周扩散。当地人还给它们起了个可爱的名字，叫“蘑菇柳”。这种柳树只适合在沼泽湿地中生长，它们用毛根进行呼吸，根系十分庞大。

前面这座三层楼高的观景台就是观河亭。站在顶层，不仅能俯瞰（kàn）整片如翡翠般的柳林，还能看到黄河故道蜿蜒的身姿。当年胡锦涛同志视察时就站在您现在的位置，拍下了那张著名的“黄河远眺（tiào）”照片。

接下来，大家可以在这里拍照，把壮美的景色定格在镜头里！

思 维 导 图

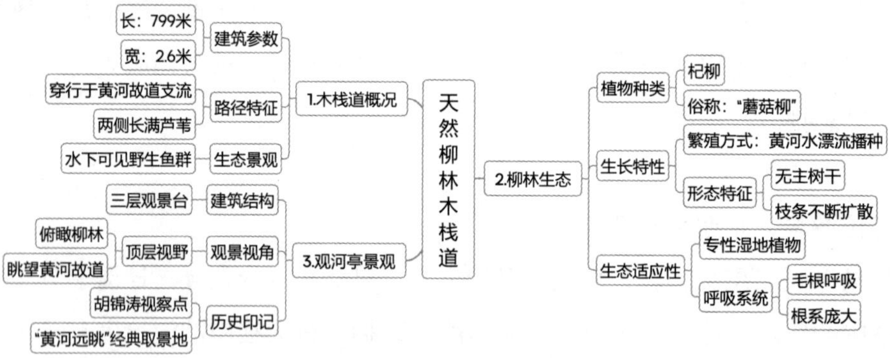

图3-12-3 天然柳林木栈道

Tips

木栈七九蜿蜒长，苇密鱼游水泛黄。
杞柳枝柔名蘑菇，毛根呼吸扎泥塘。
观河亭高三层上，俯瞰柳林翠色苍。
当年领袖留影处，黄河远眺美名扬。

5. 鸟类科普园（鸟类放飞区）☆☆

各位游客，欢迎来到鸟类科普园，也就是鸟类放飞区。

这个鸟类科普园，既能救助伤病鸟类，又能人工繁育濒危物种，还是个科普知识的自然课堂。

漫步在开放式园区内，能亲眼见到戴“白围巾”的东方白鹳（guàn）、头顶“红宝石”的丹顶鹤、优雅的白天鹅，连穿着“灰色燕尾服”的蓑羽鹤也会在您面前优雅踱（duó）步。每个鸟舍前都有趣味科普展板，介绍这些鸟类的习性。

最不能错过的是这里的鸟类放飞表演！当工作人员吹响特定旋律时，丹顶鹤、蓑羽鹤群会舒展翅膀从头顶掠过。这种震撼的视觉盛宴，其实是科研人员多年研究出来的科学放飞训练，既能锻炼候鸟的野化能力，又能让我们感受到生命与自然的美妙共鸣。

思　维　导　图

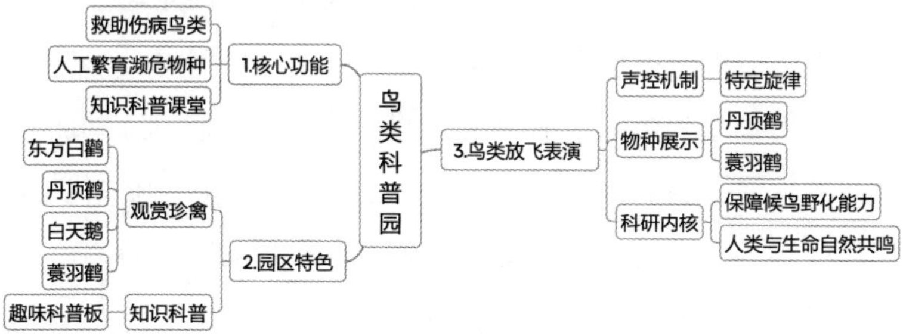

图 3-12-4　鸟类科普园

Tips

救助繁育科普忙，鸟舍前有科普章。
白鹳丹鹤天鹅翔，灰燕尾蹼蓑羽昂。
丹鹤群飞掠头上，科学训练保野化。
放飞表演震心膛，生命自然共乐章。

6. 黄河口湿地公园☆

各位游客，欢迎来到黄河口湿地公园。

黄河口湿地公园以“走进湿地、观赏湿地、认识湿地、保护湿地”为主旋律，总面积达 4 平方千米，向世人展现湿地的独特魅力与生态价值。公园主水道及两侧植被主水道呈“8”字形，两端和中间各设一个码头，三座码头串联起全境航线，您可以乘船穿梭于芦苇迷宫中，根据需求选择环线全程或半程游览。

这片由河海激荡孕育的宝地蕴藏着丰富的自然资源。保护区内覆盖着众多天然植被，其中芦苇、柽（chēng）柳、罗布麻及野大豆等典型湿地植被沿着河岸茂密生长。得益于良好的天然植被，这里空气中的负氧离子含量极高，使园区成为天然氧吧。

游览时，大家可以放缓脚步，尽情享受这方水土馈赠的清新气息。

7. 泥滩捉蟹☆

各位游客，欢迎来到泥滩，参与捉蟹活动！

黄河口属于泥质海滩，生长着众多的小生物，为蟹类提供了丰富的食物来源，极利于其生长繁衍。因为涨潮或海水倒灌时，该区域会被海水覆盖，所以土壤盐碱度较高。尽管此地植被稀少，但海水的频繁造访带来了众多海洋小生物。

在此，人们能够捕获到名为“海嘟噜”的小螃蟹。它们掘穴而居的习性让泥滩上布满星罗棋布的气泡孔洞。当人们带着孩子走进泥沼，追寻这些机敏的小生命时，不仅能收获满筐的喜悦，更将切身感受到滨海生态系统的神奇魅力。这种妙趣横生的亲子活动，正是大自然馈赠给黄河口的独特礼物。

8. 远望楼☆☆

各位游客，欢迎来到远望楼。

远望楼的名字来自诗句“远来黄河流不尽，望去渤海潮涌生”，这座同济大学设计的建筑就像一个百宝箱，既能吃饭休息，又能候船观景。2011 年，远望楼被评为“十大齐鲁文化新地标”。

这栋楼造型十分独特，由四个核心筒撑着悬在空中，整体组成双“H”形状，这正是“黄河”拼音的声母。每根柱子的颜色都有讲究：红色柱子代表红毯迎宾的热情，黄色柱子是奔涌的黄河，蓝色柱子象征浩瀚的渤海，绿色柱子代表生态湿地。中间黄蓝两色交织，既展现了河海相拥的奇景，又暗含国家《黄河三角洲高效生态经济区发展规划》与《山东半岛蓝色经济区发展规划》两大战略在这里交汇的深意。

在楼下码头乘坐游船顺黄河漂流，能看到“河海交汇”的壮丽奇观。走进远望楼，能够吃到地道黄河口美食，还能购买到特色纪念品。登上高处，大家就能把黄河入海口的壮丽风光尽收眼底。

思　维　导　图

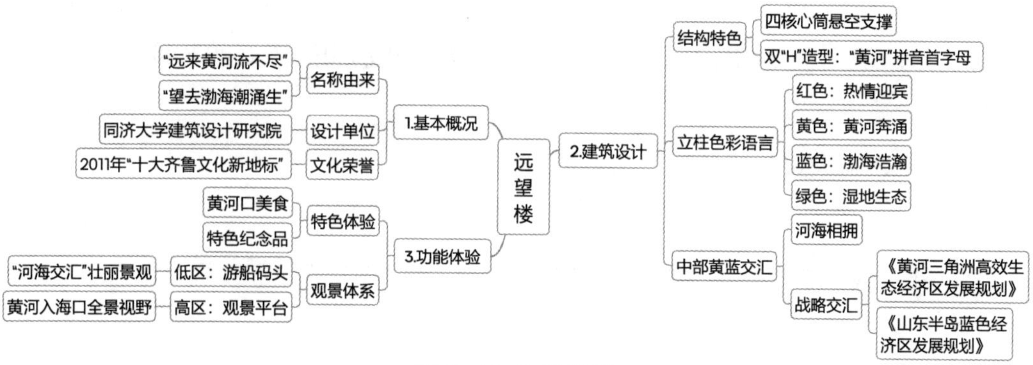

图 3-12-5　远望楼

Tips

同济设计地标扬，双 H 造型黄河章。
四筒支撑悬空中，红迎黄涌蓝渤苍。
绿柱湿地生态旺，蓝黄交织战略强。
楼内餐饮观景畅，码头游船赏河江。
登楼远眺风光壮，河海交汇入画框。

9. 河海交汇奇观☆☆

各位游客，欢迎来观赏河海交汇的壮丽奇观。

河海交汇是一道自然界独特的奇观，黄色的黄河水与碧蓝的海水在此形成鲜明的分界却又彼此交融。但这奇特的景观并不是每次来都能看到，这一奇观的呈现需同时满足三项特定条件：

一是水文平衡。黄河径流量需要保持适中状态，径流量过高易引发洪涝风险，过低则难以形成有效的水动力。

二是泥沙浓度。如果黄河的含沙量不足，浑浊的黄河水与清澈的海水之间将失去清晰的交界线。

三是潮汐配合。涨潮时，海水的顶托作用最是明显，当澎湃的海潮逆推向黄河水时，才能展现这震撼的场景。

由于黄河的流入，大量泥沙流入渤海，预计再过一百年，渤海就会成为一片新大陆。如果渤海陆域形成，将对华北地区产生很大的影响。因此，很多人都在努力阻止渤海海域缩小。希望在不久的将来，科技能让我们想到更好的对策。也希望这条母亲河能够更好地造福祖国。

接下来，请大家尽情领略这奇观的魅力！

思 维 导 图

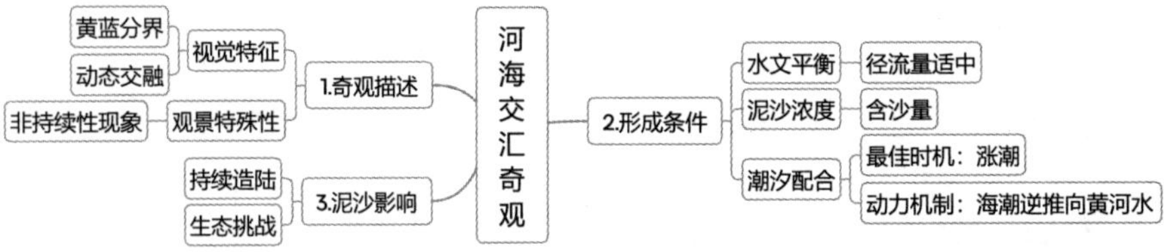

图 3-12-6 河海交汇奇观

Tips

黄蓝交融分界彰，三条件备方得赏。
水文平衡适中量，泥沙浓度分界强。
潮汐顶托澎湃浪，百年渤海变陆疆。

华北影响需考量，阻止缩小众志昂。
科技对策盼良方，母亲河福永无疆。

10. 红地毯观赏☆

各位游客，欢迎来到“红地毯”。

这种植物学名叫“盐地碱蓬”，老百姓都叫它“翅碱蓬”或“黄须菜”，特别能抗盐碱、耐水涝、抗干旱，是黄河入海口最具代表性的耐盐碱植物。它们大片生长在黄河口的滩涂和海边沙滩上，形成壮观的红色“地毯”。

黄须菜是东营人待客的特色野菜，被誉为“植物黄金”。为什么它会变红呢？其实道理很简单：生长在海边的这些植物，由于长期受海水浸泡，体内的叶绿素慢慢转化成了叶红素，就像被大自然涂了颜色。

它还有个响亮的别称叫“皇席菜”。相传唐朝名将薛仁贵带兵东征时粮草断绝，危急时刻正是靠这种野菜充饥渡过了难关。后来庆功宴上，薛仁贵特意命人采来入席，从此得名“皇席菜”。

? 思考题

1. 拥有世界上最年轻、最完整、最典型的湿地生态系统的国家级自然保护区是哪一个？

2. 目前全国规模最大的鸟类专题博物馆是哪座？

3. 山东唯一一处国家级示范自然保护区是哪里？

4. 被誉为“中国东方白鹳之乡”和“中国黑嘴鸥之乡”的是哪个保护区？

5. 截至 2020 年 9 月，我国国际重要湿地数量达 64 处。其中属于山东的是哪两处？

第十三节　萤火虫水洞·地下大峡谷旅游区

景区构成

※ 萤火虫水洞·地下大峡谷旅游区概况☆☆☆

一、地下大峡谷景区

（一）地下大峡谷景区概况☆☆

（二）地下大峡谷景区主要景点

1. 小飞龙☆
2. 地下大峡谷的成因☆☆
3. 蚀（shí）余小形态☆☆
4. 次生化学沉淀物☆☆

（1）滴水沉积☆☆

（2）流水沉积☆☆

5. 地下暗河漂流☆☆

二、萤火虫水洞景区

（一）萤火虫水洞景区概况☆☆

（二）萤火虫水洞景区主要景点

1. 萤语谷☆☆
2. 莲花谷☆☆
3. 萤火虫生长周期☆
4. 蝴蝶谷☆☆
5. 娃娃鱼观赏区☆
6. 萤火虫观赏区☆☆

☆☆☆

萤火虫水洞·地下大峡谷旅游区概况

各位游客朋友们，大家好！欢迎来到萤火虫水洞·地下大峡谷旅游区。

【位置】萤火虫水洞·地下大峡谷旅游区位于山东省临沂市沂蒙山腹地，处于沂蒙山“天然氧吧”核心区。

【声誉 | 地位】萤火虫洞是亚洲罕见的萤火虫奇观观赏地，被中国旅游洞穴联盟与中国地质学会洞穴专业委员会评为中国“十大旅游名洞”之一。地下大峡谷更是被誉为“中国地下河漂流第一洞”。该旅游区是国家 5A 级旅游景区。

【组成】旅游区主要由萤火虫水洞和地下大峡谷两大核心区组成。地下大峡谷景区是一处大型地下暗河岩溶洞穴。洞体有 6100 米长，是我国特大型的著名溶洞之一。这里有“一河”“三泉”“五瀑”“五宫”等超过 100 处景观。这里还有国内首家沉浸式萤火虫主题馆——科普乐学馆和生态蝴蝶谷。

【特色 | 特产】在萤火虫洞，您能体验到前所未有的宁静与梦幻，观赏萤火虫如精灵般翩翩起舞；在地下大峡谷中，乘坐橡皮艇沿着地下河漂流而下，穿过 1000 米长的地下暗河时，一抬头，就好像伸手能摸到星星一样。特产方面，沂水县的煎饼闻名遐迩，薄如蝉翼、香酥可口；还有用钟乳石的造型启发制作的摆件、饰品等特色溶洞纪念品。

【路线】景区可分为两条游览路线，一条是亲子欢乐线：先去蝴蝶谷，感受蝴蝶飞舞的美妙；再到萤火虫科普馆，学习知识；然后去萤火虫水洞乘船，体验梦幻之旅；最后来个峡谷溶洞徒步，全程大概 3 小时。一条是探险路线：从地下暗河漂流开始，接着探秘暗湖，再挑战一下攀岩，晚上还能夜观萤火星河，绝对让您刺激感拉满！

希望大家在这里度过一段难忘又愉快的时光。

思 维 导 图

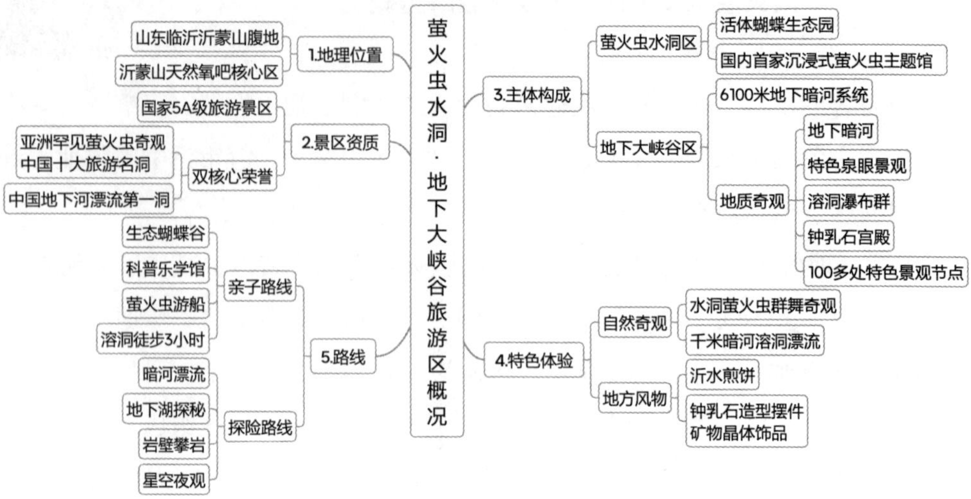

图 3-13-1 萤火虫水洞 · 地下大峡谷旅游区概况

Tips

沂蒙腹地景区妙，萤火水洞谷藏娇。
亚洲萤奇观罕见，地下河漂称首条。
两大核心景观好，百处胜景溶洞俏。
亲子先逛蝴蝶谷，科普乘船再步绕。
探险暗河先开漂，探秘攀岩夜赏萤。
沂水煎饼名声响，溶洞纪念造型巧。
两条路线任你挑，欢乐刺激都来到。

一、地下大峡谷景区

（一）地下大峡谷景区概况☆☆

各位游客，欢迎来到地下大峡谷景区。

地下大峡谷景区是一处大型地下暗河岩溶洞穴。洞体有 6100 米长，是我国特大型的著名溶洞之一。这里有“一河”“三泉”“五瀑”“五宫”等超过 100 处景观。洞里面宽的地方，车马都能通行，窄的地方呢，就只够一个人勉强通过。

景区的景观多不胜数。洞顶是形态各异的钟乳石，在灯光的映照下，好看极了。沿着步道往前走，脚下的地下暗河潺潺流淌，就像在演奏美妙的音乐。

景区的特色项目是利用暗河水势开发的地下漂流，获得了上海大世界吉尼斯总部认证的“最长的溶洞漂流”荣誉称号。

我们今天的游览路线是先从地下大峡谷的入口进入，欣赏峡谷里的各种奇特景观；然后到地下漂流的起点，体验一把惊险刺激的漂流。

希望大家在地下大峡谷景区，度过一段既难忘又愉快的时光。

思　维　导　图

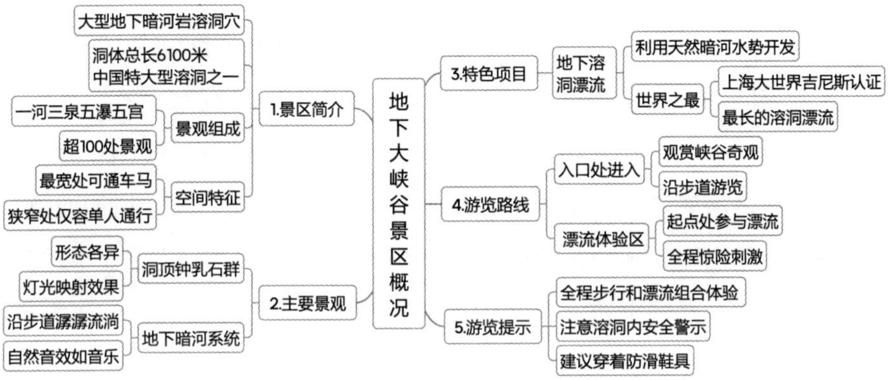

图 3-13-2 地下大峡谷景区概况

Tips

游客朋友大家好，地下峡谷真奇妙。

六千一百米洞长，特大型洞名声耀。

“一河”“三泉”“五瀑”“宫”，百处景观真不少。

宽处可行车和马，窄处一人过刚好。

钟乳石美灯光照，暗河潺潺似歌谣。

地下漂流特色高，最长溶洞纪录超。

入口先进赏奇景，再去漂流乐逍遥。

（二）地下大峡谷景区主要景点

1. 小飞龙☆

各位游客，欢迎来到“小飞龙”。

“小飞龙”轨道车全长 2800 米，沿途有 50 多米的高低落差。当您乘坐小飞龙时，车速可以达到每小时 15 千米，让您在欣赏美景的同时，也能感受到轻微的刺激。

“小飞龙”的操作非常简单，只需握住操纵杆，就能控制车速。最重要的是小飞龙专门设置了安全刹车装置，确保您的安全。

希望大家能在这里留下美好的回忆，享受属于自己的“飞龙之旅”！

2. 地下大峡谷的成因☆☆

各位游客，欢迎参观地下大峡谷。地下大峡谷的成因是什么呢？听我细细讲解。

地下大峡谷的洞穴走向很有特点，是沿着 290 度到 320 度这个方向往前延展的。是在一条呈北西—南东走向的喀斯特裂隙基础上，历经漫长岁月逐渐发育而成的。

从大的地质区域来看，地下大峡谷处于郯（tán）庐大断裂中段的西侧。同时，它还处在中国沂蒙山国家地质公园的沂水溶洞园区内，是园区的重要组成部分。地下大峡谷不仅是大自然的奇迹，更是国家地质遗产，具有极高的科学研究价值和保护意义。

接下来，我们一起走进这神秘的地下大峡谷，亲身感受大自然的鬼斧神工，领略它独特的魅力吧！

思 维 导 图

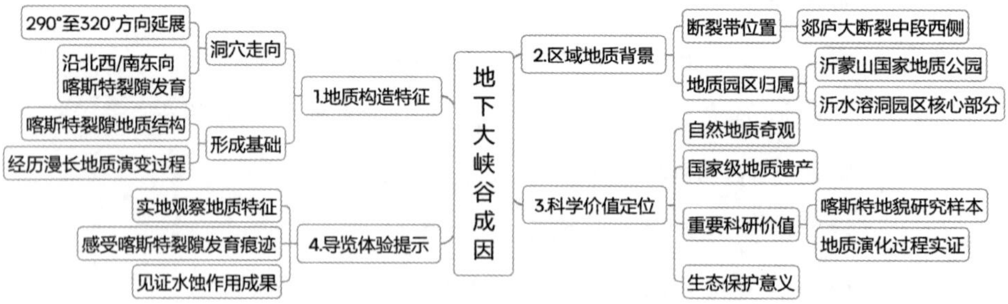

图 3-13-3 地下大峡谷的成因

Tips

游客朋友听我言，峡谷成因不简单。
裂隙北西到南东，二九零至三二零。
郯庐断裂西侧延，沂蒙公园溶洞连。
地质遗产价值显，自然奇迹待赏玩。

3. 蚀（shí）余小形态☆☆

各位游客，欢迎参观蚀余小形态。

您知道它们是怎么形成的吗？其实是地下水这个“雕刻大师”，长年累月地“啃咬”洞穴四周的碳酸盐岩，通过溶蚀和侵蚀作用，才留下了这各式各样的独特模样。

这些蚀余小形态种类丰富。大家看，洞壁上一道道的痕迹，这是流痕类；再瞧洞顶那些像串珠子似的小坑，属于窝穴类；洞壁边上的凹槽，是沟槽类；还有形状如同天井的，是井管类；从洞壁上凸出来的蚀余吊岩，属于洞壁突出物类。

这些蚀余小形态，距今差不多有 5 亿年，它们见证了地球漫长的历史变迁。接下来，大家可以近距离欣赏，感受这份来自远古的独特魅力！

思 维 导 图

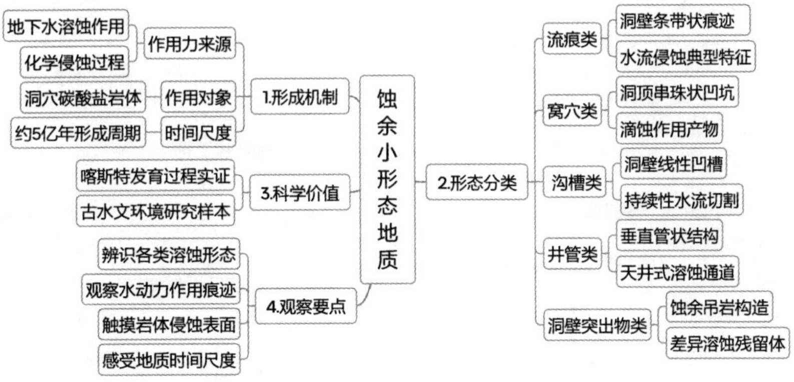

图 3-13-4 蚀余小形态

Tips

地下水雕碳酸盐，溶蚀侵蚀留奇样。
流痕窝穴沟槽井，蚀余吊岩种类广。
蚀余小态五亿年，远古魅力细欣赏。

4. 次生化学沉淀物☆☆

各位游客，欢迎参观次生化学沉淀物。

次生化学沉积物，也叫钟乳石类。这些钟乳石是大自然精心雕琢的艺术品。它们形状各异，而且通体洁白纯净，使人眼前一亮。

钟乳石由碳酸钙沉积而成。地下水就像一位神奇的工匠，对洞穴四周的碳酸盐岩进行溶蚀，溶解岩石里的物质后，又重新沉积，最终造就了这些钟乳石。依据成因，它们主要分为滴水沉积和流水沉积两大类。

和构成洞穴的岩石相比，钟乳石很“年轻”，大多是在几十万年里慢慢形成的，而且有些到现在还在不断生长呢！

接下来，大家跟着我一起，近距离欣赏这些由滴水沉积和流水沉积造就的奇妙景观吧。

思 维 导 图

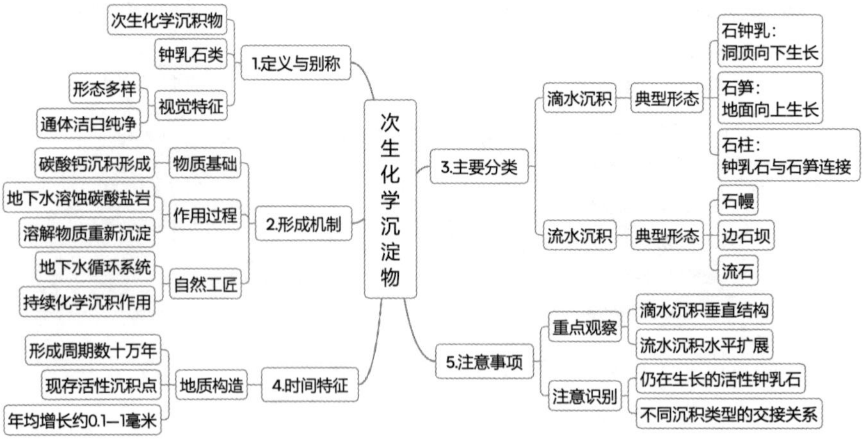

图 3-13-5 次生化学沉淀物

Tips

次生沉淀钟乳石，自然雕琢艺术品。
通体洁白形状异，碳酸钙积妙生成。
地下水溶碳酸盐，再沉造就钟乳景。
滴水流水两沉积，年轻生长韵无穷。

（1）滴水沉积☆☆

滴水沉积景观是由洞顶往下滴水形成的，主要有鹅管、石钟乳、石笋和石柱这几种。

大峡谷里的“企鹅沐浴”“一统江山”“小寿星”这些景点，属于石笋类景观，是从洞底往上长的。“玉米王”这类景点，它们是从洞顶往下长的，属于石钟乳景观。另外，像“九龙宫”“千载难逢”“瑶池仙境”“水帘洞”“定海神针”这些地方，是石柱、石笋和石盾组合在一起的景观。

鹅管大概 100 年才长 1 厘米，而且只往长里长，不会变粗。鹅管的形成和洞里的小气候有关系。洞顶的水滴落到洞穴里后，因为压力、温度这些条件变了，水里的二氧化碳就跑出去了，这样一来，碳酸钙溶液就变得过饱和，多余的碳酸钙就沉淀下来，慢慢就形成了鹅管。

思　维　导　图

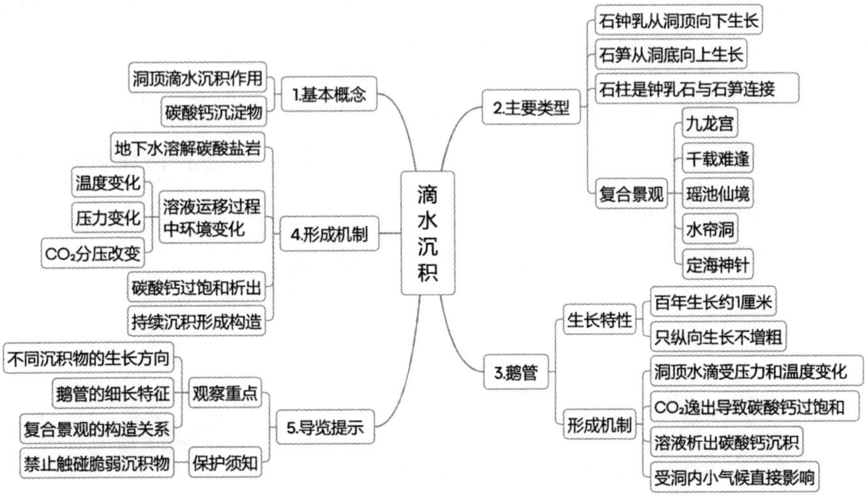

图 3-13-6 滴水沉积

Tips

滴水沉积景多样，洞顶滴水来塑造。
鹅管钟乳石笋柱，形态各异真奇妙。
“企鹅”“一统”“小寿星”，石笋向上节节高。
“玉米王”儿顶下长，石钟乳儿姿态娇。
“九龙”“千载”“瑶池”妙，石柱石笋石盾巧。
鹅管百年长一厘，只长不粗有门道。
水滴落下条件变，二氧化碳往外跑。
碳酸钙液过饱和，沉淀成管岁月悄。

（2）流水沉积☆☆

流水沉积是由洞里持续流动的片状水流塑造出来的，在地下大峡谷里，这类景观主要有三种。

第一种是天流石，它出现在洞顶，像石旗、石带都属于天流石。洞顶那些像旗帜一样飘着，或者像带子一样细长的，就是天流石。

第二种叫壁流石，包括石幔（màn）、石瀑以及盾帐等。洞壁上像一层幔布挂着的，是石幔；像瀑布一样“倾泻而下”的，是石瀑。

第三种是底流石，比如石梯田和边石坝都在这一类。在洞底看到像梯田一样一层一层的，或者像小堤（dī）坝一样的，就是底流石。

“海豹戏珠”是石钟乳和石带搭配组合而成的景观，“奇耳荟萃”“海底石幔”是石幔景观，“海鸥哺乳”“松山冰雪”“双塔玉灯”是壁流石和石幔一起形成的景观。

大家可以仔细瞧瞧，感受这些奇妙景观的独特魅力。

思 维 导 图

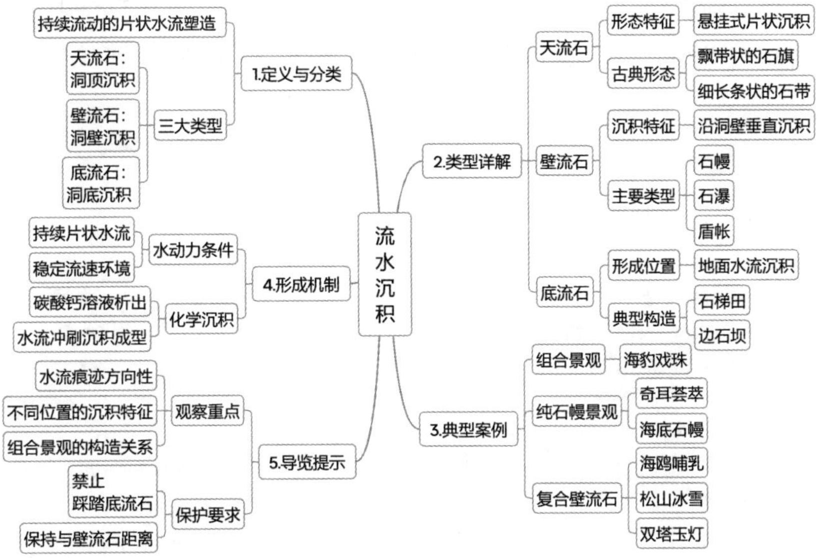

图 3-13-7　流水沉积

Tips

地下峡谷流水妙，沉积景观类型巧。
天流石在洞顶飘，石旗石带风姿娇。
壁流石于洞壁绕，石幔石瀑气势豪。
底流石铺洞底道，梯田坝状显奇妙。
海豹戏珠配精巧，奇耳海底石幔俏。
海鸥松山双塔妙，壁石幔景共闪耀。
诸位快来细观瞧，自然魅力心醉倒。

5. 地下暗河漂流☆☆

各位游客，欢迎体验地下暗河漂流。

地下大峡谷的暗河漂流是景区的特色项目，它巧妙利用暗河的水势，开创了国内首例溶洞漂流。

这段漂流全程 1000 米，溶洞内温度常年稳定在 18℃左右，整个地势高低起伏，充分展现出地下暗河漂流的惊险与奇妙。

当您在漂流时，沿途能看到形状各异、晶莹剔透的钟乳石，它们有的像活泼的动物，有的像茂盛的植物，在灯光的映照下五彩斑斓，每一处景致都值得细细品味。

接下来，感兴趣的朋友就可以去体验，相信这次溶洞漂流，会给您留下一段难忘的回忆。

思 维 导 图

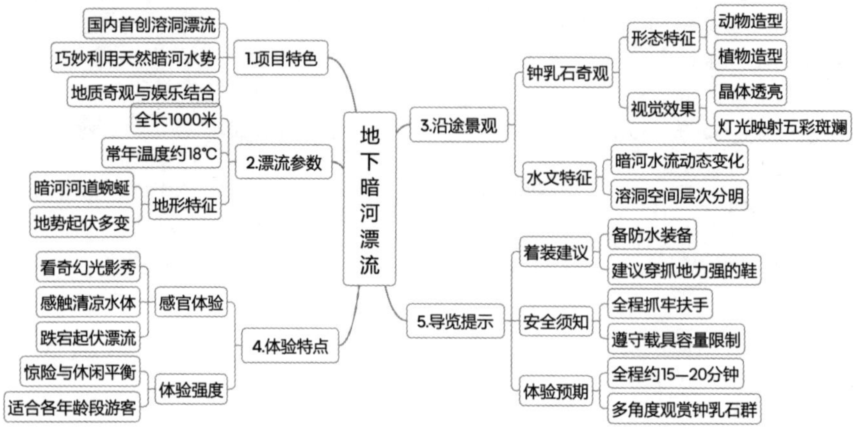

图 3-13-8 地下暗河漂流

Tips

地下暗河漂流棒，景区特色超闪亮。
国内首开溶洞漂，借势暗河超别样。
千米路程起伏强，十八度温正舒爽。
钟乳百态映灯光，漂流探秘心欢畅。

二、萤火虫水洞景区

（一）萤火虫水洞景区概况☆☆

各位游客，欢迎来到萤火虫水洞景区。

萤火虫水洞景区拥有亚洲罕见的萤火虫奇观、岩溶暗湖、江北特大的生态蝴蝶谷、国内首个原生态沉浸式萤火虫科普乐学馆等独有景观。

洞体规模宏大，除大量的钟乳、奇石等景观外，萤火虫水洞内还栖息着一种在阴湿的岩洞中寄居生存的萤火虫，它们成千上万地布满洞顶，犹如晴朗夜空中闪烁的星星，形成亚洲罕见的萤火虫奇观。

本次的游玩路线是先参观蝴蝶谷，再前往科普乐学馆，之后进入溶洞，乘坐轻舟欣赏萤火虫奇观，最后从暗湖出口离开。这么独特的景区，相信一定会给大家留下深刻的印象，现在就开启咱们的奇妙之旅吧！

思 维 导 图

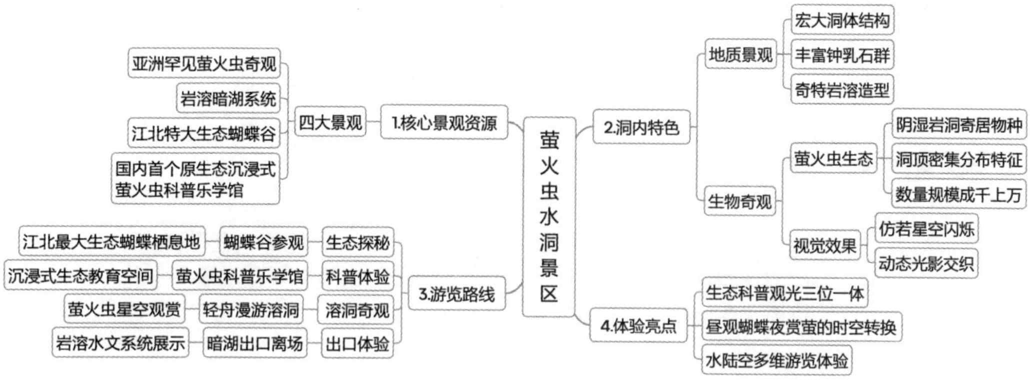

图 3-13-9 萤火虫水洞景区

Tips

欢迎来到水洞景，亚洲萤奇超吸睛。
岩溶暗湖藏神秘，蝴蝶谷美江北名。
科普乐学馆新颖，钟乳奇石洞中迎。
萤虫如星顶布满，游玩路线心中明。
先逛蝶谷再学馆，暗湖出口乐返程 。

（二）萤火虫水洞景区主要景点

1. 萤语谷☆☆

各位游客，欢迎来到萤语谷。

萤语谷是国内第一座原生态沉浸式萤火虫科普乐学馆。

萤火虫，也叫“火金姑”。全世界已经发现并记录了2000多种萤火虫，在中国，已经记载的萤火虫种类有50多种，主要分布在南部和东南沿海地区。但现在萤火虫的数量急剧下降，濒临灭绝。主要由于人工光源太亮，以及河流、水渠、沟渠被水泥硬化等，它们的栖息地被破坏了。

这是复原的“囊萤照读”展示馆。“囊萤照读”讲的是晋代有个叫车胤（yìn）的人，家里穷，没钱买油灯看书，他就想办法从田野里抓来萤火虫，装进布袋里，靠着萤火虫发的光读书学习，最后取得了很大的成就。

这是能容纳400名学生一起学习的研学课堂。在这里，同学们可以学到很多关于萤火虫和蝴蝶的知识，还能参观各种以萤火虫和蝴蝶为主题的产品。大家可以好好感受感受，相信一定会收获满满！

思 维 导 图

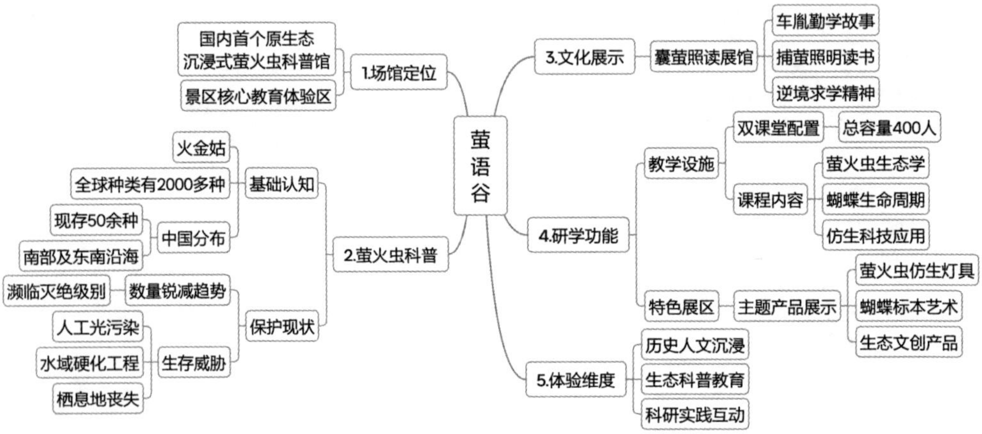

图3-13-10 萤语谷

Tips

欢迎来到萤语谷，科普乐学超特殊。
首座生态沉浸式，了解萤虫好去处。
火金姑名萤火虫，两千多种世分布。
国内五十有记录，东南南部常居住。

2. 莲花谷☆☆

各位游客，欢迎来到莲花谷。

莲花是我国传统的四大花卉之一。莲花全身都是宝，叶子既能观赏，又能入药，莲子同样也是一味中药材。

莲花谷，全长约 1500 米，这里不仅有亭亭玉立的莲花，还有许多别具一格的莲花石刻。像“莲韵石刻”，刻画出莲花的高雅韵味；“莲趣石刻”，展现出莲花的俏皮有趣；“莲魂石刻”，则彰显莲花的独特风骨；“莲风石刻”，体现莲花的清新之风；“莲心石刻”，表达莲花的纯净内心。

大家沿着山谷漫步，既能欣赏到自然生长的莲花美景，又能品味这些石刻作品，感受莲花文化的深厚底蕴。

思 维 导 图

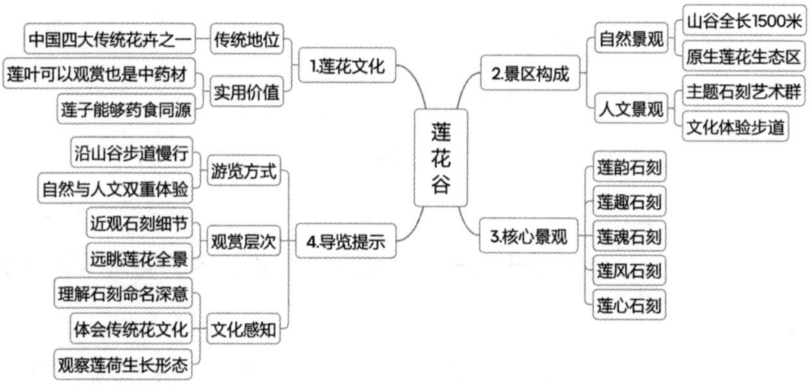

图 3-13-11 莲花谷

Tips

游客朋友快来看，欢迎走进莲花谷。
传统花卉它居前，全身是宝不简单。
莲叶观赏能入药，莲子也是药材全。
谷长一千五百米，莲花石刻映眼帘。

3. 萤火虫生长周期☆

各位游客，欢迎了解萤火虫生长周期。

萤火虫的一生和很多昆虫一样，要经历卵、幼虫、蛹、成虫这四个阶段。幼虫阶段长达 9 个月，其间有的栖息在水中，有的栖息在陆地，甚至有些种类具有水陆两栖的特性。幼虫时期的萤火虫可是“捕食小能手”，特别爱吃田螺和蜗牛，对庄稼有益，是不折不扣的益虫。

变为成虫后，萤火虫就变得很“佛系”，几乎不吃不喝，实在饿极了才喝点露水或吃点花粉花蜜，然后就结束了短暂又美丽的一生。不过要是在室内养着，喂点蜜水，它们还能多活两到四周。

大家看这边，这里摆放着四种形态的萤火虫雕像，从小小的卵，到幼虫、蛹，再到会发光的成虫，通过这些雕像，就能清晰地了解萤火虫的生长周期。等会儿大家进入溶洞，就能看到真正的萤火虫成虫，近距离感受它们的神奇魅力。

4. 蝴蝶谷☆☆

各位游客，欢迎来到蝴蝶谷。

蝴蝶谷是北方特大的蝴蝶文化公园及蝴蝶研究基地！

蝴蝶的成长历程很独特，一生要经历卵、幼虫、蛹、成虫四个阶段。不同种类的蝴蝶生活习惯差异很大，繁殖能力也不一样，有的一年能繁殖 3 到 4 代，有的却一年只繁殖一代。不过，所有蝴蝶都有“冬眠”的习性，因为各地气候和地域不同，“冬眠期”大概 2 个月。

在蝴蝶谷周围，种满了蝴蝶钟爱的“家”。像爬森藤、板蓝根、马兜铃、马利筋这些植物，都是蝴蝶们喜欢寄居的地方。

通过近距离观察蝴蝶，我们能更深入地了解它们的生活习性，感受大自然的神奇和生命的奇妙。现在，就让我们一起开启这场蝴蝶探索之旅吧！

思 维 导 图

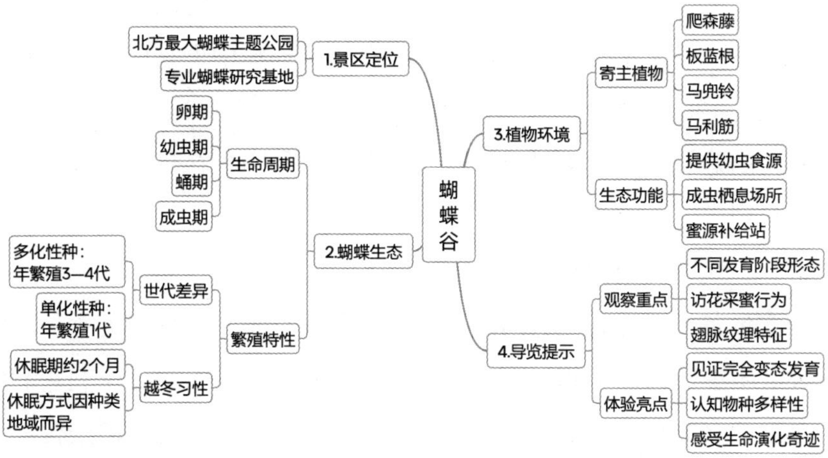

图 3-13-12 蝴蝶谷

Tips

游客齐聚蝴蝶谷，北方蝶园超特殊。
研究基地规模大，奇妙之旅要起步。
蝴蝶一生四阶段，卵成蛹后成虫出。
种类不同习性异，繁殖代数各有殊。
冬眠习性都具备，二月时长因区浮。
谷周种满蝴蝶“家”，森藤蓝根它常住。
细观蝴蝶知习性，自然生命真奇妙。
探索旅程今开启，乐趣无穷心满足。

5. 娃娃鱼观赏区☆

各位游客，欢迎来到娃娃鱼观赏区。

娃娃鱼又称“大鲵（ní）”，是世界上现存最大的也是最珍稀的两栖动物（特征就是小时候用鳃呼吸，长大后用肺呼吸）。它的叫声很像幼儿哭声，因此人们又叫它“娃娃鱼”。

娃娃鱼生性凶猛，肉食性，捕食方式为“守株待兔”。它的牙齿不能咀嚼，只能张口将食物囫囵吞下，然后在胃中慢慢消化。因此，娃娃鱼特别耐饿。如果把它养在清凉的水里，两三年不给它吃东西，它都不会饿死。它若是有机会大吃一顿，那也毫不含糊，一顿饱餐之后，体重能增加五分之一。食物缺乏时，还会出现同类相残的现象，甚至以卵充饥。娃娃鱼的寿命在两栖动物中也是最长的，在人工饲养的条件下，能活 130 年之久。

如此神奇的娃娃鱼，大家可以带着这些有趣的知识，在景区探寻一番。

6. 萤火虫观赏区☆☆

各位游客，欢迎来到萤火虫观赏区。

这里是大量萤火虫寄居生长的地方，安静和夜色是它们最爱的生长环境。所以请大家务必关闭手机拍照功能，手机闪光灯会强烈刺激萤火虫，影响它们的生长，让我们一起为萤火虫营造一个舒适的家。同时，为了您的安全，请全程把双手放在船舷以内。

萤火虫对生活环境极为挑剔，温度、湿度、空气质量和含氧量都得恰到好处。哪怕一点点光污染、化学污染，或者栖息地受到物理伤害，都可能导致它们大量死亡甚至绝迹。

我们有幸领略这神奇的萤火虫世界，欣赏到如此独特的美景，更要懂得珍惜和爱护。希望大家从自身做起，爱护这里的一草一木，保护好这片纯净的环境，让萤火虫能够一直在这里快乐生活。

思 维 导 图

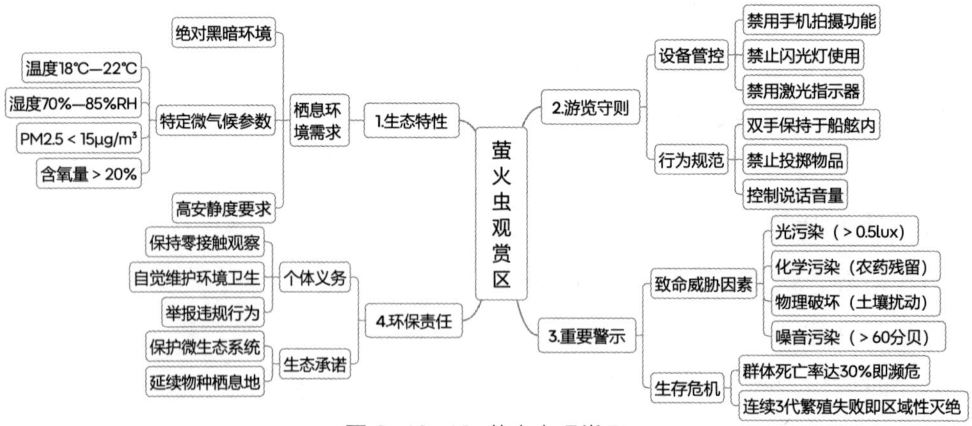

图 3-13-13 萤火虫观赏区

Tips

贵客欣临赏萤地，悄声莫闪护精灵。
环境挑剔需珍惜，守护微光永不停。

? 思考题

1. 被上海大世界吉尼斯总部认证为“最长的溶洞漂流”的是哪一处？

2. 在萤火虫水洞·地下大峡谷旅游区中，地下大峡谷景区的次生化学沉积物主要是什么？

3. 在萤火虫水洞·地下大峡谷旅游区中，地下大峡谷景区的次生碳酸钙沉积主要包括哪两大类？

4. 国内首席原生态沉浸式萤火虫科普乐学馆是哪里？

5. 萤火虫水洞·地下大峡谷旅游区的蚀余小形态包括哪几类？

第十四节　微山湖旅游区

景区构成

※ 微山湖旅游区概况☆☆☆

一、微山岛景区

（一）微山岛景区概况☆☆

（二）微山岛景区主要景点

1. 铁道游击队纪念园☆☆

（1）《铁道雄风》☆☆

（2）《微湖曙光》☆☆

（3）铁道游击队纪念馆☆☆

（4）铁道游击队纪念碑☆☆

2. 微子林☆

（1）微子大殿☆

（2）微子墓☆

3. 微山岛大槐树☆

4. 微子文化苑☆☆

（1）三仁殿☆☆

（2）宋贤目夷君墓☆

（3）望湖阁☆☆

（4）微山湖民间藏品馆☆☆

5. 英雄船（双桅船）☆

6. 湖上秘密交通线☆

7. 微山岛荷园☆☆

8. 荷园捕鱼☆☆

9. 京杭大运河之微山湖运河☆

二、微山湖国家湿地公园

（一）微山湖国家湿地公园概况☆☆

（二）微山湖国家湿地公园主要景点

1. 恋恋三岛☆
2. 湿地植物科普区☆☆
3. 观鸟长廊☆
4. 芦荡问荷☆
5. 红色驿站☆
6. 筑巢鹭（lù）隐☆☆
7. 四鼻孔鲤鱼☆

☆☆☆

微山湖旅游区概况

各位游客朋友们，大家好！欢迎来到微山湖旅游区。

【位置】微山湖旅游区位于济宁市微山县南部，地处山东、江苏两省交界处。

【声誉 | 地位】微山湖是我国北方最大的淡水湖泊，被誉为“鲁南明珠”“北方水乡”；微山湖是著名的抗日根据地，因此被称为“铁道游击队故乡”；又因十万亩天然荷花荡，而被誉为“中国荷都”。

【组成】微山湖水域辽阔，湖中有岛，岛上有山，山水相依。景区由“一带一路”和两个片区构成。“一带”是充满风情的京杭大运河体验带，“一路”则是连接微山岛景区与微山湖国家湿地公园的环湖东堤。两个片区分别是红色渔乡微山岛和景色宜人的微山湖国家湿地公园。

【特色 | 特产】微山湖旅游区特色鲜明，可用三种颜色来形容，分别是古色、红色、绿色。古色讲的是微子，微子是商纣王的大哥、孔子的祖先，也是宋国开国元君，孔子尊微子为殷商三仁之首。微山岛、微山湖、微山县都因他得名。红色是因为微山湖区是著名抗日根据地，电影《铁道游击队》让这里家喻户晓。最后是绿色，绿色则是因为微山湖生态资源丰富，生物多样性极高，近百种鱼类、200 多种

鸟类在此栖息，是名得其实鱼的世界、鸟的天堂。这里的特产丰富，有微山湖咸鸭蛋、微山湖鲤鱼等。此外，用湖中芦苇编织的精美工艺品，兼具实用与艺术价值，是不可多得的旅游纪念品。

【路线】从微山岛码头乘船出发，登上微山岛，先参观铁道游击队纪念园，缅怀英雄先烈；再前往微子墓，探寻古老的历史遗迹；接着漫步荷园，赏尽荷花美景；最后在湖边渔家品尝地道美食，开启一场舌尖上的微山湖之旅。

希望大家在微山湖度过一段难忘的时光！

思 维 导 图

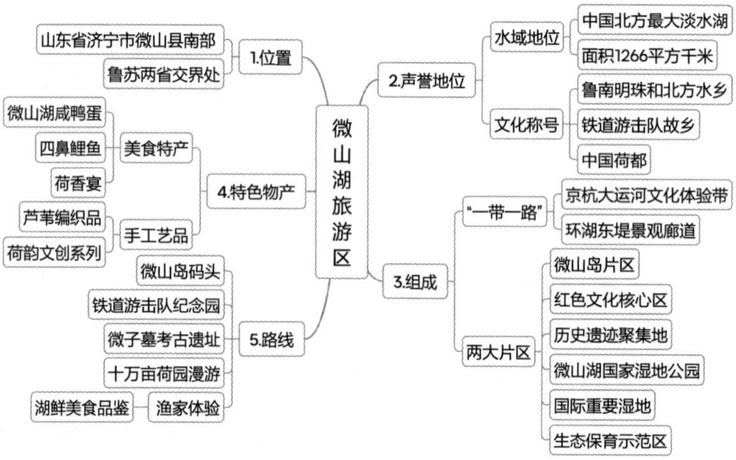

图 3-14-1 微山湖旅游区

Tips

游客朋友大家好，欢迎来到微山湖。
鲁南苏界风光好，北方水乡美名留。
红色抗日故事传，绿色生态鱼儿游。
微子遗迹岁月久，特产丰富工艺优。
岛中游玩路线妙，美味美景乐心头。

一、微山岛景区

（一）微山岛景区概况☆☆

各位游客，欢迎来到微山岛景区。

微山岛位于微山湖的东南部，是中国北方最大的内陆岛，名字源于微子。

微山岛是铁道游击队、微湖大队、运河支队等革命武装力量的诞生地。在抗日战争时期，他们在这里开辟了“湖上交通线”，成功护送了数千名党政军中高级领导干部。他们历经枪林弹雨，留下了无数可歌可泣的英勇事迹，也让这里成为举世闻名的红色抗日根据地。

微山岛旅游资源极为丰富，自然景观美不胜收。春夏之时，岛上绿树成荫，10万亩荷花绽放，众多鸟类在这里栖息繁衍，生机勃勃；秋冬之际，候鸟南迁，湖面开阔宁静。

本次的游玩路线是先去红色景点缅怀革命先烈，感受那段热血历史；然后去湖边欣赏自然风光；最后深入荷花荡来一场浪漫的游船之旅。我们还为大家准备了当地特色的渔家美食，像鲜嫩的微山湖鱼等，让大家大饱口福。

接下来，就让我们一起登上微山岛，去探寻它的独特魅力吧！

思　维　导　图

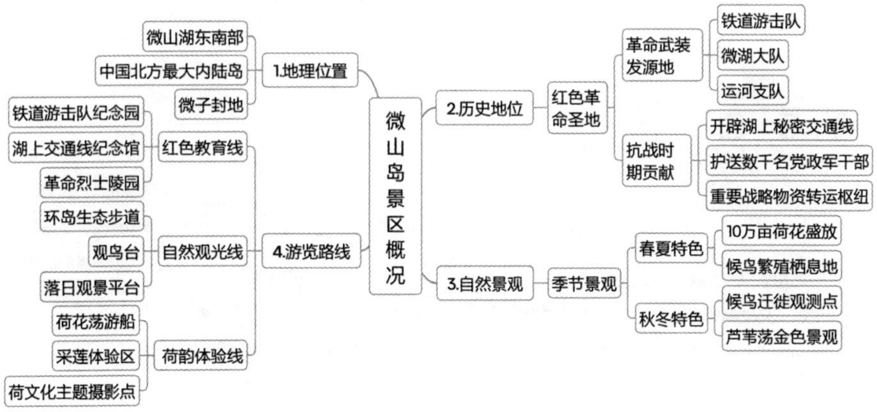

图 3-14-2　微山岛景区概况

Tips

游客齐聚微山岛，北方内陆岛中骄。
源于微子声名早，红色武装诞生巢。
春夏荷香鸟欢闹，秋冬湖静候鸟飘。
游玩先把先烈缅，美景美食乐逍遥。

（二）微山岛景区主要景点

1. 铁道游击队纪念园☆☆

各位游客，欢迎来到铁道游击队纪念园。

铁道游击队纪念园是微山湖旅游区标志性景点，位于微山岛中部山麓，是济宁市爱国主义教育基地与山东省国防教育基地。

纪念园包括三大核心部分，分别是铁道游击队群雕、铁道游击队纪念馆以及铁道游击队纪念碑。铁道游击队群雕由《铁道雄风》与《微湖曙光》两组雕塑构成，2006年正式落成，并且荣获了当年的上海吉尼斯世界纪录。

到了纪念园，大家可以先在群雕前拍照留念。再走进纪念馆，那里珍藏着许多珍贵的历史资料。最后，咱们一起瞻仰雄伟的纪念碑，缅怀革命先烈。相信这次参观，一定会让大家对微山岛的红色历史有更深刻的认识。

思 维 导 图

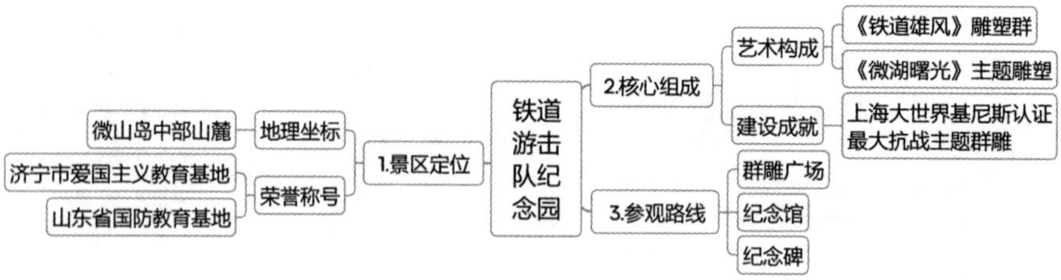

图 3-14-3 铁道游击队纪念园

Tips

欢迎来到纪念园，微山岛中很耀眼。
爱国教育基地显，国防教育美名传。
群雕碑馆三大件，《铁道雄风》展威严。
《微湖曙光》映当年，上海吉尼记录添。
先在群雕留个念，再入馆中资料览。
最后瞻仰纪念碑，红色历史记心间。

（1）《铁道雄风》☆☆

这座雕像是根据刘知侠写的长篇小说《铁道游击队》雕刻，描绘了那些在火车上勇敢打鬼子的英雄。雕塑把游击队员们在几百里铁道线上和日本侵略者拼命战斗的场景，真实地展现在我们眼前。仔细看，上面一共有 37 个英雄人物，每个人都好像在给我们诉说着当年的故事，而且这个雕塑还代表着 1937 年全面抗日战争爆发，意义重大。

思 维 导 图

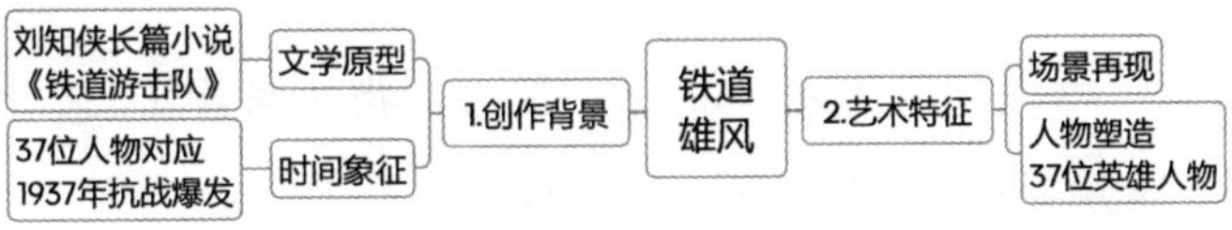

图 3-14-4 铁道雄风

Tips

《铁道雄风》有来由，《铁道游击》书中留。
火车之上勇抗日，游击英雄写春秋。
雕塑生动展场景，百里铁道战未休。
三十七位英烈在，似诉往昔岁月稠。

象征抗战爆发年，铭记历史心中留。

（2）《微湖曙光》☆☆

《微湖曙光》刻画了 38 个人物，他们代表着铁道游击队和微湖大队。

雕塑呈现的是游击队打完胜仗后庆贺胜利的画面。仔细看，这里面有通过秘密交通线护送的领导人。那位穿着军装、挎着望远镜的，就是陈毅军长。再看陈军长右边，有个穿长衫的人，他就是当年化名“胡服”的零号首长刘少奇。

他们在那样艰难的环境下，依旧为我们的新中国顽强奋斗，值得我们敬佩！大家一会儿可以近距离欣赏这座雕塑，感受它背后那段非凡的历史。

思 维 导 图

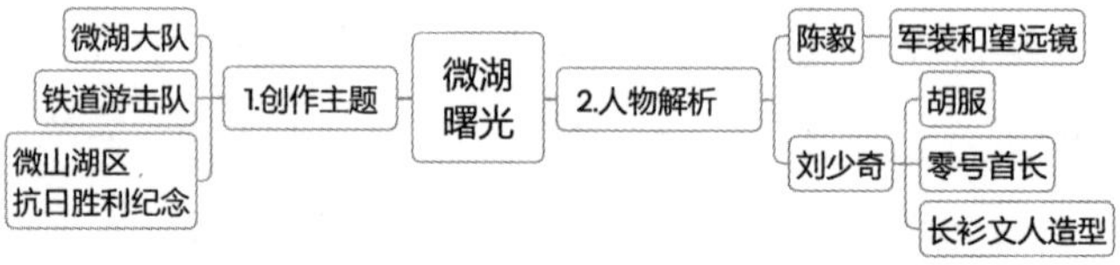

图 3-14-5 微湖曙光

Tips

《微湖曙光》很亮眼，三八人物呈眼前。
游击庆功笑开颜，护送领导过险关。
陈毅挎镜军装显，少奇长衫名“胡服”。
艰难奋斗为建国，走近细品敬英贤 。

（3）铁道游击队纪念馆☆☆

纪念馆按照时间脉络，划分成七个展区。序厅开篇点题，之后的“湖畔星火　指引革命航程”，带大家回溯革命火种如何在微山湖畔悄然燃起；“微湖洪波　奏响抗日赞歌”，生动展现游击队员们在微湖掀起的抗日热潮，谱写激昂战歌；“湖上交通　去往延安之路”，着重讲述秘密交通线的重要意义，无数仁人志士借此奔赴延安；“鱼水情深　军民亲如一家”，刻画军民携手、共御外敌的感人画面，凸显深厚情谊；“破敌荡寇 迎接胜利曙光”，展现游击队奋勇杀敌，迎来胜利的高光时刻；最后的“红色基因 薪火世代传承”，强调红色精神的延续与传承。

游览这座纪念馆，就像翻开一部鲜活的红色史书。这一趟，不仅是参观，更是一次精神的洗礼，相信会给大家留下深刻印象！

思 维 导 图

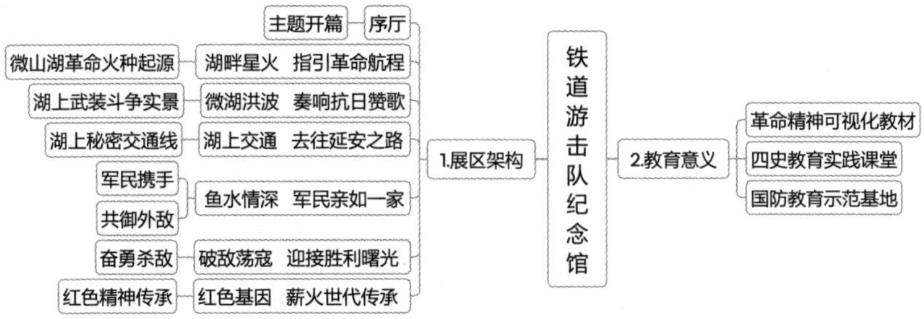

图 3-14-6 铁道游击队纪念馆

Tips

铁道游击纪念馆，七个展区按序览。
湖畔星火燃希望，微湖洪波战歌传。
交通线连延安路，鱼水情深共御敌。
破敌迎来胜利光，红色基因永承传。

（4）铁道游击队纪念碑☆☆

各位朋友，接下来咱们要去瞻仰的是铁道游击队纪念碑，它是微山岛的精神象征。

这座纪念碑以帆船形态为蓝本，把帆船造型和人物雕像巧妙地结合在一起。碑体由坚固的钢筋混凝土搭建，外面覆盖着红白相间的花岗岩，看起来庄重又典雅。

再看纪念碑的背面，“微湖大队”“运河支队”这几个字和铁道游击队的英勇事迹、英烈名字，是用精美的24K金箔镶嵌工艺刻上去的，这些文字诉说着那段刻骨铭心的抗战岁月。

稍后，大家可以近距离感受它的魅力，也别忘了拍照留念。

思 维 导 图

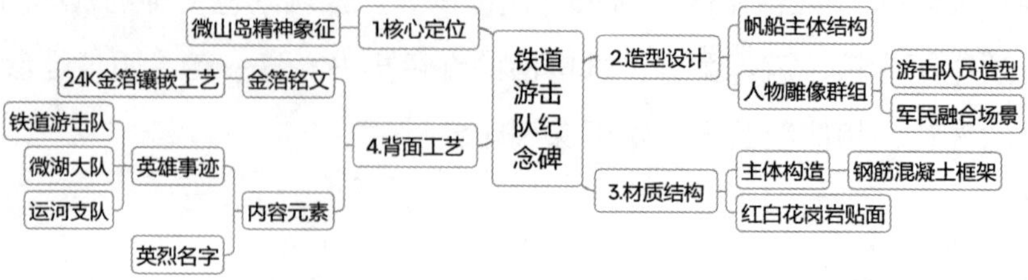

图 3-14-7 铁道游击队纪念碑

Tips

微山岛上有座碑，铁道游击精神随。
帆船造型巧结合，钢筋混土覆花岗。
碑后事迹金箔镶，抗战岁月刻心房。
各位朋友快前往，近赏拍照记荣光。

2. 微子林☆

各位游客，欢迎来到微子林。

微子林位于微子路北侧的制高点，为纪念先贤殷微子和保护微子墓冢而建，是山东省人民政府重点文物保护单位。

通往微子墓的小道名为神道，两侧立有石翁仲（zhòng），前方石雕为动物造型，后方则矗（chù）立着微子后代的石雕像。

此碑是修复微子大殿时新立的“微子墓碑”，碑文前半部分详述微子生平及其与纣王的渊源，后半部分则阐述微子与孔子的关联。孔子是微子的第十五世孙。

碑文由曲阜师范大学孔子研究所撰，著名书法家朱学达书。

（1）微子大殿☆

微子大殿，名为“崇德象贤”，是微子墓区的核心建筑，经后世精心修复。殿内正中端坐着微子像，头像以木雕成，身躯以泥塑造。头顶所戴之冠名曰“旒冕”（liú miǎn），亦称“旒冠”。冠前珠帘数量，依身份等级而定，天子十二缕（lǚ），诸侯九缕，上大夫七缕，下大夫五缕；此尊微子像所戴，正是九缕之“旒冠”。

首先，看看微子像的耳朵上，挂着两个小耳塞。喻示微子不要轻易听信坏人的话，做出错误的决定。

再往下看，微子像的大襟上绘有两座蓝色的山峦，代表着微子深深热爱自己的祖国，心系山河。

然后，微子像的膝盖处，有两道黄色的米粉图案。这米粉是由小米磨成的，象征着微子要提醒统治者重视农业，关心百姓的生活。

最后，微子像的下方摆着两把利斧，寓意处理事情时要果断。

正殿东西室立有汉碑、清碑四块，其书法、碑刻均为珍品。墙上有大型壁画“殷微子世家图”。

微子像的每个细节，都在传递着智慧与忠告，希望大家可以记住这些寓意，带着这些智慧走向未来！

（2）微子墓☆

各位游客，现在我们来到的是微子墓。

眼前这座高大的土丘，便是微子墓，它是全岛的最高点。

这块石碑是2000年微子在台湾的后人回大陆省亲时所立。碑上刻着“仁风永著先祖殷微子之墓”，传递着对微子的敬重。两边的对联写着：“千古仁人扬白马为国为民为族兴功勋卓著，万代师表存遗徽有节有德有家声垂范青史。”这副对联饱含着对微子的深切缅怀与高度赞颂，落款处写着“鲁微台湾殷氏家庭立”。

这里面有个典故叫“白马遗徽”。据说当年微子为了子民能有封地，骑着白马奔走祈求。微子一生为国家、为百姓尽心尽力，他的仁德至今仍被铭记。

3. 微山岛大槐树☆

各位游客，欢迎来到微山岛大槐树。

微子墓西山脚下的沟南村，静卧着两棵古槐树，它们的枝叶相互交织，宛如一对亲密无间的夫妻耳鬓（bìn）厮磨，因此被赋予了“夫妻槐”的美名，历经1500余载风霜。如今，“古槐夕照”已成为一道新兴的景致。

这两棵大槐树还被称作“信号树”。在抗日战争时期，游击队员巧妙地利用它们来传递信息。大槐树下，是游击队召开会议、进行宣传和学习的地方。红歌《弹起我心爱的土琵琶》正是在大槐树下孕育而生。

4. 微子文化苑☆☆

各位游客，欢迎来到微子文化苑。

微子文化苑坐落在微山岛东部微子中路，是为了纪念微子而修建的文化景区。

微子是春秋时期齐国的王子，被誉为“仁爱之士”。

微子文化苑入口处门楣上镌刻的“微子文化”四字，采用甲骨文风格，出自名家范正红之手。这座文化苑占地达 260 亩，分为左、右两大院落：左侧是微山湖民间藏品展览馆，右侧则为台北荷苑。

在文化苑内，您将看到许多与微子相关的雕塑和建筑，例如三仁殿内的微子雕像，微子后代宋贤目夷君的墓和微山岛的地标性建筑望湖阁。

接下来，我们会慢慢游览，大家可以尽情欣赏。

思 维 导 图

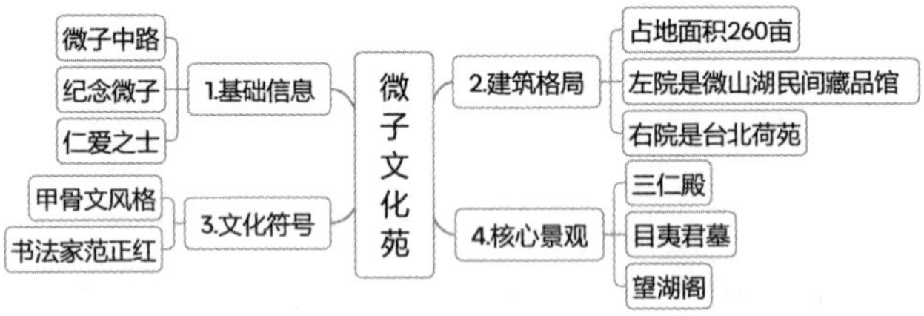

图 3-14-8 微子文化苑

Tips

欢迎来到微子苑，微山岛东位置显。
纪念微子而修建，春秋仁爱美名传。
名家书写甲骨文，左右院落藏品全。
三仁殿阁雕塑妙，建筑古迹任赏玩。

（1）三仁殿☆☆

各位游客，现在我们来到的是三仁殿。

三仁殿是微子文化苑的正殿，殿内供奉着比干、微子与箕（jī）子，其中居于中间位置的正是微子。大殿之中的壁画，描绘了明代小说《封神演义》中的神话传说。

思 维 导 图

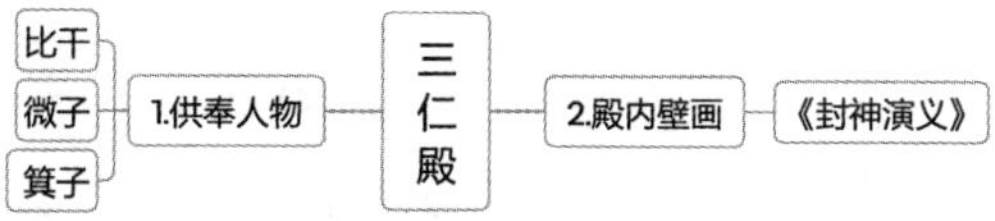

图 3-14-9 三仁殿

Tips

游客朋友这边瞧，三仁殿中故事晓。
它是苑中正大殿，比干微子箕子耀。
微子端坐正中央，壁画演绎封神妙。

（2）宋贤目夷君墓☆

各位游客，现在我们来到的是宋贤目夷君墓。

目夷是微子的十七世孙，是著名的政治家与军事家。在《子鱼论战》中，目夷的军事思想得以充分展现。目夷一生崇敬先祖，他去世后，便葬在了此处。

目夷墓前立有一块石碑，上面刻着六个篆字——“宋贤目夷君墓”。这块石碑刻于宋代熙宁年间，至今已有近千年历史。碑身上的弹孔，是抗日战争时期留下的，无声地诉说着那段沧桑的过往。

（3）望湖阁☆☆

各位游客，现在我们来到的是望湖阁。

望湖阁，作为微山岛的地标性建筑，共 9 层，每层高 9 米。整体采用钢筋混凝土结构。其顶端是一尊庄重的鎏金铜鼎，重达 3.6 吨。望湖阁与景区内的荷园在一条轴线上。每当夏日来临，荷花竞相绽放，游客登顶眺望，便可将微山湖的绝美景色尽收眼底。

大家不妨在此合影留念，将这份美好瞬间永远定格。

思 维 导 图

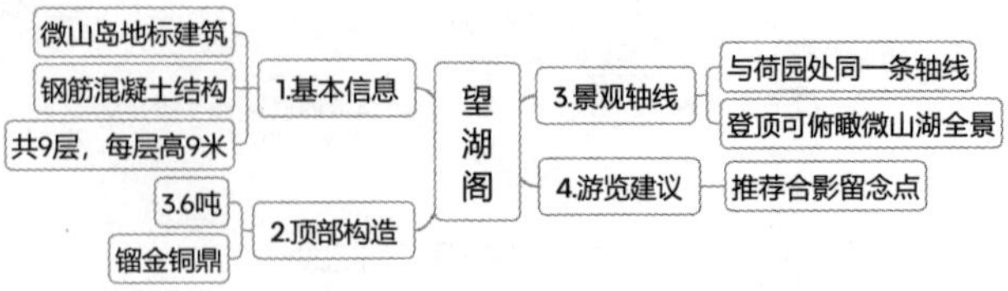

图 3-14-10 望湖阁

Tips

游客朋友快来看，望湖高阁入云端。
微山地标九层高，钢筋混土结构坚。
镏金铜鼎顶上端，重有三点六吨全。
荷园轴线相对望，夏日赏荷景万千。
快来此处留靓影，美好定格心喜欢 。

（4）微山湖民间藏品馆☆☆

各位游客，欢迎来到微山湖民间藏品馆。

微山湖民间藏品馆内陈列着琳琅满目的展品，踏入馆内，仿佛开启了一场穿越时空的微山湖民俗之旅。

首先映入眼帘的便是湖区特色的渔业用具。那一张张历经岁月的渔网，曾经帮助渔民们在浩渺湖水中捕获生计；一旁的竹制鱼篓（lǒu），质朴实用，见证了无数次丰收的喜悦。

再往前走，日常生活用品区陈列着过去百姓家中常见的物件。老旧的木盆，往昔承担着洗衣、洗菜等日常重任；昏黄的老油灯，曾在无数个夜晚为微山湖人家点亮温暖。

民间手工艺品区更是精彩纷呈。剪纸作品以精湛技艺展现微山湖的四季风光与民俗活动；面塑作品色彩斑斓，将神话人物、可爱动物塑造得活灵活现，无不彰显着民间艺人的奇思妙想与高超技艺。这些藏品串联起微山湖的历史记忆，让我们得以直观感受湖区独特的民俗文化魅力。

思　维　导　图

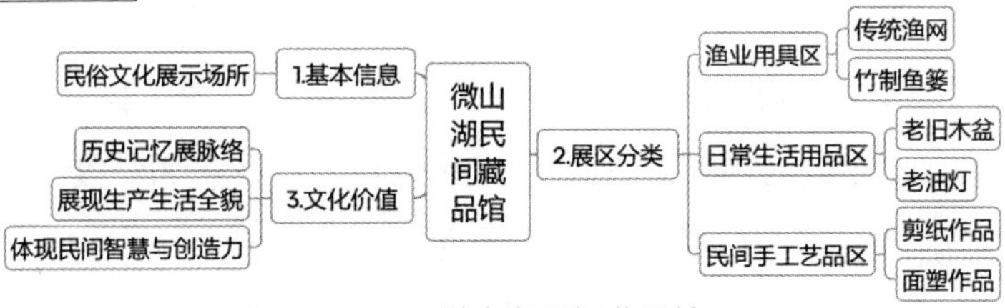

图 3-14-11　微山湖民间藏品馆

Tips

欢迎来到藏品馆，民俗穿越在眼前。
渔业用具展往昔，渔网鱼篓故事添。
日常用品留岁月，木盆油灯暖从前。
剪纸面塑艺精湛，湖乡魅力心中镌。

5. 英雄船（双桅船）☆

各位游客，欢迎来到英雄船。

抗日战争时期，双桅（wéi）船是中共党组织和游击队的联络点和交通船。双桅船为游击战中的战士送去了食品、药物和衣物，送去了人民的关怀与支持，坚定了大家抗日战争的革命意志和决心。

双桅船的巨幅照片收藏在中国革命军事博物馆内，模型展览在徐州淮海战役纪念馆里。它是矗立在微山湖老区人民心中的丰碑，被人们称为“英雄船”。

6. 湖上秘密交通线☆

各位游客，欢迎来到湖上秘密交通线。

湖上秘密交通线分为湖东、湖上与湖西三段。湖东段由铁道游击队承担护送八路军及新四军人员、物资穿越津浦线的任务，而后在微山湖东岸的乔庙、蒋集附近，将人员与物资交接给微湖大队；再从葫芦头乘船西行，经南庄、湖中大捐村抵达湖西的王楼、邓园；湖西段则由湖西军分区负责接力护送。

这条湖上秘密交通线堪称安全无虞、通往胜利的要道，圆满达成近百次护送使命。为此，罗荣桓、陈光、萧华、黎玉四位领导特意联名致信鲁南独立支队等单位，对这条苏鲁交通线给予了高度赞誉与评价。

7. 微山岛荷园☆☆

各位游客，欢迎来到微山岛荷园。

荷园位于微山岛北侧，以千亩湖面为中心，与望湖阁、目夷墓、三仁殿在同一轴线上。这里有亚洲最大天然荷花荡，因此荣获“中国荷都”美称。

荷园以荷花为主题，是融荷文化、渔文化、水文化于一体的水上生态文化园。园中有环形绿色通道、湖中绿岛、百荷花苑、观荷长廊与观荷亭等景点。园内可进行大湖观光、鱼鹰表演等旅游活动。

请各位游客朋友在此稍作休息，用相机记录这美好瞬间。然后我们再继续参观下一个景点。

思 维 导 图

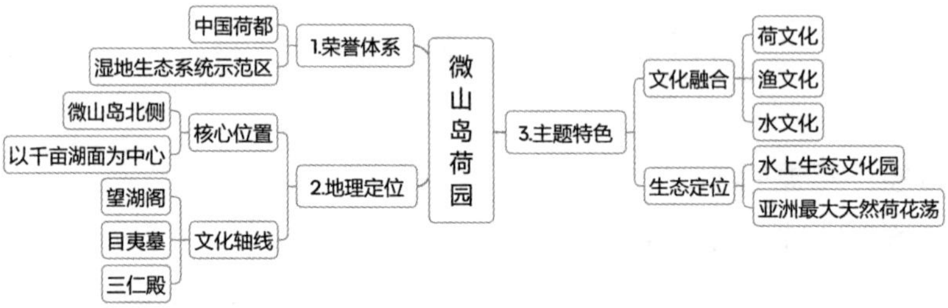

图 3-14-12 微山岛荷园

Tips

游客齐聚微山岛，荷园美景真奇妙。
岛北千亩湖为心，望湖目夷轴上绕。
亚洲最大荷花荡，“中国荷都”美名飘。
荷渔水韵融一体，生态文化园内瞧。
绿道绿岛花满苑，长廊观亭景色娇。
大湖观光赏鱼鹰，相机快把瞬间捞。
稍作休息再出发，下处景点更热闹。

8. 荷园捕鱼☆☆

各位游客，欢迎体验荷园捕鱼项目！

荷园捕鱼保留了传统的捕鱼方式，可以乘坐小船，用特制的渔网在园中捕捞。

还有简单的地笼捕鱼法，把地笼放置在荷园特定水域，里面放上诱饵，过段时间再查看，就有不少鱼儿、小虾“自投罗网”。

捕获的鱼虾，还能现场加工，品尝自己亲手捕捞的湖鲜。荷园捕鱼，不仅是游玩，更是一次深度体验微山湖渔文化的绝佳机会。

思　维　导　图

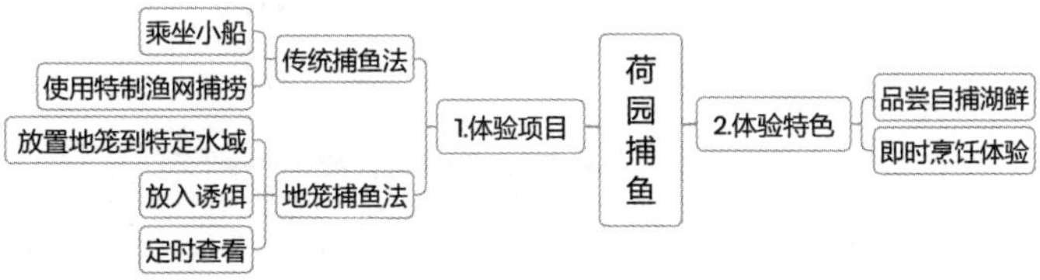

图 3-14-13　荷园捕鱼

Tips

游客朋友来体验，荷园捕鱼乐翻天。
传统方法坐小船，特制渔网把鱼拦。
地笼放饵鱼虾钻，静待收获笑开颜。
现捕湖鲜能加工，渔乡文化润心田。

9. 京杭大运河之微山湖运河☆

各位游客，欢迎来到京杭大运河之微山湖运河。

京杭大运河是世界上里程最长、工程最大的人工河，比苏伊士运河长 10 倍，比巴拿马运河长 22 倍。

京杭大运河途经微山湖区的这一段，被称作“微山湖运河”。它是微山湖区人民引以为傲的文化标志之一。微山湖区凭借独特的地理优势，成为江北地区最大的物资集散地，享有仅次于长江的“黄金水道”美誉。

大家可以在此自由活动，欣赏微山湖运河的美景。

二、微山湖国家湿地公园

（一）微山湖国家湿地公园概况☆☆

各位游客，大家好！欢迎来到微山湖国家湿地公园。

微山湖国家湿地公园，地处微山县境内，是我国北方最大的淡水湖湿地。微山湖国家湿地公园以湿地保护、科普教育、水质净化、生态观光为主要功能，拥有完整的生态环境和多种湿地形态，是亚洲最大的草甸型湖泊湿地，荣获“亚洲第一湿地”“中国十大魅力湿地”“国家生态示范区”称号。

微山湖国家湿地公园生态环境极为多样，是众多动植物栖息的天堂。每当夏日来临，十万亩荷花竞相绽放，令人心旷神怡。这里有近百种鱼类在水中畅游，超过200种鸟类在天空翱翔。

微山湖国家湿地公园分为东、西两区，由亲水浮桥连接。东区主要有恋恋三岛、植物科普区、观鸟长廊等景点，西区主要是游客中心及微山湖号列车等景点。今天我们将从东区开始游览。

接下来就让我们一同深入这片神奇的湿地，亲身感受它的独特魅力吧！

思 维 导 图

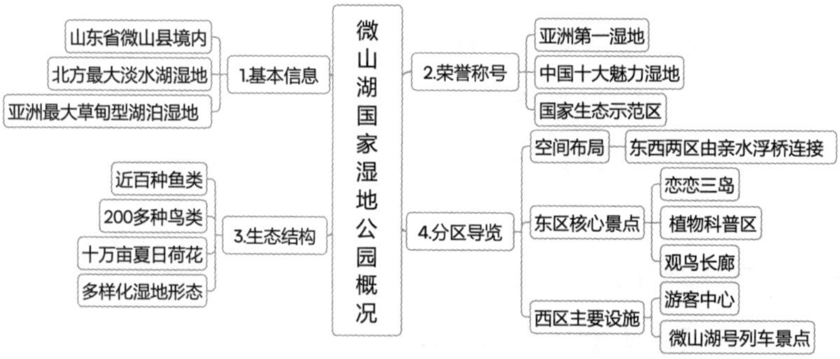

图 3-14-14 微山湖国家湿地公园概况

Tips

欢迎来到湿地园，微山境内景万千。

北方最大淡水湖，亚洲草甸它占先。
荷花万亩夏日绽，鱼鸟众多乐无边。
东西两区浮桥连，精彩景点待游览。

（二）微山湖国家湿地公园主要景点

1. 恋恋三岛☆

各位游客，欢迎来到恋恋三岛。

恋恋三岛寓意着恋爱的三个阶段：相遇、相识、相知，宛如爱情旅程的生动写照。

微山作为《梁山伯与祝英台》故事的发源地之一，具有深厚的文化底蕴。明正德年间，在微山县马坡乡意外发现了梁祝合葬墓及其墓碑，这一发现为微山的历史文化增添了浓墨重彩的一笔。

在恋恋三岛周围，种植了许多红、白、黄三色的睡莲。莲与恋，音韵相谐，共舞成爱情的美妙象征。

2. 湿地植物科普区☆☆

各位游客，欢迎来到湿地植物科普区。

在湿地植物科普区内，50 余种湿地植物繁茂生长，如梭鱼草、美人蕉、睡莲、慈姑等。这些植物遵循自然规律，春天蓬勃生长，冬天悄然休眠，展现着大自然神奇的生命循环。

这里堪称生态微山湖的缩影，是一处集观赏、体验与研学于一体的天然课堂。大家在这里可以尽情探索植物的奥秘，感受大自然的神奇。

思　维　导　图

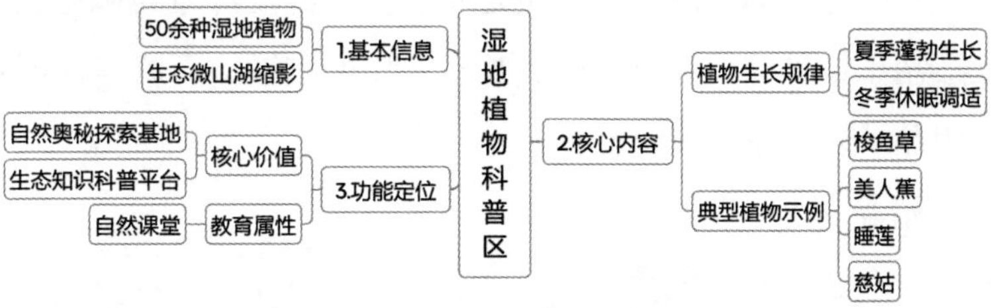

图 3-14-15　湿地植物科普区

Tips

欢迎走进科普区，五十植物展生机。
梭鱼美人蕉摇曳，睡莲慈姑各有姿。
春长冬休循自然，生态微湖小天地。
观赏研学乐趣多，探索植物奥秘奇。

3. 观鸟长廊☆

各位游客，欢迎来到观鸟长廊。

观鸟长廊长 100 多米，长廊中设有不同高度的观鸟瞭（liào）望口，在不同时节游客都可以通过瞭望口来观测鸟类的栖息活动。

以微山湖湿地为核心的水泊滨湖涝洼地，是众多鸟类向往的理想栖息地。微山湖区内共记录到 205 种鸟类，其中大天鹅、鸳鸯、大鸨（bǎo）、长耳鸮（xiāo）、普通鵟、红隼（sǔn）等十余种为国家保护鸟类。还有被誉为“鸟中活化石”和“鸟中大熊猫”的震旦鸦雀在此栖息繁衍。震旦鸦雀作为中国独有的珍稀物种，已被世界自然保护联盟列入濒危物种红色名录。

4. 芦荡问荷☆

各位游客，欢迎来到芦荡问荷。

这一片区域就是芦荡问荷景观。微山湖上的荷花，已经名扬四海。在保留原有荷花品种的基础上，景区还特意引入了许多珍贵品种，其中包括湖南省的瑰宝——湘莲，它被誉为“天下第一莲子”。

紧邻荷园的是一片约400亩的芦苇荡，芦苇作为湿地生态系统的重要组成部分，为微山湖增添了一道独特的风景。

芦苇不仅是一道美丽的风景线，更是具有重要经济价值的作物。其全身均可入药，芦叶常被用于包裹粽子，芦花则能扎成实用的扫帚。而芦苇秆更是编制芦苇席及各种生活用品、艺术品的理想材料。

5. 红色驿站☆

各位游客，欢迎来到红色驿站。

红色驿站——葫芦头是抗战时期微山湖上的一个重要地点，因其地形酷似葫芦而得名。作为抗战时期微山湖上秘密交通线的重要节点，红色驿站葫芦头连接着水路和陆路，是乘船渡湖和上岸的关键位置。

抗战时期这里是大片水面，长满芦苇和蒲草，为游击队员们提供了一个隐蔽的场所。他们在这里进行训练、休息，同时，这里也为过往的干部提供了躲避日伪军扫荡的安全之地。前方的雕像是当年先后过微山湖的三位领导人刘少奇、陈毅和萧华。

6. 筑巢鹭（lù）隐☆☆

各位游客，欢迎来到筑巢鹭隐。

筑巢鹭隐是微山湖国家湿地公园最具特色的景点之一。这里是自然形成的鸟类栖息地，林木茂盛，水系复杂，为鸟类提供了绝佳的生存环境。

微山湖湿地是鸟类的天堂，栖息的鸟类总数已经超过了 205 种。其中，候鸟占了大多数，这里是东北亚内陆与环西太平洋鸟类迁徙的一个重要中转站。每年，成群的候鸟会在这里停留，继续它们的迁徙旅程。

我们常常可以看到优雅的白鹭和灰鹭，其中的黄嘴白鹭是国家二级保护动物，被国际鸟类保护委员会列入世界濒危物种红色名录。

这里不仅是鸟类栖息的天堂，也是游客与自然亲密接触的好地方。当成千上万只鹭鸟在空中翱翔，或是傍晚时分归巢，场面非常壮观，许多摄影爱好者会专门来这里拍摄这些难忘的瞬间。

希望大家在这里能好好欣赏这些美丽的鸟类和壮丽的自然景观，留下美好的回忆。

思 维 导 图

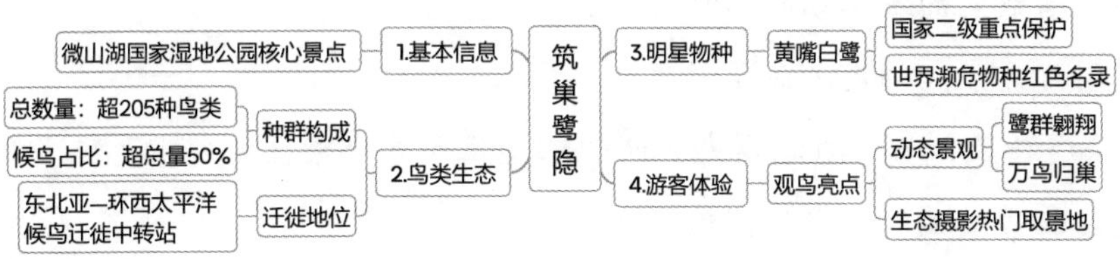

图 3-14-16 筑巢鹭隐

Tips

欢迎来到筑巢地，鹭隐景点真稀奇。
微湖湿地鸟天堂，超两百种来栖息。
候鸟中转常停留，白灰鹭鸟展风姿。
翔空归巢景壮美，自然之美心中记。

7. 微山湖四鼻孔鲤鱼☆

各位游客，欢迎观赏微山湖四鼻孔鲤鱼。

微山湖四鼻孔鲤鱼是中国国家地理标志产品。微山湖四鼻孔鲤鱼的“四鼻孔”其实是它的生理特征——鼻腔两侧各有一个凹陷，看起来像四个鼻孔，这是自然演化形成的独特品种特征。

微山湖四鼻孔鲤鱼不仅观赏价值颇高，而且味道鲜美，堪称鱼类中的上品。微山湖的鲤鱼肉质细嫩，蛋白质含量丰富，长期食用有助于预防疾病。

清朝乾隆皇帝下江南时，品尝过微山湖四鼻孔鲤鱼后赞不绝口，遂将其列为朝廷贡品。人们赋予了它美好的寓意：四个鼻孔象征着平安、富贵、吉祥和如意。

希望大家在品尝这道美食时，能够感受到它的祝福，祝愿各位平安、富贵、吉祥、如意！

? 思考题

1. 山东省最大的淡水湖的名称是什么？
2. 中国北方最大的内陆岛是哪里？
3. 《铁道雄风》与《微湖曙光》两组雕塑位于哪个景区？
4. 我国北方最大的淡水湖湿地是哪里？
5. 微山湖国家湿地公园内有哪些著名的景点，请举例。

第十五节　青岛奥帆海洋文化旅游区

景区构成

※ 青岛奥帆海洋文化旅游区概况☆☆☆

一、奥帆中心

（一）奥帆中心概况☆☆

（二）奥帆中心主要景点

1. 奥帆 LIFE · MOSHOP 移动购物车街区（MOSHOP 街车）☆☆
2. 火炬大道（奥运火炬大坝）☆☆
3. 火炬码头☆☆
4. 干船坞（wù）☆☆
5. 旗阵广场☆☆
6. 青岛国际会议中心☆☆
7. 海上剧场（海上宴会厅）☆☆
8. 海上颁奖平台（海上足球场）☆☆
9. 情人坝（奥帆情人坝休闲风情街）☆☆
10. 奥帆博物馆☆☆
11. 燕岛秋潮☆☆
12. 燕岛山公园☆☆
13. 寻梦堤海上观光平台——潮音秀场☆
14. OH · FUN PARK 多元空间☆

二、海底世界

（一）海底世界概况☆☆

（二）海底世界主要景点

1. 梦幻水母宫☆
2. 海豹馆☆

3. 海洋生物馆☆
4. 鲸馆☆
5. 淡水生物馆☆

☆☆☆

青岛奥帆海洋文化旅游区概况

各位游客朋友们，大家好！欢迎来到青岛奥帆海洋文化旅游区！

【位置】青岛奥帆海洋文化旅游区位于青岛市市南区，总占地面积 5.25 平方千米。

【声誉 | 地位】青岛奥帆海洋文化旅游区是全国首个荣获“国家滨海旅游休闲示范区”称号的文旅综合体，并且已经成功入选国家 5A 级旅游景区。

【组成】青岛奥帆海洋文化旅游区包含了奥帆中心与海底世界两大核心板块。奥帆中心是 2008 年北京奥运会帆船赛事举办地，这里完整保留了国内唯一的帆船类奥运文化遗产。这里见证了上合组织峰会、国际海军节等重大历史时刻，有深厚的人文底蕴。此外，奥帆中心还有众多青岛重要的城市地标，如奥运火炬塔、旗阵广场等。

海底世界由青岛水族馆升级扩建而成，拥有百年的历史。建筑群巧妙地融合了新古典主义与海洋元素设计风格。走进馆内，大家可以欣赏到各个国家一级、二级保护海洋生物标本，还有各种珍稀活体生物，它们共同构成了独具特色的水下生态展览陈列体系。

【特色 | 特产】青岛奥帆海洋文化旅游区特色鲜明，既有奥帆中心的体育精神，又有海底世界的海洋魅力。这里的活动也丰富多彩，如海上运动、节庆会展、研学教育等，总能让您找到乐趣。特产方面，首推青岛啤酒，采用优质崂山泉水和进口麦芽精心酿制，泡沫细腻，口感醇厚。还有新鲜捕捞上岸的青岛海鱼，清蒸、红烧、油炸，怎么做都好吃。

【路线】咱们从奥帆中心正门进入，先沿着滨海步道欣赏海景，参观奥帆博物馆，了解奥运帆船赛事历史；接着步入海洋科技馆，探索海洋奥秘；中午在情人坝附近的餐厅品尝海鲜大餐；下午可以选择出海进行帆船体验；晚上则留在情人坝，欣赏璀璨灯光秀，畅饮青岛啤酒，感受青岛的浪漫与热情。

希望大家在青岛奥帆海洋文化旅游区度过一段美好的时光！

思 维 导 图

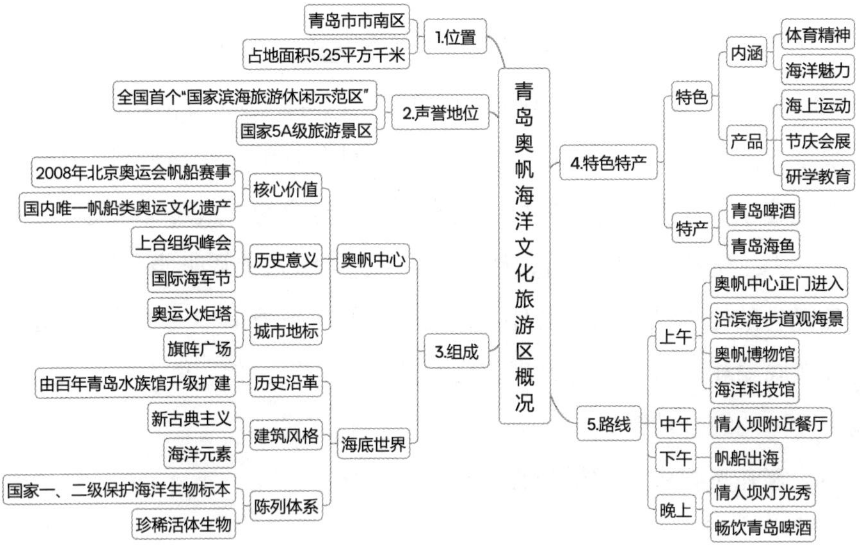

图 3-15-1 青岛奥帆海洋文化旅游区概况

Tips

市南奥帆 5A 强，五四广场邻湾旁。
奥帆中心承奥运，百年海底藏奇观。
奥运火炬旗阵扬，崂山泉水啤酒香。
海鲜大餐情人坝，夜赏灯光醉心房。
帆船出海逐浪欢，海洋奥秘科技馆。
文旅体教融合旺，青岛魅力世无双。

一、奥帆中心

（一）奥帆中心概况☆☆

各位游客，欢迎来到奥帆中心。

奥帆中心的全称是“青岛奥林匹克帆船中心”，位于五四广场旁边，依山傍海，景色宜人。

奥帆中心曾经圆满举办2008年第29届奥运会帆船赛、第13届残奥会帆船赛以及2018年上海合作组织成员国元首理事会会议等众多重要活动。

放眼望去，奥帆中心的海岸线旁停满了各种各样的帆船与游艇，构成了一幅美丽的画卷。这里不仅有着众多的奥运元素，如奥运火炬、五环标识等，还拥有奥帆博物馆、大剧院等多处文化场所，大家可以在这里深入了解帆船文化和青岛的历史。

作为青岛的标志性“城市名片”，奥帆中心肩负着诸多历史使命，是一个自然美景与人文底蕴相交融的景区，现在已经发展成为集文化、体育、会展、旅游等多种功能于一体的综合性景区。

希望大家在奥帆中心玩得开心，收获满满！

思 维 导 图

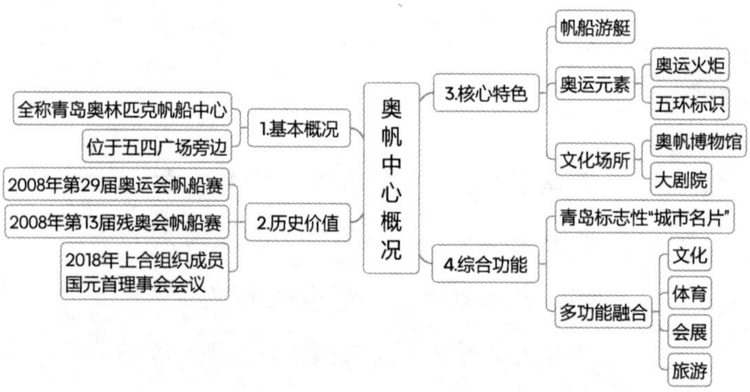

图3-15-2 奥帆中心概况

Tips

五四广场邻湾旁，依山傍海景色靓。

零八奥运帆船赛，上合峰会美名扬。
火炬五环标识亮，帆船游艇排成行。
奥帆博物馆藏史，剧院文化韵味长。
城市名片使命扛，文体商旅融合强。
自然人文相辉映，青岛魅力世无双。

（二）奥帆中心主要景点

1. 奥帆 LIFE · MOSHOP 移动购物车街区（MOSHOP 街车）☆☆

各位游客，欢迎来到奥帆 LIFE · MOSHOP 移动购物车街区。

奥帆 LIFE · MOSHOP 移动购物车街区项目是奥帆海洋文化旅游区的重要发展项目之一，总共规划了 40 辆独具特色的餐车。街区里的每辆餐车都拥有独特的风格和品牌，以 MOSHOP 移动商业装置为载体，包含了各种各样的美食、饮品和文创产品。奥帆 LIFE · MOSHOP 移动购物车街区以“夜食、夜购、夜游、夜娱、夜赏”为主题，打造了一个集观光、餐饮、购物等功能于一体的综合性文旅项目。

在这里，游客不仅可以品尝到地道的青岛美食，还能体验到来自世界各地的风味佳肴。此外，街区的八角广场还会定期举办各类音乐演出和文化活动，让游客在享受美食的同时，也能沉浸在浓郁的文化氛围中。

希望大家在这里度过愉快的时光，留下美好的回忆！

思维导图

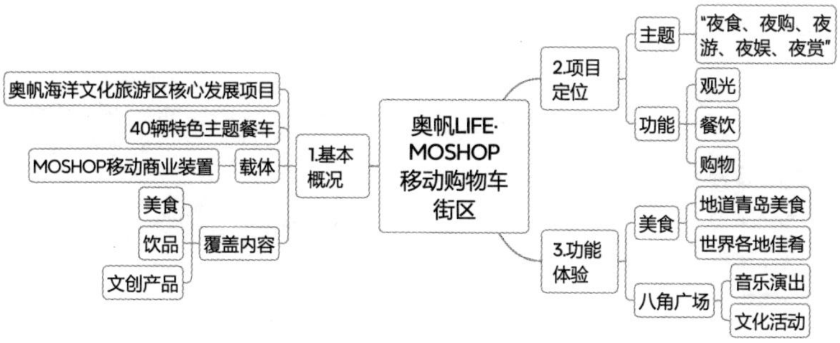

图 3-15-3 奥帆 LIFE · MOSHOP 移动购物车街区

Tips

四十餐车聚奥帆，五夜主题汇狂欢。
MOSHOP 美食鲜，青岛风味世界餐。
八角广场乐声传，文旅融合夜璀璨。
购娱赏食全体验，打卡留影记忆长。

2. 火炬大道（奥运火炬大坝）☆☆

各位游客，欢迎来到奥运火炬大道。

我们现在脚下的这条路，就是非常有名的火炬大道了。它位于奥帆中心的核心区域，靠着海，与五四广场隔海相望。

火炬大道全长 208 米，象征着 2008 年的奥运会。大道的南端，耸立着一座高达 20.08 米的奥运火炬“祥云”雕塑，以祥云图案为主元素，寓意着“渊源共生，和谐相融”。这座火炬曾经在 2008 年奥运会期间熊熊燃烧，为运动员们加油鼓劲。

火炬大道不仅风景优美，还富有历史内涵。2008 年青岛奥帆赛和残奥帆赛的开幕式点火仪式，都是在这里举行的。所以，火炬大道在奥帆中心，乃至整个青岛，都很有标志性意义。

大家在这里，不仅可以欣赏到火炬大道的美景，还可以体验帆船出海等水上项目。希望大家在火炬大道玩得开心，留下美好的回忆！

思 维 导 图

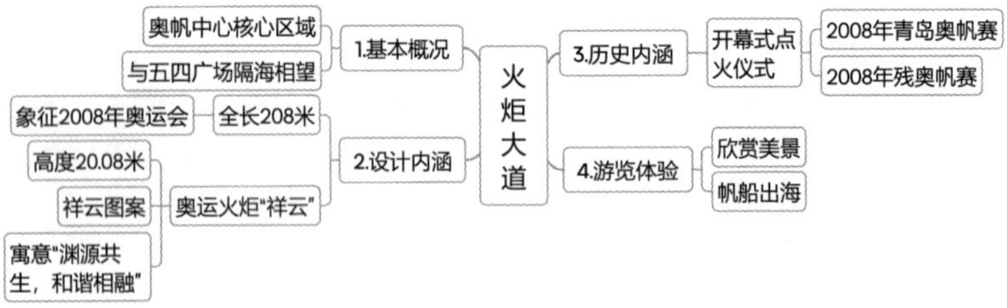

图 3-15-4 火炬大道

Tips

奥帆核心火炬道，二零八米卧海旁。
南端祥云火炬昂，二零点零八米高。
零八圣火映波漾，开闭幕式耀荣光。
海滨五四遥相望，帆船逐浪乐无疆。
历史人文相辉映，青岛名片放光芒。

3. 火炬码头☆☆

各位游客，欢迎来到火炬码头。

火炬码头位于奥林匹克主题公园内，是青岛的一个重要地标。这里的火炬雕塑高达 20.08 米，寓意着 2008 年北京举办的第 29 届奥运会和第 13 届残奥会。火炬的外形取自北京奥运圣火传递时所使用的火炬，祥云图案与立体浮雕设计相结合，使火炬显得高雅而富有内涵。

奥帆中心火炬码头不仅具有深厚的奥运文化底蕴，还是一处风景秀丽的旅游胜地。这里背靠奥运五环雕塑，与五四广场隔海相望，是观赏青岛城市灯光秀的理想地点。此外，火炬大道上有多个登船码头，您可以乘坐游船、快艇等海上交通工具，尽情享受青岛的海滨风光。

在参观过程中，大家可以在火炬雕塑前合影留念，感受奥运精神的传承与弘扬。同时，也可以漫步火炬大道，欣赏周边的美景，感受青岛这座城市的独特魅力。希望大家在奥帆中心火炬码头度过一段愉快而难忘的时光！

思 维 导 图

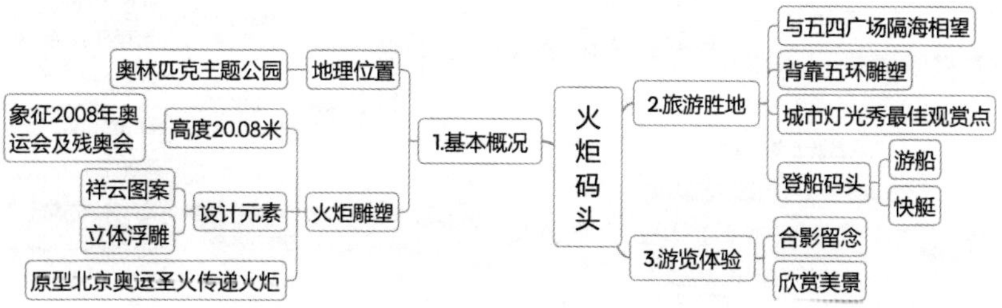

图 3-15-5　火炬码头

Tips

奥帆公园火炬旁，二零点零八米高。
零八奥运圣火亮，祥云浮雕韵味长。
背靠五环五四望，灯光秀美游船忙。
合影漫步精神仰，青岛名片放光芒。

4. 干船坞（wù）☆☆

各位游客，欢迎来到干船坞。

眼前这两座船坞设施书写了一段激情燃烧的奋斗史。20 世纪 70 年代，青岛红星船厂缺乏现代化机械，只能依靠人力搬运和简易装置进行建设。在建设过程中，起重工人因工导致手指严重伤残，即便如此，他们仍然坚守岗位，以血肉之躯与时间赛跑。由 28 名女性组成的“三八混凝土突击队”更是以钢铁意志突破体能极限，在工程建设史上书写了传奇篇章。

这类构筑物的运作原理十分精妙。当船缓缓驶入坞室时，密闭闸门就闭合了，排水系统将海水全部抽离，使船完整显露出来。技术人员不仅要对轮机设备进行系统性维护，还需要完成船体除锈防腐、清除海洋生物附着等精细养护，以确保船舶始终维持最佳状态。

作为我国船舶工业自主化进程的重要里程碑，干船坞及其配套设施的落成，不仅为本土造船业打下了坚实的基础，更为海上贸易提供了关键支撑。

接下来，大家可以自由参观，领略那段激情燃烧的奋斗史。

思 维 导 图

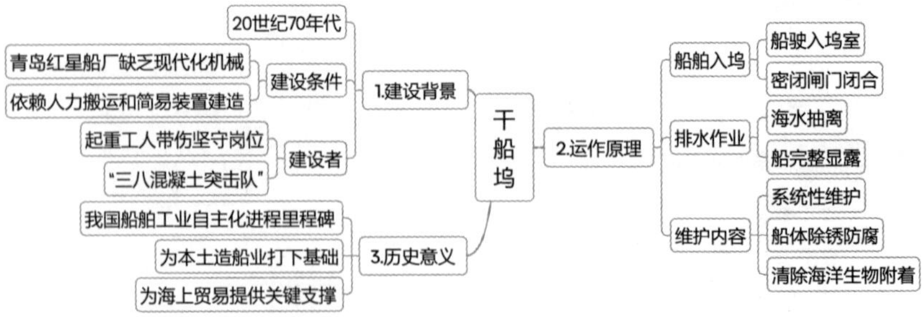

图 3-15-6 干船坞

Tips

70 年代建船坞，人力简易创奇迹。
起重工人伤手指，坚守岗位不放弃。
三八突击 28 女，钢铁意志写传奇。
船入坞室闸门闭，排水维护保船体。
除锈防腐清生物，精细养护不马虎。
自主工业里程碑，造船贸易奠基础。

5. 旗阵广场☆☆

各位游客，欢迎来到旗阵广场。

大家眼前所见的，是由 54 根高达 10 米的旗杆组成的旗阵。这些旗杆围绕着一个直径为 58 米的圆形广场整齐排列，气势恢宏。

在 2008 年青岛奥帆赛和残奥帆赛期间，这里曾是各国参赛队伍升旗仪式的圣地。每当国歌奏响，国旗冉冉升起，都彰显着各国的荣耀与梦想。

旗阵广场的设计寓意深远。54 面国旗汇聚于此，每当微风吹过，国旗迎风飘扬，非常壮观，这里也因此得名“旗阵广场”。这 54 面国旗不仅代表着当时参赛的国家和地区数量，更与奥运口号“同一个世界，同一个梦想”相契合，传递出世界和平的美好愿景。

站在这里，大家可以感受到浓厚的奥运氛围和历史底蕴。每一面国旗都诉说着一个故事，每一段历史都值得我们铭记。让我们共同回味那段激情燃烧的岁月，感受帆船运动的魅力与奥林匹克的精神。

思 维 导 图

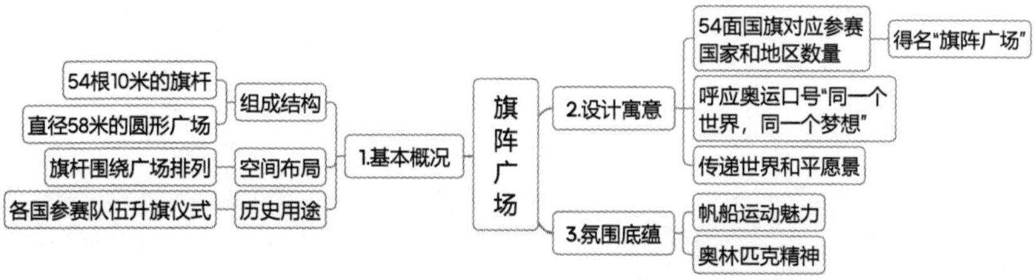

图 3-15-7 旗阵广场

Tips

旗阵广场奥帆旁，五四旗杆十米昂。
五八直径圆场壮，零八奥运圣火扬。
各国国旗迎风荡，国歌奏响荣耀彰。
五四寓意参赛量，同一梦想世无双。
和平愿景广场漾，奥运精神永传扬。

6. 青岛国际会议中心☆☆

各位游客，欢迎来到青岛国际会议中心。

这里不仅是2018年上海合作组织青岛峰会的主场馆，更是一座集会议、餐饮、展览、旅游参观等功能为一体的综合性场馆。会议中心建筑造型独特，像一只展翅飞翔的海鸥，寓意着“腾飞逐梦，扬帆领航”。

会议中心的迎宾大厅处处体现“仁”的理念。大厅背景墙上以泰山日出为主题的国画，名为《国泰民安》，是当时山东省内最大的一幅山水画作。大厅两侧壁画以“一带一路”共建国家的代表建筑为主题，展现文明在开放中发展、民族在融合中共存的宏伟图景。

会议中心的内部空间十分宽敞，设施完备，拥有多个风格迥（jiǒng）异的会议厅和多功能宴会设施。这里曾举办过众多重大活动，是展示青岛城市形象和实力的重要窗口。

会议中心外的观海长廊还是观赏奥帆中心海景和灯光秀的绝佳位置。希望大家可以尽情欣赏浮山湾的美景，感受海风的轻拂。

思 维 导 图

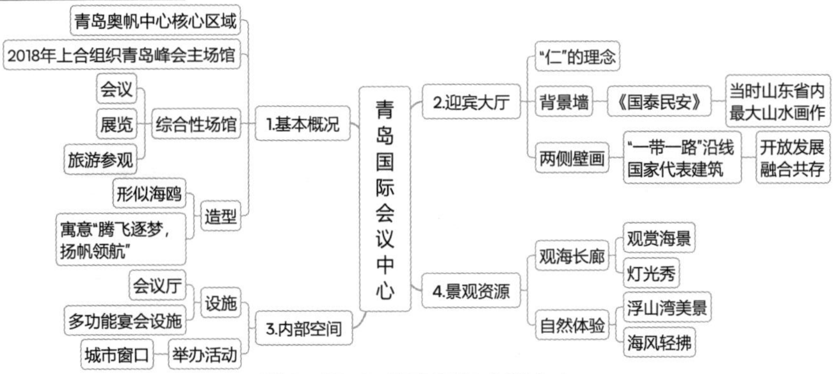

图 3-15-8 青岛国际会议中心

Tips

上合峰会主场馆，会议餐饮展览全。
海鸥展翅逐梦远，扬帆领航美名传。
迎宾大厅仁理念，泰山日出国泰安。
“一带一路”文明展，鲁地山水第一观。
厅内设施多完善，重大活动常举办。
观海长廊赏灯炫，浮山湾景入眼帘。

7. 海上剧场（海上宴会厅）☆☆

各位游客，欢迎来到海上剧场。

海上剧场坐落于青岛奥帆中心核心区域，三面环海，与地标雕塑“五月的风”隔海相望。

海上剧场的建筑外形以“浪花”与“风帆”为灵感，全钢结构打造的弧形线条流畅优雅，完美呼应青岛“海洋之城、帆船之都”的城市气质。

海上剧场原来是海上宴会厅。在2018年上合峰会期间，这里扮演了重要的角色，它不仅是习近平总书记宴请各国领导人的地点，还是中国海军阅兵式的海上出发地。

中国首部大型沉浸式航海史诗音乐剧《寻梦沧海》在这里演绎。通过虚实结合的方式，展现了中国人探索海洋的壮丽史诗。

海上剧场不仅是观赏精彩演出的绝佳场所，更是体验青岛海洋文化、享受美好时光的理想之地。希望各位游客在这里度过难忘的旅程！

思 维 导 图

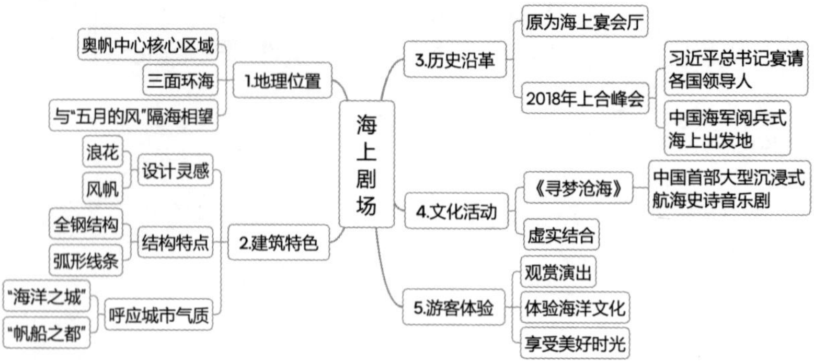

图 3-15-9 海上剧场

Tips

奥帆核心浪花帆，三面环海五月望。
全钢弧流畅优雅，海洋帆船气质彰。
上合峰会宴宾朋，海军阅兵启航忙。
寻梦沧海史诗唱，虚实结合航海章。
观演海洋文化享，青岛时光记忆长。

8. 海上颁奖平台（海上足球场）☆☆

各位游客，欢迎来到海上颁奖平台。

海上颁奖平台曾经是 2008 年奥帆赛的颁奖舞台，开创了奥运会历史上首次海上颁奖的先河，让获奖选手有机会与帆船合影留念。

2020 年，青岛旅游集团给海上颁奖平台来了个大变身，升格为中国首座海上足球场——奥帆中心钻石球场。

这个球场建在海上，四面都是海水，不光能踢五人制足球，把球门一拆立马变篮球场。同时，这里具备多功能融合能力，可以举办汽车、地产新品发布会以及时尚 T 台秀等活动。

青岛是有名的“足球之城”和“帆船之都”，出了很多海上运动高手和足球明星。海上钻石球场和奥帆中心的其他海上玩乐设施，让青岛这个国际时尚城变得更加有特色、更加迷人了。

请大家尽情体验这独特的海上乐趣吧！

思　维　导　图

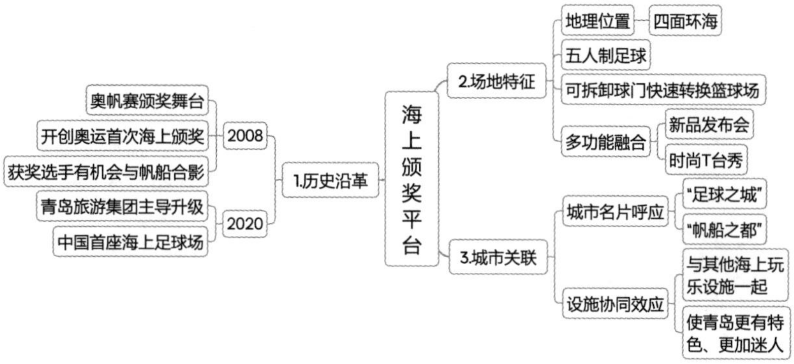

图 3-15-10　海上颁奖平台

Tips

零八奥帆颁奖台，海上先河创史开。
二零变身钻石场，中国首座美名来。
五人足球篮变快，功能多样活动嗨。
足球帆船双誉在，青岛魅力世传扬。

9. 情人坝（奥帆情人坝休闲风情街）☆☆

各位游客，欢迎来到情人坝。

情人坝是奥帆中心的主防波堤，有534米长，47米宽，它的主要作用是挡住海浪，保护港区。堤的外侧是斜坡式结构，这样海浪打过来就不容易冲进港区了。

大坝上方悬挂着许多旗子，都是各个参赛国家和地区的国旗。堤的尽头还有个高高耸立的灯塔，有20.08米高，是为了纪念2008年奥运会在青岛举办。晚上的时候，灯塔闪烁，耀眼夺目。

在2008年的奥帆赛上，中国选手殷剑在帆板项目上获得了冠军，这是中国在这个项目上的第一个冠军。比赛结束后，她的未婚夫就在这条堤上向她求婚，所以这里就有了个浪漫的名字——“情人坝”。

上合组织青岛峰会后，这里还建了休闲风情街，现在的情人坝已经是青岛的新名片了。

请大家尽情体验这里的活力和浪漫！

思 维 导 图

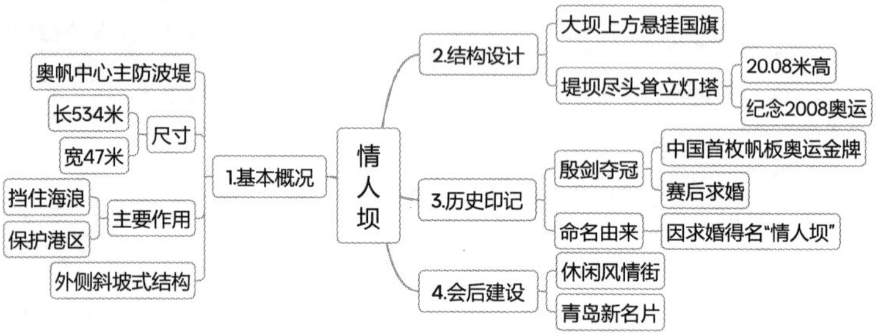

图 3-15-11 情人坝

Tips

奥帆中心情人坝，防波护港保安康。
五三四米长又广，四七米宽稳如钢。
斜坡外侧海浪挡，国旗招展迎风扬。
灯塔高标二零长，零八奥运岁月长。
殷剑夺冠美名扬，堤上求婚情难忘。
风情街建活力旺，浪漫名片世无双。

10. 奥帆博物馆☆☆

各位游客，欢迎来到奥帆博物馆。

奥帆博物馆坐落在奥帆中心的山海之间，东侧衔（xián）接燕儿岛，西侧呼应蔚蓝的海景，景色宜人。

博物馆总建筑面积 9300 多平方米，展览面积约 3800 平方米。一楼主要包括帆船展区、城市模型展池和上合组织青岛峰会展览馆三大部分；二楼主要包括百年寻梦、倾情期盼、相约北京、扬帆青岛等七个单元的内容，这里集中展示了青岛配合北京申奥、迎奥、办奥的全过程，以及奥帆赛及奥帆文化的丰富内涵。

奥帆博物馆内珍藏了众多奥运物质遗产，如中国奥运冠军殷剑参加 2008 年奥运会帆船比赛所驾驶的帆船、北京奥运会开幕式所用的道具缶(fǒu)、竹简及服装等。

此外，大家还可以体验帆船 VR、模拟摇帆驾驶等互动项目，感受帆船运动的魅力。

参观奥帆博物馆，不仅可以深入了解奥运历史和帆船文化，还能领略青岛这座城市的独特风情。希望大家在这里度过愉快的时光，留下美好的回忆！

思 维 导 图

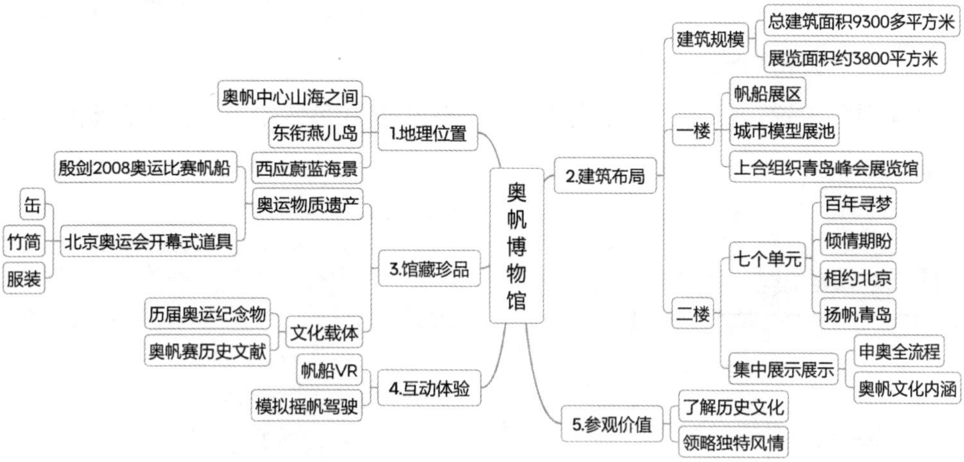

图 3-15-12 奥帆博物馆

Tips

奥帆博物靠山旁，燕儿岛东海景镶。
九三千平总建强，三八展览史藏详。
一楼帆船城模亮，二楼七单元史长。
殷剑帆船奥冠航，缶简服装道具藏。
VR 体验帆船翔，模拟摇帆驾驶忙。
奥运帆船文化扬，青岛风情韵味长。

11. 燕岛秋潮☆☆

各位游客，欢迎观赏燕岛秋潮景观。

我们首先看到的是一块标志石。这块标志石上面雕刻的“燕岛秋潮”四个字是青岛市书法研究会原会长、书法家姜宏钧的墨宝。

燕岛，也称“燕儿岛”，位于青岛浮山湾的东端，是一个突出海中的岬（jiǎ）角。这里礁石林立，每逢秋季大潮，海浪汹涌澎湃，浪花拍打礁石，激起数米高的巨浪，场面十分壮观，这就是“燕岛秋潮”。

“燕岛秋潮”自古以来就受到文人墨客的青睐。早在20世纪，它就被评选为“青岛十景”之一。为了方便大家观赏，青岛北海船厂在建厂之初，便在燕儿岛岬角的南端竖立起“燕岛秋潮”景点标志石。如今，这里已经是奥帆中心的一部分，与周围的现代建筑交相辉映，更添魅力。

最佳观赏位置在燕儿岛的东南侧。希望这里的景色能给大家留下深刻的印象，祝大家玩得愉快！

思　维　导　图

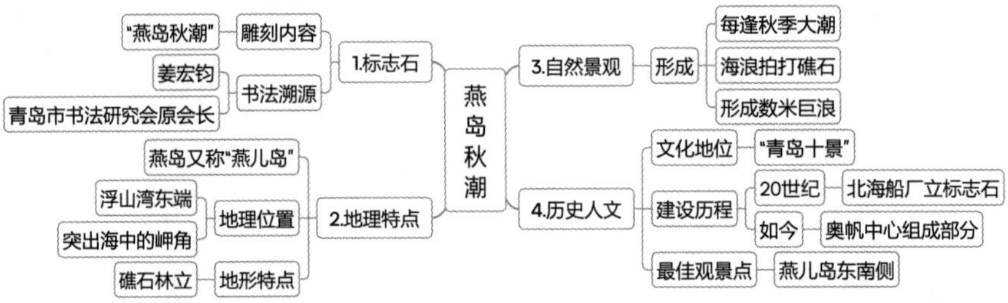

图 3-15-13 燕岛秋潮

Tips

标志石上墨宝扬，姜宏钧书韵味长。
浮山湾东燕岛昂，秋潮汹涌浪拍礁。
青岛十景美名扬，北海船厂立碑忙。
奥帆新景添辉煌，东南侧赏最恰当。

12. 燕岛山公园☆☆

各位游客，欢迎来到燕岛山公园。

燕岛山公园坐落于奥帆中心东侧，总面积 5.4 万平方米，是奥帆中心附近唯一的山林区域。燕岛山公园内有一条环山步道，它连接了燕岛观景台、奥帆瞭望台等多个看风景的好地方。走上瞭望台，您能看到整个奥帆中心的景色，青岛最漂亮的海滨风光也一览无余。而且，公园里还有健身广场、儿童乐园这些休闲设施，特别适合放松锻炼、欣赏美景。

如今，燕岛山公园已成为青岛的新地标之一。公园内植被丰富，绿树成荫，称得上是一个远离喧嚣、亲近自然的城市绿洲。

希望大家尽情领略这里的自然魅力和人文情怀！

思　维　导　图

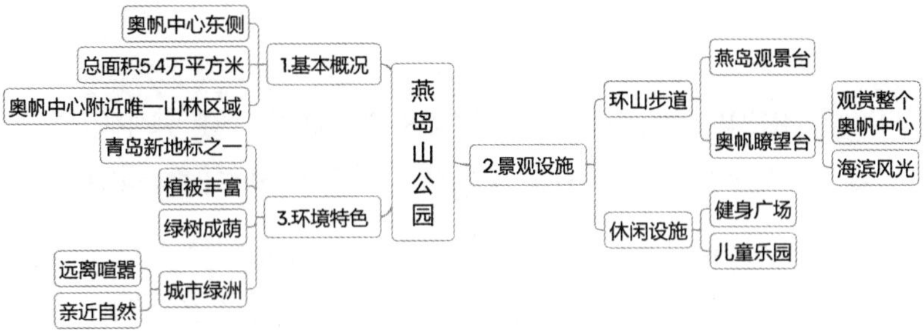

图 3-15-14　燕岛山公园

Tips

奥帆东侧燕岛旁，五点四万绿海洋。
环山步道连景台，瞭望全览奥帆光。
健身广场孩童畅，绿树成荫氧吧藏。
城市绿洲新地标，山海交融韵味长。

13. 寻梦堤海上观光平台——潮音秀场☆

各位游客，欢迎来到寻梦堤海上观光平台，这里有一个特别的名字——“潮音秀场”。

寻梦堤平台位于奥帆中心海上剧场的背面，面朝浮山湾，总面积超过 5500 平方米。这里曾是 2018 年上合峰会的海上演出平台，经过升级改造后，如今已成为一个全新的海上观景胜地。

站在平台上，270° 的绝美海岸线画卷在眼前徐徐展开。浮山湾的壮丽景色、五月的风、海天中心、情人坝等岛城经典地标都清晰可见。每当夜幕降临，浮山湾的灯光秀更是将这里装扮得如梦如幻，成为最佳的夜间观景点。

此外，“潮音秀场”还经常举办各种音乐、美食活动，在欣赏美景的同时，也能享受到美食与音乐的双重盛宴。无论是白天还是夜晚，这里都是一处不可多得的观景胜地。

接下来请大家自由参观，尽情享受这里的美景与氛围吧！

14.OH · FUN PARK 多元空间☆

各位游客，欢迎来到 OH · FUN PARK 多元空间。

OH · FUN PARK 多元空间位于奥帆中心景区 1 号门入口处，是青岛的一处文旅新地标。

OH · FUN PARK 以奥帆海洋文化旅游区“奥帆帆”IP 为主形象、以创意集装箱为搭建主体，融合了海滨森系时尚休闲氛围、文化娱乐沉浸式体验、潮流音乐艺术展演以及轻餐轻饮配套服务，为大家带来多元化的互动体验。

在这里，您可以漫步在时尚休闲的氛围中，品味特色美食与文创饮品；可以沉浸在文化娱乐的海洋里，观赏精彩的演出与艺术展览；还可以感受潮流音乐的魅力，参与互动活动，享受轻松愉快的时光。

此外，OH · FUN PARK 还荣获了山东省首批“好客山东”文旅市集称号，是青岛奥帆海洋文化旅游区的新晋打卡地。无论是家庭出游还是朋友聚会，这里都是一个不可多得的好去处。希望大家在 OH · FUN PARK 度过一个难忘的旅程！

二、海底世界

（一）海底世界概况☆☆

各位游客，欢迎来到海底世界。

青岛海底世界地处汇泉湾，是在中国第一座水族馆——青岛水族馆的基础上发展而成的。青岛海底世界是全国科普教育基地，在这里游玩的同时还能学习海洋知识，感受海洋的神奇与魅力，是认识海洋、了解海洋的绝佳去处。

青岛海底世界主要包括梦幻水母宫、海豹馆、海洋生物馆、鲸馆、海底世界和淡水生物馆等主题展馆，每一个都精彩纷呈，让人流连忘返。

踏入青岛海底世界，您将开启一场穿梭于各大主题展馆的奇妙之旅，与全球上千种珍稀海洋生物亲密接触。在这里，可以看到约 2000 类、2 万多件珍稀海洋生物标本，以及上千种、数万尾来自世界各地的珍稀海洋生物。通过参观远古时代的生物标本，您可以了解生命的起源与演变。

青岛海底世界的水下表演也十分精彩。如“梦幻美人鱼”“人鲨共舞”等，每一处都充满了惊喜与震撼。

希望大家能在游览观光的同时增长知识，更加了解海洋，度过一段有意义的旅程！

思　维　导　图

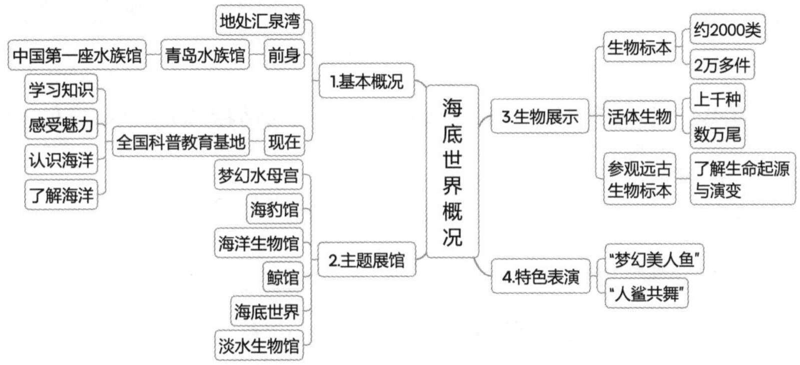

图 3-15-15　海底世界概况

Tips

汇泉湾畔史悠长，首座水族扩新章。
梦幻水母海豹徜，鲸馆海洋生物藏。
两千类标两万强，万尾珍鱼游八方。
人鲨共舞惊涛漾，美人鱼秀梦幻徜。
科普教育知识享，海洋奥秘探无疆。

（二）海底世界主要景点

1. 梦幻水母宫☆

各位游客，欢迎来到梦幻水母宫。

梦幻水母宫的前身是青岛水族馆，这里是中国现代水族馆和海洋科研事业的摇篮。青岛水族馆于 1932 年 5 月 8 日正式开馆，是中国第一座水族馆，也是当时亚洲最大的一座水族馆，是东亚最好的海洋生物展览馆，由蔡元培先生倡建，曾被蔡元培先生誉为“吾国第一”。

梦幻水母宫集中展示了来自世界各地的海月水母、丝带水母、倒立水母等数十种上千只珍稀水母，它们在水中悠然游弋（yì），犹如悬浮在水中的梦幻花朵，形态各异，令人稀奇。

在这里，您可以近距离观赏这些晶莹剔透的海洋精灵，感受它们如丝如锦的腕带所带来的梦幻般的视觉体验。此外，梦幻水母宫还采用了世界上最先进的声光电技术，通过虚拟墙面互动、雾幕展示等手段，让人仿佛置身于海底奇境，与水母尽情嬉戏。

希望大家在梦幻水母宫度过一段美好的时光，尽情探索海中精灵们的奇妙生命历程，留下难忘的回忆！

2. 海豹馆☆

各位游客，欢迎来到海豹馆。

海豹馆，位于青岛海底世界的核心区域，是国内首个全方位、多视角展示海豹等海洋生物的专业展馆。这里居住着斑海豹、海狮等多种海洋生物。其中斑海豹为国家一级保护动物，被誉为“海上大熊猫”。

海豹馆内设有多个圆弧型长方体的落地展窗，以及直径约 2 米的半圆球形视窗，可以从多个角度近距离观察海豹等海洋生物。在这里，既可以看到海豹们敏捷优雅的水下身姿，也可以参与互动体验，与海豹等海洋生物近距离接触。海豹馆现以自然展示为主，无动物表演，适合亲子科普与海洋生态爱好者。

希望大家在参观的过程中，既能享受海洋生物的可爱与神奇，也能学习到更多的海洋知识。

3. 海洋生物馆☆

各位游客，欢迎来到海洋生物馆。

这座 1936 年奠基，1937 年主体落成的建筑，是当年的青岛海滨生物研究所，现在的海洋生物馆。

这里展出面积广阔，拥有各类海洋生物标本千余种，是亚洲馆藏颇为丰富的标本馆之一。走进馆内，您会惊叹于这些海洋生物标本的多样性和丰富性，从简单的海洋生物到复杂的鲸鱼、鲨鱼等大型海洋生物，应有尽有。

海洋生物馆还注重科普教育，是许多学校生物专业师生的实习课堂。在这里，您不仅可以近距离观赏这些海洋生物标本，近距离观赏各种奇特的海洋生物，如五彩斑斓的热带鱼、憨态可掬的海龟、凶猛的鲨鱼等，还可以通过各种互动体验项目，如海洋科普讲座、亲子互动游戏等，了解到更多关于海洋生物的知识。

4. 鲸馆☆

各位游客，欢迎来到鲸馆。

这里珍藏着多件极具科研价值的海洋哺乳动物标本，包括伪虎鲸、印度洋瓶鼻海豚，以及我们眼前的庞然大物——全长近 14 米的抹香鲸实体标本。

请大家抬头看这个庞然大物，它保持着生前遨游的姿态，皮肤纹理依然清晰可见。这件标本源自 1978 年唐岛湾的传奇事件：当时这头重达 22 吨的“海洋霸主”不幸搁浅，经专家鉴定，它的离奇死亡竟源自一场史诗级海底对决！

通过解剖发现，这头巨鲸的呼吸道残留着巨型大王乌贼的触腕吸盘。原来在千米深海中，它与触腕长达 20 米的深海巨怪搏斗时，被缠住喷水孔导致窒息。

抹香鲸的头部格外大，这正是抹香鲸作为“齿鲸之王”的特征，其头骨占体长的三分之一，内部储存着珍贵的龙涎香。

除了丰富的标本展示，鲸馆还是一处极佳的科普教育场所。在这里，您可以充分了解鲸类的生活习性、进化历程以及面临的生存挑战。

5. 淡水生物馆☆

各位游客，欢迎来到淡水生物馆。

淡水生物馆是以展示淡水生物为主的特色展馆。展馆模拟热带雨林生态环境，一走进展馆，您就能立刻感受到热带丛林的恢宏与神秘。这里展出了各种珍稀淡水生物及精品热带鱼，品种多达 40 余种。其中包括庞大雄伟的巨骨舌鱼、鲜艳名贵的五彩神仙鱼与红龙，还有国家一级保护动物中华鲟，以及国家二级保护动物扬子鳄、大鲵（ní）等。这些珍稀生物各具特色，一定会让您大开眼界。

此外，展馆内还配有准确生动的说明牌及科普展牌，方便大家学习了解淡水生物及生态知识。在参观过程中，您不仅可以近距离观赏这些美丽的生物，还可以通过阅读说明牌，深入了解它们的生活习性和特点。

淡水生物馆作为青岛海底世界的重要组成部分，不仅丰富了游客的海洋知识，也为大家提供了一个亲近自然、感受生命奥秘的平台。希望大家在参观过程中，能够充分体验淡水生物的独特魅力。

? 思考题

1. 青岛奥帆中心是哪一年奥运会的帆船赛事举办地？
2. 青岛奥帆中心保留了国内唯一的哪类奥运文化遗产？
3. 青岛海底世界的前身是什么？
4. 中国首个水族馆是哪里？
5. 在青岛奥帆中心举办过的重大国际活动有哪些？（至少说出 3 项）

第十六节 周村古商城景区

景区构成

※ 周村古商城景区概况☆☆☆

1.大街牌坊☆

2.遇见周村☆

3.鲁商文化馆☆☆

4.瑞蚨祥☆☆

5.民俗展览馆☆☆

6.英美烟草公司☆

7.周村烧饼博物馆☆☆

8.旱码头牌坊☆

9.状元府☆☆

10.今日无税碑☆

11.票证博物馆☆

12.老电影博物馆☆

13.票号展览馆☆☆

14.锦灰堆展览馆☆

15.杨家大院☆

16.大染坊☆☆

17.魁星阁古建筑群☆

18.咔咔魔相馆☆

☆☆☆

周村古商城景区概况

各位游客，大家好！欢迎来到周村古商城。

【位置】周村古商城位于山东省淄博市周村区，交通便利，周边平原广袤，自古就是商业繁荣的汇聚之地，为其发展成为商贸重镇奠定了坚实基础。

【声誉 | 地位】周村，因商而兴，因商而城，是古代齐国丝绸文化的主要传承地和货物生产基地，素有“金周村”“旱码头”之称，更拥有“天下第一村”的美誉。周村古商城被中国古建筑保护委员会的专家誉为“中国活着的古商业建筑博物馆群”。

【组成】古商城由大街、丝市街、银子市街等古街组成，主要有：遇见周村、民俗展馆、状元府、票号展馆、大染坊等20余处景点。古商城街区是核心区域，街道两旁保存着大量明清时期的古建筑，石板路、木质商铺、各类古老的商号和店铺让人仿佛穿越到了几百年前的繁华市场。

【特色 | 特产】当地特色小吃有丁家煮锅、五香羊肉，还可以在“百年老字号”——周村烧饼展馆观赏并体验周村烧饼的制作工艺。周村烧饼薄、香、酥、脆，芝麻香气四溢，是当地响当当的美食名片。还有琳琅满目的丝绸制品，色泽艳丽、质地柔软，承载着周村悠久的丝绸文化。

【路线】路线丰富多样，游客可以从大街入口开启旅程，沿着古街依次游览，深入探寻周村的民俗风情，全方位感受周村古商城的独特魅力，开启一场饶有趣味的历史文化之旅。

周村古商城是一个集历史、文化、商业与手工艺于一体的独特景区。它不仅保留了古代商业的繁荣景象，还融合了传统文化和艺术，是一个展示山东地方特色和中国传统商业文化的地方。

希望大家在游览过程中，能够沉浸在周村的古老韵味中，感受这里的历史魅力和文化底蕴，留下美好的回忆！

思　维　导　图

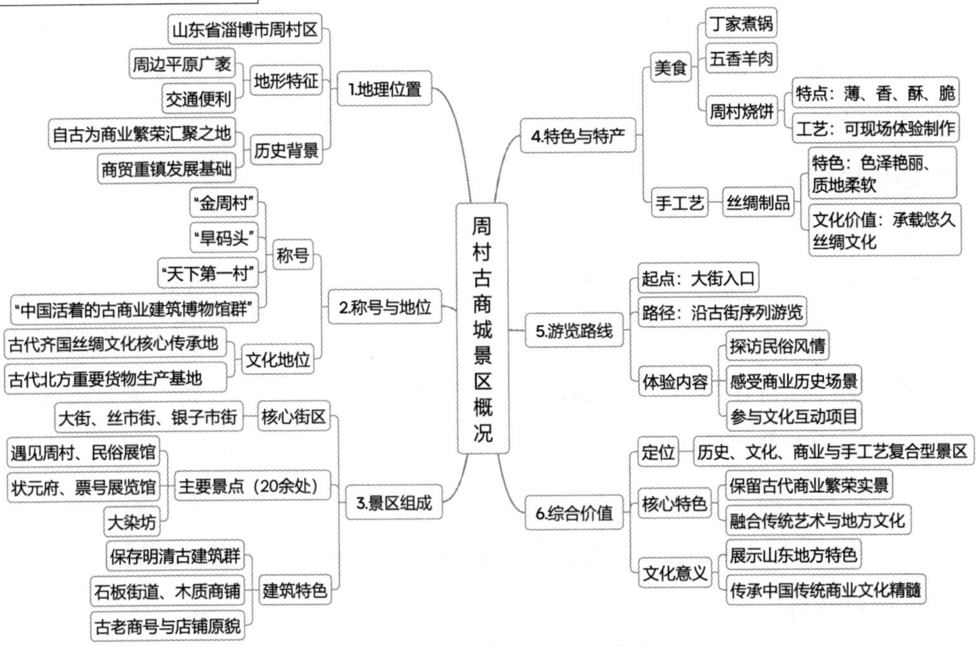

图 3-16-1　周村古商城景区概况

Tips

周村古商城，淄博周村藏。
平原广袤交通畅，商贸重镇渊源长。
金周村，旱码头，丝绸传承美名扬。
天下第一村，博馆群，专家赞誉响当当。
大街丝市银子巷，古街纵横韵味藏。
状元府连票号馆，大染坊里故事详。
丁家煮锅五香羊，周村烧饼美名扬。
丝绸制品色泽艳，周村文化韵悠长。
民俗风情全方位，历史文化细品尝。

1. 大街牌坊☆

各位游客，眼前看到的就是大街牌坊了。

“大街”牌坊是景区的北门入口。1985 年重修，“大街”二字是山东省原第一书记舒同老先生题写的，他被毛主席称为“党内一支笔，红军书法家”。“大街”原长 1300 多米，现保留下来 315 米。南起丝市街，北至朔（shuò）义门。大街始于秦汉，成于唐宋，盛于明清。在这里每天上午 10 点可以欣赏沉浸式演绎《古城迎宾礼之乾隆赐字》。

2. 遇见周村☆

各位游客，欢迎来到遇见周村。

如果说周村古商城是一本记录了周村百年历史文化、民俗故事的立体书籍，那么遇见周村便是这本书的序言和目录，内有“戏里戏外在周村”“天上取样人间织”“天下之货聚重镇”“行在周村”“游在周村”等展厅，全面介绍了周村源远流长的历史文化。不同于大都市的喧嚣（xiāo）和快节奏，周村古商城散发着现代人向往的闲适慢生活气息。高低错落的明清古建、历史沧桑的宽街窄巷，无不彰显着其深厚的商业文化积淀。鲁商文化的独特魅力就是这座古城的灵魂。遇见周村，让我们从这里开启周村之行。

3. 鲁商文化馆☆☆

各位游客，欢迎来到鲁商文化馆。

众所周知，周村，因商而兴，因商而城，故景区深入挖掘了周村鲁商文化、商埠（bù）文化的深厚历史，突出其中优化营商环境，促进经济发展的内容，并将公廉理念贯穿其中，在周村古商城景区的核心位置，建设了“齐风清韵、公廉商埠——鲁商文化馆”。

鲁商文化馆建筑面积 600 余平方米，分为序厅和“齐风泱泱　兴邦重商”“福泽乡梓　种德安商”“心怀家国　开埠兴商”“神州潮涌　护航亲商”四个展厅。序厅主要从历史渊源、地理位置、鲁商起源以及源远流长的丝绸文化四个部分，概括说明周村的情况和商业发展脉络。馆内通过实物、图片和文字资料的展示，生动再现了周村商业文化脉络，也展示了周村作为中国北方商业重镇的历史地位。在这里，我们可以看到许多反映鲁商精神和周村商业繁荣的珍贵史料。

接下来让我们仔细参观，做好鲁商精神的传承和发扬。

思　维　导　图

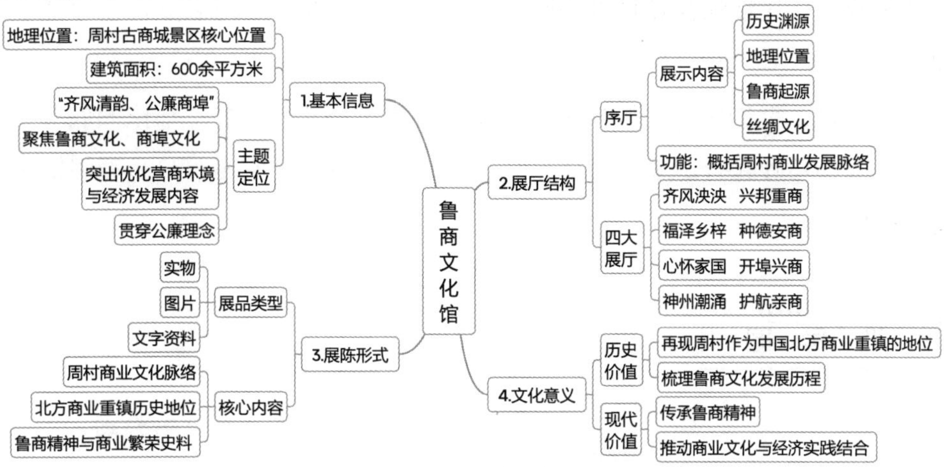

图 3-16-2　鲁商文化馆

Tips

周村鲁商文化馆，因商而兴底蕴藏。
公廉理念融商埠，四厅一序展辉煌。
齐风泱泱重商邦，种德安商福梓乡。
开埠兴商家国志，亲商护航潮头强。
历史渊源丝绸旺，实物图文述沧桑。
北方商镇地位显，鲁商精神永传扬。

4. 瑞蚨祥☆☆

各位游客，欢迎来到瑞蚨祥。

瑞蚨祥的建筑为中西合璧的建筑风格，外面的门面为西式建筑，里面则是中国传统的天井式四合院。内有孟洛川纪念馆，讲述瑞蚨祥继承人孟洛川的经商之道。孟洛川是亚圣孟子的第六十九代孙，是清末民初的著名商人、民族资本家。孟洛川18岁子承父业掌管瑞蚨祥。在他经营之下，瑞蚨祥商号极负盛名，当时盛传不少民谣，如"南有胡雪岩，北有孟洛川"。

瑞蚨祥的成功绝非偶然，背后藏着严苛的经营之道。"货真价实、童叟无欺"绝非空喊口号，而是贯穿经营始终的准则。信誉，更是瑞蚨祥的金字招牌——即便布料售出多日，只要主顾发现瑕疵，只需上门说明情况，店铺便会二话不说退换妥当。这份诚意，让瑞蚨祥在百姓心间稳稳扎根，口口相传，声名远播至京津、沪杭等地。

时至今日，走进周村瑞蚨祥店铺，往昔盛景虽添几分沉静，却依旧底蕴悠长。店内新款服饰巧妙融合传统与时尚，吸引年轻一代目光。它不再只是绸缎铺子，更是文化符号。

思 维 导 图

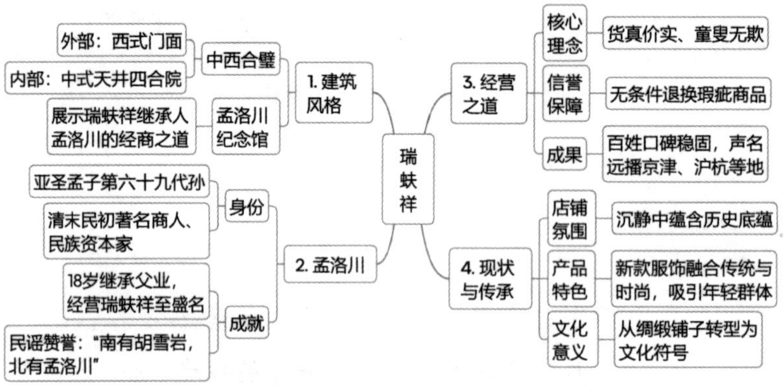

图 3-16-3　瑞蚨祥

Tips

瑞蚨祥，中西融，门面西式四合中。
孟洛川，亚圣孙，十八掌业展雄风。
南雪岩，北洛川，民谣盛传商海腾。
货真价实童叟敬，瑕疵立退换客情。
百年信誉金招牌，京津沪杭美名行。
绸缎铺变文化符，传统时尚新韵出。
周村瑞蚨底蕴厚，商魂千载一脉承。

5. 民俗展览馆☆☆

各位游客，欢迎来到民俗展览馆。

俗话说：“十里不同风，百里不同俗。”明末至民国期间，在周村做生意的商人来自全国各地，他们所带来的不仅仅是商业文化，还带来了不同地域的建筑文化、民俗文化，这些文化与本地文化相互融合，形成了周村独具特色的民俗风情。

民俗展览馆分为周村历史文化展示馆和丝绸文化体验馆。

周村历史文化展示馆通过大量实物、展板和人物模型来展示周村的历史发展脉络、周村名人事迹、周村风土人情、周村非物质文化遗产以及现代周村革命的发展和建设历程。

丝绸文化体验馆，以丝绸连接周村历史，借丝绸讲述地方文化，用丝绸实物场景让您深切体验“丝路之源”“丝绸故乡”“现代丝绸工业发展”等关于周村的丝绸往事，进而让您感受“一带一路”的辉煌历史及战略愿景，中华民族伟大复兴的责任感与使命感油然而生。

接下来让我们欣赏表演《抛绣球招婿》。

思 维 导 图

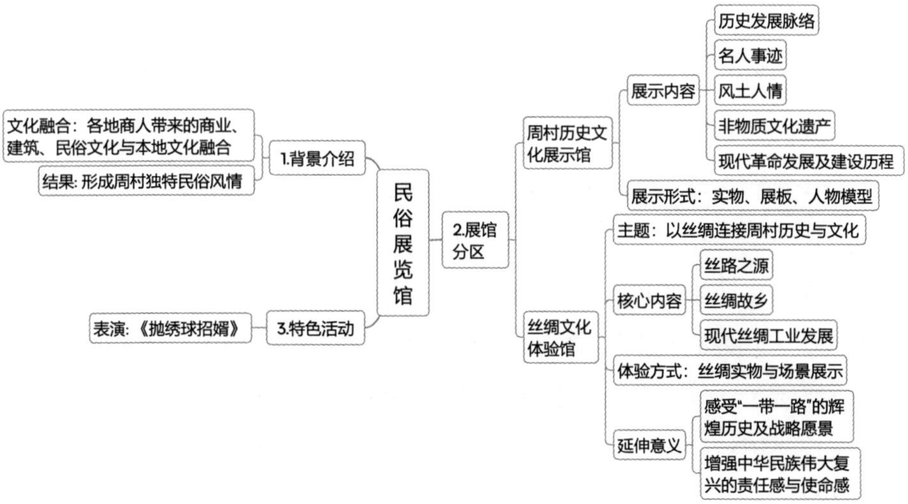

图 3-16-4 民俗展览馆

Tips

周村民俗展览馆，十里风俗真不同。

商帮齐聚文化融，建筑民俗各显功。
历史馆中实物丰，展板模型脉络通。
名人故事非遗秀，革命建设展新容。
丝绸馆里丝韵浓，丝路之源故事重。
实物场景体验深，“一带一路”辉煌颂。
复兴使命记心间，民族精神永传承。
抛球招婿情景剧，民俗风情乐无穷。

6. 英美烟草公司☆

各位游客，眼前看到的就是英美烟草公司了。

1904 年，周村开埠，英美烟草公司入驻，在大街设立营业点，前面沿街商铺为营业厅，后面有办公室、仓库、员工宿舍、食堂等。主要经营 555、希尔顿、健牌、地球等著名老牌香烟。

作为规模巨大的跨国公司，英美烟草公司在中国成功实行了“本土化”政策。凭借雄厚的资本，该公司迅速形成了庞大的销售体系，并在云南、河南、山东等地设立了烟叶的种植基地。短短二三年间，英美烟草公司就垄断了中国的卷烟市场，一直到中华人民共和国成立前夕，英美烟草公司才撤出周村市场。

接下来让我们走进英美烟草公司旧址，感受当年的辉煌。

7. 周村烧饼博物馆☆☆

各位游客，欢迎来到周村烧饼博物馆。

这座飘着芝麻香的非遗殿堂，藏着传承千年的舌尖传奇——周村烧饼。展示在大厅的《烧饼赋》，洋洋几千字，详述了周村烧饼的特点、声誉以及百年传承、发扬光大的历程。周村烧饼与煮锅、卤（lǔ）汁羊肉并称为周村的“三大名吃”，已有 1800 多年的历史，源头可追溯到汉代的“胡饼”。在之后的发展中，与本地的民间饮食文化相结合，形成了“形如满月、薄如秋叶”的周村烧饼。2008 年，其制作技艺被列入国家级非物质文化遗产名录。

展馆是国内首家以烧饼文化为核心的活态传承基地。通过地下、地上两层展馆，展示了周村烧饼源远流长的发展历史，在这里可以体验到国家级非遗的匠心传承，以及“薄的是烧饼，厚的是良心”的现代新鲁商的精神力量。

接下来我们可以体验烧饼的制作并品尝。

思 维 导 图

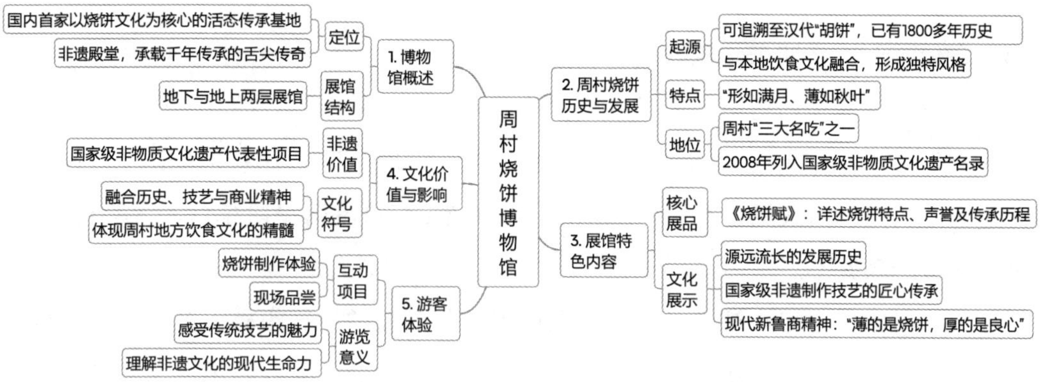

图 3-16-5　周村烧饼博物馆

Tips

周村烧饼博物馆，千年非遗芝麻香。
《烧饼赋》述传奇史，三大名吃美名扬。
汉时胡饼传至今，形如满月薄如叶。
零八年入非遗榜，匠心传承技艺强。
地下地上两层展，历史长河细流淌。
薄是烧饼厚是心，新鲁商魂放光芒。
亲手制作亲口尝，舌尖记忆永难忘。

8. 旱码头牌坊☆

各位游客，眼前看到的就是旱码头了。

之所以称为“旱码头”，一是因为它既不沿海也不靠河；二是因为周村的市场辐射广，货物集聚效应强，明清时期的贸易之发达甚至一度超过江南，故被称为“旱码头”。周村也是历史上有名的旱码头，与佛山、景德镇、朱仙镇三处并称为“四大旱码头”。1993 年，著名导演张艺谋携演员葛优、巩俐在周村拍摄电影《活着》，并在此举行开机仪式。“旱码头”三个大字苍劲有力，彰显着周村曾经作为重要商业码头的辉煌历史。它不仅是一座建筑，更是周村古商城的象征，见证了周村昔日“天下第一村”的繁荣昌盛，承载着丰富的历史文化内涵，吸引着众多游客前来打卡，感受这座千年商埠的独特魅力。

9. 状元府☆☆

各位游客，欢迎来到状元府。

周村状元府是周村历史上唯一一位武状元王应统的府邸。始建于明末，后遭到破坏，于2006年重新恢复修建。整座建筑是典型的北方四合院建筑风格，三进院落，并建有后花园和演武场，总占地面积3330平方米。三进院落呈阶梯状一院高过一院，寓意“步步高升”。

第一进院子是王应统青少年时生活的地方，面前的二层小楼，被当地百姓称为“状元楼”，王应统中状元之后，康熙皇帝亲笔御赐的“状元及第”牌匾就挂在了这里；第二进院落东侧为书画展厅，西侧厢房通过展板与实物相结合的方式介绍了王应统的生平经历；第三进院落中厅是王应统辞官回乡后的起居室，现在为大家呈现的是科考考场的场景。古时考场是由无数个“号舍”组成，一人一间，里面就只有两块木板，一张是座椅，一张是伏案写字的桌子。

接下来让我们在状元府，领略周村古商城独特的人文魅力，欣赏表演《状元府献艺》。

思 维 导 图

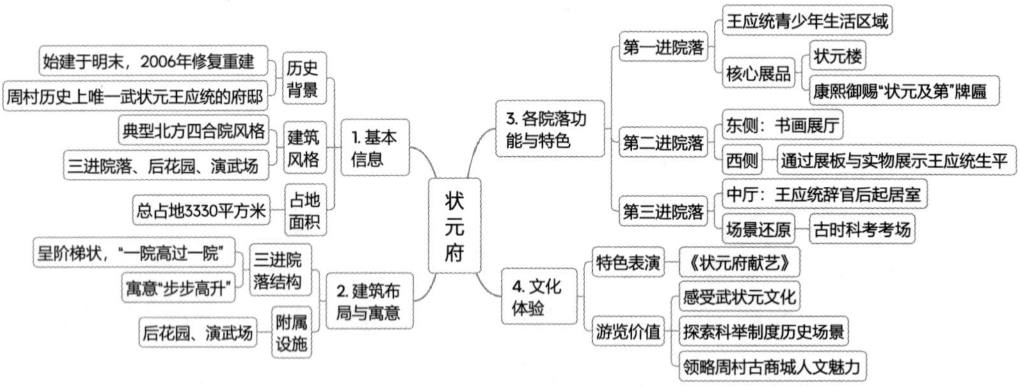

图 3-16-6 状元府

Tips

周村状元府，武魁王应统。
明末始建遭破坏，零六重建展新容。
三进院落步步高，四合院里藏乾坤。
首进状元楼，康熙御匾悬。
二进东西厅，书画生平观。
三进考场现，号舍木板寒。
后花园连演武场，文武双全美名传。
《状元献艺》情景剧，周村商韵一脉承。

10. 今日无税碑☆

各位游客，眼前看到的就是今日无税碑了。

“今日无税”碑立于丝市街中段，立碑人李化熙。这块六角形石碑见证了周村商业经济的繁华。李化熙为清朝顺治年间刑部尚书，后来李化熙告老还乡，临走前希望皇帝能够给家乡开恩免税。顺治皇帝告诉他国家赋税不可免除，但看在他有功于国的份上，可赐他一道手谕，免除一日的税款。

李化熙当时回到周村后，利用他的影响力做了这么几件事：一是跟山东巡抚（相当于今天的省长）要政策，减免了一批荒地税；二是组织安保人员，打击扰乱市场秩序的地痞无赖；三是代完市税。李化熙就代替商户缴纳集市税赋，而不再向他们征收。从此，周村由交税的“官集”变为不交税的“义集”。李化熙去世数年后，他的后代一辈接着一辈代完市税，前后绵延了六代人，近 200 年。周村成为山东省内唯一的“人为保税区”。

11. 票证博物馆☆

各位游客，欢迎来到票证博物馆。

这是山东省唯一一家以票证为主题的博物馆，这里堪称一座票证的“时光宝库”，馆藏丰富多样，从计划经济时代的粮票、布票、油票，到各类车票、船票、门票，应有尽有。它们虽只是小小纸片，却承载着厚重历史，见证了不同时期的经济制度、社会生活与百姓日常。

走进馆内，各类票证按年代、类别有序陈列，配以详细文字解说，参观过程中仿若翻开了一部编年史书。瞧这一张张泛黄的粮票，曾是家家户户的“命根子”，关联着温饱大事；还有景区早期门票，图案精美，勾起人们对过往旅游记忆的追溯。漫步其间，您能清晰洞察时代的发展脉络，感受岁月变迁。在这里，大家定能收获一场别样的怀旧之旅，体会周村古商城蕴含的深邃（suì）文化魅力。

12. 老电影博物馆☆

各位游客，欢迎来到老电影博物馆。

这座博物馆宛如一座光影的奇幻世界，踏入其中，仿佛开启一场穿越电影史的旅程。馆内收藏了大量珍贵的电影文物，从古老的放映机、胶片，到经典影片的海报、剧照，琳琅满目。那些带着岁月痕迹的放映机，曾在过去为无数观众带来欢乐与震撼，它们是电影发展的“活化石”。

漫步展厅，按年代划分的展区逐一呈现电影的成长轨迹，配合多媒体展示，生动再现经典电影片段，让您身临其境感受不同时期电影的风格魅力。在这里，无论是资深影迷还是普通游客，都能深入了解电影艺术从萌芽到蓬勃发展的历程，感受周村古商城别样的文艺风情，收获满满的知识与回忆。

13. 票号展览馆☆☆

各位游客，欢迎来到票号展览馆。

票号展览馆是山西知名商人乔致庸开设的大德通票号周村分号。

票号里的柜台也叫“揽柜坊”，相当于现在银行的营业厅。揽柜坊上有票号的汇票式样，客户持此票可到全国各地该票号的分号里存钱取钱。当然，票号所用的汇票上有水印、笔记、印章、防假密押等多重防伪措施，严密程度不逊色于现在的银行密码。

票号展览馆后院甬（yǒng）道上有一枚硕大的铜钱，这枚钱币外圆内方象征着天圆地方，告诫人们做人处事外表圆润一些没关系，但内心要方方正正，不要有害人之心，正如大德通票号一直坚持的经营宗旨“诚招天下客，义纳八方财”；这枚铜钱的独特之处在于由四个汉字组成，四个字都借用中间的“口”字，组成了“唯吾知足”，就是知足常乐的意思。甬道两侧有供奉关公的财神殿，同时也是古钱币的展厅，展示着中国货币的前世今生。

穿过甬道，进入二进院落“泰和堂”，是票号专门接待大客户的地方，相当于现在的“VIP”贵宾室。整个泰和堂共三层，地下还设有一层，这就是票号存放钱财的地下金库。

接下来让我们聆听历史的足音，传承商业文化的薪火，欣赏表演《票号风云》。

思　维　导　图

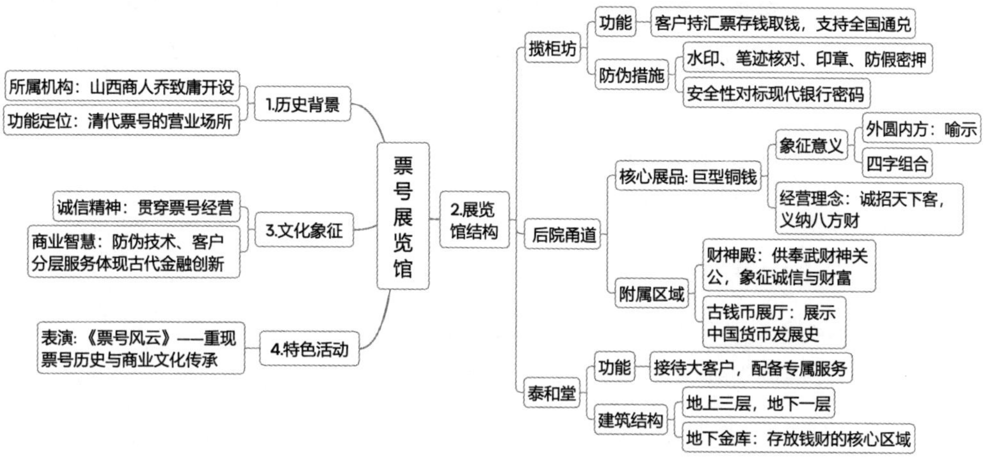

图 3-16-7　票号展览馆

Tips

大德通票号周村站，乔致庸开晋商范。
揽柜坊似银行厅，汇票防伪密押全。
后院铜钱硕又圆，天圆地方寓意传。
唯吾知足四字连，诚招天下义纳财。
财神殿供关公像，货币历史展变迁。
泰和堂接大客户，地下金库藏万贯。
票号风云情景剧，晋商智慧永流传。

14. 锦灰堆展览馆☆

各位游客，欢迎来到锦灰堆展览馆。

锦灰堆，又名“八破图”“百岁图”，是中国传统艺术珍品之一。最早起源于元代，迄今已有800年的历史了。它是一种将破碎不全的书画、拓片、古书等文房雅物，以手工绘制的方式创作成堆叠效果的艺术形式。从字面上看，锦，指的是精致丝织品，意为美好的有价值的事物；灰，则指的是物体燃烧后剩下的东西，意为灰烬、残破；堆，指的是堆放在一起。“锦灰堆”的突出特征可概括为一个“破”字，要画出破碎、翻卷、重叠、玷污、撕裂、火烧和烟熏等古旧样貌。该艺术形式因集多种绘画、书法技能于一身，又享有“非书胜于书、非画胜于画”的美誉。

锦灰堆融历史价值、文化价值、艺术价值、研究价值于一体，具有二维视觉的艺术特点，是一种极具创造力的艺术形式。2013 年被列入山东省省级非物质文化遗产名录。

接下来请大家欣赏锦灰堆的魅力吧！

15. 杨家大院☆

各位游客，欢迎来到杨家大院。

杨家大院原为电视剧《旱码头》《闯关东》等多部影视剧主要拍摄地之一，现为周村区婚姻登记服务中心，院内共有两进院落，古香古色的院落一步一景，连理枝、百年红、如意缸、感恩井分布其中，从明清到改革开放初期的婚俗场景让人身临其境，切身感受当地婚俗魅力。还可以在此欣赏到国家级非物质文化遗产——周村丝绸染织技艺的织锦画，以及精美的三层夹丝丝巾，体验非遗的魅力所在。

16. 大染坊☆☆

各位游客，欢迎来到大染坊。

大家肯定看过电视剧《大染坊》吧？大染坊因其深厚的历史底蕴和丰富的文化内涵吸引着无数人前来探寻。

在大染坊内，展示着一系列我国古代人民发明创造的纺织机具，这些机具性能独到，它们是古代劳动人民智慧的结晶。从采桑、养蚕、收茧（jiǎn）、缫（sāo）丝、整经、卷纬、织造、捣练到染色、染织，步骤图详细地展示了传统染织工艺的全过程。

大染坊内还设有陈杰纪念馆。陈杰是《旱码头》和《大染坊》的作者，他虽只读到小学三年级，却凭借自己的才华和努力创作出了多部著作。《大染坊》这部作品是根据陈杰先生的曾祖父陈立亭在周村打工的经历，并结合了其他染坊的一些事迹综合改编而成的。

接下来让我们欣赏沉浸式情景演出《大染坊开市》，领略古代劳动人民的智慧和传统文化的博大精深。

思　维　导　图

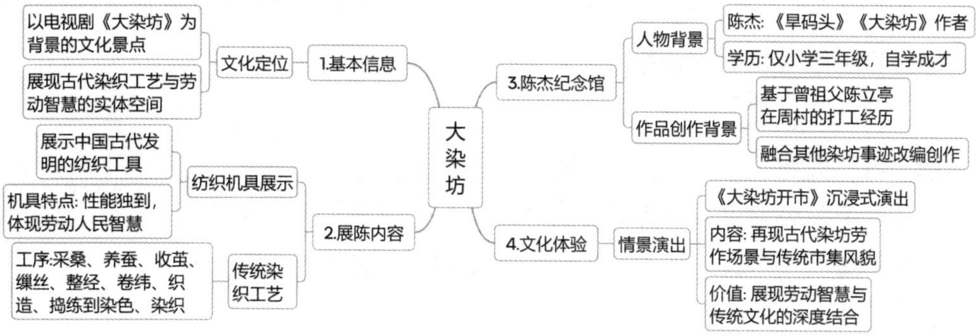

图 3-16-8　大染坊

Tips

大染坊，美名扬，电视剧里故事长。
纺织机具藏智慧，采桑养蚕到染缸。
陈杰先生真有才，小学三年成大材。
曾祖经历作素材，旱码头连大染坊。
染织工艺全流程，图文并茂展奇功。
开市演出情景棒，古代智慧放光芒。

17. 魁星阁古建筑群☆

各位游客，欢迎来到魁星阁古建筑群。

魁星阁始建于清咸丰二年（1852 年），是为儒士学子心目中主宰文章兴衰的魁星而建。虽不是古刹名寺，但有自己的独特之处，所以百余年来一直香火不断。

魁星阁大门朝北，是一座不同于传统建筑的坐南朝北的庙宇，建筑面积 144 平方米，四周店铺林立，整个院落呈梯形，由碧霞元君殿、魁星殿、观音殿三座殿宇组成。三座建筑均为传统硬山顶，灰瓦盖顶，砖木石结构。主体建筑魁星阁为三层高阁，阁楼高耸，气势不凡。

18. 咔咔魔相馆☆

各位游客，欢迎来到咔咔魔相馆。

古商城不仅有古韵，更有新态。咔咔魔相馆位于银子市街南首，是以周村风俗、聊斋文化为主题的 3D 视觉艺术中心。作为全新业态项目，它以 2000 平方米空间打造 7 大魔幻主题、37 个沉浸式打卡互动点位，大家可以在这里充分体验周村文化、聊斋文化和 3D 视觉艺术的魅力。

思考题

1. 被专家誉为“中国活着的古商业建筑博物馆群”的是哪里？
2. 被誉为“千年商埠旱码头”“天下第一村”的景区是哪里？
3. 周村“三大名吃”是什么？
4.《旱码头》和《大染坊》的作者是谁？
5. 历史上唯一一位武状元王应统的府邸在哪？

课后思考题及答案

第二章　山东省省情概况

1. 中国第一所省立大学是哪一所？于何时在何地创设？

答：山东大学堂，1901 年 10 月，袁世凯奏准在济南创设。

2.“山东”作为省名的由来是什么？

答：“山东”最初作为一个地理概念，主要指崤山、华山或太行山以东的黄河流域广大地区。至金代设置山东东、西二路，“山东”始作为政区名称。清初设置山东省，“山东”才成为本省的专名。

3. 山东为什么被称为“齐鲁之邦”，并把“鲁”作为山东的简称？

答：西周实行分封制，今山东地区主要有太公吕尚（姜子牙）受封的齐国和周公旦受封、其子伯禽代受封的鲁国。由于两国在历史上的影响，山东就被称为“齐鲁之邦”，并把“鲁”作为山东的简称。

4. 古代山东地区同时被称为“春秋五霸”之首和“战国七雄”之一的诸侯国是哪一个？

答：是占据今山东大部分地区的古齐国。

5. 山东省内陆部分与哪几个省份接壤？

答：自北而南与河北、河南、安徽、江苏 4 省接壤。

6. 山东省最大的岛屿是哪一座？面积是多少？

答：是庙岛群岛中的南长山岛，面积 12 平方千米。

7. 山东省属于什么气候类型？

答：属暖温带季风气候类型。

8. 山东省哪些海珍品的产量居全国首位？（说出不少于 3 种）

答：对虾、扇贝、鲍鱼、刺参、海胆等。

9. 山东素有“粮棉油之库，水果水产之乡”之称，哪些粮食作物和经济作物在

全国占有重要地位？（说出不少于 5 种）

答：小麦、玉米、地瓜、大豆、谷子、高粱、棉花、花生、烤烟、麻类。

10. 山东最大的群岛叫什么？面积是多少？

答：位于烟台长岛县的庙岛群岛，面积 52.5 平方千米。

11. 山东省内最大的海湾是哪一个？

答：莱州市渤海南部的莱州湾。

12. 中国产金最多的省、产金最大的市、产金最大的县（市）分别是哪里？

答：分别是山东省、烟台市和招远市。

13. 苹果产量全国第一的县（市）是哪一个？

答：烟台栖霞市。

14. 中国首家大型葡萄酒酿造企业是哪一家？由谁建立的？

答：烟台张裕葡萄酿酒公司，广东籍菲律宾棉兰华侨张弼士建立。

15. 山东省境内第一条铁路是哪一条？

答：胶济铁路。

第三章　景区讲解

第一节 济南天下第一泉景区

1. 趵突泉被称为“天下第一泉”，是谁封的？

答：清朝的乾隆皇帝。

2. 天下第一泉景区的“一河、一湖、三泉、四园”，具体指什么？

答：“一河”是指护城河；“一湖”是指大明湖；“三泉”是指趵突泉、黑虎泉、五龙潭三大泉群；“四园”是指趵突泉公园、环城公园、五龙潭公园、大明湖风景区。

3. 在“天下第一泉”的趵突泉公园中，“沧园”是为纪念哪位文人而建？

答：李攀龙。

4. 济南天下第一泉景区的大明湖最早见诸文字记载的是哪部典籍？

答：郦道元《水经注》。

5. 天下第一泉风景区的名联“四面荷花三面柳，一城山色半城湖”是哪个朝代的哪位文人所撰写？

答：清代，刘凤诰。

第二节 曲阜“三孔”旅游区

1. 曲阜孔府是我国封建社会中一座什么性质的府邸？

答：是典型的官衙与内宅合一的贵族府邸。

2. 请说出“中国三大殿”是哪三座建筑？

答：北京故宫太和殿、曲阜孔庙大成殿和泰安岱庙天贶殿。

3. 孔庙十三碑亭中最重的碑是哪一座？

答：康熙御碑。

4. 孔府大门对联的内容是什么？

答：与国咸休安富尊荣公府第，同天并老文章道德圣人家。

5. 为什么说曲阜孔林是世界上延时最久、规模最大的家族墓地？

答：孔林是孔子及其子孙后代的家族墓地，延续至今两千多年，现有坟冢10万余座，这是别的墓园包括皇家墓园都无法比拟的。

第三节 泰山

1. 山东最高的山是哪一座？海拔是多少？

答：泰山，主峰海拔1532.7米，为全省最高点。

2. “泰安”之名是怎么来的？“泰山镇山三宝”指的是哪三件文物？

答：1136年设“泰安郡”，寓意“泰山安则四海皆安”，泰安由此而得名。泰山镇山三宝是保存在乾隆皇帝行宫东御座中的沉香狮子、温凉玉、黄蓝釉瓷葫芦瓶。

3. 历史上被誉为“大字鼻祖”“榜书之宗”的摩崖石刻是哪个石刻？以什么字体为主？

答：泰山经石峪《金刚经》石刻。隶书。

4. 五岳分别是哪五座山？

答：东岳泰山、西岳华山、北岳恒山、中岳嵩山、南岳衡山。

5. 泰山风景区现存最早的碑刻是什么碑刻？是什么字体？

答：秦刻石。小篆。

第四节 崂山

1. 素有“海上名山第一”的名山是哪座山？海拔多少？

答：青岛崂山，主峰巨峰，俗称“崂顶”，海拔 1132.7 米，是我国海岸线上唯一高度超过千米的山峰。

2. 青岛崂山体现佛教特色的是哪个游览区？

答：华严游览区。

3. 自古被传为“神仙之宅”“灵异之府”的道教传播要地是哪座名山？

答：崂山。

4. 崂山历史最悠久、规模最大的道教殿堂是哪座？

答：太清宫。

5. 崂山风景区中被评选为“中国百株传奇古树”的树木是哪一株？是谁栽植的？

答：三皇殿的桧柏（汉柏凌霄）。太清宫开山始祖张廉夫所植。

第五节 刘公岛

1. 中国甲午战争博物馆开馆于 1985 年 3 月 21 日，属纪念遗址性博物馆，共有 28 处纪念遗址，请说出不少于 6 处遗址。

答：北洋海军提督署、龙王庙、丁汝昌寓所、水师学堂、铁码头、黄岛炮台、旗顶山炮台、东泓炮台、日岛炮台等。

2. 中国近代第一支正规化海军的指挥机构、目前国内保存最完整的军事衙门是哪个地方？

答：北洋海军提督署，俗称水师衙门。

3. 刘公岛北洋海军提督署的“镇馆之宝”是什么文物？

答：济远舰前双主炮。

4. 谁被誉为“海军提督第一人”？

答：丁汝昌。

5. 我国第一个国家级海上森林公园指的是哪个公园？

答：刘公岛国家森林公园。

第六节 烟台蓬莱阁旅游区

1. 蓬莱阁始建于北宋年间，与哪三大楼阁并称为“中国四大名楼”？

答：与黄鹤楼、岳阳楼、滕王阁并称“中国四大名楼”。

2. 蓬莱阁古建群的六大单体建筑分别是什么？

答：弥陀寺、龙王宫、天后宫、蓬莱阁主阁、吕祖殿、三清殿。

3. 蓬莱阁弥陀寺正殿供奉的是谁？

答：阿弥陀佛、观世音菩萨、大势至菩萨。

4. 蓬莱阁三仙山景区中的“三仙山”具体指哪三座仙山？

答：蓬莱、方丈、瀛洲。

5. 蓬莱阁“海不扬波”刻石上的“海不扬波”四字由谁题写？

答：托浑布。

第七节 台儿庄古城景区

1. 台儿庄运河是 1959 年京杭大运河台儿庄段改道城外时留下的，世界旅游组织称其为“京杭大运河仅存的清代文化遗产”，号称为什么？

答：活着的运河。

2. 被乾隆皇帝誉为“天下第一庄”的是哪座古城？

答：台儿庄古城。

3. 世界首座药典博物馆位于哪里？

答：台儿庄古城的药典博物馆。

4. 扶风堂是台儿庄四大家庭之首万家的宅院，“扶风”在古代指什么？

答：郎中。

5 台儿庄古城内的扶风堂属于什么派建筑？

答：晋派。

第八节 沂蒙山旅游区

1. 在沂蒙山，被载入吉尼斯世界纪录的世界最大山体雕刻是什么？

答：寿星巨雕。

2. 沂蒙山的最高峰是哪一座？海拔是多少？

答：最高峰龟蒙顶，海拔 1156 米。

3. 沂蒙山旅游区中位居“古蒙十景”之首的是什么景观？

答：鹰峰夕照。

4. 山东省有代表性的红色旅游景区有哪些？（至少说出 3 处）

答：济南市济南战役纪念馆、济宁市微山湖、枣庄市铁道游击队纪念地、台儿庄大战遗址、临沂市沂蒙山孟良崮战役遗址等。

5. 习近平总书记是如何评价“沂蒙精神”的？

答：“沂蒙精神与延安精神、井冈山精神、西柏坡精神一样，是党和国家的宝贵精神财富。”

第九节 烟台南山旅游区

1. 被誉为“东方第一佛”的是哪座大佛？

答：南山大佛。

2. 南山民俗文化园中的福星源于什么？

答：“福星”源于道教三官大帝中的天官。

3. 烟台南山旅游景区中，哪座寺庙前身是龙口市内最古老的石泉寺？

答：南山禅寺。

4. 唐朝时期佛教传入龙口后，流传着“三观八寺”之说，其中八寺之首是哪座寺庙？

答：石泉寺，即现南山禅寺。

5. 烟台南山旅游景区的南山大佛是谁的造像？

答：佛教创始人释迦牟尼。

第十节 青州古城

1. 被誉为“齐鲁石窟之冠”，也是我国东部最大的石窟造像群的是哪个石窟群？最早雕凿的年代是什么时期？

答：青州石窟群。南北朝时期。

2. 青州“偶园”内享誉海内外的四大奇石名称是什么？

答：福、寿、康、宁。

3. 赵秉忠殿试状元卷上“第一甲第一名”六个大字是谁写的？

答：万历皇帝朱翊钧。

4. 被誉为“改写东方艺术史及世界美术史重大发现”的是青州博物馆的什么文物？

答：龙兴寺窖藏佛教造像。

5. 青州古城旅游区包括哪三大板块？

答：青州古城景区、青州博物馆和云门山景区。

第十一节 威海华夏城景区

1. 被誉为“中国生态环保第一城”的是哪里？

答：威海华夏城。

2. 威海胶东民俗园 —— 夏园与哪些名人有关？

答：明代大臣夏原吉及威海夏氏始祖夏暹。

3. 太平禅寺建寺的原因是什么？

答：法号洪智的僧人感念太平公主所建。

4. 被誉为“会跑的实景演艺”的是哪处？

答：威海《神游传奇》秀。

5. 威海市首家海洋馆、威海市首家海洋科普教育基地、威海市水生野生动物救护中心是哪处？

答：威海神游海洋世界。

第十二节 黄河口生态旅游区

1. 拥有世界上最年轻、最完整、最典型的湿地生态系统的国家级自然保护区是哪一个？

答：黄河三角洲自然保护区。

2. 目前全国规模最大的鸟类专题博物馆是哪座？

答：黄河三角洲鸟类博物馆。

3. 山东唯一一处国家级示范自然保护区是哪里？

答：黄河三角洲国家级自然保护区。

4. 被誉为“中国东方白鹳之乡”和“中国黑嘴鸥之乡”的是哪个保护区？

答：黄河三角洲国家级自然保护区。

5. 截至2020年9月，我国国际重要湿地数量达64处。其中属于山东的是哪两处？

答：济宁市南四湖自然保护区、黄河三角洲国家级自然保护区。

第十三节 萤火虫水洞·地下大峡谷旅游区

1. 被上海大世界吉尼斯总部认证为“最长的溶洞漂流”的是哪一处？

答：萤火虫水洞·地下大峡谷旅游区的地下大峡谷暗河漂流。

2. 在萤火虫水洞·地下大峡谷旅游区中，地下大峡谷景区的次生化学沉积物主要是什么？

答：碳酸钙沉积。

3. 在萤火虫水洞·地下大峡谷旅游区中，地下大峡谷景区的次生碳酸钙沉积主要包括哪两大类？

答：滴水沉积、流水沉积两大类。

4. 国内首席原生态沉浸式萤火虫科普乐学馆是哪里？

答：萤火虫水洞·地下大峡谷旅游区的萤语谷。

5. 萤火虫水洞·地下大峡谷旅游区的蚀余小形态包括哪几类？

答：包括流痕类、窝穴类、沟槽类、井管类、洞壁突出物类等。

第十四节 微山湖旅游区

1. 山东省最大的淡水湖的名称是什么？

答：微山湖。

2. 中国北方最大的内陆岛是哪里？

答：微山岛。

3.《铁道雄风》与《微湖曙光》两组雕塑位于哪个景区？

答：微山岛景区的铁道游击队纪念园。

4. 我国北方最大的淡水湖湿地是哪里？

答：微山湖国家湿地公园。

5. 微山湖国家湿地公园内有哪些著名的景点，请举例。

答：湿地植物科普区、观鸟长廊、筑巢鹭隐。

第十五节 青岛奥帆海洋文化旅游区

1. 青岛奥帆中心是哪一年奥运会的帆船赛事举办地？

答：2008年北京奥运会。

2. 青岛奥帆中心保留了国内唯一的哪类奥运文化遗产？

答：帆船类奥运文化遗产。

3. 青岛海底世界的前身是什么？

答：青岛水族馆。

4. 中国首个水族馆是哪里？

答：青岛水族馆。

5. 在青岛奥帆中心举办过的重大国际活动有哪些？（至少说出3项）

答：2008年第29届奥运会帆船赛、2008年第13届残奥会帆船赛、2018年上海合作组织成员国元首理事会会议、国际海军节等。

第十六节 周村古商城

1. 被专家誉为“中国活着的古商业建筑博物馆群”的是哪里？

答：淄博周村古商城。

2. 被誉为“千年商埠旱码头”“天下第一村”的景区是哪里？

答：淄博周村古商城。

3. 周村“三大名吃”是什么？

答：周村烧饼、煮锅、卤汁羊肉并称为周村的“三大名吃”。

4.《旱码头》和《大染坊》的作者是谁？

答：陈杰。

5. 历史上唯一一位武状元王应统的府邸在哪？

答：淄博周村古商城状元府。